30
ANOS

crítica e tradução

ana cristina cesar

crítica e tradução

Companhia Das Letras

Grafia atualizada segundo o Acordo Ortográfico da Língua Portuguesa de 1990, que entrou em vigor no Brasil em 2009.

Capa e projeto gráfico
Elisa von Randow

Foto de capa
DR/ Acervo Ana Cristina Cesar/ Instituto Moreira Salles

Todos os esforços foram realizados para contatar o fotógrafo. Como isso não foi possível, teremos prazer em creditá-lo, caso se manifeste.

Preparação
Andressa Bezerra Corrêa

Revisão
Carmen T. S. Costa
Jane Pessoa

Dados Internacionais de Catalogação na Publicação (CIP)
(Câmara Brasileira do Livro, SP, Brasil)

Cesar, Ana Cristina, 1952-1983.
Crítica e tradução / Ana Cristina Cesar ; [prefácio Alice Sant'Anna]. — 1ª ed. — São Paulo : Companhia das Letras, 2016.

ISBN 978-85-359-2749-8

1. Cinema e literatura – Brasil 2. Documentário (Cinema) – Brasil 3. Escritores brasileiros 4. Literatura – História e crítica. 5. Poética. 6. Tradução e interpretação. I. Sant'Anna, Alice. II. Título.

16-03753 CDD-869

Índice para catálogo sistemático:
1. Literatura brasileira 869

[2016]

EDITORA SCHWARCZ S.A.
Rua Bandeira Paulista, 702, cj. 32
04532-002 — São Paulo — SP
Telefone: (11) 3707-3500
Fax: (11) 3707-3501
www.companhiadasletras.com.br
www.blogdacompanhia.com.br
facebook.com/companhiadasletras
instagram.com/companhiadasletras
twitter.com/cialetras

ana cristina cesar

crítica e tradução

Companhia Das Letras

Grafia atualizada segundo o Acordo Ortográfico da Língua Portuguesa de 1990, que entrou em vigor no Brasil em 2009.

Capa e projeto gráfico
Elisa von Randow

Foto de capa
DR/ Acervo Ana Cristina Cesar/ Instituto Moreira Salles

Todos os esforços foram realizados para contatar o fotógrafo. Como isso não foi possível, teremos prazer em creditá-lo, caso se manifeste.

Preparação
Andressa Bezerra Corrêa

Revisão
Carmen T. S. Costa
Jane Pessoa

Dados Internacionais de Catalogação na Publicação (CIP)
(Câmara Brasileira do Livro, SP, Brasil)

Cesar, Ana Cristina, 1952-1983.
Crítica e tradução / Ana Cristina Cesar ; [prefácio Alice Sant'Anna]. — 1ª ed. — São Paulo : Companhia das Letras, 2016.

ISBN 978-85-359-2749-8

1. Cinema e literatura - Brasil 2. Documentário (Cinema) - Brasil 3. Escritores brasileiros 4. Literatura - História e crítica. 5. Poética. 6. Tradução e interpretação. I. Sant'Anna, Alice. II. Título.

16-03753 CDD-869

Índice para catálogo sistemático:
1. Literatura brasileira 869

[2016]

EDITORA SCHWARCZ S.A.
Rua Bandeira Paulista, 702, cj. 32
04532-002 — São Paulo — SP
Telefone: (11) 3707-3500
Fax: (11) 3707-3501
www.companhiadasletras.com.br
www.blogdacompanhia.com.br
facebook.com/companhiadasletras
instagram.com/companhiadasletras
twitter.com/cialetras

sumário

07 prefácio — dizer tudo, *Alice Sant'Anna*

19 literatura não é documento

159 escritos no rio

317 escritos da inglaterra

489 alguma poesia traduzida

523 cronologia
529 índice de ensaios e traduções

prefácio — dizer tudo

"TUDO PODE SER DITO NO POEMA, mas na realidade nem tudo pode ser dito." Quando escreve "na realidade", o que Ana quer dizer? Ela está sublinhando a negação da primeira frase, como se, de fato, nem tudo pudesse ser dito no poema, ou está opondo a moldura do poema à realidade, lá fora, onde nem tudo pode ser dito?

Quando alguém diz: "Estou mentindo", pode estar mentindo ou dizendo a verdade. Se estiver dizendo a verdade, estará mentindo duas vezes?

Crítica e tradução — livro que reúne *Literatura não é documento*, *Escritos no Rio*, *Escritos da Inglaterra* e alguma poesia traduzida — dá mostras não só da inteligência e da profunda sensibilidade da Ana leitora, resenhista e tradutora. Aponta sobretudo para os temas que aparecem na produção da Ana poeta.

Como confirma Maria Lucia de Barros Camargo no minucioso *Atrás dos olhos pardos*, Ana, em seus ensaios, coloca-se "de viés": fala "de si, fingindo objetividade e distanciamento crítico".

Ainda que os assuntos explorados em sua safra teórica sejam muito variados, incluindo cinema documentário, questões de tradução e feminismo na literatura, há alguns pontos que ressoam em muitos textos. Em especial, Ana quer entender quem diz, de onde diz, como diz.

"Quem diz" é questão central de "Bliss", da neozelandesa Katherine Mansfield. Ana traduziu o conto para o Curso de Literatura — Teoria e Prática da Tradução Literária, na Universidade de Essex, na Inglaterra, que lhe rendeu o título de Master of Arts, *with distinction*, em 1981. Se as notas de pé de página são, para Edmund Wilson, o arame farpado ao redor do texto, aqui Ana muda o convite. As oitenta notas incluídas em *Escritos da Inglaterra* são mais volumosas que a própria tradução do conto para o português, e revelam os bastidores, as dificuldades e as escolhas do processo.

No conto, a câmera do narrador acompanha de perto a protagonista. Bertha Young vai receber convidados para um jantar em sua casa. Está dando conta dos preparativos, arrumando as frutas, as almofadas. Sem saber bem o motivo, se sente eufórica, como se "tivesse de repente engolido o sol de fim de tarde e ele queimasse dentro do seu peito".

(Vale um parêntese: há definição melhor para "bliss" do que o sol queimando dentro do peito? O título, como não podia deixar de ser, merece a primeira nota. Ana traduz por "Êxtase", mesmo reconhecendo que a escolha não seja precisa, já que em português não temos equivalente para essa alegria extrema, quase selvagem.)

Pois bem. Enquanto não chega a hora do jantar, Bertha passa tempo com a filha (para a irritação da babá, que trata a patroa com desprezo), arruma a casa, contempla a árvore no quintal (uma pereira — espécie bastante familiar para o leitor inglês, mas que Ana prefere traduzir por "árvore", pois para o leitor brasileiro "pereira" seria "uma palavra desarmoniosa e inexpressiva [em termos de experiência]").

Os convidados começam a chegar: um casal, um poeta da moda (!), Miss Fulton (amiga de Bertha) e o anfitrião, que se atrasou no trabalho. Tudo corre bem, conversas sem sobressaltos à mesa. Já é tarde e as visitas precisam tomar o trem de volta para casa. Na despedida (atenção, *spoiler*), a protagonista flagra o marido se despedindo de Miss Fulton num gesto bastante íntimo, revelador.

O narrador então é contido, não aproxima suas lentes para registrar o que Bertha sente. Economiza nas palavras. O conto que começa com o sol queimando dentro do peito termina com a personagem correndo até as janelas que dão para o quintal.

"E agora, o que vai acontecer?"

Quem pergunta é Bertha, mas bem poderia ser o narrador. A árvore continua lá, "tão bela e florida e imóvel como sempre".

Pano rápido. Fim.

Tudo pode ser dito, mas nem tudo. O que interessa para Ana em "Bliss" é a voz narrativa, que oscila magistralmente entre um registro mais prosaico e outro mais poético, ao sabor dos sentimentos de Bertha. A cumplicidade é integral. O narrador tem o benefício de ser mais articulado do que a personagem: consegue dar nomes às coisas, às sensações. A distância entre os dois, portanto, flutua. Se no começo do conto a protagonista é invadida por uma alegria fortíssima, dirigida aos objetos, às frutas, às cores, à composição da sala de jantar, às almofadas, o desfecho é cruel, sucinto — o sol que queimava dentro se apaga num corte seco.

Ana percebe que há uma "onisciência seletiva": embora o narrador esteja em terceira pessoa, apenas Bertha é acompanhada de perto, como se ela fosse o filtro, como se ela ditasse o tom em que a história é contada. Quando a protagonista está na luz, o narrador está também. Quando ela está no escuro, o narrador parece emudecer, relatando o mínimo necessário. Só a árvore continua imóvel.

Mais do que a trama em si, o que impressiona em "Bliss" é a maneira como a história é narrada. Quem diz, de onde diz, como diz. Não à toa, a epígrafe da dissertação de Ana é um fragmento de um diário de Katherine Mansfield: "Tenho paixão pela técnica. [...]. Acredito que é da técnica que nasce o verdadeiro estilo. Não há atalhos nesse caminho".

Essa frase cai como uma luva (de pelica) para Ana. Contar uma história é pura técnica. Ana diz que está mais interessada na dicção de "Bliss", em sua natureza poética, do que em traduzir o conto ipsis litteris (por isso, sai "pereira" e fica "árvore").

Ao se debruçar sobre o diário, as cartas e as biografias de Katherine Mansfield, Ana fala da dificuldade de distinguir, nesse caso específico, o que é literatura do que é vida, como se KM fosse uma "única e indivisível composição". Mais um indício de como a produção poética e a teórica de Ana se relacionam diretamente. A poeta diz: "Essa fusão de ficção e de autobiografia me seduz".

Qualquer semelhança com o que o leitor de Ana sente não deve ser mera coincidência.

Com Walt Whitman acontece coisa parecida. No texto "O rosto, o corpo, a voz", publicado em 1983 no *Jornal do Brasil* (e depois incluído em *Escritos no Rio*, com organização de Armando Freitas Filho), Ana fala sobre o poder que o poeta tem de deixar os leitores apaixonados. Fisicamente falando. "É como se ler Whitman significasse tornar-se amante de Whitman." E continua: a distância, em WW, seria abolida, já que a figura mítica do poeta seria capaz de criar uma relação direta com cada leitor, cara a cara. Como se o livro abandonasse a forma de livro e ganhasse corpo. No final de *Folhas de relva*, ele se despede: "Sou eu que tu abraças e que te abraça".

Por outro lado, Ana sabe, o texto nunca abandona sua forma. Em depoimento no curso "Literatura de mulheres no Brasil", ministrado por Beatriz Resende em 1983, a poeta chega à trágica conclusão: "Um texto é só texto, não é pele, ele não é mãos tocando, ele não é hálito, ele não é dedos".

Tudo pode ser dito? Quanto pode se dizer num poema?

Escreve Drummond:

Tudo vivido? Nada.
Nada vivido? Tudo.

Em *Literatura não é documento*, resultado do curso de mestrado em Comunicação na UFRJ, concluído em 1979, Ana analisa filmes documentários produzidos no Brasil sobre escritores. Vai desde os projetos político-culturais patrocinados pelo governo do Estado Novo, passando pelos anos de militância da esquerda na década de 1960, até chegar ao governo Geisel. A proposta é encontrar padrões que se repetem e estabelecem, nas palavras dela, uma "determinada visão de literatura".

Quando lemos um livro, é difícil esquecer que a história está sendo contada por alguém. As palavras estão ali porque foram convocadas. Já no cinema a coisa pode mudar de figura: Ana diz que os documentários sobre autores adotavam, com frequência, uma lente objetiva, que prometia mostrar a Verdade com V maiúsculo, uma realidade pretensamente pura, verossímil, transposta para a tela sem o dedo de ninguém.

Quando a voz narrativa está disfarçada, a credibilidade ganha força. A maior parte dos documentários daquela época, Ana comenta, não tem mediador, não se confunde com ficção ou encenação, de modo que muitas vezes a imagem repete o que está escrito e esvazia o sentido do texto original. Onde se lê boi, se vê boi.

É uma responsabilidade ética, afinal. O documentário pode levar muito a sério sua premissa de ensinar, informar, esclarecer, instruir, construir uma identidade, uma nacionalidade brasileira genuína, em que os valores populares devem ser protegidos, e deixar de lado uma questão fundamental: mostrar quem está atrás da câmera. Quem diz, como diz.

Em *O poeta do castelo*, de 1959, de Joaquim Pedro de Andrade, Manuel Bandeira assume a posição de ator e encena, em silêncio, o seu próprio dia a dia, com a leitura em off dos seus poemas. Compra leite, carrega a garrafa até sua casa, acende o fogão, esquenta o leite na panela.

Ana destaca esse filme como emblemático, por colocar à prova a ideia de documentário como documento, cópia do real, que informa o público. Em *O poeta do castelo*, essa relação é analisada criticamente — como se vê, Bandeira está atuando. Ao disfarçar, ao encenar para a câmera, não está sendo mais honesto com sua própria imagem?

No poema "Testamento", o primeiro lido em off no filme, Bandeira diz: "Por outras terras andei./ Mas o que ficou marcado/ No meu olhar fatigado,/ Foram terras que inventei". Se as terras, na literatura, foram inventadas, o documentário deve ter a preocupação de não empurrar o espectador para uma verdade manipulada, reprodução da realidade, uma terra que aparentemente sempre existiu, como quem diz: é assim, não sou eu quem está dizendo.

Ana, em sua pesquisa sobre cinema, toma partido, quer desorganizar essa visão ingênua. Em vez de retratar, ela defende que o documentário deve "subjetivar, metaforizar, silenciar, encenar, ignorar, ou intervir criticamente". O bom documentário, ela defende, se põe em questão, coloca em xeque a pretensão de dizer alguma coisa, e em vez disso joga luz sobre a relação de quem fala com seu objeto: "A operação interessante é arrancar o tal *je* do seu esconderijo".

Seja no filme ou no livro, tudo é elaboração. Nada aparece na tela ou na página tal e qual, tudo é escolha. Nas resenhas "Para conseguir suportar essa tonteira" e "Um livro cinematográfico e um filme literário", ambas publicadas em 1976, no *Opinião*, Ana comenta *Armadilha para Lamartine*, de Carlos e Carlos Sussekind. O livro é fruto do choque de dois textos — os diários sem *intenção* artística do Carlos pai, cujo original chegava a 30 mil páginas, e o texto do Carlos filho, escrito no sanatório. O que se discute aqui são os limites entre literatura e biografia. Real, cópia fiel, de um lado, e representação, máscara, de outro. O *eu* dentro e fora do esconderijo.

"Quem diz" mais uma vez alcança posição de destaque diante da lupa de Ana. Ao falar sobre esse texto heterogêneo, encontro de duas gerações, a montagem do livro fica em evidência. A estrutura, assim, aparente, entrelaçada, faz pensar na estrutura dos filmes, em que a sequência de duas imagens é capaz de provocar um novo sentido: ela fala por si, sem que o narrador precise chegar à conclusão em voz alta, de mãos dadas com o espectador/leitor.

A "arquimontagem" de *Armadilha para Lamartine*, segundo Ana, revela o "desejo impossível" de o narrador se ausentar do texto, de ser neutro. Ao mostrar as imagens de modo realista, sem voz direta, o escritor discute sua posição de quem comanda o discurso, escolhe as palavras, fala das terras omitindo que foram inventadas. O escritor quer, nas palavras de Ana, "fazer cinema na literatura".

Se o narrador é figura constante no debate teórico da poeta, na sua produção literária não é diferente. Ana brinca o tempo todo com a distância entre locução e objeto, entre quem está diante e quem está atrás da câmera, entre o narrador e Bertha Young. Interessa pensar aqui nessa voz trabalhada, construída, que afirma que tudo pode ser dito no poema. Ou talvez nem tudo.

Em seu método poético, Ana coloca em constante tensão a distância, a tal da "onisciência seletiva". Flora Süssekind, em *Até segun-*

da ordem não me risque nada, aponta os dois lados: a experiência da "autorreflexão", "muito pessoal", "coisa íntima", em contraste com a "postura quase sempre 'em guarda'". A poeta, ao interpelar o leitor, ao se dirigir a um interlocutor anônimo, quer mobilizá-lo, segurá-lo pela gola ("É para você que escrevo, hipócrita").

Mas o tom de confissão é forjado. Lembramos então da técnica de que fala Katherine Mansfield, de sua preocupação com a dicção, o tom, os recursos poéticos. No curso de Beatriz Resende, Ana é taxativa: se você procurar intimidade nos poemas, não vai encontrar. A literatura, por ser pensada, transforma aquilo que seria estritamente pessoal em outra coisa. "Eu queria jogar minha intimidade, mas ela foge eternamente."

Esse narrador em primeira pessoa, que fala tão de perto, numa conversa ao pé do ouvido, contando um segredo a sete chaves, produz o efeito que Flora chama de "sedução voyeurística". Ana, ao dramatizar o próprio discurso, está numa zona onde não se pode distinguir com clareza o que é lírica e o que é biografia.

E, por falar em técnica, a forma que Ana escolhe para sua produção literária é muito particular. A estrutura de conversa, de diálogo simulado, lembra o que Ana escreve em *Literatura não é documento*: qual é a graça de simplesmente relatar as novidades ao seu interlocutor, numa suposta isenção, no apagamento da voz, quando se pode justamente pensar sobre a própria voz, escancarar o lugar de quem fala? Ana tira o eu do esconderijo.

Silviano Santiago junta as pistas no texto "A falta que ama": "Autobiografia falsa? Autobiografia verdadeira? [...] Autobiografia inventada? Está esquentando". Nesse limite embaçado entre intimidade e intertextualidade, entre cópia da vida real e literatura, o leitor não contém a vontade de olhar pela fechadura. Conclui Silviano: "É preciso ser sentimental sem ser introspectiva. É preciso ser sincera sem ser confessional".

"Confessional", palavra bastante pejorativa, costuma se dirigir à escrita das mulheres. É raro dizer que um homem escreve de modo "confessional".

Pensando no que é próprio à literatura chamada "feminina", não foi à toa que Ana escolheu as formas de diário e de carta. A mulher, ela diz, não começou escrevendo no jornal. Os primeiros passos foram dados numa esfera muito pessoal, familiar, íntima, quase sempre se dirigindo a alguém (o "querido diário" não deixa de ser um poderoso interlocutor).

Armando Freitas Filho explica, no prefácio de *Poética*: "[...] o que era dito confidencialmente se abria para todos sem se entregar por completo, não por mero capricho, mas sim porque o que era dito era irresoluto por natureza". E Heloisa Buarque de Hollanda, no texto "A imaginação feminina no poder", arremata, chamando a atenção para esse suposto "lugar da mulher": "Todos os estigmas femininos, tabus para o feminismo, sustentam e informam esse discurso, a extrema subjetivação do diário, a interioridade da correspondência, a impressão de confinamento".

Reunindo esses traços do que se convencionou chamar de literatura feminina, Ana defende que essas marcas de escrita nem sempre se limitam a escritoras mulheres. Um autor homem, ela diz, pode ter uma escrita feminina. Mas se tem uma coisa que ela não suporta é ver mulher escrevendo exatamente como se espera que a mulher escreva.

Ela dá nome aos bois na resenha "Literatura e mulher: essa palavra de luxo", publicada em 1979, no *Almanaque* 10. Ao analisar os livros de poesia *Flor de poemas*, de Cecília Meireles, e *Miradouro e outros poemas*, de Henriqueta Lisboa, Ana detecta linhas completamente previsíveis, que passam "a largo do modernismo", que não contemplam a mulher moderna, "violenta, briguenta, cafona, onipotente, sei lá?". A mulher ideal dos poemas, essa mulher antiquada, trata sempre do Belo, etéreo, sublime, com nobreza e uma boa dose de pudor.

Em sua poesia, Ana trata justamente de desconstruir a perspectiva da mulher bem-comportada, elevada, perfeita. Uma imagem bastante conformada do que a mulher vem a ser, um clichê que Cecília e Henriqueta, apesar do correr dos anos, apenas reforçaram.

"Ser mulher", define Maria Camargo, "como tema e motivo." E prossegue: Ana tem consciência de que busca "uma nova poesia, uma nova palavra de mulher, que não se confunda com simples ineditismo, nem com expressão direta e espontânea da intimidade de um eu inserido no cotidiano [...]".

Em seus diários "de mentira", em suas cartas sem destinatário no envelope, Ana tira o eu do esconderijo, se expõe sem perder a pose, o controle, o rigor. O que importa para ela é não copiar o real, e sim evidenciar o "olhar estetizante". Dizer tudo. Ou fingir dizer tudo.

"O poeta é um fingidor", escreve Fernando Pessoa.
"A gente sempre acha que é Fernando Pessoa", escreve Ana.

Pessoa, Drummond, Sussekind, Katherine Mansfield, Whitman: curioso que Ana não tenha organizado, propriamente, uma antologia. Ainda assim, apontou nomes que seriam lidos avidamente pela futura geração, atenta ao seu radar. São os nomes que aparecem no "Índice onomástico", no final de *A teus pés* — autores com quem ela cruza, rouba versos, e também nomes que traduziu ou resenhou, em sua lavra teórica.

Se Ana tivesse assinado uma antologia, certamente incluiria Sylvia Plath e Emily Dickinson. E também Manuel Bandeira, Mário de Andrade, William Carlos Williams. E Armando Freitas Filho, Francisco Alvim, Angela Melim, entre muitos outros.
De volta ao depoimento no curso de Beatriz Resende, Ana diz que poesia é, sim, para iniciados. Que poesia não é para ser lida de qualquer jeito, espontaneamente. Isso não quer dizer que o iniciado tenha que ter lido "quinhentos e noventa mil autores", nem que precise trilhar um caminho já esquematizado pelas universidades de letras. Essa entrada na poesia não precisa ser acadê-

mica, ela diz, é possível começar de qualquer ponto. "Você pode se iniciar pelo meu livro."

Será que ela poderia supor quantas pessoas da geração contemporânea de fato se iniciaram pelo livro dela? O impacto de Ana é tamanho que, mesmo sem ter assinado uma antologia, foi como se tivesse. Foi lendo Ana que seus leitores buscaram "Bliss" e *Armadilha para Lamartine*, para ficar em apenas dois exemplos.

Em sua rede intertextual, seja nas apropriações poéticas de versos alheios ou na crítica extremamente aguçada e original, Ana aconselha aos seus leitores: leiam isto e isso e aquilo também. Disse tudo.

Alice Sant'Anna

literatura não é documento

Este livro é de Cecil e Helô

ESTA PESQUISA NA VERDADE começou onde hoje termina: no fichário de filmes documentários sobre autores ou obras literárias produzidos no Brasil e atualmente em circulação. O primeiro movimento da pesquisa foi assim o de ir ao cinema; espiar esses filminhos; e catalogá-los, anotá-los, pensá-los. Esse movimento, porém, constitui a base "empírica" e não o objeto da pesquisa. Esse "objeto" não são propriamente os filmes a que andei assistindo, mas sim os conceitos ou representações do literário que esses filmes, explícita ou implicitamente, acabam utilizando. Que definição de literatura, que visão do autor literário são postas em circulação por esses filmes? Esta seria a minha pergunta, que de alguma forma pode ser articulada com determinados "projetos político-culturais": o surto de cultura patrocinada pelo Estado Novo, o projeto cultural militante de esquerda que se intensificou nos anos 1960 e o novo surto de cultura patrocinada que parece pegar no governo Geisel.

Na sua forma atual, a pesquisa divide-se em duas partes: o meu texto, com cinco capítulos, e a documentação, incluindo depoimentos de diretores de documentários sobre literatura, dois roteiros e a filmografia com pretensões a completa. Dos cinco capítulos que compõem o meu texto, "Cromos do país" introduz a matéria e discute um economicismo que pretendi descartar e cuja problematização mal será retomada; "Bárbaro, nosso" quer deter-se na época em que Humberto Mauro produziu os primeiros documentários sobre autor literário no país (1939-49); "A parte dos cabelos brancos", expressão usada por um presidente para designar a "cultura", insiste sobretudo na definição de cultura nacional que o Estado tem procurado formular, especialmente após 1964, e que se concretiza na Política Nacional de Cultura; "Heróis póstumos da província" fala do aproveitamento direto dessa formulação, ou seja, dos documentários sobre literatura que se engatam sem crítica a essa formulação, tendo sido produzidos especialmente na década de 1970; e finalmente "Desafinar o coro" quer levantar não os filmes que dão a volta por cima com pureza, mas sim as brechas que alguns deles introduzem num sistema dominante de representações ideológicas, que inclui os conceitos de "filme documentário, cultural ou educativo", "literatura", "autor literário/artista" e "nacionalidade cultural".

Esta pesquisa foi realizada durante meu curso de mestrado em comunicação na UFRJ e constitui parte da tese intitulada *Literatura e cinema documentário.*

Ana Cristina Cesar
janeiro de 1979

cromos do país

A LITERATURA É A ÚNICA PRODUÇÃO cultural que constitui matéria escolar obrigatória. A literatura, ou melhor: o conjunto de autores e textos consagrados e aprovados para circulação na escola. E não é só na escola que os autores literários circulam como vultos nacionais, grandes homens que construíram monumentos pátrios. A literatura circula, sobretudo — nos meios escolares, nas instâncias de consagração de cultura, nos meios de comunicação de massa —, através do nome de personalidades cujas obras refletem "valores nacionais". O autor literário consagrado integra a galeria dos cromos escolares e dos edificadores da "cultura brasileira".

Essa galeria se torna particularmente importante em momentos de afirmação da "identidade nacional", de capitalização dos grandes nomes para uma promoção nacionalista da cultura. "Se considerarmos a função desempenhada pelo artista latino-americano, encontraremos nele uma das forças mais vigorosas de afirmação de nossa identidade cultural", afirma em 1977 o diretor do Departamento de Assuntos Culturais do MEC, acentuando que esse processo "se reflete fundamentalmente na literatura".[1]

Fazer um filme documentário sobre autor nacional é relacionar-se inevitavelmente com essa circulação do literário. Principalmente se se trata de autor consagrado. O filme documentário sobre autor se afirma no país em estreita ligação com o sistema escolar. Aliás toda produção de documentário tem de se haver com a função instrutiva, que aparece desde a origem do cinema documentário ligada à sua própria natureza de "reprodução" (não ficcional) da realidade. O cinema documentário deve documentar para ensinar. Documentar já é ensinar, mostrar, divulgar, esclarecer. É assim duplo o comprometimento do documentário sobre autor com a escola ou com a "instrução informal do povo": primeiro, por ser documentário, gênero que se afirma instrutivo nos seus propósitos; optar pelo documentário será embarcar na sua proposta educativa (formal ou informal), ou então discuti-la, se é que isso é possível no interior do próprio gênero. Em segundo lugar, pela escolha do objeto a ser documentado: autor literário, matéria curricular. Em termos de escola, o comprometimento é mais direto do que no caso de outra produção cultural. Os professores abrem os olhos para os atrativos luminosos do cinema.

Há dois surtos distintos na produção de documentários sobre autor literário no Brasil. Um mais diretamente ligado à afirmação ameno-curricular de vultos nacionais; outro vinculado, contraditoriamente ou não, à sua afirmação extracurricular, informalizante, modernizante. Em linguagem oficial, o primeiro surto é mais "educativo", o segundo, mais "cultural".

O primeiro liga-se à produção de curtas-metragens educativos produzidos em massa pelo INCE e dirigidos pelo seu então chefe do Serviço de Técnica Cinematográfica, Humberto Mauro, a partir de 1937. Mais do que surto, esses primeiros filmes configuram um grupo, revelam uma uniformidade, se integram a uma ofensiva oficial no campo da educação escolar e da cultura. Uma ofensiva digamos estadonovista, embora seja mais exato referi-la diretamente a Gustavo Capanema.

O segundo é recente, pós-1970, como que acompanhando interesse análogo em produzir filmes de ficção baseados em obras literárias. Os documentários de 1970 configuram mais um surto e menos um bloco patrocinado. Depois de um hiato entre 1950 e 1960, irrompe a preferência pelo autor de literatura. Por hipótese, essa preferência, essa opção de objeto documental articula-se a um momento político em que novamente a "cultura" é prioridade governamental. Ou melhor, em que a cultura tende a se definir mais especificamente como campo de intervenção oficial — e, novamente por hipótese, como contrapartida, compensação ou busca de uma eficácia de controle perdida num esquema repressivo.

Um momento e outro — a época de Capanema e a década de 1970, principalmente de 1974 em diante — têm em comum essa ofensiva oficial. O Estado quer patrocinar ou incentivar a cultura, esse bem de todos. Mal ou bem, essa ofensiva se reflete nas relações dos produtores de cultura erudita com o Estado. Em 1940, o Estado patrocina documentários. Humberto Mauro é funcionário do INCE, órgão do MEC. A relação é direta. Em 1970, o documentário, produto precário e faminto de recursos, tem de se relacionar de alguma forma com o renovado interesse do Estado, com intervenções oficiais cada vez mais organizadas, e com o debate que renasce não só nos meios oficiais sobre a "cultura nacional". A relação é complexa.

Em 22 de novembro de 1975, o cineasta Antônio Carlos Fontoura declara ao *Jornal do Brasil* que os realizadores de documentário são "frequentemente forçados a vender por um preço vil o direito de exibição de seus filmes para saldar dívidas de produção. Fora disso, existe apenas o curta-metragem patrocinado. O mais frequente patrocinador é o MEC, através do Departamento do Filme Educativo e do Departamento de Assuntos Culturais, que, por meio de concorrências, coloca em mão dos realizadores/produtores verbas para que façam filmes com temas culturais. O Departamento do Filme Educativo ainda compra dos produtores o direito de distribuir seus filmes em um circuito nacional de escolas, universidades e associações. Mas as concorrências para produção e compra de direitos são para um número limitado de filmes com características específicas, não acolhendo inúmeros projetos ou filmes que não atendem aos padrões culturais desejados".

Uma primeira distinção: o realizador independente e o realizador patrocinado pelo MEC. O realizador independente enfrenta todas as dificuldades possíveis em face da nova realidade estrutural do país, cujo mercado e formas de produção se centram na grande empresa monopolista. A única alternativa financeiramente viável seria buscar a subvenção estatal, a partir de concorrências que selecionam os documentários com *características específicas*, produzidos dentro dos *padrões desejados* pelo Estado. Embora não se tenha dito quais são essas características ou padrões, fica insinuado que os filmes patrocinados têm de se encaixar dentro das exigências ideológicas do patrocinador. O financiamento oficial tenderia a produzir filmes que refletem a ideologia oficial. A produção independente (do ponto de vista financeiro e ideológico) não se aguentaria.

Nessa perspectiva, o fato de um documentário sobre literatura ser produzido por empresa do Estado já informaria sobre o seu conteúdo. A apreensão do literário por esses filmes, filtrada pelos critérios das concorrências, tenderia a se identificar com a visão oficial da literatura, e mais, com a concepção oficial sobre a cultura; exaltação da personalidade do autor e preocupação em fixar para a posteridade a imagem do vulto e dos fetiches que marcam sua presença ("registro da memória nacional"): berço, túmulo, objetos pessoais, iconografia familiar, caminhos que percorreu, tipos que conheceu, capas dos seus livros, prêmios recebidos, aclamações, belos bustos em bronze.

Em 21 de maio de 1977, a propósito de uma amostra de documentários apresentada num seminário sobre cinema e literatura no MAM-RJ, dois jovens intelectuais escreveram na *Tribuna da Imprensa*: "Dos curtas exibidos — todos referentes à literatura —, *Klaxon*, de Sérgio Santeiro (sobre a revista do mesmo nome); *Bárbaro e nosso*, de Márcio Souza (sobre Oswald de Andrade); *Lima Barreto*, de Júlio Bressane; *Poesia, música e amor* (sobre Vinicius) e *Na casa de Rio Vermelho* (sobre Jorge Amado), ambos da dupla David Neves/Fernando Sabino — destacam-se os dois primeiros pelo experimentalismo e arrojo de linguagem, e os dois últimos pela decepção causada pela exaltação e mitificação da personalidade dos escritores: vemos Vinicius entrando em festas, beijando pessoas; Jorge Amado conversando entre amigos ou passeando com a prole. Tudo patrocinado pelo Banco Nacional como contribuição à cultura brasileira".[2]

Segunda distinção: as produções independentes em termos de linguagem, e as produções fetichizantes, patrocinadas pelo grande capital. De um lado, os filmes que traduzem uma concepção oficial, escolar, exaltadora de personalidades, através de uma linguagem conservadora e da ênfase nos dados biográficos. Do outro, uma produção que pretende penetrar e interpretar o universo literário, deslocando a figura do autor do centro das atenções e pondo em cena algum tipo de relação com o texto literário. E fica num certo limbo uma produção que não se encaixa bem nem em uma nem em outra, porque parece esposar um pouco de cada uma, como o *Lima Barreto.*

Documentário decepcionante é aquele subvencionado pelo grande capital? É decepcionante graças à origem da sua subvenção? Filme patrocinado pela grande empresa (estatal ou não) reflete uma "ideologia oficial" da cultura, dado assim claramente identificável? A origem do financiamento determina a linguagem do produto?

Para não cair na correspondência imediata entre subvenção oficial/ideologia dominante, ou no seu reverso inexplícito, é preciso considerar outras determinações. A primeira dessas determinações tem a ver com a história do cinema no Brasil, sempre lutando com dificuldades financeiras e precária estrutura industrial, e que a partir de 1966, com a criação do INC, passa a ser cada vez mais área de interesse do Estado. Seria necessário examinar a relação do Estado com o "campo da cultura", culminando na definição de uma Política Nacional de Cultura no governo Geisel.

> Creio que o surto de documentário sobre autor nacional faz parte de um dos "objetivos nacionais". Sabemos que a produção do curta-metragem no Brasil é coisa para diletante, não é levada a sério, mas em determinado momento foi atrelada à sustentação ideológica da chamada "cultura nacional brasileira". Como tudo que era produção simbólica foi atrelado à necessidade de estabilizar ideologicamente o regime, o curta-metragem acabou rebocado.[3]

Outra determinação importante é o sistema de favor e o aventureirismo ainda tão em voga no país. A produção de curta-metragem, essa coisa diletante, e aí também grande parte da produção cinematográfica em geral, é ainda no mais das vezes resultado de um impulso aventureiro de realizadores coagidos pela precariedade de recursos. Dentro dessa precariedade, conta muito que o MEC esteja interessado em projetos culturais, e conta um certo cálculo, ainda que impreciso, sobre os "padrões desejados". Por outro lado, e é isso que balança as correspondências economicistas, esse cálculo é sempre mais vago do que se pode supor. Lado a lado com a aventura, o sistema do compadrio e do favor ainda vigora no Brasil, ainda é mola institucional, o que pode impedir que muito projeto bem-comportado seja aprovado. A secreta e provinciana história do compadrio resta ser contada.

O objeto "autor nacional" integra os objetivos da política cultural oficial, como veremos com mais detalhes. No entanto, se essa ofensiva estimula a produção de documentários sobre personalidades destacadas ou biografias de escritores, não tem o poder, no seu nível de generalidade, de determinar a linguagem desses documentários. O dirigismo cultural é menos determinante do que se pode pensar, ou melhor, depende de uma colaboração estreita do produtor cultural, produtor ou utilizador de linguagens. O documentário interessa como promoção de uma política porque *fixa* imagens, registra a carinha do autor, o monumento nacional. No que se opta por esse registro, o aproveitamento ideológico do registro poderá ser até inevitável. A questão que não se considera é que todo documentário, mais do que falar de um objeto que lhe é externo, fala fundamentalmente da *relação* entre o seu produtor e seu objeto. Articula uma *visão* sobre esse objeto e não capta a sua realidade pura. A ilusão documental consiste em ler o filme documentário como aquele modo fotográfico que mantém, mais fiel do que qualquer outro, a integridade do real, que deixa a realidade mostrar-se a si mesma sem intervenções. É no documentário que a *literalidade* da fotografia vem à baila com mais força. É como se estivéssemos diante do próprio real, duma analogia perfeita, duma pura denotação. O mito da objetividade é reforçado pela proposta documental, que sabe bem encobrir a sua manipulação.

Talvez não se possa identificar dentro da produção de documentários sobre autor nacional um tipo de produto diferenciado que veicule uma crítica radical à visão circulante de literatura. Isso porque o produto geralmente parte de pressupostos indiscutíveis: a função documentário, a função autor e o conceito de cultura nacional. São pressupostos autoevidentes, logo emudecidos, a partir dos quais se começa a produzir: a função documentário fundamenta a abordagem didática, expositiva, que instaura uma relação de esclarecimento construtivo/informação objetiva com o espectador (ou, em alguns casos específicos, de esclarecimento "comovedor", que remete para um conceito da inefabilidade do objeto) e uma relação de apropriação e reprodução fidedigna do seu objeto. A função autor veicula um conceito harmonizante de literatura e de história. A história é feita por personagens ilustres, merecedores de bustos nas nossas praças e filmes nas nossas filmotecas. A literatura é um dos grandes feitos nacionais desses grandes vultos, manifestação superior do espírito, bem cultural de prestígio, espelho da nossa nacionalidade, entendida como essência amalgamadora. Quem escreveu a *Moreninha*? Um texto é antes de tudo um nome, origem e explicação das suas significações, centro de sua coerência, chave controladora das suas inquietações.

Seria possível introduzir diferenças no interior do sistema documentário/autor literário/cultura nacional?

Um produto diferenciado não se explica por sua relação coerente com uma cobertura financeira independente ou precária. Não se explica tampouco pela "oposição ideológica" que instaura contra o "Poder", ou seja, por uma ideologia dominada que se contrapõe a uma dominante. Mais ainda porque, em termos de cultura brasileira, o conceito oficial e o conceito das esquerdas andam mais próximos do que se pode imaginar. As esquerdas constituídas também não têm posto em dúvida a função missionária, educadora, que se materializa com justeza no documentário-padrão, dados conteúdos esquerdizantes. Se é possível localizar filmes diferenciados no interior da produção de documentários sobre literatura, seriam filmes que produzem *tensões específicas* no sistema que parece predeterminá-lo: tensão entre a subvenção oficial e a discussão da visão oficial; entre a pressuposta missão educativa do documentário e elementos que rompem o aparato didático-objetivo ou didático-comovedor; entre esses elementos e a aliança que todo documentário estabelece com seu público (esclarecer, mostrar); entre o educativo (dar aula sobre um autor) e o interpretativo (trabalhar sobre textos). Não sei se algum desses filmes consegue eliminar essas contradições e situar-se com pureza no lugar da Contestação. O documentário se faz sob o peso da própria palavra e missão, que define uma relação do poder com o real (copiá-lo, documentá-lo) e com o espectador (instruí-lo, informá-lo, esclarecê-lo). E numa época de ofensiva cultural da parte do Estado, mesmo com linguagem "arrojada e experimental" pode ser reintegrado ao padrão, ao circular como *documentário* sobre um *autor* que é *nacional.* O que se pode identificar é a aderência implícita, indiscutida, a esses conceitos, ou então a produção de tensões e resistências maiores ou menores, mais ou menos coerentes, que possibilitariam a discussão desses mesmos pressupostos.

A partir de 1964, a "legislação cerrada, o cerco ideológico e o impulso econômico" encaminham gradualmente a explicitação de uma política nacional de cultura. Essa política se expressa em termos de *subvenção* de cultura e de definição de *cultura.* O problema é que a subvenção de cultura não tem o poder de despertar, por si só, no interior dos produtos específicos que subvenciona, uma definição de cultura. Seria interessante verificar se há filmes que, aproveitando a subvenção, não ratificam a definição oficial de cultura, ou seja, produzem resistências: resistências possíveis, necessárias, improváveis, espontâneas, planejadas, irreconciliáveis, prontas ao compromisso, interessadas, fadadas ao sacrifício etc. Ou então se há filmes que, mesmo fora da subvenção da grande empresa, podem aderir a uma determinada definição de cultura, eliminando na especificidade as possíveis ambiguidades dos critérios das concorrências ou as possíveis brechas dos generalizantes textos oficiais.

bárbaro, nosso

MACHADO DE ASSIS (1939), Euclides da Cunha (1944), Vicente de Carvalho (1945), Martins Pena (1947), Castro Alves (1948) e Rui Barbosa (1949): as primeiras "personalidades literárias" focalizadas por curtas-metragens no Brasil. A iniciativa é oficial e integra um grande projeto de produção de filmes educativos cobrindo as diversas matérias escolares. O realizador é Humberto Mauro, um dos fundadores do INCE (1936), e entre os seus colaboradores contam-se "nomes ilustres da vida artístico-cultural brasileira: Pedro Calmon, Portinari, Santa Rosa, Villa-Lobos, Roquette-Pinto e Francisco Venâncio Filho".[1]

Cinema pedagógico e "dirigido". Ligado a uma preocupação oficial com a modernização da educação escolar; e a um ministro da Educação que atrai e protege artistas e intelectuais, integrando-os a um esquema de amparo oficial, no interior do contraditório regime estadonovista. A instituição e a proliferação do cinema educativo se vinculam ao ímpeto modernizante, organizante e centralizador do momento, num contexto em que a eficácia política parece definir-se basicamente por um impulso de organização sistemática, de "racionalidade administrativa", e por uma expansão tecnoburocrática centralizadora. Até a criação do INCE, em 1936, "o cinema educativo ainda não tinha no Brasil uma organização sistemática com finalidades e recursos que garantissem completo êxito", opina um cronista da época, localizando na gerência disciplinadora da autarquia estatal a possibilidade de êxito do empreendimento cultural.[2]

Se os filmes educativos eram empregados eventualmente em instituições de ensino, não havia medidas legislativas que enquadrassem e dirigissem essa utilização. A primeira iniciativa legal nesse sentido é de 1929, quando Fernando de Azevedo, diretor do Departamento de Educação do Distrito Federal, determina o emprego do cinema em todas as escolas primárias do Distrito Federal. Essa determinação integra reforma educacional geral no Rio de Janeiro:

> As escolas de ensino primário, normal, doméstico e profissional, quando funcionarem em edifícios próprios, terão salas destinadas a instalações de aparelhos de projeção fixa e animada para fins meramente educativos.
>
> O cinema será utilizado exclusivamente como instrumento de educação e como auxiliar do ensino, para que facilite a ação do mestre sem substituí-lo.
>
> O cinema será utilizado, sobretudo, para o ensino científico, geográfico, histórico e artístico.
>
> A projeção animada será aproveitada como aparelho de vulgarização e demonstração de conhecimentos, nos cursos populares noturnos e cursos de conferências.
>
> A Diretoria Geral de Instrução Pública orientará e procurará desenvolver por todas as formas, e mediante a ação direta dos inspetores escolares, o movimento em favor do cinema educativo.

Já se esboça no texto legal o conceito do cinema educativo como facilitador da tarefa pedagógica, colaborador do ensino e, mais do que motivação, alívio para um aprendizado penoso. Mas é através da Soceba — Sociedade Cine-Educativa Brasil Ltda. —, firma criada em 1932 para "suprir a falta de uma entidade especialmente dedicada ao Cinema Educativo em nosso país", que melhor se formula o entusiasmo dos pedagogos por um instrumento de modernização e atenuação dos rigores ditos "medievais" da escola. O interesse pelo cinema aparece desde cedo como manifestação da secreta consciência da falência ou anacronismo do minguado sistema escolar brasileiro.

> Utilizar o cinema como auxiliar educativo é, há anos, desejo do magistério em todo o mundo civilizado... Embora ainda imperfeito, é considerado o Cinema Educativo, por sua incontestável importância educacional, um auxílio indispensável às escolas que queiram estar à altura da época. Com o filme educativo perdurará na memória da criança agradável recordação da escola, tornando-a mais facilmente suportável.[3]
>
> Ele não só educa os alunos como também é o maior propagandista da escola, atraindo para ela gerais simpatias e desfazendo o carrancismo da escola medieval.
>
> Tirar da Escola a máscara que a faz amarga para todos, torná-la alegre, moderna e frequentada com prazer é um belo programa para um pedagogo consciente e, para cumpri-lo, nenhum melhor auxiliar que o CINEMA EDUCATIVO.[4]

A Soceba seria o precursor privado e efêmero do INCE. A Sociedade se constituiria após diagnosticar que, "apesar da boa vontade demonstrada pelo governo e por alguns pedagogos conhecedores do assunto, diferentes motivos de ordem técnica, financeira e administrativa não têm permitido até o presente" o desenvolvimento do cinema educativo no país. Junto com a ideologia modernizadora civilizatória (estar à altura da época, desfazer o carrancismo da escola medieval), implícita a ideia de que não basta *boa vontade* do governo, mas sim intervenção técnica-financeira-administrativa para garantir o funcionamento e a expansão da indústria de cultura. Intervenção esta que se precisará no contexto corporativizante do Estado Novo.

"Era esta a situação" — sem organização sistemática, sem intervenção oficial centralizadora — "quando o ministro Gustavo Capanema levou ao presidente Getúlio Vargas a sua exposição de motivos referente à criação do INCE, a título de ensaio e em caráter de comissão. Por ato de 10 de março de 1936, no despacho do processo n. 5882, de 1936, do ministro da Educação, o presidente Getúlio Vargas criou a comissão do Instituto Nacional de Cinema Educativo." O INCE passa a existir oficialmente em 13 de janeiro de 1937, através do artigo 40 da lei n. 378. O regime incorpora a proposta cultural e organizadora de Roquette-Pinto:

> Art. 40. Fica criado o Instituto Nacional de Cinema Educativo, destinado a promover e orientar a utilização da cinematografia, especialmente como processo auxiliar do ensino e ainda como meio de educação em geral.
>
> FINALIDADE. O Instituto Nacional de Cinema Educativo, diretamente subordinado ao Ministro de Estado da Educação e Saúde, de acordo com a legislação, é o órgão orientador da utilização da cinematografia como meio auxiliar de educação e ensino.
>
> Compete-lhe:
>
> a) Editar filmes educativos populares (standard) e escolares (substandard) assim como diafilmes para serem divulgados dentro e fora do território nacional;
>
> b) Prestar assistência científica e técnica à iniciativa particular desde que a sua produção industrial ou comercial seja de cinematografia para fins educativos.
>
> Para desempenhar sua finalidade o Instituto manterá uma filmoteca; divulgará os filmes de sua propriedade, cedendo-os por empréstimo ou por troca às instituições culturais e de ensino, oficiais e particulares, nacionais e estrangeiras; e fará publicar uma revista consagrada especialmente à educação pelos modernos processos técnicos (cinema, fonógrafo, rádio etc.).

Segundo os termos da lei, o INCE se subordinava diretamente ao ministro da Educação. Gustavo Capanema foi ministro da Educação de 1934 a 1945. Não se pode falar de uma política cultural definida na sua gestão, nem de uma articulação coerente das suas intervenções com a ideologia nacionalista-estadonovista. O que é certo é que por seu intermédio o Estado, além de reformar a educação escolar, incentiva e renova a cultura, mobiliza jovens artistas e intelectuais. No interior do regime autoritário, a atuação do ministro da Educação é qualificada como *esclarecida, avançada, renovadora, pioneira.* Capanema reestrutura a Universidade do

Rio de Janeiro em Universidade do Brasil, cria o Serviço Nacional do Patrimônio Histórico e Artístico Nacional e o Instituto Nacional do Livro. Autoriza o funcionamento da Faculdade Nacional de Filosofia. Cria a Faculdade Nacional de Arquitetura e a Faculdade de Ciências Econômicas. Reforma o ensino secundário. Prestigia a nova arquitetura no Brasil ao convidar Niemeyer e outros jovens arquitetos para colaborar com Le Corbusier no projeto do prédio do Ministério da Educação. "O mesmo ministro que tinha Carlos Drummond de Andrade por chefe de gabinete e convidava Cândido Portinari para decorar as paredes do edifício, ilhado por jardins de Roberto Burle Marx e esculturas dos artistas mais avançados da época."[5]

Não são poucos os intelectuais e artistas que são cobertos e dão cobertura ao Estado Novo. Fica ainda por fazer a análise dessa colaboração, mesmo se posteriormente convertida em resistência; o tema é incômodo e pouco discutido. De qualquer forma, a criação do INCE tem como pano de fundo este quadro: a tendência corporativista, tecnoburocrática, centralizadora do regime; a atuação modernizadora e renovadora de Capanema, incentivador da cultura e implantador de uma reforma centrada no ensino secundário; a contraditória mobilização de intelectuais e artistas, cuja produção não poderá ser analisada simplesmente como reflexo de um ideário estadonovista-fascista. Num momento de afirmação da nacionalidade, o Estado acirra a promoção e a organização da cultura.

No interior do INCE, procurava-se desde logo formular a função, as características e os padrões desejados para um filme educativo. Segundo essa normatização, todo filme produzido no Instituto deveria ser:

1) nítido, minucioso, detalhado;
2) claro, sem dubiedades para a interpretação dos alunos;
3) lógico no encadeamento de suas sequências;
4) movimentado, porque no dinamismo existe a primeira justificativa do cinema;
5) interessante no seu conjunto estético e nas suas minúcias de execução, para atrair em vez de aborrecer.[6]

Esses cinco itens resumem a expectativa oficial em relação à linguagem do filme documentário ou didático. Nítida, clara, lógica, sem ambiguidade, essa linguagem será essencialmente racional, expositiva, sequencial. Ou seja, será tão somente uma reduplicação mais atraente, pois movimentada, da linguagem do ensaio, do livro didático, do verbete enciclopédico. Em forma de filme, "o livro sai da estante e abre-se às multidões, cheio de luz, som e claridade". Não deverá deixar o lugar seguro da exposição racional e unívoca dos saberes escolares. Essa exposição, em nível cinematográfico, se realiza através da narração em off, por um locutor de voz cultivada e enfática, e de imagens que ilustram o texto da narração: a voz possante do mestre e a visualização eficaz das suas palavras, passo a passo. No entanto a missão pedagógica não pode se limitar ao informativo. Ao enciclopédico, à limpidez racionalista da exposição acrescenta-se a intenção formativa, que toma as cores do civismo, da "consciência patriótica", da interpretação *correta* e moralizadora dos fatos da vida nacional, detida pela voz oficial do mestre/narrador: "Histórias antigas, como as dos bandeirantes, são contadas de forma simples e atraente pelo cinema. Anchieta escrevendo na areia seu poema 'A Virgem', 'A Vida de Carlos Gomes', 'O Despertar da Redentora' e agora, 'A Vida de Euclides da Cunha', em preparação, constituem valiosa contribuição do Instituto ao ensino e à divulgação de fatos e episódios nacionais mal interpretados muitas vezes em leitura apressada ou ignorados por completo daqueles que não têm escola". O filme educativo "recorda-nos páginas formosas da nossa história, belas de emoções cívicas, de sentimentos altruísticos, de solidariedade humana, em que a alma brasileira se expande em toda sua nobreza".[7]

O autor literário será, nesse contexto, figura histórica cuja biografia terá função edificante e exemplar. É assim que circula na escola e será pelo didatismo e pela exaltação patriótica que passará ao filme. A ideologia do vulto histórico e a apologia moderna do cinema educativo se cruzam para produzir um certo tipo de documentário. Há padrões de linguagem desejados, há um clamor geral pela modernização do ensino e momentos de renovação de cultura. Há uma organização estatal montada para fazer vir à baila o claro filme escolar, e sem maiores observações esses filmes parecem constituir resposta direta à expectativa oficial.

Essa resposta fica particularmente evidente no texto da narração. Enciclopédico, o texto biografa: data e local de nascimento do autor, família, formação escolar, amigos célebres, realizações, trajetos, obras escritas, data e local da morte. Edificante, procura exaltar seus feitos: Machado de Assis é "poeta e escritor perfeito, ainda não igualado". A obra de Castro Alves é "um verdadeiro sol a iluminar os caminhos da liberdade". A vida de Euclides da Cunha é um exemplo de "dedicação aos mais elevados ideais humanos". Vicente de Carvalho, "lírico dos mais emotivos e dos mais coloridos das letras do Brasil, deixou, ao lado de composições cheias de sentimento e delicadeza, poemas de larga envergadura". Entremeando as biografias e exaltações, o elogio cívico da "Nação Brasileira".

Na relação com a imagem desses primeiros documentários sobre autor, o reflexo direto fica menos óbvio ou mais ambíguo. Se por um lado a imagem mantém-se fiel à fórmula didática do documentário, por outro revela a intervenção específica de Humberto Mauro. A fórmula é seguida quando a imagem, ao som de acordes grandiosos ou seguindo o texto, procura os monumentos e sinais da passagem do escritor, tratados como relíquias que conservam a sombra e a memória do herói; estátuas e bustos em praça pública, edições de suas obras, objetos pessoais aureolados de autenticidade: a pena, a poltrona, o tinteiro, o pince-nez de Machado de Assis; a barraquinha que abrigou Euclides da Cunha de intempéries e que o Estado por sua vez preserva com cimento. A imagem quer ter esse mesmo movimento preservador, esse gesto de museu, essa ilustração atenciosa das palavras do professor-narrador. No entanto, o cuidado burocrático se excede e de repente transborda, apontando para a leitura "ingênua" de Humberto Mauro, através da manipulação artesanalmente sugestiva (e não mais documental, descritiva) das imagens. Para representar a viagem de Castro Alves ao Rio de Janeiro, basta o plano do mar agitado pelo movimento de um barco invisível. Ou a sombra estilizada de escravos, no trabalho para indicar a emoção que o cativeiro teria provocado no poeta quando menino. Essas cenas não documentam nem comprovam a biografia: sugerem-na metonimicamente, rompendo o estrito aparato do filme-conferência.

No seu primitivismo, os filmes de Humberto Mauro não disfarçam o artifício nem se pretendem verdade natural. Do que resulta um certo encanto do primitivo, do que não elabora suas intenções. Na procura de uma técnica, os seus filmes parecem escapar ao rígido didatismo burocrático quando o evidenciam teatralmente, representando-o (e não pressupondo-o como dado apagado na construção fílmica), de forma que poderia ser considerada ingênua em oposição à sofisticação dos documentários atuais, que encobrem o artifício didático e o integram numa macia fluência "natural". O filme mais notável nesse sentido é *Um apólogo*, de 1939. A figura da professora de literatura, em vez de continuar se neutralizando na voz onipotente, procede à aula, de olho no espectador: "'O apólogo' foi publicado no volume *Várias histórias*. Era uma vez...". Ao "era uma vez" da professora segue-se uma encenação literal e deliciosa do apólogo, em que contracenam a agulha, a linha e o alfinete. Há uma invenção de bom humor nesse literalismo.

No filme *Euclides da Cunha* também se evidencia o artifício da aula cinematográfica: aparece em cena um exemplar de *Os sertões*, cujas folhas vão passando enquanto imagens do sertão se superpõem ao folhear. Ou então se focaliza o mapa de Canudos e dentro do mapa, num quadro dentro do quadro, se abre a imagem móvel da cidade. O livro já não é mais o fetiche do livro, fixado no plano descritivo da capa ou da folha de rosto, tão recorrente em tudo que é documentário sobre autor. É subitamente um brinquedo mágico, caixa de surpresas, objeto infantil que deixa escapar os bichos que guardava. O mapa não é apenas instrumento didático da exposição, mas pretexto para uma superposição engenhosa e inverossímil. Do ponto de vista de uma eficácia cinematográfica, de que adiantaria um mapa que fosse na tela apenas a repetição fotográfica de um mapa? A aula continua no texto da narração, mas a imagem já se situa além, como que brincando de dar aula com indisfarçados truques de cinema.

Há aí uma busca artesanal de soluções, um literalismo meio bárbaro que não é *culto* como o círculo de Capanema, nem *moderno* como quer a época. Humberto Mauro não é um intelectual, é um contador de histórias, que brinca com objetos, inventa sua eficácia cinematográfica e mexe com literatura como quem conta histórias, encena personagens. Essa desneutralização, na sua teatralidade, dilui a intenção ideológica autoritária, mais presente em filmes documentários com técnica assegurada, e que se sustentam na imagem fluida e verossímil, nas tomadas *locais e verdadeiras*. O filme se mostra "sem querer" como artifício construído, encenado, e não como verdade documental transparente que a tela transmitiria, neutra.

a parte dos cabelos brancos

O INCE, CRIADO EM 1936, deixou de existir como instituto autônomo em 1966, quando passou a integrar o INC na qualidade de departamento — o Departamento do Filme Educativo (DFE). Nesse período, o interesse do Estado pelo cinema se definiu em termos de cinema educativo. A atuação do MEC se centrava na educação. O único instituto oficial de cinema fora criado dentro dessa perspectiva, voltado para a única produção que poderia a essa altura interessar ao Estado. O cinema brasileiro não se constituíra como indústria e muito menos como área de intervenção oficial. O cinema documentário menos ainda. Na verdade, o cinema ainda não era pensado como "manifestação da cultura brasileira" e a cultura (entendida como área distinta da educação) ainda não fora articulada conceitualmente a uma política.

A ação "cultural" do Estado se concentrava na preservação do patrimônio, com ênfase nos museus e bibliotecas. Nesse contexto, era quase impossível produzir documentário fora do parco circuito subvenção estatal/cinema educativo, restrito ao INCE. E INCE é Humberto Mauro, que produzirá uns trezentos documentários nos seus dezoito anos de funcionário do Instituto. Fora daí o cinema nacional segue sua trajetória difícil ante a expansão do mercado internacional de filmes — chanchadas via Atlântida, tentativa de virar grande indústria via Vera Cruz, crise da Vera Cruz, alternativa do Cinema Novo. E é com o Cinema Novo que se abrem perspectivas para o documentário não oficial, exatamente por incidir sobre duas questões primordiais para o documentário: a produção independente e a missão educativa/esclarecedora (melhor dizendo: *conscientizadora*) do cinema. Por suas propostas, o Cinema Novo se aproxima do documental: não exige o grande aparato industrial-financeiro, opõe-se ao cinema "diversão" ou "entretenimento", opõe-se ao cinema comercial, reforça a responsabilidade social do cinema, quer fazer um cinema que revele a realidade do país e portanto instrua seu povo a refleti-lo. Analogamente, o cinema documentário não pode contar com grandes recursos, nem com comercialização, nem com recepção espontânea do público, propondo-se sempre como responsável e instrutivo.

No entanto, que lugar poderia ocupar o tema "autor literário" no panorama efervescente do Cinema Novo? A literatura poderia interessar como objeto de documentário a um cinema que se propõe a "transformar consciências", que quer ser instrumento de "conscientização" e agitação, que quer "narrar, descrever, poetizar, discursar, analisar e excitar" os temas da miséria social do país? A inflamada produção cinemanovista, desenvolvendo-se num clima reivindicante, num momento político de abertura, se pretende *militante, empenhada socialmente*, e vai buscar materiais imediatos que possam traduzir essa militância e esse empenho. Propõe o miserabilismo em nível de matéria, em oposição ao cinema comercial, e o baixo custo em nível de produção, em oposição ao cinema industrial. O Cinema Novo quer desempenhar função semelhante à da literatura de 1930 e busca na literatura ideias para o clima de ficção, mas a literatura como matéria de documentário seria luxo burguês ou objeto mumificado pela cultura oficial.

Praticamente não existe documentário sobre autor nacional nessa época. Pode-se no entanto localizar mais tarde uma produção que, sem ser propriamente Cinema Novo, identifica-se ao projeto cinemanovista, à proposta séria e missionária do cinema conscientizador, "constituindo de certa forma o prolongamento, agora sereno e paciente, do enfoque cinemanovista".[1] Se bem que essa produção prolongante focalize "sobretudo as formas arcaicas da vida nordestina", outros materiais poderão afinal integrar-se ao projeto didático de esquerda, inclusive o autor literário. Falar de Lima Barreto ou de Monteiro Lobato, mesmo mantendo os inevitáveis dados biográficos ou a iconografia familiar, será forma de veiculação de conteúdos de esquerda: o anti-imperialismo, as alfinetadas na burguesia, a solidariedade explícita à vítima do poder.

Ainda na década de 1960 o Cinema Novo já começara a discutir a contradição entre suas propostas e a incompatibilidade de suas realizações com o público. Por um lado aponta-se o único tipo de cinema possível para um país subdesenvolvido: o didático, que dê ao público a consciência da própria miséria. Povo e público são termos que se misturam. E por outro lado constata-se que o público rejeita o espelho, não desejando "tomar consciência da sua infelicidade e da inferioridade da sua situação em confronto com a de outros povos".[2] O que está em jogo é a questão da produção do intelectual, que quer identificar-se com as classes populares, mas percebe que o seu desejo não toma vulto. E que pode acabar diagnosticando resistência popular à verdade.

Com o fechamento político-institucional do final da década, a contradição tende a se apagar. Os produtores de cultura dos anos 1960 vão se colocar em relação à modernização econômica, aderindo a ela ou rejeitando-a. O cinema tende a aderir, a se assumir como indústria, passando a se preocupar com o mercado e o padrão de qualidade. Os jovens cineastas que antes sonhavam em virar a mesa agora justificam ideologicamente o abastecimento "maduro" e "qualificado" do sistema. A questão da função conscientizadora do cinema deve ceder lugar, e não se opor à questão do mercado. Gustavo Dahl, na *Revista Civilização Brasileira*, exemplificaria a postura *moderna* assumida pela intelectualidade de esquerda:

> O quadro da realidade cinematográfica brasileira, de tão negras tintas, reflete, de um lado, a precariedade de uma indústria cuja estrutura é apenas semi-industrial, cujos capitais são escassos e inseguros, um negócio impregnado de diletantismo, incompetência e aventureirismo em seus empreendimentos, vítima ainda do fracasso da sua primeira tentativa industrial ambiciosa; do outro, reflete a dificuldade de afirmação, num país subdesen-

volvido, de uma indústria nacional de poucos recursos, entregue à própria sorte na concorrência com o produto estrangeiro.

> O fato de a indústria cinematográfica ter se mantido sempre afastada das grandes forças econômicas do país privou-a de uma cobertura política indispensável à obtenção de certas medidas governamentais necessárias à sua afirmação [...]. Será indispensável que o Governo Federal lhe volte os olhos e intervenha no mercado no sentido de sua regularização, e na indústria, no sentido de proteção para seu desenvolvimento [...]. Sem uma cobertura política que obtenha do Governo Federal certas medidas indispensáveis para a indústria cinematográfica [...] qualquer tentativa de fazer cinema no Brasil está votada ao fracasso.[3]

Há uma convergência entre a postura *moderna* ou *madura* dos produtores de cultura e a tendência gradual do Estado de proteger a cultura. Os produtores querem cobertura, constatando a inviabilidade da produção independente, rejeitada pelo público; o Estado quer proteger/controlar um setor que se mostrava particularmente inflamado e questionador, que era o cinema. Tanto no nível oficial quanto nos meios intelectuais é forte a rejeição do *diletantismo*, da *incompetência* e da *aventura*. Domina a ideologia da competência, da qualificação, da qualidade, da especialização, da "mentalidade empresarial".

Em 1966, Castelo Branco assina o decreto que cria o Instituto Nacional do Cinema (INC), reunindo as atividades do INCE e o Geicine (Grupo Executivo da Indústria Cinematográfica), como autarquia diretamente subordinada ao MEC. A criação do INC reflete o processo de reenfatização da cultura pelo Estado que vai se desenvolver após 1964, ou melhor, de "transição da política de discreto auxílio para a de uma decidida ação cultural".[4] Ainda em 1966 é criado o Conselho Federal de Cultura, simétrico ao Conselho Federal de Educação, que entre outras atribuições deve formular a política cultural do país, promover programas culturais e estimular a criação de Conselhos Estaduais de Cultura. No dia 27 de fevereiro de 1967, na instalação do Conselho, discursa Castelo Branco:

> Não estaria concluída a obra da Revolução no campo intelectual se, após trabalhos tão profícuos em benefício da educação, deixasse de se voltar para os problemas da cultura nacional. Representada pelo que através dos tempos vai se sedimentando nas bibliotecas, nos monumentos, nos museus, no teatro, no cinema e nas várias instituições culturais, é ela, naturalmente, nesse binômio educação e cultura, a parte mais tranquila e menos reivindicante. Poderia dizer que é a parte dos cabelos brancos, e talvez por isso, já segura do que fez e do que fará pelo Brasil. Cumpre, porém, dar-lhe, principalmente, condições de preservação e, portanto, de sobrevivência e evolução.[5]

Voltar-se para os "problemas da cultura nacional" ainda significa preservar um patrimônio, sustentar um velho, embalsamar um morto. A cultura ainda é pensada como patrimônio seguro, a parte mais tranquila e menos reivindicante, em face das instituições de ensino que espocam sob a pressão demográfica e a agitação estudantil. Não se incluem ainda nas formulações do governo as produções menos tranquilas e mais reivindicantes. O Cinema Novo se desenvolvera na sua autonomia gritada em relação ao Estado, mas chega a hora da convergência, e o INC, embrião da Embrafilme, organizará a produção cinematográfica brasileira e poderá controlar esse possível "quisto rebelde da produção simbólica nacional", essa "ponta de lança da cultura brasileira dos idos de 1960" que fora o Cinema Novo. As outras produções menos tranquilas, se necessário, cuidam delas a censura e a repressão, que não formulam. Basta excluí-las do cenário nacional, excluídas que estão do discurso oficial sobre a cultura.

No entanto, há uma tendência a enfatizar essa área antes obscura para o poder público, a separar educação e cultura, a começar a falar de cultura. Começa a esboçar-se a transição do *discreto auxílio* para a *ação cultural decidida.* Essa passagem porém exige a entrada em cena de um "novo conceito" de cultura, que só consegue ser articulado no governo Geisel. Entrementes o INC, e toda a legislação protetora ao cinema que é deslanchada a partir de então, explica-se, como de resto toda justificativa ideológica da Revolução, como instância organizadora de um caos considerado nocivo: "O INC surgiu num momento em que as exigências do desenvolvimento, embora acelerado, assumem feição caótica, devido à inexistência de um órgão estruturador dessa arrancada rumo à fase plenamente industrial que está sendo implantada".[6] A nova arrancada modernizante se traduz em termos de organização competente e centralizada, realizada pela grande corporação; a transição para esse modelo econômico corresponderá, no campo da cultura, à transição do auxílio discreto para a intervenção decidida.

Essa posição é adotada claramente no governo Geisel através da Política Nacional de Cultura. Para explicitá-la, o discurso oficial terá de conceituar essa entidade agora prioritária que se denomina *cultura nacional*. É um dos seus objetivos "definir e situar, no tempo e no espaço, a cultura brasileira", e dessa forma explicitar uma visão de cultura que já circulava pressuposta. A novidade histórica é a articulação do conceito aos objetivos do regime, a sua integração ao binômio segurança/desenvolvimento, a intensidade da ofensiva. O Estado está deveras interessado na cultura e monta aparelhos burocráticos para investir nesse interesse. A nacionalidade cultural é cuidadosa matéria de discurso e preocupação do Estado, quando antes era questão que circulava entre grupos restritos de produtores de cultura erudita universitária. O Estado cria órgãos estatais de incentivo à cultura. Aumenta o capital destinado a esse incentivo. Invade os meios de comunicação com programas e anúncios educativos. Patrocina livros, filmes e pesquisas, como esta.[7]

A cultura nacional é abordada como uma essência comum integradora, que está acima de todas as divisões, emanando da *personalidade* ou do *espírito* do homem brasileiro. Trata-se de uma ausência irredutível, que, embora não seja concretamente definível, poderá ser *percebida*, *apreendida*, *captada*. Estamos em terreno espiritual, onde a produção não pode ser medida nem seu caráter computado. Para perceber o verdadeiramente nacional, seria necessário realizar uma operação sensível, um movimento delicado do espírito.

> A cultura brasileira se identifica, desde os primeiros instantes de produção autônoma do perfil nacional, como um sistema de relações coeso, harmonioso, unitário.
>
> A história da cultura brasileira é a história do encontro ou da união de elementos aparentemente refratários entre si.
>
> Não é demais ressaltar o fato, já tão conhecido e sempre invocado, de que constitui quase um milagre que o Brasil, à época da Independência, não tenha se fragmentado em outros tantos brasis, como de resto aconteceu com a América espanhola. Esse próprio fato, no entanto, em lugar de ser objeto de estranheza, precisamente por parecer transgredir qualquer lógica ou pular fora da regra elementar de causa/efeito, leva a suspeitar de que havia alguma força aglutinadora oculta que resistiu ao esfacelamento.[8]

Coesão, harmonia, unidade, encontro, união, incorporação, integração, mescla, sincretismo, soma, miscigenação surpreendente de raças, aglutinação misteriosa, convivência quase milagrosa, superação jeitosa de conflitos: é esse o caráter essencial do homem brasileiro, que lhe confere vocação aberta, pluralista, cordial, hospitaleira. O discurso da nacionalidade harmônica porém constata que o rápido crescimento econômico, o "desenvolvimentismo aplicado cegamente" acabaram por se constituir em ameaças a essa personalidade cultural, em elementos desagregadores e causadores de conflito. Cumpre ao Estado acionar dispositivos de recuperação. Exorcizando a cada passo o fantasma do "dirigismo", o discurso oficial define a cultura brasileira em contraponto à enumeração dos perigos que a ameaçam, e que podem "destruir ou afetar irremediavelmente o estilo de vida nacional": a industrialização e a urbanização aceleradas e os traços culturais importados. Ao Estado compete desenvolver uma deliberada terapêutica saneadora ou preventiva para fazer face a esses perigos inevitáveis que rondam a nacionalidade. A cultura torna-se então área de segurança nacional. É preciso proteger e incentivar a *genuína* cultura nacional contra os valores *inautênticos* ou *estranhos*.

Cito a Política Nacional de Cultura, mais eloquente que a paráfrase:

> Através do amálgama do conhecimento, da preservação da criatividade e da difusão da cultura, o Brasil, com sua vasta extensão territorial, população em crescimento acelerado, miscigenação étnica contínua e permanente, confluência de fatores culturais mais diversos, irá plasmando e fixando a sua personalidade nacional, graças à harmonia e à manutenção de seus variados elementos formadores. O desaparecimento do acervo cultural acumulado ou o desinteresse pela contínua acumulação da cultura representarão indiscutível risco para a preservação da personalidade brasileira, e, portanto, para a segurança nacional.
>
> Na estratégia do desenvolvimento, a intensificação dos objetivos propostos está chamada a representar uma das ações fundamentais. Pois não bastarão o desenvolvimento econômico, a ocupação dos espaços abertos, a industrialização, o domínio da natureza, a presença competitiva nas relações internacionais, para que o Brasil concretize o ideal de assegurar-se uma posição de vanguarda. É necessário que, do mesmo passo, desenvolva uma cultura vigorosa, capaz de emprestar-lhe personalidade nacional forte e influente.
>
> Nesse rumo de concepções e na conformidade de nossa vocação democrática, a Política Nacional de Cultura entrelaça-se, como área de recobrimento, com as políticas de segurança e de desenvolvimento; significa, substancialmente, a presença do Estado como elemento de apoio e estímulo à integração do desenvolvimento cultural dentro do processo global de desenvolvimento brasileiro.

Entre os dispositivos de intervenção na cultura são fundamentais o levantamento, o arquivamento, a definição, a seleção. A operação sensível deverá captar a nacionalidade através de um cuidadoso processo de burocratização. O arquivo, o museu, a documentação (*o documentário*) são lugares onde se preservam, se defendem, se esquadrinham as manifestações autênticas da cultura, onde se guarda essa memória nacional ameaçada. Lugares de classificação, de limites claros; esforço para delimitar o nacional e o estrangeiro. Movimento platônico de distinguir o original e a cópia, o modelo e o simulacro, o autêntico e o falso, o puro e o impuro. Dialética da rivalidade, e não da contradição. Estratégias para controlar e submeter *poderes rebeldes*, produções confusas, difusas, contraditórias, inclassificáveis. Submetê-las através de saberes específicos, donde o incentivo aos estudos museológicos, arquivísticos, folclóricos etc. Submetê-los menos por condená-los à obscuridade, à impossibilidade de penetrar museus, escolas ou salas de projeção, do que pela localização de sua *identidade*. Menos por relegá-los ao silêncio do que por tirá-los de um silêncio onde não se identificam as marcas nacionais. A censura ou a repressão não é a essa altura o mecanismo fundamental de controle. Pelo contrário, é a produção de um saber sobre o "nacional", e a identificação e a valorização dos produtos culturais em termos dessa nacionalidade. E se proliferam então os produtos "obviamente" nacionais, mergulhados na inocência romântica de que basta tematizar ou fotografar o ambiente para refletir o nacional (a "cor local"), também os produtos "menos óbvios" poderão circular sob o rótulo da nacionalidade exaltada. "Ai quem me dera chupar uma carambola de verdade e ouvir um sabiá com certidão de idade."

A ideia de nacionalidade genuína, que deve ser protegida das ameaças que a cercam, constitui uma recuperação em nível oficial não só de um velho debate deslanchado pelos primeiros românticos, mas uma palavra de ordem das esquerdas que ganha voz especialmente na efervescência de 1960: o anti-imperialismo cultural. O Estado fica assim preocupado com a "salvaguarda dos nossos valores culturais, ameaçados pela imposição maciça, através dos novos meios de comunicação, dos valores estrangeiros"[9] e quer apoiar diretamente as manifestações culturais populares.

Pense-se na revalorização oficial que andam tendo samba, choro, folclore, artesanato, literatura de cordel. Os valores populares devem ser protegidos, numa perspectiva anti-imperialista. Há aqui uma curiosa convergência com o pensamento dominante nas esquerdas, como observa Carlos Guilherme Mota:

> Considere-se, por exemplo, a *Síntese da história da cultura brasileira*, de Nelson Werneck Sodré: a "cultura nacional" surge alçada ao plano de categoria analítica. A preocupação central do autor surge com o processo de descaracterização nacional em face do imperialismo e dos "meios de massa", como se a "caracterização nacional" fosse satisfatória e suficiente, e não acobertasse a questão central das condições sociais e da natureza da produção e consumo dos bens culturais. Ora, o controle social esconde-se sistematicamente na ideologia da cultura nacional.[10]

Muito bem. Só que o *acobertar* e o *esconder* não dão conta desse movimento de preocupação com a cultura nacional autêntica. O discurso da nacionalidade não é dado vazio, não se explica simplesmente como um acobertamento da dominação ou anulação capciosa da contradição e da luta de classes. A dominação não é simplesmente encoberta pela categoria harmônica e ontológica da nacionalidade: é sobretudo *produzida* pelos discursos que põem sob sua guarda certos "valores", pretendendo realizar uma tarefa de purificação. A Política Nacional de Cultura, sabendo-se excessivamente genérica, tem entre seus objetivos o incentivo de saberes específicos sobre a nacionalidade, cujo efeito não é meramente o de acobertar contradições, mascarar conflitos, mas produzir a *verdade* do nacional, identificando seus produtos.

Em 1974 é criada a Embrafilme, órgão vinculado ao MEC, que incorpora as atividades executivas do INC e do Centrocine (Fundação Centro Modelo de Cinema). Nos anos seguintes, o capital social da empresa é reforçado e a produção nacional de cinema aumenta substancialmente. O antigo INCE, que fora DFE, é agora DFC — Departamento do Filme Cultural. Dentro da Embrafilme, o DFC e a Diretoria de Operações Não Comerciais são encarregados de desenvolver "atividades culturais cinematográficas stricto sensu".

Nos seus primórdios, o INCE, ao normativizar o documentário, explicitava padrões de linguagem (nitidez, clareza expositiva, encadeamento lógico, didatismo, eliminação de ambiguidades, descrição detalhada, abordagem movimentada) e intenções ideológicas (conduzir uma única interpretação, dada como correta, acerca dos fatos históricos nacionais, exaltando vultos e pregando civismo). Agora a Embrafilme, através dos seus departamentos responsáveis pelo cinema educativo ou cultural, evita a explicitação que passe por dirigismo e prefere o discurso liberal e a exaltação de "criatividade". O processo se sofisticou. A explicitação se faz na generalidade de uma política cultural, enquanto nas manifestações locais a tendência é diluir as definições. No entanto, mesmo recusando definir critérios precisos de aprovação de documentários, o Departamento de Assuntos Não Comerciais organiza uma *escala de prioridades* que se articula diretamente com as diretrizes da Política Nacional de Cultura.

O documentário, por sua natureza de registro, deve conservar e proteger a cultura nacional, muito especialmente a cultura ameaçada. O documentário deve *reproduzir* e *apontar* a Nacionalidade. Interessam à Embrafilme documentários sobre:

1. Tudo que diz respeito à memória nacional:
- o registro cultural do passado — aspectos, métodos e aparência física;
- a realidade sociocultural em transformação;
- os homens que realizaram ou forjam a cultura brasileira;
- a modificação das estruturas ou o registro dos estratos culturais em agonia.

2. Os problemas que afetam a transformação da natureza do país:
- a harmonia ecológica;
- a habitação rural e urbana, e seus problemas de harmonização

com o meio, e as atividades do homem que entram em conflito com a Natureza;

- a fauna e a flora brasileiras, sua preservação e especificidade;
- o paisagismo natural, suas influências na concepção do moderno urbanismo.

3. Os caminhos do desenho animado:

- a forma brasileira do desenho animado;
- o folclore e a tradição nacionais como fontes do desenho animado;
- o desenho animado a serviço da ciência.

4. Artes e artistas brasileiros.

5. A ciência e os cientistas brasileiros.[11]

Pergunta: Mas existe uma definição mais concreta de critérios para a aprovação de filmes culturais? Além de eles se encaixarem nesses objetivos, que são muito genéricos, devem ter um padrão desejado?

Resposta: Isso foi um tópico aqui muito discutido e que deu muito o que pensar. Vinha do antigo Instituto Nacional do Cinema e do DAC, que eram órgãos de administração direta, aquela prática de fazer concorrência pública para executar filmes culturais. Nós aqui somos uma sociedade de economia mista e temos muito mais plasticidade nesse desempenho administrativo. E a ideia que nos ocorreu foi procurar o meio mais hábil, que mais conviesse à cultura, para não desmerecer aqueles aspectos essenciais que se devem ligar a uma obra de arte. É evidente que o critério de concorrência pública não é um critério que se ajusta bem ao campo artístico, porque evidentemente um artista de alto padrão criativo pode apresentar um projeto, e outro artista, que não tem esse padrão criativo, não tem essas mesmas qualidades intrínsecas de espírito, de criatividade, pode apresentar um projeto mais barato. Então nós ficaríamos aqui neste dilema: entregar o filme a quem? Àquele que nós achamos que não tem a competência necessária para fazer a obra que nós desejamos? Então nós não chegamos a criar nenhum sistema. A coisa surgiu assim quase como um bom senso. Nós motivamos os grandes produtores, os homens que nós conhecemos que tenham um curriculum já extenso e que nós temos confiança no trabalho artístico que eles realizam, nós procuramos animá-los, estimulá-los, sobre certos assuntos que interessam a nós. Naturalmente, cada um também recebe essa sugestão dentro do seu ponto de vista, do seu critério interior. Um pode se interessar muito mais por literatura, realizar, por exemplo, um filme sobre Carlos Drummond de Andrade, sobre Gilberto Freyre, e o outro pode se interessar por monumentos históricos. Então dentro dessa tendência, nós procuramos encaminhar aqueles projetos que nos interessam.

Pergunta: Quer dizer que os critérios não estão muito definidos?
Resposta: Não, porque em arte tudo é muito sutil e não se pode definir, imprimir uma diretriz única, uma diretriz rígida. Nós podemos é ter uma diretriz básica, os assuntos que nos interessam.

Pergunta: Mas não há maneira de tratá-los?
Resposta: Nós não podemos interferir na obra de criação. Quando entregamos um projeto a um determinado cineasta, nós damos plena criatividade a ele. Nós atualmente dizemos para ele que gostaríamos que esse monumento ou essa figura fossem mostrados dentro de um contexto social, porque hoje não se pode fazer nada sem situar tempo, época, enfim, todos esses elementos que cercam o artista criador, para que o público venha depois a compreender. Nós não podemos compreender, por exemplo, uma obra do século XVIII sem sabermos quais eram as condições vigentes no século XVIII. As condições sociais, as condições de transporte, as condições econômicas, as condições administrativas, enfim, todo esse complexo social que cerca o artista.

Pergunta: O senhor sabe que existem uns dois ou três documentários sobre Carlos Drummond de Andrade. Um bom documentário sobre Carlos Drummond de Andrade seria um documentário que fizesse o público perceber o quê?
Resposta: Eu acho que para o Carlos Drummond de Andrade toda a poesia dele é uma história dele. É preciso procurar primeiro Itabira, o ferro de Itabira, a infância dele em Itabira, a casa em que ele viveu lá em Itabira. Depois Belo Horizonte, como o influenciou aquele primeiro meio, aquelas primeiras manifestações de poesia dele em Belo Horizonte, o que era Belo Horizonte naquela época, onde ele começou a despontar como o poeta maior em que se tornaria. Enfim, não se pode simplesmente fazer uma cronologia, daí eu dizer a você que é muito difícil essa diretoria manter normas rígidas a respeito de produção de curta-metragem. Nós temos que lidar com todo esse elemento, que é um elemento muito fluido, muito difícil de canalizar para esse ou aquele rumo que a gente queira. E depois temos também que respeitar a criatividade de quem vai fazer o filme. Isto é uma coisa essencial à cultura, à liberdade de criação. Nós estamos num Estado democrático, não estamos num Estado totalitário. Então a cultura é realmente uma manifestação livre do espírito.[12]

heróis póstumos da província

NO CAPÍTULO ANTERIOR FICOU em foco sobretudo o discurso oficial sobre a cultura. A partir de agora entra mais em cena o discurso dos produtores de cultura, apreendido através de depoimentos e principalmente da produção que me interessa: os documentários sobre autor nacional. Essa produção responde de alguma forma às expectativas e formulações oficiais. Isso não significa que os documentários emanem ou reflitam a política nacional de cultura, que sejam produzidos expressamente. Há uma conjuntura que favorece a produção que documenta os elementos característicos da nacionalidade, mito agora articulado à segurança nacional. No entanto, o Estado não sabe especificar o que quer em matéria de cultura, não sabe produzir cultura: o discurso liberal disfarça essa incompetência.

Mesmo sem se constituírem em resposta direta à questão da nacionalidade cultural e aos incentivos oficiais, os documentários sobre autor nacional têm de se haver com a sua proposta. Como documentários, partem de uma tradição de didatismo, objetividade, clareza expositiva, relação *clara* entre imagem e texto, enfim, de uma cena de reduplicações. Como documentários sobre autor, desejam refletir ou refletir sobre um objeto que já circula culturalmente — fazem um trabalho de "terceiro grau", ao pretenderem fotografar um objeto cultural já mediado por linguagem, já explicado culturalmente, e uma instância produtora de linguagem. Lidam com questão complicada: fazer filme sobre autor que produz literatura, sobre a literatura produzida por um autor ou sobre a visão dominante do "artista", do "artista nacional"? Não vão em busca de um real que poderia mais facilmente ser confundido como *pronto*, *dado*, como as carrancas do São Francisco ou as cataratas do Iguaçu. O mero registro não basta para captar esse objeto.

"Autor não imprime no negativo."[1] No máximo, o que imprime é a cara do autor, as capas de seus livros, os lugares que percorreu, e que ao serem impressos já se integram num circuito que monumentaliza o autor literário, revelando não uma "realidade" (embora sem dúvida fotografem uma pessoa, tenham iniludível poder de registro), mas uma visão circulante de literatura. O registro não é inocente. E se autor não imprime, o trabalho do cineasta implica construção, invenção do objeto — é preciso indagar do filme "sobre autor literário" qual é afinal o seu assunto: a fixação de um rosto antes que desapareça? A narrativa de uns grandes passos? A conservação de um monumento? O resíduo visual de uma literatura?

Todos os filmes que embarcam no inevitável poder de registro do cinema como prova documental da realidade acabam por fixar a literatura como função derivada de uma personalidade prestigiosa. Essa visão se produz na anulação ou no mascaramento de uma relação específica de leitura. É como se não existisse um processo de leitura, com a sua especificidade e subjetivação (melhor: metaforização), do qual resultaria uma reelaboração cinematográfica, também subjetivada. A experiência cinematográfica se apresenta como analogia fotográfica do real, macia, fluida, verossímil; a manipulação do realizador é amortecida e encoberta por imagens/texto/montagem que se apresentam como reflexo objetivo da "realidade do autor", verdade "natural". Não há leitor possível nesse circuito de naturalizações. A imagem denota a existência do autor; o texto parece duplicá-la, dublá-la, ratificá-la. Tudo flui de uma matriz poderosa de verdades.

Muitos documentários ainda se inscrevem no velho padrão didático, não abandonam a pequena aula como amenidade, não despedem a cronologia biográfica, onde o verbete enciclopédico bem lido acompanha a iconografia geográfico-familiar. *Nesta* casa nasceu, *neste* colégio estudou, dita o texto, reforçando o papel de câmera como testemunha ocular.

Nascido em 29 de abril de 1884, na Paraíba, Augusto dos Anjos se formou em direito, na Faculdade de Recife. No Rio, já casado com d. Ester Fialho dos Anjos, foi nomeado professor do colégio Pedro II. Aqui lançou em 1912 seu único livro. Em 1º de julho de 1914 chegou a Leopoldina. E em 12 de novembro do mesmo ano Augusto morria...

Lúcio Cardoso passa a sua infância em Belo Horizonte, onde cursa o colégio Barão do Rio Branco. Nessa época começa o interesse pela literatura. No ano de 1923, foi com toda a família para o Rio, onde fundou um jornalzinho que ele mesmo redige. Começa a trabalhar na companhia de seguros do poeta Augusto Frederico Schmidt, proprietário também de uma editora que funcionava na travessa Sachet. Schmidt descobre no seu funcionário um talento para a literatura. E no ano de 1934 edita *Maleita*, romance escrito por Lúcio aos dezoito anos, baseado na fundação de uma cidade por seu pai. Lúcio começa desde então a ser motivo das discussões nas rodas literárias, que passa a frequentar na companhia de vários intelectuais, como Marcos Konder Reis, Augusto Rocha, Murilo Mendes, Otávio de Faria.

Nesta casa, em 15 de novembro de 1915, em Corumbá de Goiás, nasceu e passou sua infância Bernardo Élis Fleury de Campos Curado. Corumbá é uma cidade pacata, de poucos habitantes, a maioria deles parentes. O vilarejo começou a surgir em torno de uma mina de ouro explorada a partir de 1750 [...]. Em 1935 Bernardo leu *A bagaceira*, depois José Lins do Rego. Aí sentiu a necessidade de contar coisas como eles contavam...

A dissertação do narrador impessoal, exatamente como no saber das salas de aula, é frequentemente assessorada pela *citação*, que, importante, reautentica a figura do autor (já autenticada socialmente) e revalida a verdade do filme (já validada pelo processo documental). A citação é sempre a citação do crítico/amigo consagrado e aparece sob forma indireta, via voz do narrador, ou então como depoimento filmado. Antônio Houaiss e Otto Maria Carpeaux referendam Augusto dos Anjos. Tristão de Ataíde referenda José Américo de Almeida. Otávio de Faria e Walmir Ayala referendam Lúcio Cardoso. Antonio Candido redime Monteiro

Lobato. Monteiro Lobato, Mário de Andrade e Herman Lima elogiam Bernardo Élis. Antonio Candido, Franklin de Oliveira, Luiz Costa Lima, Paulo Rónai, Henriqueta Lisboa, Benedito Nunes e mais alguns outros explicam Guimarães Rosa com sofisticação universitária, via sociologia e teoria literária (no filme-ensaio de Paulo Thiago).

Tristão: "A importância da *Bagaceira* foi retomar ou revelar uma tradição de tomar um tema bem brasileiro, o tema do sertão, e um segundo tema também bem brasileiro, o Nordeste. Tanto assim que depois da *Bagaceira* veio Rachel de Queiroz, veio José Lins do Rego. Realmente José Américo vem na hora exata, para um tema exato, para uma transformação exata e necessária para a abertura da prosa modernista".

Otávio de Faria: "Conheci Lúcio Cardoso por volta de 1934, o ano da publicação de *Maleita*. Um dia Schmidt, o poeta Augusto Frederico Schmidt e também editor, chamou-me para conhecer o grande romancista. Confesso que no início não acreditei muito. Mas era Lúcio Cardoso, o nosso maior romancista, autor de uma obra das mais notáveis da nossa literatura...".

Antonio Candido: "É difícil falar em poucos instantes numa personalidade tão complexa como a de Monteiro Lobato. Nós poderíamos lembrar, por exemplo, o seu caráter de homem colocado de certa maneira a cavaleiro entre o passado e o presente. O seu estilo e a sua concepção de literatura eram voltados para o passado, mas a sua personalidade, a sua concepção da vida, as suas atitudes eram todas voltadas não apenas para o presente mas para o futuro. Vejamos o caso do seu pessimismo. No tempo em que era moda no Brasil considerar o homem brasileiro do ângulo de uma certa euforia otimista, Monteiro Lobato teve a coragem de operar uma verdadeira desmistificação através do ângulo pessimista com que encarou o nosso homem rural, pondo as coisas nos devidos lugares. No entanto é curioso que esse pessimismo não o tenha levado a um negativismo. Pelo contrário, as suas atitudes, tanto na vida quanto na literatura, revelam um desejo de trabalhar em setores que visavam à construção desse homem, visavam à melhoria desse homem. A sua confiança na infância, por exemplo, a que dedicou grande parte da sua obra; a sua confiança nas possibilidades da indústria pesada no Brasil. É preciso não esquecermos que Monteiro Lobato se interessou pela indústria do ferro, que foi um dos precursores da nossa campanha do petróleo. Portanto nós não devemos encarar Monteiro Lobato do ângulo da sua oposição ao modernismo, que foi a corrente mais viva da literatura brasileira, o que levaria a considerá-lo como um antimodernista, mas encarar apenas a modernidade total da sua personalidade".

Walmir Ayala: "Devo a Lúcio Cardoso a revelação de uma juventude que não cessa. Quando eu o conheci estava fugindo. Fugindo de uma sociedade que impunha padrões convencionais, fugindo de uma família, fugindo de um meio que me dava uma mentira em troca de um ajustamento medíocre. Ele era então como um príncipe banido, como um caçador solitário [...]. Nas longas noites de insônia de seu apartamento, ele atravessava com um copo de cristal na mão, embriagado de vinho e convivência. Era desde então, para sempre, um grande pesquisador das almas, aquele grande pesquisador que, além de dar a toda uma geração que o seguiria a lição da coragem de viver, se transformaria no grande romancista de *A crônica da casa assassinada*". Etc.

Como efeito da citação no interior do filme (e não da inteligência dos seus conteúdos), o depoimento autorizado, quer testemunhe contato pessoal, elogie sinceramente o amigo, quer opine analiticamente, funciona como confirmação da importância do autor, da sua validade cultural, da sua circulação como personalidade, e como avalizador da própria verdade do filme, que dessa forma se autoconsagra objeto cultural reconhecido. Exatamente como os prefácios, orelhas e apresentações de livros ou catálogos de exposição; ou como a consulta à autoridade num artigo jornalístico vulgarizador de ideias científicas, e que sem essa consulta teria sua vulgarização desamparada ou enfraquecida no seu poder de verdade.

Ao abordar um autor literário, o moderno documentário poderá livrar-se das injunções da aula tradicional, afastar-se do didatismo estrito e da exposição linear de dados, como que querendo dizer que a literatura é qualquer coisa de "sensível", que o autor literário, como "artista", não merece tratamento didático seco. A fluidez e a naturalidade podem ser conservadas mesmo sem o aparato da depuração jornalística. A neutralização pode ser preservada mesmo que o texto pareça transgredi-la, laudatório. A fotografia garante a prova documental: estamos diante de um autor, em carne e osso, em casa e no ofício, ou do rastro de documentos que preenchem seu vazio. O texto informa, elogia e sublima, não importa, numa sintaxe impessoal, através da locução cultivada que parece emanar do próprio ambiente do autor, da sua especial sensibilidade. O documentário moderniza a sua pedagogia.

> Há dez anos que ele e a mulher podem ser vistos todas as manhãs, sempre juntos como um casal de namorados, caminhando pelas ruas do bairro de Petrópolis, em Porto Alegre. É voz corrente que formam os dois, há mais de quarenta anos, um dos pares mais perfeitos de marido e mulher. Se eu tivesse escrito uma personagem para ser minha companheira, confessa ele, não teria conseguido inventar uma criatura tão completa. Esse passeio a conselho médico é também para ele uma fonte de inspiração. São lembranças de outros lugares e de outros tempos, trazidas pelo vento dos pampas. Matéria-prima indispensável na elaboração dos seus romances. Muitas ideias fixadas para sempre em seus livros nasceram assim, durante suas caminhadas, ao sabor da imaginação. Ele não dispensa a presença da família. O clã dos Verissimo está sempre reunido a seu redor. Os filhos, Luis Fernando e Clarice, e os netos, motivo permanente de alegria e distração.

Erico passeia num campo de trigo. Caminha com a mulher pelas ruas de Porto Alegre. Reúne-se com a família e brinca com os netos. Felicidade conjugal. Intimidade familiar. Inspiração artística sob forma de inspiração de ar. O grande escritor também é humano, é gente como a gente. O espectador pode comprovar e privar da intimidade do escritor famoso. A fotografia é o meio mágico de comprovação e penetração, e o texto é o parasita que enxerta uma moral nessa prova viva. Parecendo participar da objetividade da fotografia, a mensagem verbal se "inocenta",[2] negando-se como enxerto de valores (humanização do ídolo, exaltação da família, sublimação do processo de produção literária) e apresentando-se como tradução de um cotidiano. O escritor pouco fala com a voz. O narrador é a voz onipotente que, sem elucidá-lo, nos aproxima dele.

> Estamos em Salvador, no n. 33 da rua Alagoinhas, no bairro do Rio Vermelho, um dos endereços mais famosos do Brasil. Lá vai seu ilustre morador pela varanda. A casa toda é uma varanda, cheia de recordações das suas andanças pelo mundo. A família é o prolongamento natural da sua personalidade [...]. Junto dos netos ele se transfigura, é todo vovô. Quando não está em viagem passa a maior parte do tempo na intimidade da sua casa, sempre acolhedora e aberta a todos. O telefone [...] o liga a Salvador, à Bahia, ao Brasil e ao mundo. Sua família se prolonga nos amigos, como Mário Cravo, Scliar e outros artistas plásticos que ele tanto estimou e prestigia. À sua volta se reúnem pintores, escultores e gravadores da Bahia: Mirabeau, Jenner Augusto e Calasans Neto. Sua casa é uma exposição permanente de obras de arte [...].
>
> No Mercado Modelo continua a encontrar velhos amigos e a fazer novos como sempre. Os outros são homens do povo como Camafeu de Oxóssi, já consagrados como personagens seus, porque em todos os momentos da sua vida ele continua sendo fundamentalmente o escritor capaz de captar nos seus romances o sentido da realidade que o cerca. Este é o segredo da unidade da sua obra [...]. Sem se deixar afetar pelo sucesso, ele continua o mesmo homem simples dos primeiros tempos, quando ainda não sonhava conhecer e privar da amizade de tantas figuras de fama mundial como Niemeyer, Neruda, Sartre,

> Belafonte, Polanski... Sua vida tem sido uma luta permanentemente em defesa de um ideal de justiça social...

Trata-se de Jorge Amado: muito prestígio em casa, no país e no mundo. Amizade, hospitalidade. Espírito caseiro, simplicidade, valorização da família. Relações com gente muito famosa e importante. Contato com a verdadeira realidade brasileira. Aliança e identificação com o povo, afinal consagrado e prestigiado nos seus livros.

A imagem repete os conteúdos do texto, refazendo as poses estereotipadas da cordialidade (falar ao telefone, abraçar amigos, andar descontraído pela casa, rir simpático) e do prestígio (sorrir ao lado de celebridades, à vontade, tomar cafezinho em roda de artistas). A decifração da pose é imediata, por depender do repertório iconográfico mundano do espectador (coluna social, revista *Manchete*, *Jornal Nacional*). Acima de tudo, é preciso insistir na naturalidade das tomadas, no seu aspecto informal, não representado, não ensaiado. Vinicius de Moraes passeia de automóvel em Ipanema, ouve música e escreve no estúdio desarrumado. José Condé posa com a família e o cachorro em frente à sua casa. Afonso Arinos mexe com passarinho na gaiola, percorre o jardim do casarão, confraterniza com a família do chofer.

Foi superada a aula, ou consumada a sua versão moderna; abandonou-se a sequência linear e a montagem cronologicamente orientada. Amenizando a preocupação ordenadora, expositiva (velhos princípios do INCE), o documentário fixa momentos informais do autor que, bem selecionados, reforçam a imagem da personalidade simpática e próxima de nós.

Há porém o caso em que a literatura, função dessa personalidade, deve aparecer mais efetivamente. São dois os modos básicos dessa aparição: o modo mais simples, que é a locução direta do texto literário, acompanhada de ilustrações do texto; ou o modo mais elaborado, que poderá incluir a locução ilustrada, mas que constitui um processo elaborado de configuração de uma "ambiência", uma conjugação de efeitos cinematográficos que "sugira" os modos de um texto, prontos para enternecer e arrepiar o espectador. A literatura é uma certa ambiência, diz essa conjugação. Poderemos deixar de lado a obsessão informativa, a exaltação do grande vulto, o sério referendo crítico, e avançar rumo ao texto propriamente dito, mas sem fazer transparecer a produção de uma leitura. O texto deve mostrar-se, fluir naturalmente, como que falando a si próprio, ilustrado por imagens que o "repetem". E o "literário", com ou sem o texto, deve passar como criação sublime que um conjunto especial de efeitos sabe captar.

Verso de Vinicius: "Tende piedade das moças pequenas nas ruas transversais/ Que de apoio na vida só têm Santa Janela da Consolação". Imagem: Adriana Prieto e Neila Tavares, cenografadas de moças de subúrbio, olham melancólicas pela janela do sobrado e descem depois uma rua transversal. Outro poema de Vinicius: "O operário em construção". Imagem: operário num prédio em construção, olhar perdido na paisagem da cidade, percebendo que "tudo, tudo o que existia/ era ele quem o fazia".

Texto onomatopaico de Guimarães Rosa, descrevendo metonimicamente uma boiada. Imagem: close-up de ancas, patas e chifres. Poema de Bandeira: "Evocação do Recife". Imagem: paisagens do Recife, crianças brincando ("Recife da minha infância [...] onde eu brincava de chicote-queimado"), vendedores ambulantes ("o vendedor de roletes de cana/ o de amendoim/ que se chamava midubim e não era torrado era cozido"), o povo circulando na feira livre ("A vida não me chegava pelos jornais nem pelos livros/ vinha da boca do povo na língua errada do povo"). Outro poema de Bandeira: "Última canção do beco". Imagens: becos, sobrados e mulheres da Lapa. "Vou-me embora pra Pasárgada": navios, jangadas, mar, horizonte, prainha paradisíaca.

Toma-se um tema ou um substantivo do texto literário e procura-se retematizá-lo na fotografia. Efeito: desmobilização do texto, sua desmetaforização e esvaziamento de uma produção de leitura. A relação redundante entre texto e fotografia passa um nível de leitura que percebe uma relação imediata e transparece entre a leitura e o real. A literatura seria uma bela maneira de repetir o real. A literatura é sobretudo uma estetização do real.

Os exemplos acima não são apenas casos de primarismo de leitura ou da utilização óbvia do método do documentário (imagem que mostra = texto que confirma): traduzem um conceito de literatura. Esse conceito é reconstruído através de todo um conjunto de efeitos que pretendem repetir o que seria o processo estetizante do texto literário: fotografia de efeito, som pungente (geralmente popular e melancólico, a sugerir as "raízes" da inspiração), alternando-se estrategicamente ou superpondo-se a um texto bem escrito, com rasgos poéticos, sugerindo a inefabilidade do literário, e lido por atores exemplares ou narradores ternos:

> Guimarães fez da lenda símbolo da vida, mostrando que na literatura a fantasia nos devolve sempre enriquecidos à realidade do cotidiano, onde se tecem os fios da nossa treva...
>
> Lúcio Cardoso é o último poeta do romantismo em crise. Último autor e personagem de uma árvore humana onde os pássaros estão cantando o estertor. Os pássaros em crise. O abandono digno daqueles que se retiraram na pesquisa, viveram com ela e dela fizeram um mágico e estranho hino de vida e deslumbramento. Seu verbo está traçado em cada mundo, em cada esquina, em cada mesa de bar, onde sem sabermos porventura entornamos o nosso copo no nome escrito sobre a tosca mesa, e estamos manchando uma lembrança, e estamos embebendo de álcool e descuido um coração humano.

A presença do narrador poderá ser dispensada ou reduzida, limitando-se a intervenções mais sóbrias, sofisticando assim a criação de ambiência. Pode-se evitar, com mais gosto, o comentário do inefável, a redundância do belo, a explicitação excessiva. Pode-se apenas insinuar a biografia do poeta, ou melhor, recriar ambientes que ilustrem paisagens vividas e referidas no poema. Selecionar trechos que mencionem locais filmáveis, para mostrar onde a visão do poeta teria se embebido. O próprio monumento fica mais discreto — um busto de Bandeira surge rápido, sem referências, fotografado com grande-angular e efeitos de luz.

O cinema absorve com perfeição o conceito personalizado ou sublime do literário. Luminosamente reconstrói um conceito que já circula.

Ilustrar com arte. Emocionar ou enternecer o espectador, para provar que a literatura é qualquer coisa de superior, que nos eleva e transcende. Principalmente que é indefinível, inefável, algo que só se pode captar na conjugação cintilante dos efeitos cinematográficos. A captação da ambiência através de imagens bem fotografadas — o sertão de Guimarães Rosa ou de Bernardo Élis, o Recife de Bandeira, cidades natais, feiras populares, sobrados, vaqueiros, vendedores ambulantes, tropel de gado — é facilmente assimilável como incursão pelas belezas e tradições do país, paisagens da pátria onde os poetas se inspiram, memória nacional. A literatura é aqui mais um dos nossos valores, como os sertões e os casarios que o escritor pisou: manifestações sublimes da nossa natureza e cultura. A ideologia da ambiência (a leitura estetizante) cruza-se com a ideologia da cultura nacional.

Essa abordagem cintilante desaparece no documentário "político", identificado de alguma forma ao projeto cinemanovista, que conferia ao cinema função conscientizadora. O autor literário é manejado com o objetivo de veicular conteúdos de esquerda. Comparece então a versão politizada do padrão documental. Sério, solene, o texto explicita sua fúria solidária a Lima Barreto, vítima do poder, pagando o crime de ser preto e pobre, "espremido nos vagões, comprimido nos escaninhos da burocracia oficial". A iconografia familiar, a cronologia, as imagens da localização geográfica, as capas de livros, os manuscritos autênticos, o enquadramento do túmulo são manipulados para enfatizar menos o escritor Lima Barreto do que a figura do oprimido e marginal, louco e perseguido. Falar de um determinado autor é fazer passar certos conteúdos, é veicular uma luta, é dirigir um aprendizado político ou conquistar narcisisticamente uma plateia "já conscientizada". A tradicional biografia toma as cores da panfletagem. E se o assunto for Monteiro Lobato, a acuidade biográfica e o retraçamento escolar das origens do autor recuam sem que recue a intenção militante discursiva, dirigindo o material para a transmissão de uma mensagem. Interessa aqui o escritor que não se *limitou* aos interesses *puramente* literários, que denunciou a sociedade burguesa, as estruturas arcaicas do país, que foi atirado no hospício ou no exílio. O autor literário é um pretexto? A literatura é atividade *menos política?* Ou então só interessa enquanto tematizadora de política, enquanto apêndice de uma biografia politizável?

> Nesta pequena casa suburbana, couberam duas tragédias. Mas houve também espaço bastante para Lima Barreto começar a escrever. Para sobreviver e sustentar a família, tornou-se por concurso amanuense da Secretaria de Guerra. Como artista que gostava de ver o tom verde do céu ao anoitecer, era obrigado agora a gastar seus dias no meio de estantes empoeiradas. Como funcionário público, tinha pouca coisa a fazer e aproveitava o tempo para escrever seu primeiro romance [...]. Da antiga Central saíam os trens para o subúrbio e diariamente Lima Barreto fazia o trajeto obrigatório do morador pobre da cidade. Espremido nos vagões, comprimido nos escaninhos da burocracia oficial, Lima não tinha tempo nem gosto para frequentar os círculos literários. Buscou na boêmia, no álcool, o derivativo para a sua dor [...]. A loucura foi a sua próxima etapa [...]. E a polícia, na impossibilidade de jogá-lo no cemitério dos mortos, jogava-o no cemitério dos vivos [...]. Era o protesto vivo à sociedade burguesa que sua pena tanto ridicularizava...
>
> O itinerário da modernidade do escritor e do homem de ação que foi Monteiro Lobato tem início na fazenda Boquira, que recebeu como herança do seu avô, visconde de Tremembé. Ali, o ex-estudante e promotor público transforma-se em fazendeiro, investe capitais, renova os cafezais nas terras esgotadas, numa tentativa de salvar o patrimônio em decadência. De seu fracasso porém surge o escritor que desmitifica o idealismo

> otimista de então, denunciando a realidade do homem rural brasileiro na figura do Jeca Tatu. Artigo de jornal e logo apêndice do livro de contos *Urupês*, o Jeca explode na pasmaceira geral dos meios literários e reacende a fogueira da questão social. E o escritor transforma-se em editor. Sua atividade básica porém começa a deslocar-se de interesses puramente literários. A polêmica [...] o comprometeria durante toda a vida na busca apaixonada de soluções econômicas e sociais para o problema brasileiro. O Sítio do Picapau Amarelo permanece como símbolo do antidogmatismo, do reino em que a poesia junta o real ao imaginário. Surgida como um empreendimento experimental da sua bem-sucedida atividade editorial, a literatura infantil realiza a imaginação poética do escritor, que cada vez mais se preocupa com os problemas do desenvolvimento do país [...]. Ligando seu destino à modernização de estrutura econômica e social do país, Lobato continua a ser incômoda interrogação entre o passado e o presente. Entre acertos e erros, lançado entre o pessimismo e a confiança no futuro, um exemplo e uma advertência.

A pessoa do autor abordado por um documentário, viva ou morta no momento da filmagem, engendraria enfoques diversos? Os filmes sobre escritor morto têm de enfrentar o problema dessa "ausência" (se se acreditar que a realidade do autor é a sua visibilidade), e se voltam mais facilmente para os documentos, as fotos fixas, as imagens localizantes, e fundamentalmente para a voz de narrador bem respirante que pretende suprir a ausência com sua exposição — seja informativa, laudatória, politizada ou comovente. No entanto, esse narrador, quase um cacoete do documentário, pode insistir em controlar o filme, seu objeto e seu espectador, mesmo diante da possibilidade da outra voz, do "depoimento ao vivo" do escritor, como no caso de Erico Verissimo, Jorge Amado ou José Américo de Almeida. Ou então considera essa possibilidade e cede lugar discreto ao escritor, que poderá confirmar ao vivo a verdade na narração, como no caso de Pedro Nava, Afonso Arinos ou Bernardo Élis. E finalmente há o típico filme-depoimento, quando a voz do narrador desaparece e o escritor se dirige diretamente ao espectador, uma espécie de reportagem direta, como no caso do filme sobre José Condé ou no Drummond visto por F. Sabino/D. Neves.

Seria possível fazer uma classificação geral dos filmes sobre autor a partir da problemática da narração: filmes sobre escritor morto (narrador necessariamente no comando) e filmes sobre escritor vivo (três tipos: narrador no comando, escritor emudecido; narrador alternando com o escritor; escritor depondo sem um narrador presente).

No entanto, parece que essa classificação não dá conta dos documentários sobre autor nem interessa para uma abordagem que pretende perceber de que forma a literatura é apreendida pelo cinema documentário, tendo ainda a desvantagem de centrar-se na narração da *voz que narra* (centramento aliás bem próprio do documentário). O depoimento de José Condé, por exemplo, segue o mesmo movimento linear e dirigente de uma narração externa ilustrativa. E o movimento de registrar o depoimento reconfirma a velha função do documentário que acredita estar nos colocando diretamente em contato com a realidade viva do autor, agora sem interferências. O que interessa portanto não é bem quem fala ou deixa de falar. Na verdade não me interessa exatamente fazer uma classificação dos filmes, mas localizar padrões, traços, constantes que apontam para determinada visão de literatura. Não há dúvida de que alguns filmes são *típicos*: há os filmes estritamente didáticos (*Euclides da Cunha*, de Ruy Santos), os da personalidade prestigiosa (Jorge Amado), os politizados ou sociologizantes (Lima Barreto), os da ambiência sublimada (*Do sertão ao beco da Lapa*, nos trechos sobre Guimarães Rosa e Manuel Bandeira) etc. Alguns utilizam vários padrões, passando do didatismo biográfico para a sublimação (Augusto dos Anjos, Lúcio Cardoso), ou tudo isso e mais uma ou outra explicitação populista (Bernardo Élis). Em outros filmes os limites e as tendências se obscurecem e uma classificação seria camisa de força. O que me interessa é a identificação desses padrões e dos seus limites ideológicos, e não o enquadramento de uma filmografia. Interessam certos temas na abordagem do objeto autor: didatismo, biografismo, referendo autorizado, relação imediata ou ilustrativa entre imagem e texto, comando atribuído basicamente ao discurso do narrador, sublimação e estetização: processos que sublinham uma posição cinematográfica que pretende retratar, expor, refletir, naturalizar. Interessa o conceito de literatura que a utilização desses padrões veicula: literatura como matéria escolar, literatura como função ou apêndice de um vulto, literatura como estetização do real ou aproveitamento sublimado de uma ambiência originária. Literatura como um dos elos de uma sequência de reduplicações, que o cinema quer imitar. "O retornar (exausto) do chavão da vida e da literatura em complementaridade sadia."[3] Literatura como discurso que complementa e reflete uma vida, uma ambiência, uma paisagem, uma população; que realiza enfim uma integração aperfeiçoada pela presença de um "estilo", manejo sincopado de palavras por um *mestre do idioma.* Literatura como valor da cultura nacional.

Ou então não se trata em absoluto de literatura, e é preciso alterar o rótulo, como diz David Neves: história em quadrinhos, arqueologia ou iniciativa empresarial bem-sucedida que desaponta a "boa" cultura?

Daqui em diante passo a examinar processos que estabelecem certas tensões e resistências no interior desse sistema de padrões e dessa forma *produzem uma leitura nova,* subjetivada (e não necessariamente subjetivante) do texto literário que não é simplesmente a projeção da leitura dominante. Novamente evito partir de cada filme e fazer afinal a lista dos filmes diferenciados, como num gesto purificador. Parto de determinados traços, de certos rompimentos, de tendências que serão exemplificadas em alguns filmes, dada a exclusão arbitrária de outros. Interessa-me mais o estabelecimento de um sistema de diferenças do que uma listagem insuspeita.

desafinar o coro

A DIFERENÇA SE INTRODUZ no momento em que o cinema recua da posição onipotente da aula, da comprovação, da reduplicação, da naturalidade. Não há registro objetivo, mas manipulação, leitura, recorte — a diferença se introduz a partir desse reconhecimento. Muda a relação com o objeto "autor" ou o conceito subjacente de "literatura". A diferença se produz no sentido inverso do documentário. Em vez de retratar, expor, explicar, naturalizar, poderá então subjetivar, metaforizar, silenciar, encenar, ignorar, ironizar ou intervir criticamente nos monumentos, documentos e outros traços do museu do autor; recusar erigir esse museu; assumir a parcialidade de toda leitura; buscar uma analogia com o processo fragmentário de produção do literário; mencionar o próprio filme, tornar consciente a intervenção, referir-se à feitura cinematográfica; desbiografizar, como que desfazendo a complementaridade sadia entre vida e obra: há tensões nesse jogo, e tensões que não "limpam" a função documental, com todo o seu poder de registro verdadeiro, mas se fazem no seu interior.

O processo de produção de um filme documentário sobre autor de literatura não é visto como fixação de momentos reais de um escritor ou de monumentos (dentre os quais a literatura) que indiciem seus momentos reais, mas como forma peculiar de representação de uma leitura de textos produzidos pelo autor. A própria pessoa do autor, se presente na sua fotogenia, não se expõe como comprovação natural de um evento, mas se situa no quadro de uma interpretação.

Mesmo que haja o desejo de reconstituição, ela não se basta a si mesma, não justifica o filme. "*O bello poeta* nasceu de um elenco considerável de fotografias, informações e documentos e, desde o princípio, apesar de pretender reconstituir a trajetória da viagem brasileira de Cendrars, elegeu como personagem principal o texto. Não deve parecer estranho que o destaque num filme sobre escritor seja o texto."[1] *Apesar de*: o filme se centra no texto apesar do peso da documentação. Em tensão com esse peso: não se furtando ao documento, o filme ousa ser ficção. Mais: o filme se reconhece fundamentalmente ficção. Cendrars ou o texto de Cendrars ou a iconografia considerável são personagens desse reconhecimento. Não se considere a frase final da citação apenas retórica. E note-se que a ênfase prevê o seu reverso: não deve parecer estranho que o destaque num filme sobre escritor seja o texto. Isso é dito porque tem parecido estranho.

O documento fascina porque dá a sensação de que é a fonte do discurso verdadeiro, excluindo insensatos mediadores, fingimentos, ficções. Há que passar por esse fascínio. A passagem-padrão cola a presença do documento à imanência da verdade visível do mundo e à sua explicação sempre plausível. Passa pelo documento como prova. Já a passagem crítica mexe com o documento como personagem de uma trama talvez passional. "*O bello poeta* existe a partir de um contraponto. Enquanto é documentário antecipa o ficcional. Quando é ficção remete ao documento, ao passado próximo, visto e vivido. Essa tensão está presente em todos os momentos, porque foi assumida pelo cine-olho. Não irá impedir que se configure o gênero cinematográfico conhecido como documentário."[2] Seria preciso explicitar mais essa trama? Corrijo-me: a diferença não se introduz exatamente no sentido inverso do documentário, porque não apaga o gênero, mas inclui o desejo documentário entre os seus desejos. Usa o documento como astúcia do discurso, reinveste-o de ficção. O documento não é mais a fonte de verdade por excelência. "O *bello poeta* não é isento de paixão."

O Poeta do Castelo, 1959:[3] Manuel Bandeira encena o seu cotidiano. As imagens dessa encenação não se apresentam como fixações de momentos reais de Bandeira que cumpria registrar para a eternidade (embora possam circular assim). Senão, por que montar o prédio sujo do Castelo com a forma de trempe vazia de panelas, fotografados do mesmo ângulo, justapostos como formas estranhas assemelhadas por um gesto? Alguma coisa nessas sequências não se confunde com o "simples *estar-em* da cena, excede a cópia do motivo referencial, constringe a uma leitura interrogativa",[4] em suma, se distancia subitamente do referente — o *autor*. A encenação silenciosa do cotidiano, cortada por acidentes que parecem não "simbolizar" nada, que parecem estilhaçar os sentidos imediatos, se desenvolve em contraponto à leitura em off de poemas, e, por que não dizer, à ausência da voz do narrador sabido. Poemas ou versos que não fazem apanhado, antologia ou representatividade, mas apontam para um determinado ponto de vista, para a opção de um ângulo. Leia-se "Belo belo", "Testamento" e "Vou-me embora pra Pasárgada", ali sobre as imagens ensaiadas pelo ator Bandeira a representar um personagem solitário mas não depressivo; o que se configura são as margens de uma leitura que insiste em certos signos: o não ter, a falta, o obstáculo, o jogo da falta e do desejo, a consciência de inacessibilidade, sem que esses signos precisem ser "ensinados" a um branco espectador. Um certo Bandeira: uma certa repreensão de certa marca de sua poesia.

A biografia não comparece como suplemento explicativo. O que entra é uma alusão, uma representação de gestos cotidianos que se contrapõem à tematização poética da falta, instaurando a presença de desencaixes entre o signo do vivido e a produção do literário. Cinematograficamente, o texto não ilustra a imagem, embora a relação entre os dois produza novos sentidos. Assim como o literário não reflete o biográfico, a reelaboração cinematográfica de uma leitura de Bandeira não reflete o próprio Bandeira. Recombina, junta fragmentos, insiste, e inclusive introduz o arbitrário, o propriamente "poético" — aquele elemento de sentido que se afasta de um referente, que não copia nada. Cinematograficamente, constrói-se um personagem, pela representação do ator Bandeira e pela narração através de uma câmera que busca identificar-se ao olhar do personagem. Uma pretensa ou "fingida" objetividade (= "captar no filme a personalidade espiritual de M. B."),[5] elaborada a partir da técnica da *subjetiva livre indireta*, explode afinal num momento de "subjetividade nua e crua".[6]

A mesma subjetividade que a versão Bem-Te-Vi procura aplacar ao enxertar no filme (por que você deixou, Joaquim?) as clássicas fotos fixas de álbum de família, as caras do autor pintadas por artistas consagrados, a voz do narrador que explica, elogia, conduz. A mesma subjetividade que Joaquim reavaliaria severamente anos depois, num momento de "politização", criticando-a pela identificação incondicional à figura do autor, como aliás é de praxe nesse tipo de documentário: "No *Manuel Bandeira* há uma visão embarcada — de certa maneira, engajada com ele. Faltaria um processo mais dialético de crítica, em que esses valores fossem confrontados mais agressivamente com outros valores que já agrediam — de ordem moral, ética, política etc. Um filme de amigo, incondicionalmente solidário".[7] Deixei a citação, embora ela já tenha caducado. Atualmente Joaquim não endossa a autocrítica e fecha com o filme: não há por que condená-lo em nome de um aflito engajamento político.

A subjetivação assumida na abordagem documental poderá ser acusada de deturpação do real. Gilberto Freyre, na época em que foi filmado por Joaquim Pedro, reclamou da não fidelidade do documentário à sua realidade, ou seja, da desneutralização do olhar do diretor: "Agora que está sendo acusado (em virtude de uma apresentação cinematográfica de sua pessoa e de sua rotina de vida que, com os cortes que sofreu, parece ter resultado com efeito na pequena 'deturpação' tanto do essencial da sua pessoa como do característico de sua rotina recifense de vida, destacadas por Jorge Amado) do mais feio dos esnobismos — o de querer parecer rico — o morador de Apipucos, indevidamente chamado de 'mestre' no filme do Ministério da Educação, se sente na obrigação de pôr estes pontos nos ii".[8] Ao desmentir que fosse rico ou esnobe, Gilberto Freyre teria então descoberto, mas não apreciado, a fundamental *deturpação* que todo documentário produz, e que Joaquim Pedro não houve por bem mascarar, veiculando afinal a sua leitura "luxuriante" da figura do escritor. Da mesma forma, a propósito de *O poeta do Castelo*, Bandeira reclamaria com Joaquim de uma certa dramaticidade conferida pela fotografia e pela música à cena da compra do leite que, na vida real — argumentava —, era um hábito sem amarguras. Amigavelmente, o poeta, a seu modo, lamentava o que entendia ser a deturpação de um gesto seu pela ótica cinematográfica.

Retomo outras encenações. A pequena farsa do professor. O cenário escolar está completo. A chamada fica para o fim da aula. O professor Fernando Peixoto discursa aos brados, ora acusatório, ora apologista, em homenagem ao vigésimo aniversário do "patrono da escola": Os-wald de An-dra-de!, ecoam os alunos em coro. O professor gesticula, congestiona-se, inflama-se com Oswald — embora pessoalmente prefira Guilherme de Almeida. Essa paródia de aula no meio de um filme sobre Oswald me lembra de lampejo a professora arrumadinha que aparecia em cena para apresentar o *Apólogo* de Machado de Assis. Entre um e outro, o documentário teria recalcado a figura do professor, que Humberto Mauro deixara bem à mostra; a teria apagado na voz da narração, jogando-a para o seu poderoso esconderijo em off. A pequena farsa andradiana reintroduz na cena a figura escondida e questiona seus poderes. Trajeto crítico: não cabe mais essa voz bem-falante e neutra, educando dos bastidores, e cuja fluidez pressupõe adesão reverente à matéria da narração e uma relação autoritária com a plateia: o professor é agora personagem da paródia, rubicundo, emotivo, contraditório ante a figura do autor. Homenagem e vitupério se entrecruzam. A farsa se chama: de como a escola vê Oswald de Andrade? Ou: de como o documentário não vê Oswald de Andrade?

Estou falando de uma das cenas de *Herói póstumo da província*, filme que, contra a lógica economicista, se insinuou dentro de um "Globo-Shell Especial", entre um Guimarães Rosa e um Manuel Bandeira de exportação. A farsa do professor, no filme, se segue a uma montagem sentimental de fotos da velha São Paulo. Fotos que não estão aí para "documentar" o ambiente de

Oswald ou para rechear sua biografia. Não é a São Paulo berço do escritor que interessa, mas antes a utilização afetiva do documento para recortar uma atmosfera de província, através de um fato muito particular enfocado pela ótica do escritor (texto das memórias de Oswald) e pela montagem rápida e brincalhona das fotos: a chegada do primeiro bonde na capital paulista, o susto e o deslumbramento com os primeiros passos do progresso "à roda da minha casa". Não há explicações nem cronologia. Num movimento semelhante ao *Bello poeta*, o *Herói póstumo* também contrapõe o "documentário" e a "ficção". À reconstrução sentimental da atmosfera ingênua e provinciana, segue-se a farsa do professor. Num terceiro momento do filme, entram em choque as diversas vozes da província, agora feroz, devorando o herói.

É também um filme de contraponto: contrapõem-se a visão mansa da infância da província, colada à memória do escritor e à leveza do documento; a visão distanciada da imagem do escritor pela encenação teatral; a visão passional do debate em torno da figura e da produção de Oswald, através do jogo de citações inflamadas e da imagem alegórica dos cachorrinhos mortos; e finalmente a visão carinhosa, a breve adesão incondicional do filme do herói, que por meio de Antonio Candido explicita, talvez desnecessariamente, o seu próprio movimento de subjetivação: "Está finda a aventura lírica de Oswald de Andrade, gordo quixote procurando conformar a realidade ao sonho. Daí a rebeldia dos que não aceitam a ordenação média dos atos pela sociedade, que criou em torno dele, em represália, a aura do maluco atirando contra tudo, contra todos. Visto de dentro porém ele era um menino inconsolável em face do mundo, onde não cresceu segundo a dimensão do imaginário, de um imaginário que fosse o modelo real das coisas".

Num movimento de contradição com o sério fluir do documentário, o filme poderá mencionar a própria intervenção, desnaturalizando-se pela via crítica do autorrefletir-se. Fazer documentário e ao mesmo tempo indagar-se (embora discretamente, sem radicalidade) sobre o que é fazer documentário: indagação basicamente antidocumental. *O Velho e o novo*, 1967: fazer um filme sobre Carpeaux e ao mesmo tempo acompanhar a feitura do filme sobre Carpeaux. Esse acompanhamento se faz através do esboço de uma história: Lígia, estudante de sociologia, irá pesquisar sobre Carpeaux e participar de um filme sobre ele. "Meu nome é Lígia. Estudo sociologia e trabalho em jornal. Hoje tudo começou normalmente. Acordei cedo, fui à PUC e agora vou pra rua. Daqui até a noite meu trabalho será diferente. Preciso colher dados e fatos sobre um homem cujo nome me acostumei a ouvir. Na redação do *Correio da Manhã*, onde ele trabalha, nas livrarias, nas bibliotecas, preciso descobrir o que há de mais íntimo sobre Otto Maria Carpeaux, judeu austríaco expulso do seu país pelo nazismo. Ele tem 66 anos; eu, 22. Na PUC, nos intervalos das aulas, quase sempre falamos de política e eventualmente sobre ele. Descobri então que uma coisa na minha vida ele havia mudado: me tirou da condição de amante do cinema para aspirante a atriz. Por causa desse filme fiz um teste."

Câmera, ação. Lígia faz seu teste. Então, sem linearidade narrativa, sem compromisso com uma coerência ficcional, do teste passamos para os trabalhos da pesquisa de Lígia (para o "filme sobre Carpeaux"), que incluem a sua participação. Lígia não precisa se retirar para dar lugar ao documentário. O filme todo é afinal um filme sobre a relação entre Lígia e Carpeaux, na perspectiva estudantil empenhada de 1967-8, para a qual interessava sobretudo um certo Carpeaux, o do empenho e da luta. Os depoimentos de grandes nomes (Drummond e Tristão) avalizam Carpeaux sim, mas nessa perspectiva. Lígia representa o sujeito do documentário. O sujeito não como elemento externo, lugar de uma verdade que roubei à objetividade, e que deslocaria o centro do documentário (= "a verdadeira verdade do documentário não é, como se pretende, o real objetivo, mas o real subjetivo, a subjetividade do diretor"), mas sim como um dos signos do documentário, um dos seus personagens, um dos termos da sua linguagem. Da mesma forma, Carpeaux não se fixa como o objeto do documentário por excelência, elemento externo que será registrado, mas como representante desse objeto. Sem explicitar a questão, o filme se pergunta o que é um documentário, jogando com os elementos que comparecem inevitavelmente quando se fala de documentário: o "sujeito" e o "objeto".

Não é que a relação Lígia/Carpeaux esteja em jogo, pois o filme adere à perspectiva empenhada — é afinal um filme da sua época, ao qual interessava mais "revelar Carpeaux, que naqueles dias passava por uma fase difícil, e efetuar um depoimento sobre a realidade brasileira, a partir do intelectual famoso, mostrando uma série de violências que a todos tocava",[9] do que questionar a linguagem do documentário. Não se trata do questionamento de uma relação tradicionalmente invocada quando se pensa em documentário, mas do deslocamento dessa relação para o interior do documentário, em termos de representação. Nem fora, nem inexistente: dentro, como termos de uma (possível) discussão. E com isso o tom engajado e datado do filme se enriquece: não o engajamento didatizante, condutor ou discursivo, mas o movimento de uma relação na qual o engajamento é nota dominante, e cuja representação dá ao filme a vitalidade da ausência de cátedra.

O curso do poeta, 1975: João Cabral de Melo Neto chega ao MAM e dirige-se à cinemateca, onde se senta no auditório ao lado de gravador e entrevistadora. Apagam-se as luzes e começa a projeção de um filme de imagens pernambucanas. De vez em quando um poema sobre a tela. Pelo gravador, João Cabral comenta informalmente, no ato da projeção, as imagens que vê. O silêncio é o próprio silêncio descompassado de João Cabral, sem o ritmo respiratório dos grandes locutores. Os comentários são errantes: passei minha infância em engenho, nunca consegui cortar cana, esse verde é fantástico, a cana é absolutamente infotografável. A voz do poeta acaba contestando a pretensão do filme (traçar o "curso do poeta") ao apontar a parcialidade da escolha de imagens/poemas nordestinos: "O curso de minha vida é um negócio que começa exatamente onde o rio Capiberibe acaba, do Recife pra fora. Do Recife fui pro Rio, fui pra Espanha, fui para uma porção de outros países, de forma que o meu curso é um pouco diferente do curso pernambucano em geral". Mais do que um filme "sobre" o curso de João Cabral (que, como ele mesmo indica, deveria começar onde o filme acaba, do Nordeste para fora), um filme que coloca em cena a relação entre a imagem, carregada de desejos documentais, querendo a terra do poeta, buscando raízes e temas da sua poesia, e a palavra incerta na narração, sem ordem, sem didática, sem grandes conteúdos, que acaba não passando à imagem atestado de verdade.

Junqueira Freire e Pedro Kilkerry, poetas baianos: personagens interpretados por atores em filmes que não chegam a constituir um modelo ficcional. Menos obviamente do que na farsa que corta ao meio o documentário (Oswald), mais obviamente do que na construção do personagem escritor pelo ator escritor (Bandeira, Gilberto Freyre), o documentário se apresenta como ficção sem no entanto deixar de ser documentário. Subsiste o desejo de utilizar os recursos do documentário, de trabalhar um roteiro a partir de documentos; mas transformando-os com a presença do personagem, que não vira propriamente o substituto verossímil do autor morto, mas altera a combinação dos elementos: o documental se mistura ao ficcional, o ficcional questiona e investe o documental de sentido, de arbitrariedade, de reinvenção, superando o seu autossuficiente investimento de verdade. Pés esmigalham flores; o corpo nu entrelaça-se à árvore; a freira se despe na cela; a câmera vasculha as paredes do claustro. O monge Junqueira Freire passeia por Maragogipinho, Monserrate, Salvador. A câmera invade o quarto onde Kilkerry vivera, circula por Nazaré, ruas inteiras da Bahia. Namorar o documento, o local, o testemunho; brincar com eles; reinvesti-los; ir lá; desejar uma impossível reconstituição, esse real que o cinema onipotentemente quer pescar. O documento é então cenário, signo do cenário, e não o real bruto, exata localização onde ainda se veem as pegadas do vulto.

> Eu me senti obrigado a ir a Alagoas. Eu não precisava ir a Alagoas. Eu poderia ter filmado um canavial em Alagoas ou no estado do Rio. [...] A cena que eu filmei na praça Onze, do circo,

> é mais importante para o filme e para a apresentação da obra de Jorge de Lima do que o plano do canavial em Alagoas. Isso porque é um universo mais parecido. Quando você lê um poema de Jorge de Lima e o compara com imagens do canavial e compara esse mesmo texto com imagens de circo, você vai ver que casa mais, é mais emocionante, é mais bonito, é mais parecido.
>
> O filme passa a respirar a poesia de Jorge de Lima a partir do meio. Quando ele se livra de Alagoas, do sertão. O próprio clima do sertão só funciona, só é entendido quando é comparado com o da cidade. Ou seja, quando você tem a volta do sertão, você entende que é o eco do sertão dentro do Jorge de Lima. O sertão já não é um dado bruto, é uma relação.[10]

É como se os cineastas se sentissem fascinados, obrigados a ir lá, aos locais onde viveu o escritor, e registrá-los em toda a sua muda visibilidade; como se esse registro tivesse alguma eloquência sobre o autor, revelasse algum segredo da sua obra. Mas de repente não: o filme passa a respirar a poesia de Jorge de Lima a partir do meio, *quando ele se livra de Alagoas, do sertão, do documento autossuficiente.* O filme fica mais "parecido" com a poesia de Jorge de Lima. "Parecido" não trai aqui uma ilustração, uma contiguidade, um eco (operário no poema/operário na fotografia), mas uma semelhança com o processo de produção dessa poesia, que antes de tudo implica um afastamento, uma disjunção: livrar-se da matriz, do vivido, do "sertão", estilhaçá-lo em linguagem, reescrevê-lo através de outros textos. Ao emancipar-se das injunções documentais, o filme fica mais forte: não deseja falar sobre um autor, deseja a força da sua própria linguagem.

Aos poucos se apaga o vestígio da personalidade Jorge de Lima e começa a falar uma leitura de textos de Jorge de Lima, ou a mistura de imagens e fragmentos que restam dessa leitura. Vão se desconectando as similaridades ilustrativas da fotografia com o texto. A velha biografia monta com o delírio circense. Desprende-se do depoimento da filha uma frase mutilada do contexto: "Ele nunca disse nada. Absolutamente nada". A frase vem solta, o sentido distorcido, ecoando outra, que se insinua como deslocada epígrafe: "A poesia de uns depende da asfixia de outros". A frase é de Jorge de Lima mesmo e funciona como chave de visão afetiva do biógrafo: um certo Jorge de Lima que nunca disse nada, cuja matriz de poesia era talvez a asfixia desses outros. E retorna a voz da filha, descrevendo com obsessivo, sensual detalhe a barba espessa do pai. Que importância informativa teria essa descrição, que verbete a acolheria? Que mão a recortou do meio do depoimento vivo da testemunha familiar? Note-se: a testemunha não foi recusada, mas manejada como elemento de leitura. Os recursos tradicionais — testemunho, biografia, terra natal, documentos — comparecem como fragmentos, como "textos" que produzem o "texto" final do filme, assim como as imagens não documentais ou delirantes: um documentário sobre literatura não reflete um objeto dado, mas reescreve-o a partir de "textos" fragmentários (inclusive o texto da tradição documental) que um recorte subjetivo recolheu. Um tecido verbal/visual subjetivo se desprende de uma qualquer matriz, asfixiante ou não, e enleia-se no tecido verbal/visual objetivo constituído pela materialidade do filme.

Ao falar em imagens "parecidas", o cineasta expressa a intenção de fazer um filme que de alguma forma se identifique com o modo de produção do texto, ou, nas palavras de outros realizadores, com o "universo simbólico" do autor, o "clima" do livro, o "tom" do poeta, a "medida" do discurso literário. A fotografia de um filme sobre Joaquim Cardozo quer ter o mesmo tom, a mesma luz estourada dos poemas.[11] A afoiteza, os descaminhos e os excessos de um filme sobre Blaise Cendrars no Brasil participam da generosa inspiração do poeta, falam também sobre um modo do poeta.[12] A finalidade do filme *O Guesa* seria "reproduzir", tanto quanto possível, a obra de Sousândrade. A forma rebuscada do filme se identificaria com a complexidade do texto de Sousândrade.[13] Mas não há similitudes naturais: essa identificação implica uma intervenção arbitrária do realizador, uma distorção intencional. Trechos do poema de Sousândrade (por escrito, na imagem, e não bem lidos na trilha sonora), desmontagens irreverentes de episódios "clássicos" da história do Brasil, se alternam com gravuras oficiais dessa história, cromos que sugerem nossa cronologia escolar. A biografia de Sousândrade se justapõe a essa alternância irônica. O filme evidentemente não reproduz nem o trajeto nem a obra de Sousândrade. Há como que uma identificação com o método crítico de Sousândrade: retomar as figuras dessa história e desconstruí-las no poema. Mas ao mesmo tempo isso não é Sousândrade, não o explica, não o engloba, não o documenta. O filme seria sobre ou para Sousândrade?

Bárbaro e nosso se propõe a ser uma leitura na medida do discurso de Oswald de Andrade.[14] Trabalha cinematograficamente com a associação e a montagem rápida que se reconhecem nos textos dos manifestos, lidos em locução impossivelmente veloz. Avacalha as cerimônias oficiais. Junta velhos carnavais e novos baianos, "Teatro for two" e família enrolada na TV, Superman e operários no ponto, Tiradentes e escada rolante. Sugere que o debochado e crítico feroz é também um libertário ao compor cenas de guerra, cenas de amor, poemas. Fecha a autoironia em forma de garota-propaganda: "Leia Oswald de Andrade. Nas melhores casas do ramo a preços de liquidação" (como a lembrar que o documentário também funciona para vender o produto autor). Deixo em suspenso a inscrição do filme no cinema boca do lixo, na sua oposição à "moralidade retórica, solene e pesadona do Cinema Novo",[15] na sua distribuição do discurso conscientizador sobre a matéria em questão, nas suas ressonâncias tropicalistas. Há aqui sobretudo "imagens para Oswald de Andrade".

A categoria da "subjetivação", que tenho usado para indicar a interferência no mito da objetividade no cinema, não se refere propriamente à presença da subjetividade do diretor no documentário, mas à evidenciação no interior do filme de que cinema documentário é discurso (leitura) produzido, e não reprodução de uma "realidade". *"La tâche d'un cinéma réel sera de faire apparaître dans le 'il' que nous voyons, le 'je' qui se cache et ne se laisse jamais voir."*[16] No cinema documentário esse *je* costuma se apagar ainda mais, e no cinema documentário sobre literatura, ao apagar-se, põe em circulação novamente o conceito dominante de que a literatura é um *il*, objeto dado, apêndice de um autor, monumento da nacionalidade. A operação interessante é arrancar o tal *je* do seu esconderijo, como naquele filme em que o professor é arrancado da zona neutra e recôndita do off e atirado à própria cena.

Os documentários sobre literatura estabelecem determinadas relações com a literatura que articulam uma definição ou representação do literário, mesmo que mascarada. Partindo já de conceitos dominantes, objetivamente em circulação, "inescapáveis" por assim dizer, o documentário pode reforçá-los ou interrogá-los. Neste capítulo procurei apontar alguns dos movimentos dessa interrogação, que se caracterizam fundamentalmente por uma tensão entre o "documental" e o "ficcional", e pelos quais se pode repensar o impulso documentarista, jogar com a mentira do documento e a verdade da ficção, cutucar a violência de certos mitos, e, neste caso específico, refazer o conceito de que literatura é leitura, é sempre transformação de outros textos, é um lugar de incoincidências permanentes; refazer, no plano da linguagem cinematográfica, o processo literário, "imitando" uma forma de produção de discurso, e não o "mundo"; desencaixar o mundo organizado do documentário. Fazer documentário sobre literatura poderá então implicar, por um lado, uma "imitação" do processo de produção do literário e, por outro, uma "remontagem" de fragmentos que compõem a instância do literário em circulação no mercado: biografias, críticas, imagens do autor, manuscrito, ambientes, antologias, aulas, resenhas... Pedaços do literário que o filme poderá manipular, sem entretanto assinar embaixo sua legitimidade profunda.

Talvez por meu próprio comprometimento com o literário, acabo tomando partido e encaminhando uma hipótese: a de que o filme documentário sobre literatura fala mais de literatura na medida em que se identifica ao projeto literário de autonomia e intransitividade de linguagem, ou seja, na medida em que, com toda a sua timidez, fica menos "documentário", livrando-se, como quer a linguagem literária, da obrigação de dizer (ou ensinar) alguma coisa. O resto é cinema. Trata-se afinal de contas de um paradoxo, uma formulação de negatividade: não informar, não biografar, não construir um monumento nacional, transgredir a citação e o depoimento: encenar, desvirtuar a captação natural do escritor, transar um personagem (inclusive o personagem-texto e o personagem-documento). Onde então se veicula, sem purezas d'alma, uma relação com a literatura como matriz de leituras possíveis, como produtividade descompassada do "real", como possibilidade de desconstrução de entidades metafísicas: o Autor, a Cultura, a Nacionalidade.

> Eu acho que poesia é um lançamento, poesia é imagem, há na poesia um lançamento para o cinema. [...] O *Junqueira Freire* não é absolutamente um filme linear, um filme didático, é um filme que não fornece nenhum conhecimento, você fica meio perdido [...]. O meu intuito é muito esse. Mobilizar um resultado estético, sensorial. (Raymundo Amado. Ver o capítulo a seguir, "Sete depoimentos".)

O Poeta do Castelo: a encenação silenciosa do cotidiano, cortada por acidentes que parecem não "simbolizar" nada, que parecem estilhaçar os sentidos imediatos, se desenvolve em contraponto à leitura em off de poemas e, por que não dizer, à ausência da voz do narrador sabido.

"Filme registra. O que é perigoso é você ficar na aflição de registrar aquela coisa que vai morrer: você já mumifica o objeto." (Heloisa Buarque de Hollanda. Ver "Sete depoimentos".)

sete depoimentos

david neves: a série bem-te-vi[1]

A série de filmes documentários que realizei com Fernando Sabino representa basicamente uma experiência pioneira, na faixa da iniciativa privada, englobando desembaraço empresarial e (pasmem!) cultura.

Penso ter idade e experiência suficientes para verificar que, em todo o evoluir do cinema brasileiro, de 1960 até esta parte, o curta-metragem, documental ou não, tem sofrido bastante discriminação por parte das autoridades oficiais de cinema e que esse sofrimento, talvez por vício ou por hábito, tenha ele próprio degenerado numa constante ou numa filosofia de trabalho. *Sofrer para gozar*, dizia o título de certo filme do "paulista" E. C. Kerrigan.

Devo confessar, na mesma corrente de ideias, que, de minha parte, sofri pouco participando da realização desses dez filmezinhos digestivos, encadernados mais como história em quadrinhos do que como livros, feitos para nossos descendentes verem como "caminhavam, riam ou viviam certos monstros sagrados brasileiros da segunda metade do século XX".[2] Não interessa, nem posso avaliar a intensidade do meu gozo: parece ter sido diretamente proporcional à não interferência na vida e no trabalho alheios, naquele momento, dentro do setor.

Peço, portanto, que reavaliem a expectativa que o nome dos autores e sua biografia criaram em torno dos mencionados produtos: é que talvez o pouco sofrimento tenha relaxado a inspiração.[3]

márcio souza: oswald de andrade

Bárbaro e nosso é a melhor coisa que eu fiz no cinema, o que realizei com maior liberdade. Continuo acreditando que é um filme arrasador e uma leitura na medida do discurso de Oswald de Andrade. É um filme tecnicamente precário por falta de recursos de produção. Originalmente deveria ter sido em cores, mas o custo do negativo colorido ultrapassava as possibilidades do orçamento. E o roteiro não foi filmado inteiramente, ficando de fora as cenas sobre *Serafim Ponte Grande* e O *homem e o cavalo*. Mas a moviola recriou o filme com a "contribuição milionária de todos os erros".

Creio que o surto de documentário sobre autor nacional faz parte de um dos "objetivos nacionais". Emparedaram até Lima Barreto num necrológio de imagens burocráticas (Bressane). Sabemos que a produção do curta-metragem no Brasil é coisa para diletante, não é levada a sério, mas em determinado momento foi atrelada na sustentação ideológica da chamada "cultura nacional brasileira". Como tudo que era produção simbólica foi atrelado à necessidade de estabilizar ideologicamente o regime autoritário imposto ao Brasil, o curta-metragem acabou rebocado. O exemplo típico desse tipo de documentário foi a série realizada por David E. Neves e Fernando Sabino. Limpos, sadios e insinuantes como uma ordem do dia.

No plano que Fontoura coloca, acho a coisa mais simples: ficamos no campo do compadrio e do favor. Quando uma concorrência para curta-metragem era aberta pelo MEC, isto não passava de mera formalidade burocrática, já que os filmes estavam todos previamente escolhidos bem como os seus realizadores. Conheço muitos casos de realizadores daqui de Manaus que, mesmo tendo apresentado projetos bem-comportados, nunca conseguiram nada. Afinal, não estavam em condições de frequentar gabinetes e antessalas do MEC para garantir os projetos. De outro lado, MEC e Embrafilme (o antigo INC) funcionaram como reordenadores da produção cinematográfica brasileira. Com a retirada da chanchada, o mercado ficou aberto para as provocações do Cinema Novo. Isso poderia ter permitido a criação de um quisto rebelde dentro da produção simbólica nacional. E logo no cinema, pelos idos de 1960, ponta de lança da cultura brasileira, como a poesia tinha sido na Abolição e logo seria a música na virada dos anos 1970. Esses organismos ordenadores agiram com eficiência e cooptaram os rebeldes.

Por que fazer "documentário"? O cinema é uma indústria, é fruto da Revolução Industrial. Não se pode confundir indústria cinematográfica com granja para a produção de hortaliças. Em todo o mundo capitalista o cinema sempre é um dos setores mais modernos da economia, enquanto aqui no Brasil continua-se a promover uma mentalidade agrária cuja racionalidade sempre é institucional. Neste quadro, fazer documentário e curta-metragem é como jardinagem. Você já pensou em abordar o cinema nacional a partir da sua forma de exploração da mão de obra, isto é, a partir da luta de classes? Imagine os técnicos, o eletricista, o maquinista, o continuísta, comendo sanduíche de mortadela e recebendo mal para o Cacá Diegues fazer *Ganga Zumba.* Eu sei porque já trabalhei em equipe e vi contratarem boias-frias como figurantes a cinco cruzeiros o dia e sem direito a lanche. Além do mais, esse negócio de perder contato com as raízes é perfumaria.

Bárbaro e nosso custou, em 1969, 5 mil cruzeiros. Esse dinheiro saiu praticamente todo do meu bolso. Foi filmado em uma semana, com uma Arriflex caindo aos pedaços emprestada por Primo Carbonari. A filmadora era tão velha que não se podia demorar muito nas tomadas, pois a trepidação da grifa puxando o filme fazia com que as lentes começassem a escorregar da torreta. A filmadora parecia uma múmia com tanta fita crepe que o José Marreco enrolava para evitar entrada de luz. Revelei, contratipei e montei nos estúdios da Amplavisão. Utilizei material de arquivo de lá, garimpando em milhares de latas espalhadas pelo estúdio. Quando cheguei na primeira cópia, levei para a Rex Filmes e fiz nova contratipagem com correções de luz a pedido do José Marreco, que tentava desesperadamente dar uma unidade ao material. Na Rex me fizeram o favor de apagar a marca do bip no negativo, o que obrigou o Silvio Renoldi a passar algumas horas para sincronizar outra vez o filme. Finalmente, com o filme pronto, tentei participar do Festival de Brasília de 1970, mas o filme não foi liberado pela censura por "falta de qualidades técnicas". Positivamente, o deboche não é uma linguagem bem entendida por aqui.

Eu estava preocupado em realizar um filme na medida do discurso de Oswald de Andrade, isto é, uma leitura cinematográfica da vida e da "arte" de Oswald. Não poderia sair outra coisa, pois não se tratava de um filme sobre Olavo Bilac. Ele faz parte de um determinado momento do cinema paulista, ou seja, do abortado movimento do cinema da boca do lixo.

Oswald de Andrade tinha rompido via Teatro Oficina o nosso comportado patriotismo lukacsiano.[4]

sérgio santeiro: sousândrade

O Guesa quer servir como introdução ao trabalho do Sousândrade, que é um poeta praticamente inédito, apesar de brasileiro e apesar de um pouco antigo, e cuja poesia é particularmente complexa, particularmente pouco clara. A finalidade do filme é apenas reproduzir, tanto quanto possível, a obra de um autor determinado. Em que medida a forma usada para isso é uma forma rebuscada, que de certa maneira confunde, isso eu acho que é parte da situação excepcional do próprio Sousândrade, que continua sendo desconhecido exatamente por ser complexo e obscuro. Afora isso, o objetivo do filme é aguçar a curiosidade e a imaginação das pessoas em geral, para que não entendam propriamente, mas que se incomodem com a coisa, que despertem para uma coisa que não conheciam.

O poema do Sousândrade é um poema longo, com dezessete cantos, umas trezentas páginas, mais ou menos. Para tornar o filme introdutório a esse mundo de coisas, eu achei que para o público brasileiro seria interessante compor no tempo da trajetória dele um discurso com coisas que fossem próximas do espectador. Então, eu armei uma linha arbitrária dentro da obra dele (é um corte inclusive grosseiro e bastante ousado) ao desmembrá-la inteira e representá-la como uma linha cronológica de história do Brasil — eu achei que era uma coisa próxima do sentimento das pessoas em geral, nem precisam ser pessoas letradas: a vinda dos portugueses, a Independência, o Reinado, a República. São momentos que sempre dizem alguma coisa para o público brasileiro. E por isso dá uma possibilidade de leitura e de seguir de certa maneira a poesia de Sousândrade, que não é absolutamente cronológica e organizada desse ponto de vista. Eu produzi uma certa distorção.

Quando começou a escalada da obrigatoriedade de exibição comercial para documentários, eles ficaram possíveis de serem realizados, tendo um retorno pelo menos presumível. E então algumas pessoas começaram a pensar em fazer esse tipo de filme, inclusive eu, até que o Júlio Bressane me fez uma proposta direta. A coisa se arrastou por algum tempo porque eu tinha escolhido três ou quatro histórias, acho que Monteiro Lobato, Gonçalves Dias e Sousândrade, se me permitem por ordem de complexidade e por ordem inversa de uma certa aceitação pública. Mas a menina dos olhos era evidentemente o Sousândrade. E então, numa conversa com o Júlio a respeito disso, ele percebeu que eu estava querendo fazer mesmo era o Sousândrade, apesar da aventura e do risco que seria fazer um filme desses, sobre uma pessoa desconhecida, exatamente no momento em que a coisa estava começando a se organizar comercialmente. Mas a partir desse impulso inicial eu próprio desenvolvi contatos, por exemplo, com o governo do estado do Maranhão, que na época era o José Sarney, e que colaborou na realização do filme, pré-comprando uma cópia a preço fixo, preço este que me permitiria fazer o filme, em última instância, o que mostra como era um filme relativamente barato. Era um filme que dependia muito mais de acesso a uma coisa que é praticamente inacessível, que é o texto do Sousândrade, e no mais dependia de pesquisa propriamente, de iconografia — um projeto muito barato.

O filme, na época, não tinha nenhuma viabilidade comercial. *O Guesa* tem praticamente a tendência de negação ao filme comercial. Foi um filme elaborado com a preocupação de definição do que eu estava fazendo. Não havia muito a preocupação de que o filme fosse aclamado, dava no mesmo. Mas na época eu era, e ainda sou, muito tímido economicamente — e isso me travou um pouco o filme. Eu escrevi pela primeira vez em princípio de 1967 e só fiz a cópia dele em meados de 1969. Foi um prazo muito grande para a feitura do filme, o que do ponto de vista econômico é um fiasco total.

O Guesa hoje está virando um pouco peça de museu, no bom sentido da palavra. Ele já está virando uma coisa que, digamos assim, já não é adequada às necessidades imediatas do momento presente, mas sempre é um repertório de certas informações.[5]

heloisa buarque de hollanda: joaquim cardozo e raul bopp

Eu comecei a fazer esses filmes como aula, atividade pedagógica, jeito de fazer aluno trabalhar. A ideia era registrar autores vivos que não fossem muito conhecidos. O objetivo não era bem fazer filmes, era dar uma aula prática de literatura. Os filmes são exercícios literários. Se fossem filmes meus, eu não sei se eu faria da mesma forma. São filmes muito limpos, muito literários, e que não têm uma opção de cinema. Não foram pensados em termos de filme, mas em termos de registrar a experiência de uma aula. Pertencem ao universo dos alunos, curso, faculdade. Foi uma experiência de grupo que virou filme artificialmente. Os alunos estavam estudando o universo simbólico desses autores, e isso não imprime em negativo.

A gente tem preconceito contra registro, mas você vê que eu falei que o filme era o registro de uma experiência. Filme registra. O que é perigoso é você ficar na aflição de registrar aquela coisa que vai morrer: você já mumifica o objeto. Mas a palavra registro eu acho que não sai da boca de quem está filmando não. Essa leitura ("o filme é importante, porque foi o único e o último que registrou Joaquim Cardozo na sua casa") aparece mesmo que você não queira. Esse lado de registro é o lado que vende cinema, e cinema surgiu para registrar, e não para fazer filme. O que é importante é registrar o objeto e você também junto.

Eu gosto do filme sobre Joaquim Cardozo, porque é um exercício de crítica bem-feito. A imagem do quarto do Joaquim Cardozo é muito poética, ela tem o tom do poema dele: tem a luz estourada, tem aquela solidão pavorosa dele, tem aquele absurdo daquela montagem de absurdos que é o quarto dele, o guarda-roupa, ele, a solidão dele, a geladeira misturada com livros, quer dizer, a imagem fala do universo dele.

O Joaquim Cardozo é anterior ao Bopp. No Joaquim Cardozo tem aluno sentado ouvindo. No Bopp as pessoas falam, participam. Isso aconteceu porque durante o contato com o Bopp todos achavam muita coisa, as pessoas cobravam posições, perguntavam, interpretavam. Com o Joaquim Cardozo foi um feitiço, um grego falando para as pessoas. Quem estava lá ficava só ouvindo o Joaquim Cardozo, e ninguém falava nada, porque não adiantava falar. Se você perguntasse a ele "Como é a sua poesia?", ele devolvia com a pergunta: "Você sabe o que é a pétala?". Era uma relação de feitiço com o mestre, o pajé, alguma coisa bem diferente da relação que se teve com o Bopp.

Tanto no Joaquim Cardozo quanto no Bopp, os dados biográficos estão descompassados, não estão fazendo uma estátua, um monumento. Dão traços, indícios. O Bopp fala muito em viagem, numa coisa nômade, numa fantasia de infinito, de não acabar nunca, de nunca chegar lá. E os trechos escolhidos — nós gravamos oito horas de depoimentos — foram para indicar a obra. Mas a obra não está traçada em nenhum dos dois. Esses filmes são indício de uma outra coisa, que eu acho que é um espaço entre vida e obra, o universo simbólico do autor, uma condição de produção, um princípio talvez formativo da obra.

O Joaquim Cardozo provavelmente não é um feiticeiro, mas ele se relacionou conosco como feiticeiro e fundiu muito a cuca dos alunos, que ficaram apaixonadíssimos, porque era quase que uma experiência sensorial de drogas a que ele fazia. Ele dizia absurdos sem parar, ele fantasiava, ele dizia mentiras, obviamente mentiras. Ele deu uma etimologia do Himalaia que era errada, e ele é uma pessoa que sabe das coisas. O Joaquim Cardozo pode não ser um feiticeiro, mas o filme registra essa relação. Porque eu acho que documentário registra sim, mas não registra o objeto nunca, porque o objeto não é filmável. É filmável a cara do autor, a casa do autor, mas o autor não imprime no negativo. O que saiu foi a experiência daquele momento, uma convivência, uma coisa quentinha com todas as mitificações e mistificações que toda relação desse tipo tem. O Joaquim Cardozo resolveu fazer o papel de feiticeiro, ele foi muito feliz nesse papel e a gente foi muito feliz como ouvinte desse papel e ficou registrada essa coisa aí: um bando de alunos da faculdade de Letras que vai procurar um velho autor que é sábio, que já está no fim da vida e muito solitário e que, de repente, se vê cercado de gente querendo saber. Então, imediatamente, ele fez o pajé. Ele fez um pajé e a gente estava querendo muito encontrar um pajé no Rio de Janeiro. Encontramos um pajé no Rio de Janeiro e isso pintou no filme.

Isso dá para relacionar com outros filmes: num filme tipo o *Erico Verissimo*, você não acha uma relação de pajé, por exemplo, mas uma relação comercial: "Vou vender este cara quando ele morrer". Por acaso ele morreu logo depois, houve quase uma premonição de que ele iria morrer. Você vê imediatamente o objeto rentável. Você levanta a data de nascimento para vender melhor, quem foi o pai, a mãe, bota foto. A presença de foto nesse tipo de filme é escandalosa, porque ela vem quase que como catálogo de exposição que você pede ao Roberto Pontual para escrever: ele escreve bem, mas aquilo é um comercial de exposição. Nesse tipo de filme comercial sobre autor, você tem que situar, dizer como é a formação dele, quem é a família etc. Você estabelece uma relação de venda. O objeto deixa de ser literário e vira o autor, que também não é a pessoa do autor, porque raramente as pessoas quando vão filmar conhecem o autor. Você vai no nome do autor e enrola isso num papel de presente que valoriza esse nome de autor. E toma iconografia, obras, depoimentos avalizados sobre as obras.

Raramente você vê um filme que entreviste uma pessoa qualquer; qualquer um não serve, tem de ser Antonio Candido, pessoas que mais uma vez avalizem o filme como objeto cultural de prestígio, que culturalizem outra vez aquele nome, que aliás já era um nome feito. O filme refaz esse percurso, que foi feito pela história do cara. Ele refaz plano a plano aquelas coisas que fizeram o nome do autor ser um nome rentável, ele vai catando esses cacos que fizeram essa esfinge, essa estátua comercial, obviamente. Raramente num filme você tem uma contestação, alguém dizendo que ele não é bom. No filme que eu estou fazendo sobre Alceu, por exemplo, o primeiro movimento foi procurar Villaça, Antonio Candido... é fatal. Mas aí me deu na cabeça que não era isso e eu comecei a procurar a Regina Casé, não sei quem, gente que não tinha compromisso. Vem gente que pode falar mal inclusive. Coisa que um filme tipo tradicional, tipo objeto cultural rentável, não arrisca jamais. Isso é coincidente com o impulso de produção.

Você finge que não está se registrando quando você faz filme comme il faut. Você finge que está voltado para aquele objeto, para explicar aquele objeto. É mentira, porque ao fazer isso você está se registrando ainda mais do que no outro tipo de filme. Quando você se isenta e pensa que está fazendo um filme sobre um escritor, acaba registrando bandeiras de uma visão cultural.[6]

raymundo amado: pedro kilkerry e junqueira freire

O filme sobre Kilkerry está dentro de uma continuidade, de um projeto de fazer uma série de poetas baianos mais ou menos desconhecidos, mas que eu acho que tiveram uma importância fundamental dentro da literatura baiana. O Kilkerry é praticamente desconhecido. O filme anterior foi sobre o Junqueira Freire, que de certo modo tem outra divulgação, porque pelo menos está nos compêndios, está na literatura como o último dos românticos; mas mesmo assim, quando eu fui fazer o Junqueira Freire na Bahia, no próprio mosteiro em que ele viveu, embora por outras razões também, ele era completamente desconhecido. Então me pediram um prazo; deve ter ido todo mundo ler o Junqueira Freire, para depois aprovar o roteiro, porque ninguém conhecia.

Eu já tinha conhecimento do Kilkerry desde a Bahia, eu sou baiano; embora ele não tenha publicado nada em vida, em termos de livro, porque ele detestava escrever; o Kilkerry achava que publicar um livro implicava uma certa prostituição. Claro que há nisso todo um sentido crítico. Então ele escrevia nas paredes do quarto, na cabeceira da cama, e sabia tudo de memória, dizia nos bares para os amigos, mas nada no papel. Quando lhe perguntavam por que ele não editava um livro, ele dizia que achava que isso seria uma maneira de se prostituir. O que ficou dele foi através das revistas da época, principalmente da *Nova Cruzada*, que foi um movimento de poetas acadêmicos da época, e que teve uma duração extraordinária, de dez anos, do qual ele só veio a participar no último ano. A *Nova Cruzada* publicou alguns versos dele, assim como outras revistas baianas daquela época. Eu passei a ter contato com ele através dessas publicações. Inclusive através de um poeta, que vai ser o terceiro da série, já representando o modernismo baiano, que é o Carvalho Filho. O Carvalho Filho tinha a coleção de todas essas publicações, e eu tive acesso ao Kilkerry através dele.

Eu achava extraordinário haver na Bahia, naquela época, um poeta com toda aquela visão, com todo aquele sentido rigoroso e crítico da poesia, porque na Bahia sucedia o oposto: predominava o verso tradicional, discursivo, oratório, como o de Castro Alves. Muitos valores permaneciam e permanecem até hoje completamente obscuros. Isso sempre me despertou e instigou muito a curiosidade. Eu também comecei adolescente a fazer poesia, sempre com essa preocupação: por que a poesia é tão difícil, pelo menos o que eu achava que fosse a poesia verdadeira, aquela que mexia realmente com a sintaxe, com a linguagem, com a realidade; por que se tornava tão difícil, tão inacessível. E eu tinha uma verdadeira paixão pelo Junqueira Freire, e ao mesmo tempo não compreendia por que ele não tinha a divulgação de, por exemplo, Castro Alves ou até mesmo de um Gregório de Matos.

Eu realmente não situaria o filme como um documentário, pelo menos dentro dos padrões vigentes. Seria mais, no contexto de uma experiência pessoal, um ensaio dentro do cinema, uma interpretação livre do que eu penso que é a poesia, uma imagem visual, através do cinema, do que o poeta tentou expressar através da palavra. Haveria a tentativa de um paralelismo entre a linguagem poética e a cinematográfica. Eu acho que poesia é um lançamento, poesia é imagem, há na poesia um lançamento para o cinema. É apenas uma questão de tempo, de época, de expressão, um problema de linguagem.

A relação que eu gostaria de estabelecer com a plateia não é didática. Eu procurei explorar mais o lado sensorial, através da própria poesia. Eu procurei nesses elementos o que eles forneciam de dados para isso, em termos de encenação. Eu acho perfeito que se faça documentário, não só perfeito como necessário, com aquele sentido didático: fulano nasceu em tal lugar, aí morreu em tanto, fez isso, fez aquilo. Mas ao mesmo tempo eu não sei até que ponto isso seria negativo. Eu tive um exemplo muito bom disso na Bahia, quando exibi o *Junqueira Freire* lá na Jornada. Tinha todo um público jovem, estudante. Um dia eu fiquei muito gratificado, quando, logo após a exibição, um rapaz chegou para mim e disse: "Eu sou estudante e gostei muito do seu filme". O *Junqueira Freire* não é absolutamente um filme linear, um filme didático, é um filme que não fornece nenhum conhecimento, você fica meio perdido, embora dê um pouco mais do que o Kilkerry dá. Mas como eu dizia, o rapaz chegou para mim e disse: "Depois que eu vi o teu filme, eu entrei num sebo, encontrei lá as obras de Junqueira Freire e comprei". Eu achei isso muito importante, pois o filme teve então o mérito de despertar pelo menos a curiosidade, tanto que ele foi comprar o livro. O meu intuito é muito esse. Mobilizar um resultado estético, sensorial.

Mas o problema é que a gente está condicionado a uma série de coisas, a toda uma estrutura de ensino. Principalmente a poesia, a maneira como ela é transmitida na escola. A criança tem tudo para detestar poesia. Talvez você atinja mais através de um lance desses do que através da coisa antiga, didática.[7]

ana carolina: monteiro lobato

O *Lobato* foi feito entre 1970 e 1971, produzido pela minha firma, juntamente com Paulo Rufino e a firma do Geraldo Sarno, com o qual eu dividi a direção. O filme não teve dinheiro oficial nenhum e foi até censurado. A ideia do filme surgiu de uma pesquisa feita por um amigo do Geraldo que é da USP, o Douglas, que era amigo de uma pessoa que tinha trabalhado no primeiro poço de petróleo e tinha um material filmado pelos irmãos Rossi em nitrato. Nós vimos o material, que era lindíssimo, mas na verdade usamos muito pouco desse material. Outra parte da pesquisa foi feita com material doado pela filha, o Narizinho, e o material da Biblioteca Infantil de Monteiro Lobato, que tinha todas as coisas dele, as capas originais dos primeiros livros, gilete, aparelho de barba, chinelo, óculos, cachecol. O filme foi censurado na época, a última parte, quando aparece o Lobato saindo de um piquenique num poço de petróleo. O Lobato vem em direção à câmera e nós fixamos: ele faz um sinal com as mãos e se ouve o discurso dele, feito antes de ele ir para Buenos Aires, contra a política do petróleo da Petrobras, de entrega aos técnicos americanos.

O filme não chegou a ir para festival. Foi colocado no Festival JB e não foi selecionado. Eu entreguei o filme para a Ipanema Filmes, na época, e ele foi regularmente distribuído, o que não quer dizer que tenha circulado. Nós fizemos três cópias e o *Lobato* deu na ocasião uma média de um borderô mensal de quatrocentos a seiscentos cruzeiros só, coisa que a Ipanema Filmes roubou. Teve mais ou menos uma carreira comercial, mas nós não recuperamos o dinheiro.

Quando a gente pensou em Monteiro Lobato, queríamos fazer um coisa séria que fosse além do documentário naturalista ou biográfico, de uma pessoa com uma importância relativa. Ele não tem nenhuma proposta de informação maior, de política maior ou de linguagem maior; a linguagem do filme é absolutamente pacífica e linear. A proposta original era fazer um filme da pesada, coisa que não foi conseguida porque tanto eu como o Geraldo, na época, mais o Geraldo ainda, ele estava ocupado com outros projetos e eu, na minha cabeça, queria fazer filmes esquisitíssimos, extraordinários, inteligentíssimos, e eu achei que o *Lobato* não dava. É capaz que exista dentro do filme o substrato de uma preocupação política, que era a minha, mas não sei se isso aparece. É um filme com uma informação pobre, politicamente ralo. Tem, é claro, uma intenção militante, que articulava com o meu momento. Se a gente for ver a minha filmografia, a minha cabeça de 1968 para cá, tem tudo a ver, mas acho que é um momento fraco da minha produção. Se eu fosse fazer o *Lobato* hoje, levaria muito mais a sério. Eu deixei barato. Eu não tive nenhuma preocupação com a literatura do Lobato, a Semana de Arte Moderna e, mesmo politicamente, eu já duvidava um pouco da posição dele: comecei a achar reacionária, mesmo dentro da época do petróleo, a postura dele, ficar na Barão de Itapetininga reclamando o sonho dele de ser o pioneiro do petróleo. Era um sonho meio frouxo. E eu afrouxei também. De qualquer jeito o discurso dele, feito quando ele está indo pro exílio, no final do Dutra, caiu com a censura, cortando ainda mais o pouco de política do filme.

Entre os contemporâneos da minha geração que se propunham a fazer cinema, a única preocupação era política. A gente só entendia fazer cinema enquanto coisa política, coisa polêmica. Por isso é que eu acho que na época esse filme também foi frustrante, porque ele devia ser muito mais virulento, muito mais apimentado, para uma pessoa daquela idade, pegando naquele assunto. Na época, não teve a menor repercussão. Teve menos repercussão do que o *Indústria*, que é anterior. Ele passou lido grosso modo como um documentário-padrão. Na época, por exemplo, a TV Cultura em São Paulo queria passar curta-metragem; então era um curta-metragem híbrido, podia até passar na TV Cultura, coisa que irritava profundamente, mas a gente precisava daquele dinheiro. O filme era meio amansado nos seus propósitos originais. Na época estavam em primeiro plano os filmes sociológicos, e eu não sei medir bem onde fica o *Lobato*. Mas acho que não foi lido como coisa política, não. Quando chega no *Lobato* político, já está diluído. Eu tenho a impressão de que ele está desenvolvido bestamente no início. A gente foi filmar em Taubaté, no Sítio do Picapau, e tem lá uma parte assim meio nostálgica, "aqui foi o Sítio do Picapau", e depois aquilo se esvazia, não vai nem para o lado infantil nem para o lado político. E tem um narrador, que era uma coisa contra que eu batalhava, pois odeio narrador em curta-metragem, e nesse tem. Um narrador chatíssimo, uma coisa didática, professoral, de fora para dentro. O filme não desenvolve um amor pelo Lobato, fundamentalmente é isso. Eu mesma não tinha.

O *Lobato* é lavadíssimo perto do *Lavrador*. Não tem tempero nenhum, e o *Lavrador* é temperadíssimo.

O *Lavrador* é um filme sobre literatura na medida em que ele vem de um texto poético, que é feito em cima de palavra. A palavra tem uma importância fundamental qualquer para o ritmo do filme. É a palavra que joga o plano, que muda o plano, o corte está na palavra, o ritmo do filme está no pó, na pá, a pá é que muda a imagem. É a palavra puxando o corte. Apesar de que a minha preocupação — a do Paulo [Rufino] talvez fosse — não era essa não, da palavra. Tudo que o *Lobato* não conseguiu em termos de virulência política pegou no *Lavrador*. O *Lavrador* tem um tempero panfletário até: "Latino-América", "nosotros", o "comandante", aquela coisa toda. Tudo ali. E estava em cima, saiu em cima, o *Lavrador* é de julho/agosto de 1968 e cumpriu a finalidade dele. Dentro de uma circulada restrita, de intelectuais de cinema e coisas assim, ele cumpriu plenamente. A intenção era incendiar, fazer revolução. Era uma intenção pretensiosíssima, porque era a revolução com a revolução da linguagem. A revolução dentro da revolução. Era duas vezes revolucionário. E era mesmo, eu acho que ele cumpriu. E era bonito, coisa que o *Lobato* não é.

O *Lobato* não é bonito, é um filme frouxo. Eu não me lembro agora quando saiu a cópia, mas acho que foi 1971, e o *Lobato* é exatamente o clima de 71: não basta ter uma ideia; quando aparece é uma ideia que não realiza e é todo frouxo, feio. O *Lavrador* está no calor da hora, era um filme de agitação, e pergunta o tempo todo: "O que é documentário?".

Essa indagação que aparece no filme revela uma briguinha com documentários feitos em volta. Existia uma briga com a linguagem do documentário, a maneira de abordar o documentário, a gramática do documentário e a maneira linear de se fazer um documentário. Era contra tudo isso. Por que um documentário tem que ser linear, por que tem que informar, por que não pode emocionar, por exemplo? Pode talvez só emocionar e não informar. O filme tinha uma preocupação de dramatização da realidade, toda uma série de coisas que foram mais tarde abandonadas, mas que eram uma grande preocupação minha. E do Paulo, como autor desse filme também. O filme vai o tempo todo perguntando: *documentário*? E no final ele afirma: *documentário*. A grande preocupação era esta: por que um documentário não pode só levantar um problema sem resolver? Por que um documentário não pode só emocionar e contar poucas coisas? É principalmente, se eu for me reportar àquela época, uma grande briga contra o documentário do Pecezão, ou das facções filhotes do Pecezão, que eram coisas frias, coisas de cima para baixo, coisas que decidem direções a tomar, palavras de ordem, lições à plateia... Dentro do documentário da época, o *Lavrador* era exatamente contra o documentário de esquerda e contra o underground. Porque o underground não apresentava uma linguagem que se realizava. O underground era uma pré-postura do hippie, do tanto faz, do amor e paz. Não era isso, era uma coisa consequente, politicamente consequente, mas não fechando com posições estabelecidas. Em 1968, em Belo Horizonte, o *Blá Blá Blá* ganhou do *Lavrador* o primeiro prêmio, e o *Blá Blá Blá* se aproxima muito mais do underground do que o *Lavrador*. O *Lavrador* tem uma parte conceitual, teórica, fortíssima que o *Blá Blá Blá* não tinha. O *Blá Blá Blá* era um discurso sentimental sobre posições de personagens politicamente engajados. O *Lavrador* não tinha personagens, ele tinha um ser, um trabalhador, que teoricamente tinha uma preocupação universal do trabalhador, e não tinha nenhum personagem dramatizando discurso nenhum, era a dramatização de uma situação.

O final grandiloquente, estadonovista inclusive — hoje eu acho estadonovista, muita bandeira, muito hino —, revela uma coisa de política universitária para emocionar as massas. Coisa que no *Indústria* já desaparece totalmente. O *Indústria é* muito mais uma discussão cinematográfica, conceitual do plano, do que se lê no plano, do que significa cada plano... Não tem a preocupação de levar as massas de jeito nenhum. O *Lavrador* tinha essa ingenuidade que é afinal o que lhe dá uma certa força.

Para mim, acho que o documentário acabou. Apesar de eu estar acabando de fazer um. Eu adoro fazer documentário, mas eu não estou vendo sentido em fazer. Ninguém faz um documentário impunemente, aliás, um filme impunemente. Eu não sei se a preocupação econômica do realizador acaba destruindo esse lado ou se a ficção começa a inundar sua cabeça e você começa a enlouquecer e pensar coisas cada vez mais malucas — e, portanto, um documentário de praxe começa a ficar mais difícil de fazer. Eu acho difícil ver sentido na realização de um documentário. Fazer o quê, falar o quê, como? Eu perdi a mão. Ao mesmo tempo em que falo isso, fazendo o *Nelson* eu acho que encontrei um ritmo de documentário, um jeito de, dentro do documentário, criar polêmicas, criar aquela coisa do Chacrinha: "Eu não estou para explicar, eu estou para confundir". Dentro da minha técnica de montagem, eu estou conseguindo uma certa maturidade de fazer um ponto de interrogação depois do outro. O filme todo pronto talvez dê num acúmulo de sensações, e não de informações, o que pode levar a alguma coisa. É fácil pegar um monte de informações e discorrer sobre elas. Mas eu acho mais engraçado você fazer uma montagem de sensações, de onde talvez resulte uma informação. O filme sobre o Nelson Pereira dos Santos talvez tenha isso; é um filme de cinquenta minutos, com um material difícil de trabalhar, e onde eu não tive o privilégio de escolher o que eu ia filmar ou não, tanto é que eu não filmei, eu usei tudo o que estava filmado. Eu estou falando de uma pessoa que eu não conheço, o que é ótimo. Eu não conheço o Nelson, quer dizer, eu nunca sentei num lugar com ele para conversar, não sei como é a cabeça dele. Eu estou falando como eu acho que é a cabeça dele, sobre o que ele mostra para mim que ele é. Isso eu acho um ponto de vista legal do documentário. O documentário geralmente mascara isso em detrimento dele mesmo. O realizador deixa de ser um realizador e fica sendo um mestre-sala de alguém, de alguma coisa da qual ele está falando, e é uma mentira isso. Se você é um realizador, você é que está fazendo, portanto é você que está falando. Esse tipo de coisa é que me estimula no documentário. Mas no momento eu não sei onde é que eu estou: se eu estou mais para documentário ou se eu estou mais para dama do lotação.[8]

joão carlos horta: jorge de lima

O grande circo místico é um filme que consegue pela metade as coisas. Os próprios depoimentos sobre ele não são nunca depoimentos sobre Jorge de Lima, o escritor famoso. São sobre uma pessoa estranha, sobre um clima, que para mim era relacionado com a obra dele, assim como as imagens do circo, por exemplo. Mas teve um momento em que eu fiquei com medo de que só essas imagens, com a força que elas tinham, não bastassem em termos de entendimento de público e em termos de validade cultural, e hoje eu vejo que bastavam. Eu estava preocupado em fazer um filme que fosse culturalmente válido sobre um sujeito importantíssimo e então eu fiquei um pouco esmagado pela importância do Jorge de Lima e botei uma série de coisas no filme que não são necessárias, são detalhes, explicações sobre a vida dele. Por exemplo, a parte de Alagoas, ela é bonita quando está desligada desse tipo de explicação, quando ela está realmente representando uma parte da obra de Jorge de Lima — o engenho, o próprio trem. Mas no momento em que eu começo a explicar, o filme esfria. Quando eu volto para Alagoas no final, é uma volta muito mais feliz, porque aí é uma volta proustiana, toda carregada de emoção. Quando essas coisas que são a vida do Jorge de Lima dão emoção, aí tem sentido, quando são coisas para explicar, não tem. O filme fica um pouco lento, perde o ritmo. Por exemplo: é muito mais importante para o filme uma cena em plano fixo, de três minutos, com uma vitrola e a voz dele, aquilo é muito mais revelador sobre a obra do Jorge de Lima — é bem verdade que ele está falando ali, mas de qualquer forma é muito mais forte do que um plano que mostre um lugar onde ele esteve; isso não interessa muito.

As imagens mais felizes do filme são o circo e o disco. O disco é a máquina do tempo, a máquina prateada e estranha que tem uma voz. Se eu tivesse pegado dali e desenvolvido mais isso e não estivesse tão amarrado pela obrigação de contar, de explicar o Jorge de Lima, eu acho que eu teria sido mais claro até. O público normal não entende por que é que você está narrando a história do sujeito normalmente, de uma forma acadêmica e clara, e de repente você muda e passa a representar o que seria o que o cara escreveu. De qualquer forma, eu acho que acertei. Por exemplo: o uso das fotografias eu acho bom, não é um uso normal; o uso dos depoimentos é bom, semelhante ao da vitrola. Nesses pontos, eu acertei no filme. Cada vez que eu entro — eu querendo contar a história —, eu danço; quer dizer, o narrador. O narrador cultural, o narrador explicativo, o narrador dos meus medos. Toda vez que eu tenho mais liberdade, vou em frente e acerto. Podia ter errado, inclusive, mas é o risco, pelo menos é um risco muito mais nobre. Eu acho que a forma de documentário usual é um peso horrível. Você não se livra disso, a importância do *Di* para mim é se livrar desse tipo de preocupação.

A princípio eu propus um filme de uma forma até tradicional sobre a obra de Jorge de Lima, e eles foram nessa, foram no nome do Jorge de Lima, e compraram antes. Primeiro o filme se chamava O *mundo de...* Eu fui a Alagoas e filmei a primeira parte inteira, que é a parte que eu não gosto. Aí é que eu fiz a segunda parte que é boa, mas eu tinha que usar a primeira por problemas econômicos, inclusive porque não dava para filmar mais, eu tinha um compromisso de tempo. Então eu usei, forçado. Eu errei na produção. Só passei a produzir direito quando o dinheiro acabou. Na realidade, é o dinheiro que atrapalha o cinema. Quando eu tinha dinheiro, filmei errado; quando eu não tinha, filmei tudo certo. Quando você tem muita grana, você perde a noção de seleção. Quando você tem dois metros de negativo, você é obrigado a fazer um plano que tem significado. Quando você tem duzentos metros, você filma duzentos planos que não têm significado nenhum, que foi o que aconteceu comigo. Depois eu tive que arrumar na montagem.

Eu me senti obrigado a ir a Alagoas. Eu não precisava ir a Alagoas. Eu poderia ter filmado um canavial em Alagoas ou no estado do Rio. Não, foi ótimo ter ido a Alagoas, é bonito, mas não tão bonito que justifique o gasto. A cena que eu filmei na praça Onze, do circo, é mais importante para o filme e para a apresentação da obra do Jorge de Lima do que o plano no canavial em Alagoas. Isso porque é um universo mais parecido. Quando você lê um poema de Jorge de Lima e o compara com imagens do canavial e compara esse mesmo texto com imagens de circo, você vai ver que casa mais, é mais emocionante, é mais bonito, é mais parecido.

O filme passa a respirar a poesia de Jorge de Lima a partir do meio. Quando ele se livra de Alagoas, do sertão. O próprio clima do sertão só funciona, só é entendido quando é comparado com o da cidade. Ou seja, quando você tem a volta do sertão, você entende que é o eco do sertão dentro do Jorge de Lima. O sertão já não é um dado bruto, é uma relação. É exatamente a relação que está no "Poema a Marcel Proust", foi daí que eu parti para fazer o filme, que começa dizendo que "vendo um quadro que Jacques Blanche compôs, dentro de mim voltou o sertão, sertão, sertão". O quadro é o retrato de Proust. E ele era um proustiano, o Jorge de Lima. Então ele fala: "Teu rosto de lua, teu rosto de flor noturna". Esse rosto lembra a ele o sertão, o luar do sertão. Ele vê o luar do sertão na cara de um retrato de Proust pintado por um pintor francês; ele era um sujeito que tinha uma formação erudita, mas que não podia se furtar a recordações desse tipo. E a minha ideia inicial do filme era esta: mostrar um conflito num sujeito que é enfim um "erudito à força". Ele foi se tornando um erudito e cosmopolita, mas ele nunca conseguiu muito. Quem era erudito e cosmopolita era o Murilo Mendes. O Jorge de Lima jamais conseguiu; inclusive quando ele faz a sua melhor obra, que é *Invenção de Orfeu*, ele joga tudo isso para o alto e passa a descrever os fantasmas dele. Esse poema a Marcel Proust não é um poema bom, mas é um poema que eu usei porque refletia uma coisa que era importante para mim. O "Inverno" é um poema muito melhor dessa mesma fase; no entanto, é um poema muito fechado, dentro do universo nordestino. Já o outro é um poema pior, mas reflete mais claramente essa divisão dele entre o homem nordestino — um homem do interior — e o homem da cidade.

Eu queria fazer um filme e com o tempo foram vindo ideias: eu queria que a narração fosse feita por um ator e não por um locutor, para dar um tom mais informal, e não essa voz de fora acentuada. Eu queria um ator ou uma pessoa comum que declamasse poesia, queria acentuar o caráter sonoro da poesia do Jorge de Lima, mas não de uma forma comum. Eu queria, por exemplo, uma coisa "malfeita"; então eu escolhi o Domingos de Oliveira, gravado fora do estúdio, com todos os ruídos; pedi para ele declamar como ele achava... Eu queria um pouco o eco do que as pessoas pensam sobre poesia e queria barulho de cachorro, de porta batendo. Eu queria fazer um filme todo sem ser de fora, um filme de dentro, emocionado etc. O Domingos fez muito bem e viajou no meio. Quando eu fui gravar a outra parte, eu tive que, na última hora, chamar o Tite de Lemos. O Tite fez muito bem, mas gravado em estúdio ainda ficou uma coisa um pouco convencional. Teve momentos também em que eu queria recitar os poemas. Não botei porque já tinha muita coisa, ficava pesado. Eu podia ter substituído com muito maior vigor a parte do Nordeste por um nordestino, talvez, recitando os poemas. Talvez fosse uma imagem muito mais forte do Nordeste, daquilo que eu quis, do que se eu tivesse mostrado Alagoas. Se eu tivesse posto um nordestino recitando aqueles poemas nordestinos, quem sabe dava um resultado muito melhor, porque poesia é isso, não é? É uma coisa que sempre se refere a outra coisa, a um universo, você não consegue jamais ilustrar uma poesia, o que é um absurdo. E eu nunca tentei fazer isso. Só no início. Agora, tem um pouquinho de sentido no filme, porque a linguagem do filme acompanha a linguagem da evolução poética de Jorge de Lima.

No começo, é uma poesia ingênua, acadêmica. E o filme é ingênuo e acadêmico. Então eu fui fazendo o filme ficar mais complicado e mais solto à medida que a obra dele tomasse essa liberdade. Isso faz um certo sentido. No começo é um filme acadêmico e convencional e depois ele vai se livrando dessas coisas e vai ficando um pouco mais complicado. E corresponde também a um momento meu: eu comecei a fazer o filme sem a menor vontade, numa fase terrível. Com o filme eu fui me botando em pé, fui começando a me empolgar com a obra de Jorge de Lima e a me rearticular. Comecei a descobrir que na desarticulação havia uma articulação — "desarticulação, libertação, livre exteriormente" —, aquelas coisas do Jorge de Lima foram me dando a possibilidade de construir um discurso que eu achava que não podia mais fazer. O filme tem muito a ver comigo, foi tão importante para mim como eu para ele. E isso pinta no filme. E tem outra coisa: eu me neguei e evitei e não quis nunca ler críticas sobre o Jorge de Lima. Eu realmente escolhi os textos que eu gostava nele. Toda crítica atrapalha... Te dá uma visão avalizada do autor. E vários intelectuais velhos que viram o filme eu tenho certeza que não gostaram. Acharam falta de respeito, acharam errado. Porque eles queriam um elogio, uma apologia do Jorge de Lima.[9]

dois roteiros

todo dia é dia d

Roteiro de Henrique Faulhaber e Sérgio Pantoja.
Rio de Janeiro, 1978.

imagem	som
1. SUPERCLOSE de uma boca.	VOZ — A guerra acabou, quem perdeu agradeça a quem ganhou.
2. Manchetes de jornais que trazem notícias do suicídio de Torquato Neto: “Torquato Neto parecia feliz mas se matou de madrugada”. “Poeta Tropicalista se suicida na festa dos 29 anos.”	MÚSICA — “Todo dia é dia D”, de T. Neto e Carlos Pinto. Desde que saí de casa trouxe a viagem da volta gravada na minha mão. Enterrada no umbigo dentro e fora, assim comigo minha própria condução.
3. Créditos do filme sobre fotos do álbum de Ana, sua mulher.	
4. PANORÂMICA DA BAÍA DE GUANABARA (*lento*).	MÚSICA — “Pra dizer adeus”, de T. Neto e Edu Lobo (corte brusco). ENTRA SOM DE BATUCADA.
5. Depoimento do ator Daniel Dantas à frente de um painel que retrata uma rua parisiense	Eu tenho 27 anos. Em 1967, quando comprei o primeiro disco da tropicália, foi uma por-

do fim do século. A sequência começa com um detalhe de metade de seu rosto.

rada. A barra que a gente estava vivendo era a mesma que os tropicalistas cantavam. O Brasil já não tinha mais nada a ver com os barquinhos amor e blim-blom da bossa nova. Foram uns anos muito loucos. Como a gente via que não podia mudar as coisas, a gente esculhambava.

6. Sequência de montagem com cortes rápidos ao ritmo da música, um baião modernizado de T. Neto e Gilberto Gil.
PANORÂMICA de um bananal ao sol. Um guitarrista tocando num milharal. Nuvens. Um afresco cafona de botequim com Anita Garibaldi morgada numa cadeira de palha junto à bandeira do Brasil.
PANORÂMICA de baixo de Barra-Mares, conjunto de prédios de São Conrado; lavrador Maureano plantando para a objetiva cinematográfica. Ondas. Peão trabalhando com areia na praia.

MÚSICA — "Geleia geral".
O poeta desfolha a bandeira
E a manhã tropical se inicia
Resplendente, cadente, fagueira
Mistura girassol com alegria
Na geleia geral brasileira
Que o *Jornal do Brasil* anuncia
Ehh Bumba ye ye boi
Ano que vem, mês que foi
Ehh Bumba ye boi
É a mesma dança, meu boi.

7. Sala de Diretório da PUC. Estão reunidos os atores: Debinha, Daniel, Flávio, Fábio e Priscila. Flávio está tocando guitarra sentado num canto da sala com ar entediado e com os pés em cima de uma pilha de livros. De-

DEBINHA (*como se estivesse dando uma aula*) — A tropicália se situa em dois planos: ela critica a musicalidade do passado e critica também o falso engajamento da canção de protesto.
DANIEL (*fazendo cara de não*

binha está com o livro *De olho na fresta*, de Gilberto Vasconcelos. A sala está muito desorganizada e suja com as paredes pichadas com palavras de ordem do movimento estudantil e de parte de versos de Torquato como: É PRECISO NÃO DAR DE COMER AOS URUBUS, TRISTERESINA.

concordar, irônico) — Eu acho que o grilo é que quase ninguém conhece o Torquato.
Você conhece o tropicalismo? Todos os movimentos culturais no Brasil foram privilégios de uma minoria. A cultura é um privilégio da elite, né? (*Ele fala andando pela sala.*)

FÁBIO (*sentado*) — Quer dizer, é um dos privilégios da elite. Eu acho que o Torquato como poeta, aliás todo artista, tem a função de expressar as contradições de seu tempo. De ser a antena da raça.

DANIEL (*satírico*) — Antena da raça? (*Olha para o guitarrista que está tocando impassível aos rumos que a conversa vai tomando.*) Desculpe aí, viu, companheiro? Ele de vez em quando tem esses rasgos literários.

8. Sequência de montagem (continuação da sequência n. 6) — Figura de Iemanjá, Chacrinha e um afresco de botequim com três anjos semibarrocos — Um trator na praia contra um fundo de mar. Placa DESENVOLVIMENTO entre dois espigões, operários metalúrgicos trabalhando com maçaricos, vista do alto da saída da fábrica.

MÚSICA — "Geleia geral".
A alegria é a prova dos nove
E a tristeza meu porto seguro
Minha terra onde o sol é mais [lindo
E Mangueira onde o samba é [mais puro
Tumbadora na selva — selvagem
Pindorama — país do futuro
Ehh Bumba ye ye boi
Ano que vem
Mês que foi

Ehh Bumba ye ye boi
É a mesma dança, meu boi.

9. Programa do Chacrinha — Tomil apresenta-se para cantar no programa *Buzina do Chacrinha* como calouro e é vaiado. Leva o troféu Abacaxi.
Macacas de auditório dançando desritmadas.

MÚSICA — "Marginália II", de T. Neto e Gilberto Gil.
Eu brasileiro confesso
Minha culpa meu defeito
Pão seco de cada dia
Tropical melancolia
Negra solidão
Aqui é o fim do mundo
Aqui é o fim do mundo.

10. Varanda voltada para a Baía de Guanabara. Fábio e Daniel estão conversando.

FÁBIO — A importância do tropicalismo é que eles vendo o momento do Brasil naquela época perceberam que era preciso romper com a linguagem já estabelecida.
DANIEL — Mas eles fizeram uma revolução só de forma. Eles viam uma contradição entre modernização e subdesenvolvimento, mas mostravam essa contradição como uma coisa que não pode ser resolvida.
FÁBIO — Mas o artista não tem que apresentar alternativas.

11. TRUCA — fotos de Caetano, Gil, Torquato e o pessoal da música do fim dos anos 1960.
CAPA DO DISCO TROPICÁLIA.
ZOOM no rosto de Torquato Neto.

MÚSICA — Ai, ai, meu Deus, o que foi que aconteceu/ com a música popular brasileira? ("Arrombou a festa", de Rita Lee).
(*Fusão com sirenes na música seguinte.*)

12. Todos os atores estão encostados em um paredão falso de pedras onde está pichado acima de suas cabeças: QUEM ASFIXIA A MÚSICA BRASILEIRA? TRAVELLING.

MÚSICA — "Mãe Coragem", de T. Neto e Caetano Veloso.

13. Vista interna de ônibus passando dentro do túnel e depois pelas ruas de Copacabana. O trânsito. Os transeuntes.

VOZ — Agora não se fala mais
Toda palavra guarda uma cilada
E qualquer gesto pode ser o fim
[do seu início
Agora não se fala mais
E tudo é passageiro em cada
[forma
E os pássaros de sempre cantam
[assim, do princípio
A guerra acabou, quem perdeu
[agradeça a quem ganhou.
Agora não se fala mais
Mudar de ideia é proibido
E os literatos foram todos para o
[hospício.

14. Tela de terminal de computador. Estão programados os versos de Torquato: NADA DE MAIS NADA DE MAIS, e assim enchendo toda a tela.

MÚSICA — "Let's Play That", de Macalé e T. Neto.
Vai, bicho, desafinar o coro dos contentes...

15. Caiozinho numa sala escura com uma lâmpada balançando sobre a cabeça.

VOZ — É preciso aprender a viver sem se oferecer em holocausto. É preciso não dar de comer aos urubus, nem esperança aos urubus. É preciso não morrer por enquanto.

16. À noite, num terraço, Fábio e Daniel conversam.

DANIEL — É estranho. Às vezes, na rua, quando eu vejo alguém parecido com o Torquato… Parece que ele está vivo…
FÁBIO — O que me intriga na morte do Torquato é que ela, apesar de estar presente em todo o trabalho dele, eu sinto que há uns momentos de uma esperança violenta.

17. Rua do centro da cidade à noite totalmente deserta. Caiozinho vem ao longe em direção da câmera.

MÚSICA: "Todo dia é dia D".

18. Créditos da equipe técnica superpostos às fotos de Torquato.

harpa esquisita

Curta-metragem de Raymundo Amado, baseado em Pedro Kilkerry.

I. Exterior. Noite. Uma rua de Salvador, na Bahia.

1. A tela escura enquanto se ouve um som de bengala nas pedras; vai clareando aos poucos a tela — e começa a surgir o vulto de um homem que não chega a se aproximar totalmente. Ao mesmo tempo ouve-se a fala (off):

Apresentação: panorâmica de Nazaré — imagens de mangues.	"Quem vem aí, de magreza, talhando espaços de sombra como uma faca, talhos negros, silenciosos, golpeadas que me percutem longínquas o nervo auditivo — basta-me um só olhar por que te julgue ou de logo desgraçado ou de logo além de qualquer felicidade humana bípede. "Tu que vens sonambulicamente, moves à feição de quem foge um reinado a findar, trono que se esboroa, apodrece a dinamites de gelo, balas de gelo. Corta. Corta a tua sombra, silenciosamente..."

II. Exterior. Dia.

2. P. G. da casa onde morou e morreu Kilkerry à ladeira do Sodré.

3. A câmera se aproxima e fixa detalhes da casa. Penetra até chegar ao quarto do poeta. É um quarto pobre e humilde. Sujo. Por móveis — apenas uma velha mesa cheia de livros e um catre de madeira: o leito, onde deitado, dois grossos volumes servindo de travesseiro, magro, esquelético e seminu como um faquir — está o autor da *Harpa*.

4. A câmera invade o quarto e começa a vasculhar tudo nele existente: pilhas de livros encostadas às paredes, revistas, gravuras presas até o teto onde aranhas passeiam. Há versos escritos à

mão pelo poeta e espalhados por capas de livros, na madeira lateral da cama e também pelas paredes. A câmera termina por se fixar sobre uma foto de Rimbaud ao mesmo tempo que se ouve uma voz que diz, repetitivamente:

> "... O inconsciente será um poeta simbolista? O inconsciente é um Rimbaud admirável, trabalha todo esse inanimado universal." Corta.

5. Panorâmica do muro. O muro do poema do poeta. É um muro velho, estragado, carcomido pelo tempo. A câmera permanece fixa por algum tempo. Corta.

III. Exterior. Dia. Cidade de Nazaré (Recôncavo Baiano).

6. P. P. de um rosto de homem sendo sangrado à altura do pescoço; a câmera abre, perspectiva de um beco mostrando ao fundo uma barbearia; aproximação até a mesma. Corta e aparecem na tela os versos:

> "Quando eu nascia
> tocava fogo em minha freguesia
> um barbeiro, meu vizinho
> cortava a veia ao pescoço
> porque no bicho perdia
> quando eu nascia..." Corta.

IV. Interior. Noite.

7. Volta ao plano 3. O poeta deitado, seminu em seu catre, a cabeça repousando sobre um grosso tomo. De repente, estendendo o braço descarnado, pula da cama e — soltando uma gargalhada sarcástica — faz a apresentação do seu quarto e diz o seu nome:

> "Chamo-me Pedro Militão Kilkerry. Pedro *Mil*... e *Tão* Kilkerry.
>
> Nascimento: Santo Antônio de Jesus, ano: 1885. De pai irlandês e mãe mulata baiana. Lá,

pelos quinze anos, já possuía o ilustrado orgulho de ser autor de *A morta*, que não sei que sabão agasalhou das mãos do criado de compras, pretensões a cabeleira, e um discurso a um atleta de circo: Oh! os músculos retesados, à luz dos candeeiros de azeite!" Corta.

V. Exterior. Dia. Nazaré. Rua do Brega. Panorâmica.

8. A câmera acompanha uma mulher coxa que se dirige a uma determinada casa com as portas e as janelas fechadas; a mulher empurra a porta e entra. Ouve-se um prolongado grito de morte e um homem de expressão enlouquecida sai correndo pela rua empunhando uma faca. Em off é dito o terceto de Kilkerry referente ao assunto:

"Se a matei, se a matei! Já meu ódio se afrouxa...
E se a amava, meu Deus! — sirva ao menos de regra
quando o marido é mau, quando a mulher é coxa..."

VI. Interior. O quarto.

9. P. G. do quarto. A câmera se aproxima e enquadra o poeta que está sentado em sua mesa de trabalho e lê um livro. G. P. do poeta que ergue o rosto e comenta o fato registrado no plano anterior:

"Mas... que gente anacrônica os criminosos da Bahia em remodelação, velha como as pulgas e as ratazanas dos pardieiros esboroados!
Que a propriedade é um roubo não há mais escroque europeu que pense isso; que 'o amor tudo faz' é coisa fóssil para os lábios de quem ama, ainda que loucamente." Corta.

VII. Exterior. Dia.

10. Panorâmica de uma rua de Salvador, à tarde, quando uma

multidão — o rebanho humano — deixa seus labores, o "prazer de um *amanhã* limitado". Som de música sacra (*baixo*). Ouve-se em off os primeiros versos do poema de Kilkerry que dá título ao filme *Harpa esquisita*:

"Dói-te a festa feliz da verdade da vida...
Tanges da harpa, em teu sonho, almas ou cordas, cantas."

(Este poema funcionará sempre no filme como uma espécie de contraponto musical — sendo dito de forma fragmentada, como se estivesse sendo elaborado ao mesmo tempo que o filme.)

VIII. Interior. Noite.

11. O quarto. O poeta anda de um lado para o outro como se pensasse, meditasse em algo. Repetem-se (off) os trechos iniciais da *Harpa esquisita*:

"Dói-te a festa feliz da verdade da vida...
Tanges da harpa, em teu sonho, almas ou cordas, cantas,
Boiam-te as notas no ar, a asa no azul diluída
E, assombrados, répteis — homens, não! Tu levantas." Corta.

12. O poeta sentado. Atitude reflexiva. Fala:

"... dantesco o parnaso tropical — Horácios, Virgílios, minguados, saudosos, atávicos e, a modo que acéfalos, um coração na mão à primeira dentada amorosa."

E sarcástico:

"Gonçalves Dias! Ah! Dias, tua terra tem palmeiras, tem, tem..." Corta.

IX. Interior. Noite. Um bar típico de boêmia da época em Salvador.

13. Sentados estão Kilkerry e alguns poetas componentes da *Nova Cruzada*. Discutem poesia, filosofias, acontecimentos da vida local. (Improvisações do grupo.) Cita Kilkerry um verso composto para servir de epitáfio para o túmulo de um colega morto. O único verso composto pelo poeta, aprovado pela família do morto e gravado no cemitério:

"Crias-te vivo e eras sombra..."

Aplausos e admirações do grupo:

"Magnífico! Excelso! Puro Dante!..."

Tempo. Kilkerry, fitando os amigos, acrescenta em tom de improviso os versos seguintes:

"De alguém que houvesse vivido
De um peido dado de forma
Que me afetasse o sentido.
Polimorfismo de gases,
Amigos! Peidos! Rapazes!"

14. Interior. Noite. Continuação do plano anterior.

Kilkerry e os companheiros. Bebem. Ouve-se a voz de um dos companheiros que pergunta:

"Kilkerry, como era *A Nova Cruzada*?"

A câmera vira-se e enquadra a figura do autor das *Kodaks*:

"Era uma soldadesca que cheirava muito a religião... Antífonas, salmos, hinários..."

E, fantasiando:

"Aos sábados, vestiam o sangue faiscante das púrpuras diademadas de sóis que coruscavam de não sei que metal. Um, sacerdote como os outros e guerreiro chefe, envergava a brancura lunar de uma toga muito branca, a juba irradiosa derramada nos ombros largos..."

Concluindo:

"Veroneso é quem devia perenizar aquele

momento com o fulgor do verbo de Arthur de Sales, das liras do Carlos Chiachio, o pequeno Melo e Leite, Durval de Morais, Roberto Correia... Álvaro Reis e outros que tocaram seus instrumentos tão nobres ou menos nobres."

X. Interior. Noite.

15. O poeta está sentado em seu leito, as pernas cruzadas na posição do Buda. Fuma um cigarro ao mesmo tempo que fita os livros e os objetos existentes no quarto. Abaixa-se, pega um dos livros e começa a escrever sobre a contracapa dele. A um canto do ambiente, como numa alucinação, surgem as três mulheres louras, muito altas, de unhas e lábios dourados. Em off, começa a ser dito o poema de Kilkerry:

"Agora sabes que sou verme.
Agora sei da tua luz.
Se não notei minha epiderme...
É, nunca estrela eu te supus
Mas, se cantar pudesse um verme,
Eu cantaria a tua luz!

E eras assim... por que não deste
Um raio, brando, ao teu viver?
Não te lembrava. Azul-celeste
O céu, talvez, não pôde ser...
Mas, ora enfim, por que não deste
Somente um raio ao teu viver?

Olho, examino-me a epiderme,
Olho e não vejo a tua luz!
Vamos que sou, talvez, um verme...
Estrela nunca eu te supus!
Olho, examino-me a epiderme...
Ceguei! Ceguei da tua luz?"

Cantando: cortar do close — desfocando — para o retrato de Rimbaud.

16. Amanhecendo. (Continuação do plano anterior.) Tudo volta a clarear; o ambiente do quarto retoma a sua realidade. Só o poeta agora estendido sobre o leito, um dos braços sobre a fronte, parece dormir. Em off, como um contraponto musical, ouve-se outro trecho do poema da *Harpa*:

"E apupilam-te a fronte as mil pedras agudas,
De ódios e ódios a olhar-te... E és um rei que as avista.
No halo, de Amor, que tens! Se em colar as transmudas,
Vais — um dervixe persa, o manto azul — Artista!
Inda olhar adormido abre, e é de ocre, e avermelha!...
Vem colar-te ao colar... e, oh! tua harpa esquisita
Plange... flora a zumbir, minúscula, que imita
A abelheira da dor, em centelha e centelha."

XI. Exterior. Dia. Um jardim público.

17. O poeta caminha entre árvores; anda de um lado para o outro, como se estivesse dando aula, falando o texto abaixo:

"... E a gente pensa que a vida é um bem, mas a morte não é um grande mal, como dizia a grega Safo, porque, então, se compreende o panteísmo esquiliano: Zeus é o céu e muito melhor é ainda tudo que está além de tudo isso... Por cima de representação comum, onde, aos pares, gozarmos o infinito."

"Há avesso em tudo. Penso nos grandes gestos das individualidades excelsas, no perdão de Jesus, nos passos energicamente espiritualizados de João Huss, caminho da fogueira rubra do Sacrifício, em Giordano Bruno e tantas outras chamas magníficas da vida, largadas como bênçãos sobre a marulhada soturna dos anos que vão, que foram para o cinzento devorante e infinito do Nada."

"A terra gira, quietinha, quietinha, e nós não sabemos nada, nem de nós, nem de nada, na vaidade de nos sabermos cheios de um futuro."

"Uma alma não é discípula de ninguém. Entre espíritos afins pode haver superioridade e inferioridade que não dependem de aprendizagem nenhuma."

"A filosofia já é ação, o sonho é ação, o cinismo, seja ou não por lei obrigatória, é grande parte na ação do dia a dia, o heroísmo é o mais humilde operário ou rei do petróleo, a poesia é a própria vida tumultuada, sem retardo, sem moras, sem decrepitude. O metro é livre: vivamo-lo."

"O homem de hoje deve nascer, nasce, com o instinto da modernidade."

"Olhos novos para o novo! Tudo é outro ou tende para outro."

18. Continuação ainda do plano 14.

O bar é invadido por pessoas, pares que começam a dançar ao som de um piano (música da época), rapazes, moças, um grupo de travestis portando bandejas com bebidas de forma alegórica dirige-se para a mesa dos poetas, o que faz Kilkerry comentar:

"... É aqui que a gente boa faz Paris à noite, numa alegria hesitante de cidade que se adapta à universal alegria de viver. Repara em como os rapazes que nos vão servir têm um coração gostoso, como sanduíche, à flor dos lábios vermelhos... É o ritmo da felicidade mesma. Não de homens, de porcos. Em verdade a Bahia é um grande coração e isso lhe basta enquanto palpitar, sem cardiopatia, sem insuficiências mitrais e isso lhe basta! Um coração amestrado na arte culinária, um coração de cozinha; e é impressa que ela me dá... Sim, a Bahia é um coração, mas esse músculo, hoje, veste esplendidamente lá fora, para servir a gente séria; hoje esse animal não palpita sem gravata nem colarinho e, mais ainda, não é preciso que a higiene o obrigue a tomar banho..."

Um dos companheiros retruca:

"Estás de uma exigência!"

Kilkerry:

"Ah! Que dirão estrangeiros que aqui vêm e se enfurnam por estas casas dentro? E as senhoritas como sairão de uma *história* assim do século XII em Portugal?"

Um dos companheiros:

"Já estão acostumadas."

Kilkerry:

"Pois bem, o costume é o grande assassino. Prendam o sr. Costume e as senhoras tradições."

Levanta-se o poeta, pega da taça e brinda aos amigos. Meio cambaleante sai sem antes deixar de pronunciar as últimas palavras da noite:

"Ontem pensei que ainda não pensaram ser uma grande asneira a situação política dos brasis, bifurcada em militarismo e civilismo. *Sancta simplicitas!*"

19. Exterior. Noite.

Sai e a câmera o acompanha pelas ruas da Bahia, escurecendo a imagem até se apagar totalmente. Trechos do poema *Harpa esquisita*:

"E é a sombra... E o instrumento, a gemer, iluminado,
Como que à noite estrela um núbio corvo... E lindo
(Inda que as asas tens não no terás ao lado)
Por que os pétalos d'ouro, a haste de prata, abrindo,

Um lírio de ouro se alça?... Os passos voam-te pelas
Ribas... Oh! que ilusões da flor, que tantaliza!
Sobe a flor? Sobes tu e a alma nas pedras pisa?...
Pairas... Em frente, o mar, polvos de luz — estrelas...

Pairas... e o busto a arfar — longe, vela sem norte.
Negro o céu desestrela, o seio arqueando: escuta.
No amoroso oboé solfeja um vento forte
E alta, em surdo ressoo, a onda betúmea e bruta,

A ânsia do mar, lá vem, esfrola-se na areia...
Seu líquido cachimbo é mágoa acesa, e fuma!
E chamas a onda: irmã! E em fósforo incendeia
Na praia a onda do mar, ri com dentes de espuma."

XII. Interior. Noite. O quarto.

20. Plano do poeta sendo estrangulado pela doença que o matou. P. P. mostrando o pescoço sangrando enquanto golfadas

de sangue lhe saltam da boca. O sangue termina por tomar toda a tela. Close do poeta morto. Tempo. Sobre a imagem, trecho final da música das *Harpas*:

"Gemes... Dedando o Azul as magras mãos dos astros
Somem, luzindo... Ao longe, esqueleta uma ruína
Em teu sonho a enervar argentina, argentina...
De ilusões, no horizonte, ossos brancos... são mastros!

Quente estrias a alma, à frialgem, nas cousas...
Que bom morrer! manhã, luz, remada sonora...
Pousas um dedo níveo às níveas cordas, pousas
E és náufrago de ti, a harpa caída, agora.

Plano da Usina em Nazaré (alternar com os planos finais).

Ah! os homens percorre um frêmito. Num choro...
Move oceânica a espécie, amorosa, amorosa!
Mais que dervixe, és deus, que morre, a irradiosa
Glorificação de ouro e o sol de ouro... à paz de ouro."

FIM

filmografia

CADA FICHA DESTA LISTA DE FILMES documentários sobre autores ou movimentos literários do Brasil tem: o nome do autor ou movimento abordado pelo filme, em ordem alfabética; título do filme; produção, direção, equipe; data/ processo/ bitola/ minutagem; festivais, prêmios ou outras observações; e acervos onde cópias do filme podem ser encontradas, sob as seguintes siglas:

DFC: Departamento de Filme Cultural da Embrafilme (Pça. da República, 141-A, 2º andar, RJ)

CURTA: Divisão de Curta-Metragem da Embrafilme (Rua Voluntários da Pátria, 45/504, Botafogo, RJ)

MAM: Cinemateca do Museu de Arte Moderna do Rio de Janeiro

SHELL: Filmoteca Shell (Travessa do Ouvidor, 14/801, Centro, RJ; ou Av. Eusébio Matoso, 891/16º, Pinheiros, SP)

MIS/SP: Museu da Imagem e do Som de São Paulo (Av. Europa, 158, SP)

ECA: Filmoteca da Escola de Comunicações e Artes da USP (Cidade Universitária Armando de Salles Oliveira, SP)

FCB: Fundação Cinemateca Brasileira (Secretaria Municipal de Cultura, Rua Roberto Simonsen, 136-A, SP)

Foram excluídos desta listagem filmes que se encontram desaparecidos ou fora de circulação, como *Graciliano Ramos*, de Ruy Santos (1946), destruído no incêndio da Bandeirantes; ou então filmes que não estavam ainda em fase de conclusão até outubro de 1978, como *Memórias de Graciliano*, de Paulo César Sesso, O *mundo de Qorpo Santo*, de Haroldo Marinho Barbosa, *Sem me rir sem chorar*, de Vladimir Carvalho (sobre José Américo de Almeida), *Jorge Amado, um romancista do povo*, de Jorge Monclar, e *Perto de Clarice*, um filme sobre Clarice Lispector, de João Carlos Horta.

Foram excluídos também filmes documentários sobre cultura popular, como *Jornal do sertão*, de Geraldo Sarno, e *Poética popular*, de Ipojuca Pontes, uma vez que optei pelas chamadas manifestações culturais eruditas. Não se incluem aqui curtas-metragens não documentais, que "ilustram" poemas ou pequenas narrativas de autores nacionais, como *Lisetta*, de Luís Paulino dos Santos (conto de Alcântara Machado), *O sereno desespero*, de Luís Carlos Lacerda de Freitas (poemas de Cecília Meireles), *A bolsa e a vida*, de Bruno Barreto (crônica de Carlos Drummond de Andrade), *Emboscada*, de Bruno Barreto (conto de Herberto Salles), *A morte do leiteiro*, de Almir Braga e Renato Neumann (poema de Drummond), *A causa secreta*, de José Américo Ribeiro, e *Missa do galo*, de Roman Stulbach (ambos sobre contos de Machado de Assis), *O saxofonista*, de Mariza Leão (conto de Lygia Fagundes Telles), *P. S. Te amo*, de Sérgio Rezende (conto de Abel Silva), *Villa Rica de Ouro Preto*, de Paulo Leite Soares (poemas de Murilo Mendes e Cecília Meireles), *Painel Tiradentes Portinari*, de Fernando Coni Campos (trecho do *Romanceiro da Inconfidência*, de Cecília Meireles).

Não se inclui também o filme *Eu sou vida: eu não sou morte*, de Haroldo Marinho Barbosa (peça de Qorpo Santo), que, embora tenha rápida introdução biográfica sobre o autor, é fundamentalmente uma representação do texto, uma elaboração mais ficcional do que documental. O filme *Lavrador: documentário?*, de Ana Carolina e Paulo Rufino, também não consta do fichário, apesar de poder ser considerado um filme-poema-processo, e de ser citado com pertinência na entrevista de Ana Carolina, como um filme que reflete sobre a proposta documental.

afonso arinos de melo franco

1. *O escritor na vida pública*
   Produção: Bem-Te-Vi Filmes
   Patrocínio: Banco Nacional
   Direção: David Neves e Fernando Sabino
   Montagem: Mair Tavares
   Narração: Hugo Carvana
   1975/ cor/ 16 e 35 mm/ 9 min
   DFC (n. 1519) e MAM (n. 1958)

augusto dos anjos

2. *Eu, Augusto dos Anjos*
   Produção: Reinaldo Cozer e Corisco Filmes
   Direção, argumento e roteiro: Afrânio Vital
   Fotografia e câmera: Murilo Salles
   Montagem: Sérgio Santos
   Som: Ismael Cordeiro
   Narração: Carlos Alberto
   Música: Erik Satie
   1974/ cor/ 35 mm/ 10 min
   III Festival Brasileiro de Curta-Metragem (RJ, 1973)
   CURTA

bernardo élis

3. *Caminhos das Gerais de Bernardo Élis*
   Produção: Antônio Eustáquio e Ronan Carvalho
   Coprodução: Cinemateca do MAM/RJ e Carlos del Pino
   Direção, roteiro e montagem: Carlos del Pino
   Produção executiva: Paulo Bastos
   Direção de produção: Ronan Carvalho
   Fotografia: Antônio Segatti e Ronan Carvalho
   Assistente de câmera: Antônio Afonso (Toninho)

Colaboradores: José Arthur, Michel Carvalho e Naves Ximenes
Narração: Oscar Dias
1975/ cor/ 35 mm/ 22 min
V Festival Brasileiro de Curta-Metragem (RJ, 1977)
MAM (n. 77 0351)

carlos drummond de andrade

4. *Fazendeiro do ar*
Produção: Bem-Te-Vi Filmes
Patrocínio: Banco Nacional
Direção, argumento e roteiro: Fernando Sabino e David Neves
Fotografia: David Neves e Renato Neumann
Montagem: Mair Tavares
1974/ cor/ 16 e 35 mm/ 10 min
Mostra paralela do IV Festival Brasileiro de Curta-Metragem (RJ, 1975)
DFC (n. 1473) e MAM (n. 1967)

5. *O anjo torto*
Produção: Cooperativa de Trabalho dos Profissionais de Cinema de BH — IMAGEM; comprado posteriormente por Grupo Novo de Cinema
Produção e Distribuição de Filmes Brasileiros Ltda.
Direção: José Américo Ribeiro
Fotografia e câmera: Eduardo Ribeiro de Lacerda
Direção de produção: Antônio Maria de Oliveira
Assistente de produção: Tarcísio Teixeira Vidigal (BH); Ricardo e José Eduardo Alves Ferreira (RJ)
Montagem: José Tavares de Barros
Montagem negativo: Paula Gracel
Narração: João Marcos
Flauta: Nicodemos Martins de Oliveira
1979/ P&B/ 35 mm/ 9 min
I Festival Brasileiro de Curta-Metragem (RJ, 1971), I Mostra do

Curta-Metragem Mineiro (1971), V Festival de Brasília do Cinema Brasileiro, I Concurso Anual de Filmes Mineiros (1977)

castro alves

6. *Castro Alves*
Produção: INCE
Direção: Humberto Mauro
Fotografia e montagem: Manoel Ribeiro e José Mauro
Narração: Jorge da Silva
1948/ P&B/ 16 e 35 mm/ 20 min
DFC (n. 618)

erico verissimo

7. *Um contador de histórias*
Produção: Bem-Te-Vi Filmes
Patrocínio: Banco Nacional
Direção: Fernando Sabino e David Neves
Montagem: Mair Tavares
Fotografia: David Neves
Narração: Hugo Carvana
1974/ cor/ 35 mm/ 10 min
DFC (n. 1472) e MAM (n. 1963)

euclides da cunha

8. *Euclides da Cunha*
Produção: INCE
Direção: Humberto Mauro
Fotografia: Luiz Mauro
Montagem: José Mauro
Narração: Francisco Venâncio Filho
Quadros: Portinari

Esculturas: Correia Lima
Música: Heitor Villa-Lobos
1944/ P&B/ 16 e 35 mm/ 14 min
DFC (n. 527)

9. *Euclides da Cunha — antes de tudo um forte*
Produção: INC
Direção e fotografia: Ruy Santos
Roteiro: Olímpio de Souza Andrade e Ruy Santos
Texto: Olímpio de Souza
Argumento: Cleber de Araújo
Direção de produção: Geraldo Miranda
Montagem: Pery Santos
Narração: Sindoval de Aguiar
1970/ cor/ 16 e 35 mm/17 min
DFC (n. 1082)

gilberto freyre

10. *Casa-grande e senzala*
Produção: Embrafilme e Sarvê Filmes
Direção: Geraldo Sarno
Fotografia: João Carlos Horta
Montagem e som: Walter Goulart
Música: J. Lins
1976/ cor/ 16 e 35 mm/ 16 min
DFC (n. 1474)

11. *O mestre de Apipucos*
Produção: Saga — Sérgio Montagna
Direção: Joaquim Pedro de Andrade
Assistente de direção: Domingos de Oliveira
Fotografia: Afrodísio de Castro
Câmera: Jorge G. Veras
Montagem: Carla Vivelli e Giuseppe Baldaconi

1959/ P&B/ 16 e 35 mm/ 8 min
DFC (n. 1207)

gregório de matos

12. *O Boca do Inferno*
Produção: Cinemateca do MAM e J. P. de Carvalho
Direção: Agnaldo Azevedo
Fotografia e câmera: Roberto Gaguinho
Participação especial: Elisa Rocha, Tuna Espinheira e Ângelo Roberto
Letreiros: Edivaldo Gato
Montagem: Roman Stulbach
Fotografia de cena: Rino Marconi
Som: Timo Andrade
Elenco: Emmanuel Cavalcanti
1974/ cor/ 16 mm/ 20 min
Troféu Universidade Federal da Bahia na III Jornada Brasileira de Curta-Metragem (Salvador, 1974)
Cópia do diretor (em reedição)

13. *A volta do Boca*
Produção: Cinemateca do MAM/RJ
Direção: Agnaldo Azevedo
Fotografia e câmera: Rino Marconi
Som: Timo Andrade
Montagem: Roman Stulbach
Trilha sonora: Rogério Rossini
Fotografia de cena: Cloude Santos
Letreiros: Ângelo Roberto e Edivaldo Gato
Elenco: Emmanuel Cavalcanti, Elisa Rocha, Vailda Matos, Ângelo Roberto
1978/ cor/ 16 mm/ 30 min
Cópia do diretor

guilherme de almeida

14. *Guilherme de Almeida*
Produção: Capri Filmes do Brasil Ltda.
Direção: Fábio Porchat
Fotografia: Gyula Kolos Warics
Montagem: André Palluch
Assistente de direção: Eduardo Mamede
Assistente de produção: Miklos Palluch
1978/ cor/ 35 mm/ 10 min
Revela S/A Laboratórios Cinematográficos, SP

joão guimarães rosa

15. *Veredas de Minas*
Produção: Bem-Te-Vi Filmes
Patrocínio: Banco Nacional
Direção: David Neves e Fernando Sabino
Montagem: Mair Tavares
Narração: Hugo Carvana
Contratipos: trechos dos filmes *A criação literária de João Guimarães Rosa*, de Paulo Thiago, *Do sertão ao beco da Lapa*, de Maurício Capovilla, e *A João Guimarães Rosa*, de Roberto Santos
1975/ cor/ 35 mm/ 9 min
DFC e MAM (n. 1961)

16. *A João Guimarães Rosa*
Produção: Roberto Santos Produções Cinematográficas
Direção: Roberto Santos
Diretor de filmagens: Marcello Tessara
Montagem: Charles Mendes de Almeida
Assistente: Eduardo Leone
Música: Francisco Moraes
Câmera: Reynaldo Barbirato

Colaboração: Vilma Guimarães Rosa
1968/ P&B/ 16 e 35 mm/ 12 min
DFC (n. 1204) e MAM (n. 1961)

17. *A criação literária de João Guimarães Rosa*
Produção: David Neves, Paulo Thiago e Paulo Vieira
Direção e roteiro: Paulo Thiago
Fotografia: Hélio Márcio Galhardi
Montagem: João Ramiro Mello
Som: Hélio Barroso Neto
Gravuras: Poty
Narração: Hugo Carvana e Paulo César Pereio
Contratipos: trechos de *Deus e o diabo na terra do sol*, de Glauber Rocha, *Grande sertão: veredas*, de Geraldo e Renato Santos Pereira, e A *hora e a vez de Augusto Matraga*, de Roberto Santos
Citações: Antonio Candido, Franklin de Oliveira, Luiz Costa Lima, Paulo Rónai, Olivia Kraenkenbul, Henriqueta Lisboa, Benedito Nunes, Jony Bezerra
Texto: livros de Guimarães Rosa e discurso de posse na Academia Brasileira de Letras
1969/ cor/ 35 mm/ 14 min
I Festival Brasileiro de Curta-Metragem (RJ, 1971), Prêmio no Festival Internacional de Cinema de Santarém, Portugal (1975)
MAM (n. 1329)

18. Primeira parte de *Do sertão ao beco da Lapa* (ver em VÁRIOS AUTORES)

joão cabral de melo neto

19. *O curso do poeta*
Produção: Bem-Te-Vi Filmes
Patrocínio: Banco Nacional

Direção e roteiro: Jorge Laclette
Fotografia: Fernando Duarte
Montagem: Nazareth Chana
Som: Walter Goulart
1975/ cor/ 16 e 35 mm/ 10 min
Prêmio Bahiatursa na III Jornada Brasileira de Curta-Metragem (Salvador, 1974)
MAM (n. 1965) e DFC (n. 1521)

joaquim cardozo

20. *Joaquim Cardozo*
Produção e direção: Heloisa Buarque de Hollanda
Fotografia e montagem: João Carlos Horta
Texto: Afonso Henriques Neto
Letreiros: Luiz Alphonsus
Narração: Renato Machado
1976/ cor/ 16 mm/ 13 min

jorge amado

21. *Na casa de Rio Vermelho*
Produção: Bem-Te-Vi Filmes
Patrocínio: Banco Nacional
Direção: Fernando Sabino e David Neves
Fotografia: David Neves
Montagem: Mair Tavares
Narração: Hugo Carvana
1975/ cor/ 16 e 35 mm/ 9 min
MAM (n. 1974) e DFC

jorge de lima

22. *O grande circo místico*
Produção: Embrafilme

Direção e fotografia: João Carlos Horta
Montagem: Carlos Blajsblat
Narração: Tite de Lemos
1977/ cor/ 16 e 35 mm/ 22 min
Prêmio Kikito e Prêmio Humberto Mauro de melhor direção (Festival de Gramado de 1978). Exibido no Festival de Penedo, Alagoas (1978). Prêmio Melhor Fotografia no Festival de Brasília (1978)
DFC (n. 1552)

josé américo de almeida

23. *Romancista ao norte*
Produção: Bem-Te-Vi Filmes
Patrocínio: Banco Nacional
Direção: Fernando Sabino e David Neves
Fotografia: David Neves
Coordenação e montagem: Mair Tavares
Narração: William Mendonça
Técnico de mixagem: Vitor Raposeiro
1971/ cor/ 35 mm/ 9 min
MAM (n. 1957) e DFC

josé condé

24. *Depoimento de José Condé*
Produção: Cinesul Ltda.
Direção: Eduardo Ruegg
Fotografia: André Palluch
Montagem: Carlos Boechat
1972/ P&B/ 16 e 35 mm/ 10 min
DFC (n. 1329) e CURTA

josé lins do rego

25. *José Lins do Rego*
Produção: Elizabeth Lins do Rego
Direção: Valério Andrade
Fotografia: Mário Carneiro
Montagem: Nello Melli
Narração: Hugo Carvana
Texto: Otto Maria Carpeaux
Música: Vivaldi, Guerra Peixe e Villa-Lobos
1968/ P&B/ 35 mm/10 min
Premiado pelo INC em 1969
Única cópia existente: propriedade de Elizabeth Lins do Rego (negativo perdido)

junqueira freire

26. *Felicidade e cânfora*
Produção: Embrafilme
Direção e roteiro: Raymundo Amado
Fotografia e montagem: Sérgio Sanz
Elenco: Marcos Amado, Olga Bulcão, Luiz Linhares, Regina Linhares
Música: cantos gregorianos, Bach, Lobo de Mesquita, candomblé
1976/ cor/ 35 mm/ 24 min
IV e V Jornada Brasileira de Curta-Metragem (Salvador, 1975 e 1976) e V Festival Brasileiro de Curta-Metragem (Rio, 1977)
DFC (n. 1532)

lima barreto

27. *Lima Barreto: trajetória*
Produção: David Neves e Júlio Bressane
Direção e roteiro: Júlio Bressane

Fotografia: Afonso Beato
Montagem: Eduardo Escorel
Narração: Ferreira Gullar e Raul Cortez
Consultores: Francisco de Assis Barbosa e Carlos Heitor Cony
Agradecimentos: MIS, Sidney Braga, Biblioteca Nacional
1970/ P&B/ 16 e 35 mm/ 10 min
DFC (n. 1100)

lúcio cardoso

28. *O enfeitiçado: vida e obra de Lúcio Cardoso*
Produção: Cinesul Ltda.
Direção: Luís Carlos Lacerda de Freitas
Direção de produção e som direto: Eduardo Ruegg
Argumento: Luís Carlos Lacerda de Freitas e Angelo Sant'Anna
Fotografia e câmera: André Palluch
Montagem: Júlio Heilbron
Participação: Lúcio Cardoso, Walmir Ayala e Otávio de Faria
1968/ P&B/ 16 e 35 mm/ 11 min
DFC (n. 1169) e CURTA

machado de assis

29. *Um apólogo*
Produção: INCE
Direção: Humberto Mauro
Codireção: Roquette-Pinto
Fotografia: Manoel Ribeiro
Montagem: H. Collombe
Comentário: Lúcia Miguel Pereira
Desenhos: Santa Rosa
Elenco: Dea Selva, Nelma Costa, Grace Moenam, Darcy Cazarré
Narração: Roquette-Pinto
1939/ P&B/ 16 e 35 mm/ 15 min
DFC (n. 260)

30. *O Rio de Machado de Assis*
Produção: *Jornal do Brasil* e Enciclopédia Barsa
Direção: Nelson Pereira dos Santos
Fotografia: Hélio Silva
Roteiro: Paulo Mendes Campos
Música: Bach
Material iconográfico: Brício de Abreu e Biblioteca Nacional
1964/ P&B/ 35 mm/10 min
Departamento de Relações Públicas do *Jornal do Brasil*

manuel bandeira

31. *O poeta do Castelo*
Produção: Saga Filmes/ Sérgio Montagna/ INL
Direção e roteiro: Joaquim Pedro de Andrade
Fotografia: Afrodísio de Castro
Câmera: Jorge G. Veras
Assistente de direção: Domingos de Oliveira
Montagem: Carla Vivelli e G. Baldaconi
1959/ P&B/ 16 e 35 mm/ 10 min
DFC (n. 1208)

32. *O habitante de Pasárgada*
Produção: Bem-Te-Vi Filmes
Patrocínio: Banco Nacional
Direção: Fernando Sabino e David Neves
Edição: Mair Tavares
Narração: Hugo Carvana
1975/ P&B e cor/ 16 e 35 mm/ 9 min
Reapresentação do filme *O poeta do Castelo*
DFC e MAM (n. 1964)

33. Terceira parte de *Do sertão ao beco da Lapa* (ver VÁRIOS AUTORES)

mário de andrade

34. *Lira paulistana*
Produção: Comissão Estadual de Cinema — SP
Direção, argumento e roteiro: Mário Molina
Fotografia: Edgar Moura e Murilo Salles
Montagem: Vera Lairet
Elenco: João Antônio Jr., José Carlos Gondim, Pedro Jorge e Waldo Felinto
1974/ cor/ 35 mm/ 10 min
Roteiro premiado pela Secretaria de Cultura de São Paulo
Participou do III Festival Brasileiro de Curta-Metragem (Rio, 1975)
MIS/SP

35. *A casa de Mário de Andrade*
Produção: Hermenegildo Rangel
Direção, fotografia e montagem: Ruy Santos
Assistente: Sérgio Muniz
Texto: Gilda Mello e Souza
Narração: Walter Forster
1955/ P&B/ 35 mm/ 10 min
FCB

menotti del picchia

36. *Menotti*
Produção: Alex Solnik e Maria Hermínia Teles Weinstock
Direção, argumento e roteiro: Elie Politi
Fotografia: Gabriel Bonduki
Montagem: Roman Stulbach
Assistente de fotografia: Washington Racy
Som: Jaime Covolan
Música: H. Oswaldo Alexandre Levy
Interpretação musical: Antonieta Rudge

Narração: Ari Pereira
Contratipos: *Alvorada de glória*
1975/ P&B/ 35 mm/ 12 min
Mostra paralela do IV Festival Brasileiro de Curta-Metragem (1975)
MIS/SP

modernismo

37. *Klaxon*
Produção: Filmes da Matriz/ SMF/ Cinemateca do MAM
Direção, argumento e roteiro: Sérgio Santeiro
Fotografia e câmera: Roberto Maia
Montagem: Gilberto Santeiro
Elenco: Hugo Carvana e Gustavo Dahl
Narração: Tite de Lemos
1972/ cor/ 35 mm/ 10 min
Prêmios: II Festival Brasileiro de Curta-Metragem e 2º prêmio INC
MAM (n. 1530)

38. *Semana de arte moderna*
Produção: Globo/Shell
Direção: Geraldo Sarno
Diretor de fotografia: João Carlos Horta
Assistentes de fotografia: Mário Nestor Almeida e Walter Goulart
Texto: Zuenir Ventura
Narração: Cid Moreira
1972/ P&B/ 16 mm/ 54 min
SHELL

39. *Semana de arte moderna*
Produção: Comissão Estadual de Cinema de SP
Direção, argumento e roteiro: José Rubens Siqueira

Fotografia: Jorge Bodanzky
1969/ cor/ 35 mm/ 12 min
I Festival Brasileiro de Curta-Metragem (RJ, 1971)
MIS/SP

40. *Semana de 22*
Produção: Grypha Filmes
Direção: Suzana Amaral Rezende
Fotografia: Antônio Mateus
Roteiro: Marco Antônio
Som: Romeu Quinto e Eli Cunha
Montagem: Eduardo Leone
1971/ P&B/ 35 mm/ 14 min
DFC (n. 1191)

41. *Acaba de chegar ao Brasil o bello poeta francez Blaise Cendrars*
Produção e direção: Carlos Augusto Calil
Tradução dos textos: Teresa e Jacques Thieriot
Fotografia: Gabriel Bonduki e Marcos Maia
Montagem: Ismail Xavier
Animação: Marcello Tessara
Operador de mesa: Gaspar Soares Neto
Narração: Mário Lima
Textos de Blaise Cendrars na voz de Othon Bastos; textos de Oswald de Andrade na voz de Paulo Emílio Sales Gomes e texto de Mário de Andrade lido por Paulo Duarte
Contratipos: *Viagem de núpcias*, de Luís da Silva Prado (1929), *Revolução de 1924*, de Humberto Caetano e M. Dias, Scab Film — Barbacena, e *Les Heures chaudes de Montparnasse* (ORTF)
Depoimentos: Prudente de Morais, neto e Sérgio Buarque de Hollanda; Tarsila do Amaral e Marie Lebrun da Silva Prado
1972/ cor e P&B/ 35 mm/ 45 min
MIS/SP

monteiro lobato

42. *Monteiro Lobato*
Produção: Área Produções Cinematográficas e Saruê Filmes
Direção, roteiro, argumento e montagem: Geraldo Sarno e Ana Carolina
Fotografia: Alberto Atilli e Pia Vamurer
Som direto: Sidney Lopes
Letreiros: Lia Rossi e José Carlos Avellar
Depoimentos: Antonio Candido e Alfredo Graziani
1971/ cor/ 35 mm/ 11 min
MAM (n. 1865)

43. *Monteiro Lobato*
Produção: Escola de Comunicação e Artes da USP
Direção e realização geral: Luís Alberto Pereira (Gal)
Colaboração: professores Gaspar Soares Netto e Maria Dora Mourão; alunos Sílvio, Maria Elisa, Benê e Beth
1972/ P&B/ 16 mm/ 17 min
ECA

murilo mendes

44. *Murilo Mendes: a poesia em pânico*
Produção: Fitas Brasileiras
Direção e roteiro: Alexandre Eulálio
Fotografia: João Carlos Horta (1971) e Mário Gianni (1974)
Montagem: Gilberto Santeiro
Som direto: Pedro Cavalcanti
Secretaria de produção: Carlos Augusto Calil
Narração: Rodrigo Santiago
1977/ cor/ 16 mm/ 21 min
V Festival Brasileiro de Curta-Metragem (RJ, 1977). Mostra paralela da VI Jornada Brasileira de Curta-Metragem (Salvador, 1977)
MIS/SP

45. *Bárbaro e nosso — imagens para Oswald de Andrade*
Produção: Márcio Souza, Amplavisão e Servicine
Direção e montagem: Márcio Souza
Fotografia: José Marreco
Roteiro: Ana Lúcia Franco e Márcio Souza
Direção de produção: João Francisco Paulon
Participação especial: Antônio Bivar
Agradecimentos: Primo Carbonari
Narração: José Fernandes
1969/ P&B/ 35 mm/ 10 min
Mostra de filmes sobre a Semana de 1922 na Cinemateca do MAM (RJ, 1972). Mostra do Filme Amazonense da Jornada Nordestina de Curta-Metragem (Salvador, 1973). Festival Mundial de Teatro, setor de filmes (Nancy, França, 1973). Mostra do Filme Brasileiro (Lima, Peru, 1974). Exibição especial na Universidade de Paris III (Vincennes, França, 1974)
MAM (n. 1541)

46. *Serafim Ponte Grande*
Produção: Melopeia
Direção: Arthur Omar
Fotografia: Iso Milman e José Carlos Avellar
Montagem: Iso Milman
Som direto: Gianguido Bonfanti
Narração: Renato Machado
Texto: Oswald de Andrade (*Serafim Ponte Grande*); apresentação de Eduardo Jardim
1971/ cor/ 35 mm/ 10 min
Cópia única do diretor

47. *Herói póstumo da província* — segunda parte de *Do sertão ao beco da Lapa* (ver VÁRIOS AUTORES)
Produção: Blimp Filmes

Direção: Rudá de Andrade
Fotografia: Walter Carvalho e Hermano Pena
Roteiro: Rudá de Andrade e Carlos Augusto Calil
Participação: Fernando Peixoto
1973/ cor/ 35 mm/ 15 min
Prêmios INC na III Jornada Brasileira de Curta-Metragem (Salvador, 1974)
SHELL

48. *Oswald de Andrade — um dia, um canibal*
Produção: Evandro Bóia
Direção, argumento e roteiro: Luiz Otávio Pimentel
Fotografia e câmera: Maurício Cirney
Montagem: Penta Filmes
Textos: Manifesto Pau-Brasil e poema "Jardim da Light", de Oswald de Andrade
VII Jornada Brasileira de Curta-Metragem (Salvador, 1978)
1972/ P&B/ 35 mm/ 10 min
Cópia única do diretor

49. *Dez jingles para Oswald de Andrade*
Produção: Cineclube Universitário de Campinas
Direção: Rolf de Luna Fonseca
Roteiro: Décio Pignatari (publicado no seu livro *Semiótica e literatura*)
Fotografia: Gabriel Bonduki
Assistente de fotografia: Denise Abrantes
Colaboração especial fotografia: Henrique Oliveira Júnior
Montagem: José Motta
Música: Damiano Cozzella (composta para o filme); trechos gravados de Wagner (*Abertura de Tannhauser*), Saint-Saëns (*O cisne*) e Sinhô ("Eu ouço falar", samba dedicado a Oswald)
Vozes em off: Armando Bogus (Oswald) e Célia Helena (Miss Ciclone)
Elenco: Francisco Ribeiro Sampaio (Oswald), Sônia Guerra

(Miss Ciclone), Renato Nanni, Annamaria, Beth Godoy (garota-propaganda)
Cenografia: Thomaz Perina
Maquiagem: Warney
Produção executiva: Heládio Brito, Paulo Otoni, Dayse Peixoto, Rolf de Luna Fonseca
Textos: poemas de Oswald e trechos inéditos do diário da *garçonnière*, de Oswald, *O perfeito cozinheiro das almas deste mundo*
MIS/SP

otto maria carpeaux

50. *O Velho e o novo*
Produção: CAIC, Tecla Filmes, amigos
Direção e roteiro: Maurício Gomes Leite
Assistente de direção: Wilson Cunha
Fotografia: José Carlos Avellar
Montagem: Carlos Heitor Cony, Luiz Carlos Oliveira e Macksen Luiz
Narração: Tite de Lemos
Participação: Lígia Sigaud, Martha
Depoimentos: Carlos Drummond de Andrade e A. Amoroso Lima
Colaboração: Geraldo Mayrink e Sérgio Augusto
1967/ P&B/ 16 mm/ 30 min
MAM (n. 1377)

pedro kilkerry

51. *Harpa esquisita*
Produção, direção e roteiro: Raymundo Amado
Fotografia: Antônio Luiz
Montagem: Alzira Cohen
Música: J. Lins

Elenco: Gitman Wibranowsky
1978/ cor/ 16 mm/ 17 min
VII Jornada Brasileira de Curta-Metragem (Salvador, 1978)
Cópia única do diretor

pedro nava

52. *Em tempo de Nava*
Produção: Bem-Te-Vi Filmes
Patrocínio: Banco Nacional
Direção: Fernando Sabino e David Neves
Fotografia: David Neves
Montagem: Mair Tavares
1974/ cor/ 16 e 35 mm/ 10 min
DFC (n. 1520)

raul bopp

53. *Raul Bopp*
Produção: TV-E
Direção: Heloisa Buarque de Hollanda
Pesquisa e argumento: Heloisa Buarque de Hollanda e alunos de Literatura Brasileira da Faculdade de Letras da UFRJ
Fotografia, edição e som: equipe da TV-E
Texto: Afonso Henriques Neto
1975/ cor/ 16 mm/ 30 min
TV-E/RJ

rui barbosa

54. *Rui Barbosa*
Produção: INCE
Direção e montagem: Humberto Mauro
Fotografia: Manoel Ribeiro
Texto: Pascoal Leme

1949/ P&B/ 35 mm/ 25 min
DFC

sousândrade

55. *O Guesa*
Produção: David Neves e Júlio Bressane
Direção: Sérgio Santeiro
Fotografia: Roberto Maia
Trucagem: José Costa
Montagem: Mair Tavares
Narração: Ferreira Gullar
Colaboração: Luiz Costa Lima, Augusto e Haroldo de Campos, Ageu Guimarães, José Sarney, Biblioteca Nacional, Ari Coslov
1969/ cor/ 16 e 35 mm/ 19 min
DFC (n. 1133) e MAM (n. 770019)

torquato neto

56. *Todo dia é dia D*
Produção: Pierre Saguez Produções Cinematográficas
Coprodução: Cinemateca do MAM
Direção, argumento e roteiro: Henrique Faulhaber e Sérgio Pantoja
Fotografia: Jorge Monclar
Montagem: Sônia Branco
Elenco: Daniel Dantas, Deborah Fontes, Fábio, Caio, Tomil
1978/ P&B/ 35 mm/ 8 min
MAM/RJ

vários autores

57. *Do sertão ao beco da Lapa* (*e o mundo de Oswald*)
Produção: Globo/Shell

Direção: Maurício Capovilla
Fotografia: Hermano Pena
Supervisão de fotografia: Walter Carvalho
Coordenação geral: Carlos Augusto Oliveira
Montagem: Laércio Silva
Produção executiva: Pindó
Narração: Lima Duarte, Paulo César Pereio e Mário Lago
1973/ cor/ 16 mm/ 60 min
Três filmes independentes sobre Guimarães Rosa, Oswald de Andrade (*Herói póstumo da província*, de Rudá de Andrade) e Manuel Bandeira, formando um programa da série "Globo-Shell Especial"
SHELL

58. *Cinco poetas*
Produção: Luís Gleiser
Direção e montagem: Luís Gleiser
Roteiro: Luís Gleiser e os cinco poetas (Charles, Chacal, Bernardo Vilhena, Guilherme Mandaro, Ronaldo Santos)
Assistente de direção: C. C. Barata
Fotografia: M. Rollenberg
1977/ P&B/ 16 mm/ 7 min
VII Jornada Brasileira de Curta-Metragem (Salvador, 1978)
Cópia do diretor

59. *Academia Brasileira de Letras*
Produção: Embrafilme
Direção: Gilda Roquette Bojunga
Fotografia: João Carlos Horta, José Mauro, Antônio Penido
Montagem: Gilberto Santeiro
1978/ P&B e cor/ 35 mm/ 25 min
VII Jornada Brasileira de Curta-Metragem (Salvador, 1978)
DFC (n. 1548)

vicente de carvalho

60. *Vicente de Carvalho — palavras ao mar*
Produção, fotografia e montagem: Humberto Mauro
Narração: Roquette-Pinto
1945/ P&B/ 16 e 35 mm/ 9 min
DFC (n. 570)

vinicius de moraes

61. *Vinicius de Moraes*
Produção: David Neves
Patrocínio: Banco Nacional
Direção e texto: David Neves
Fotografia e montagem: Renato Neumann
Participação: Adriana Pietro e Neila Tavares
Narração: Hugo Carvana
Agradecimentos: Televisão Francesa (ORTF)
1970/ cor/ 16 e 35 mm/ 11 min
DFC (n. 1099)

índice cronológico

1939 *Um apólogo* (29)
1944 *Euclides da Cunha* (8)
1945 *Vicente de Carvalho* (60)
1946 *Graciliano Ramos*
1948 *Castro Alves* (6)
1949 *Rui Barbosa* (54)
1952 *A casa de Mário de Andrade* (35)
1959 *O poeta do Castelo* (31)
O mestre de Apipucos (11)
1964 *O Rio de Machado de Assis* (30)
1967 *O Velho e o novo* (50)
1968 *A João Guimarães Rosa* (16)
José Lins do Rego (25)
O enfeitiçado (28)
1969 *A criação literária de Guimarães Rosa* (17)
Semana de arte moderna (39)
Bárbaro e nosso (45)
O Guesa (55)
1970 *O anjo torto* (5)
Euclides da Cunha (9)
Lima Barreto (27)
Vinicius de Moraes (61)
1971 *Romancista ao norte* (23)
Semana de 22 (40)
Monteiro Lobato (42)
Serafim Ponte Grande (46)
Dez jingles para Oswald de Andrade (49)
1972 *Depoimento de José Condé* (24)
Klaxon (37)

Semana de arte moderna (38)
Acaba de chegar ao Brasil o bello poeta francez Blaise Cendrars (41)
Monteiro Lobato (43)
Oswald de Andrade (48)

1973 *Herói póstumo da província* (47)
Do sertão ao beco da Lapa (57) (18) (33) (47)

1974 *Fazendeiro do ar* (4)
Lira paulistana (34)
Um contador de histórias (7)
O Boca do Inferno (12)
Em tempo de Nava (52)
Eu, Augusto dos Anjos (2)

1975 *O escritor na vida pública* (1)
Caminho das Gerais de Bernardo Élis (3)
Veredas de Minas (15)
O curso do poeta (19)
Na casa de Rio Vermelho (21)
O habitante de Pasárgada (32)
Menotti (36)
Raul Bopp (53)

1976 *Casa-grande e senzala* (10)
Joaquim Cardozo (20)
Felicidade e cânfora (26)

1977 *O grande circo místico* (22)
Murilo Mendes: a poesia em pânico (44)
Cinco poetas (58)

1978 *Guilherme de Almeida* (14)
A volta do Boca (13)
Harpa esquisita (51)
Academia Brasileira de Letras (59)
Todo dia é dia D (56)

notas

cromos do país

1 Manuel Diégues Jr., "A estratégia cultural do governo e a operacionalidade da Política Nacional de Cultura". In: *Novas frentes de promoção de cultura*. Rio de Janeiro: Fundação Getulio Vargas, 1977.
2 Kathia Ferreira e Roberto Ventura, "Literatura e cinema: um debate". Suplemento literário da *Tribuna da Imprensa*. Rio de Janeiro, 21 de maio de 1977.
3 Márcio Souza — ver o capítulo "Sete depoimentos".

bárbaro, nosso

1 Willis Leal, *Escritores brasileiros no cinema*. João Pessoa: [s.n.], 1969, p. 15.
2 Adalberto Mário Ribeiro, "O Instituto Nacional de Cinema Educativo". *Revista do Serviço Público*, Rio de Janeiro, ano 7, v. 1, n. 3, mar. 1944.
3 *Revista do Cinema Educativo*, Rio de Janeiro, ano 1, n. 1, ago. 1932.
4 Ibid., ano 2, n. 2, maio 1933.
5 Vamireh Chacon, *Estado e povo no Brasil: As experiências do Estado Novo e da Democracia Populista: 1937/1964*. Rio de Janeiro: José Olympio, 1977, pp. 92-7.
6 Citado por Adalberto Mário Ribeiro, op. cit.
7 Citado por Adalberto Mário Ribeiro, op. cit.

a parte dos cabelos brancos

1 Paulo Emílio Sales Gomes, "Cinema: trajetória no subdesenvolvimento". *Argumento*, São Paulo, n. 1, 1 out. 1973.
2 Gustavo Dahl, "Cinema Novo e seu público". *Revista Civilização Brasileira*, Rio de Janeiro, n. 11/12, dez. 1966/mar. 1967.
3 Id., "Cinema Novo e estruturas econômicas tradicionais". *Revista Civilização Brasileira*, Rio de Janeiro, n. 5/6, mar. 1966.

4 *Aspectos da política cultural brasileira*. Brasília: Conselho Federal de Cultura/MEC, 1976.

5 Ibid.

6 "INC: Hora primeira". *Revista Filme Cultura*, Rio de Janeiro, n. 5, jul./ago. 1967.

7 A partir de 1975, entre outros empreendimentos, foram criados a Funarte (Fundação Nacional de Arte), o Concine (Conselho Nacional de Cinema) e o CNDA (Conselho Nacional de Direito Autoral). A Embrafilme foi reformulada, tornando-se a maior distribuidora brasileira de filmes. Desenvolvem-se projetos específicos como: o Projeto Pixinguinha ("estimular e prestigiar a nossa música popular"); o Projeto Universidade ("apoiar e incentivar as atividades culturais no meio universitário"); a Rede Nacional de Música Erudita, o Projeto Espiral, o Projeto Lutheria, o Projeto Barroco Mineiro, o Projeto Bandas (todos ligados à música); a Festa do Folclore Brasileiro; campanhas de apoio ao teatro; incentivo a documentários, pesquisas e publicações; ênfase especial ao INL; levantamento e recuperação dos museus brasileiros e da Biblioteca Nacional; financiamento de cursos e estágios para técnicos de museus e arquivos; reorganização do Instituto do Patrimônio Artístico e Histórico Nacional etc.

8 *Aspectos da política cultural brasileira*, op. cit.

9 Manuel Diégues Jr., "A estratégia cultural do governo e a operacionalidade da Política Nacional de Cultura". In: *Novas frentes de promoção de cultura*. Rio de Janeiro: Fundação Getulio Vargas, 1977.

10 Carlos Guilherme Mota, *Ideologia da cultura brasileira (1933-1974)*. São Paulo: Ática, 1977.

11 Citado por Leandro Tocantins no seu prefácio ao livro *A técnica da montagem cinematográfica*, de Karel Reisz e Gavin Millar (Rio de Janeiro: Civilização Brasileira/Embrafilme, 1978).

12 Trecho final de entrevista concedida a mim por Leandro Tocantins, diretor do Departamento de Assuntos Não Comerciais da Embrafilme, em 22 de maio de 1978.

heróis póstumos da província

1 Heloisa Buarque de Hollanda — ver o capítulo "Sete depoimentos".

2 Roland Barthes, "A mensagem fotográfica". In: Luiz Costa Lima (Org.), *Teoria da cultura de massas.* Rio de Janeiro: Saga, 1978, p. 310.

3 Eduardo Prado Coelho, *A palavra sobre a palavra.* Porto: Portucalense, 1972, p. 135.

desafinar o coro

1 Carlos Augusto Calil comenta seu filme sobre Blaise Cendrars no artigo "Cendrars: fita e realidade", publicado no livro de Alexandre Eulálio, *A aventura brasileira de Blaise Cendrars* (Brasília: Quíron; São Paulo: INL, 1978, p. 243).

2 Alexandre Eulálio, *A aventura brasileira de Blaise Cendrars.* Brasília: Quíron; São Paulo: INL, 1978, p. 245.

3 Na manobra histórica que faço no capítulo I, localizando dois "surtos" de filmes sobre autor literário, não mencionei as raras iniciativas isoladas que não se inserem em nenhum dos dois momentos: os documentários de Joaquim Pedro de Andrade sobre Manuel Bandeira e Gilberto Freyre, patrocinados pelo INL (1959); os documentários de Ruy Santos, sobre Graciliano Ramos (1946), desaparecido no incêndio da Bandeirantes, e sobre *A casa de Mário de Andrade* (1955). E o filme de Nelson Pereira dos Santos, *O Rio de Machado de Assis*, que o diretor não gosta de lembrar (1964). Se meu interesse fosse historiografar essa produção, eu poderia pensar em: 1) filmes de Humberto Mauro; 2) iniciativas isoladas em 1950-60; 3) filmes "engajados" — *O Velho e o novo* (1967), *Lima Barreto* (1970), *Monteiro Lobato* (1971); 4) filmes ligados ao "desbunde" pós--1968 ("contracultura") — *Bárbaro e nosso* (1969); 5) filmes do surto de cultura de 1970. Essa classificação foi referência meio implícita ao longo do trabalho, embora o enfoque não seja especificamente este. Por curiosidade, ver o índice cronológico de filmes, onde se podem observar limites indefinidos, interpenetrações de momentos.

4 Roland Barthes, "O terceiro sentido". In: *Escritores, intelectuais, professores.* Lisboa: Presença, 1984, p. 196.

5 Joaquim Pedro de Andrade, no anteprojeto do filme *O poeta do Castelo*, apresentado ao Instituto Nacional do Livro.

6 Pier Paolo Pasolini, "A poesia do novo cinema". *Revista Civilização Brasileira*, Rio de Janeiro, v. 7, n. 1, maio 1966.

7 Joaquim Pedro de Andrade, citado por Heloisa Buarque de Hollanda (In: *Macunaíma, da literatura ao cinema.* Rio de Janeiro: José Olympio/ Embrafilme, 1978). O próprio Joaquim me renegou o conteúdo dessa citação.

8 Gilberto Freyre, em artigo publicado no *Cruzeiro* em 1960, onde critica o filme *O mestre de Apipucos* (citado por Wills Leal, *Escritores brasileiros no cinema.* João Pessoa: [s.n.], 1969, p. 31).

9 Maurício Gomes Leite, definindo o objetivo do seu filme *O Velho e o novo*, citado por Wills Leal (op. cit., p. 53).

10 João Carlos Horta, diretor de *O grande circo místico*, em depoimento sobre o filme (ver o capítulo "Sete depoimentos").

11 Ver Heloisa Buarque de Hollanda no capítulo "Sete depoimentos".

12 Segundo comentário de Alexandre Eulálio sobre o filme de C. A. Calil, no livro *A aventura brasileira de Blaise Cendrars* (op. cit., p. 236).

13 Ver Sérgio Santeiro no capítulo "Sete depoimentos".

14 Ver Márcio Souza no capítulo "Sete depoimentos".

15 Zulmira Ribeiro Tavares, "Cinema brasileiro: empresa ou aventura". *Debate & Crítica*, São Paulo, 3 jul. 1974.

16 Bernard Pingaud, "Noveau roman et nouveau cinéma". *Cahiers du Cinéma*, Paris, n. 185, dez. 1966.

sete depoimentos

1 A série Bem-Te-Vi inclui os filmes *Fazendeiro do ar* (sobre Drummond), *Um contador de histórias* (Erico Verissimo), *Na casa de Rio Vermelho* (Jorge Amado), *Veredas de Minas* (Guimarães Rosa), *O escritor na vida pública* (Afonso Arinos de Melo Franco), *Em tempo de Nava* (Pedro Nava) e *Vinicius de Moraes.* Constam ainda da série de filmes *O curso do poeta*, de Jorge Laclette (sobre João Cabral de Melo Neto), e *O habitante de Pasárgada*, adaptação de *O poeta do Castelo*, de Joaquim Pedro de Andrade (sobre Manuel Bandeira). A série foi bem comercializada: as instituições que a adquirem por inteiro recebem como oferta um projetor 16 mm.

2 Em seu artigo dedicado à "personagem cinematográfica", P. E. Sales Gomes comenta que: "É possível e talvez mesmo provável que os

conservadores dessas instituições (as cinematecas) vivam na ilusão de estar preservando arte, quando na verdade o seu papel terá sido o de reunir materiais para os arqueólogos, historiadores e outros eruditos do futuro". As aspas, entretanto, referem-se a uma paródia da tentativa de definição do cinematógrafo feita pelo filósofo Henri Bergson (3).

3 Depoimento escrito por D. Neves, a meu pedido, em setembro de 1978, no Rio de Janeiro.

4 Trechos da carta datada de 7 de junho de 1978, Manaus. Márcio Souza dirigiu o filme *Bárbaro e nosso: Imagens para Oswald de Andrade*, realizado em 1969.

5 Trechos de depoimento gravado durante debates no Seminário de Cinema e Literatura, na Cinemateca do MAM-RJ, em 28 de junho de 1978. Sérgio Santeiro dirigiu os filmes *O Guesa* (1969) e *Klaxon* (1972).

6 Trechos de depoimento gravado em 10 de junho de 1978. Heloisa dirigiu os filmes *Raul Bopp* (1975) e *Joaquim Cardozo* (1976).

7 Trechos de depoimento gravado em 31 de maio de 1978. Raymundo Amado dirigiu os filmes *Felicidade e cânfora* (1976) e *Harpa esquisita* (1978).

8 Trechos de depoimento gravado em 17 de junho de 1978. Ana Carolina codirigiu o filme *Monteiro Lobato* (1971).

9 Trechos de depoimento gravado em 10 de junho de 1978. João Carlos dirigiu o filme *O grande circo místico* (1977).

bibliografia

ANDRADE, Oswald de. *Poesias reunidas.* Rio de Janeiro: Civilização Brasileira/INL, 1972.

______. *Um homem sem profissão: Sob as ordens da mamãe.* Rio de Janeiro: Civilização Brasileira, 1976.

ASPECTOS da Política Cultural Brasileira. Brasília: Conselho Federal de Cultura/MEC, 1976.

AZEREDO, Ely. "O novo cinema brasileiro". *Revista Filme Cultura,* Rio de Janeiro, n. 1, 1966.

BANDEIRA, Manuel. *Estrela da vida inteira.* Rio de Janeiro: José Olympio, 1974.

BARTHES, Roland. "A mensagem fotográfica". In: LIMA, Luiz Costa (Org.). *Teoria da cultura de massas.* Rio de Janeiro: Saga, 1969.

______. "O terceiro sentido". In: *Escritores, intelectuais, professores e outros ensaios.* Lisboa: Presença, 1975.

BRAGA, Ney. *Política da educação, da cultura e do desporto.* Conferência proferida na Escola Superior de Guerra em 22 set. 1977. Brasília, MEC, Departamento de Documentação e Divulgação, 1977.

CHACON, Vamireh. *Estado e povo no Brasil: As experiências do Estado Novo e da democracia populista: 1973-1964.* Rio de Janeiro: José Olympio, 1977.

COELHO, Eduardo Prado. A *palavra sobre a palavra.* Porto: Portucalense, 1972.

DAHL, Gustavo. "Cinema Novo e estruturas econômicas tradicionais". *Revista Civilização Brasileira,* Rio de Janeiro, n. 5/6, mar. 1966.

______. "Cinema Novo e seu público". *Revista Civilização Brasileira,* Rio de Janeiro, n. 11/12, dez. 1966/mar. 1967.

DIÉGUES JR., Manuel. "A estratégia cultural do governo e a operacionalidade da Política Nacional de Cultura". In: *Novas frentes de promoção de cultura.* Rio de Janeiro: Fundação Getulio Vargas, 1977.

EULÁLIO, Alexandre. A *aventura brasileira de Blaise Cendrars.* Brasília: Quíron; São Paulo: INL, 1978.

FERREIRA, Katia; VENTURA, Roberto. "Literatura e cinema: um debate". *Suplemento Literário da Tribuna da Imprensa*, Rio de Janeiro, 21 maio 1977.

FILME & Cultura, Rio de Janeiro, n. 5, jul./ago. 1967.

FOUCAULT, Michel. *História da sexualidade I: A vontade de saber*. Trad. de Maria Thereza da Costa Albuquerque e J. A. Guilhon de Albuquerque. Rio de Janeiro: Grall, 1977.

GERBER, Raquel. "Glauber Rocha e a experiência inacabada do Cinema Novo". In: *Glauber Rocha*. Rio de Janeiro: Paz e Terra, 1977.

GOMES, Paulo Emílio Sales. "Cinema: trajetória no subdesenvolvimento". *Argumento*, São Paulo, n. 1, 1 out. 1973.

HOLLANDA, Heloisa Buarque de. *Macunaíma, da literatura ao cinema*. Rio de Janeiro: José Olympio/Embrafilme, 1978.

LEAL, Wills. *Escritores brasileiros no cinema*. João Pessoa: [s.n.], 1969.

LIMA, Lauro de Oliveira. *Estórias da educação no Brasil: de Pombal a Passarinho*. Rio de Janeiro: Ed. Brasília, 1974.

MORAES, Vinicius de. *Antologia poética*. Rio de Janeiro: Editora do Autor, 1960.

MOTA, Carlos Guilherme. *Ideologia da cultura brasileira (1933-1974)*. São Paulo: Ática, 1977.

PASOLINI, Pier Paolo. "A poesia do novo cinema". *Revista Civilização Brasileira*, Rio de Janeiro, n. 7, maio 1966.

PENIDO, Stella; COELHO, Tânia; FORTES, Paulo. "Os intelectuais e o Estado". *Opinião*, Rio de Janeiro, n. 227, 11 mar. 1977.

PINGAUD, Bernard. "Nouveau roman et nouveau cinéma". *Cahiers du cinéma*, Paris, n. 185, dez. 1966.

PLANO Setorial de Educação e Cultura (1972-4). Brasília, MEC, Departamento de Documentação e Divulgação, 1971.

II PLANO Setorial de Educação e Cultura (1975-9). Brasília, MEC, Departamento de Documentação e Divulgação, 1976.

POLÍTICA Nacional de Cultura. Brasília, MEC, Departamento de Documentação e Divulgação, 1977.

REVISTA do Cinema Educativo, Rio de Janeiro, ano 1, n. 1, ago. 1932.

______. Rio de Janeiro, ano 2, n. 2, maio 1933.

RIBEIRO, Adalberto Mário. "O Instituto Nacional do Cinema Educativo". *Revista do Serviço Público*, Rio de Janeiro, ano 7, v. 1, n. 3, mar. 1944.

ROCHA, Glauber. "Uma estética da fome". *Revista Civilização Brasileira*, Rio de Janeiro, ano 1, n. 3, jul. 1965.

TAVARES, Zulmira Ribeiro. "O cinema dentro do filme". *Debate & Crítica*, São Paulo, 1 jul./dez. 1973.

______. "Cinema brasileiro: empresa ou aventura". *Debate & Crítica*, São Paulo, 3 jul. 1974.

TOCANTINS, Leandro. Prefácio à edição brasileira. In: REISZ, Karel; MILLAR, Gavin. A *técnica da montagem cinematográfica*. Rio de Janeiro: Civilização Brasileira/Embrafilme, 1978.

XAVIER, Ismail. O *discurso cinematográfico: A opacidade e a transparência*. Rio de Janeiro: Paz e Terra, 1977.

Queria agradecer especialmente a algumas pessoas:

Aluísio Leite, Ana Pessoa, Flavio Lenz Cesar, Cecilia Leal de Oliveira, Marilse Guimarães Oliva, Henrique Oliva, David Neves, Heloisa Buarque de Hollanda, Carlos Augusto Calil, Raymundo Amado, Márcio Souza, Ana Carolina, João Carlos Horta, Sérgio Santeiro, Joaquim Pedro de Andrade, Arthur Omar, Henrique Faulhaber, Sérgio Pantoja, Katia Muricy, Eduardo Jardim, Leandro Tocantins, Dejean Magno Pelegrino, Gilda Bojunga, pessoal do DFC, Agnaldo Azevedo, Guido Araújo, José Adolfo Stulman, Eudoro Augusto, Fábio Porchat, Rolf de Luna Fonseca, José Américo Ribeiro, Frederico de Góes, Rudá de Andrade, Ana Cândida Perez, Marcos Augusto Gonçalves, Lúcia Figueiredo Guimarães, Clara de Andrade Alvim e Maria Cecilia Londres Fonseca.

escritos no rio

ORGANIZAÇÃO E PREFÁCIO
Armando Freitas Filho

prefácio dez anos depois

POETA IMPORTANTE DE SUA geração, Ana Cristina também fez crítica avulsa, participando do debate cultural que rolava por aqui nos anos 1970, além de traduzir com excelência e estudar, a fundo, os problemas inerentes a essa atividade. Nesse sentido, os textos escolhidos em *Escritos da Inglaterra*, de 1988, são o melhor exemplo da sua breve e exigente ensaística.

O que agora se publica, predominantemente, é o que se foi buscar e selecionar da sua colaboração na imprensa alternativa, que acolheu a juventude do seu talento. O tom é outro, e é inevitável que seja assim, dadas as características das demandas e dos veículos: o coração bate mais ligeiro e urgente — mas sempre com muita verve —, pois escrever nesse ritmo, sob encomenda, tem seus riscos, desde que não se saiba escolher ou conciliar os assuntos com os interesses centrais de quem os aborda. Não era este o caso, daí a qualidade e a permanência desses escritos sobre o rio de papel-jornal, volante e passageiro.

Uma das exceções à norma que orientou a organização deste livro é o estudo ou trabalho de aula, original bem transado, da ainda estudante de Letras, aos 21 anos, sobre *Os lusíadas*. Inclui ainda a transcrição editada do depoimento dado por Ana Cristina na Faculdade da Cidade, em 1983, com direito a perguntas dos alunos, acerca de *A teus pés*. É um importante subsídio, inédito na íntegra até hoje, não só para aqueles que gostam de sua literatura: o raio de alcance é mais amplo e ilumina alguns aspectos da linguagem literária contemporânea.

Para sorte nossa, A. C. foi uma promessa que se cumpriu suficientemente: por ter sido precoce foi bastante, talvez intuindo o pouco tempo que teria para registrar o esplendor da sua inteligência e da sua vocação.

Armando Freitas Filho

1973
notas sobre a decomposição n'*os lusíadas* mimeo. puc, rj, novembro

ESTE TRABALHO NASCEU, como não poderia deixar de ser, de um texto de Borges. Nele Borges encontra, no fundo de um sótão urbano, uma réplica sem centro da máquina do mundo, o Aleph, "um dos pontos do espaço que contém todos os pontos". Comovido de veneração e lástima ante a espantosa revelação, Borges a abandona com um gesto que permite voluntariamente a destruição do Aleph. Não se afasta apenas "incurioso, desdenhando colher a coisa oferta", mas sabedor que sua indiferença seria o fim do Aleph e a vingança mortal contra o chato que o cultivava juntamente com literatices abundantes. "El Aleph" soltou não apenas o riso que sacode "todas as familiaridades do pensamento", mas a sua corrida não linear, irregular como a massa real de um cérebro, dificilmente ordenável para consumo universitário ("o que viram meus olhos foi simultâneo, o que transcreverei, sucessivo"). Tal consumo — ou ao menos a ordem textual que se segue, que se vai seguindo — tornou-se impossível devido ao texto de Antônio José Saraiva, "Notas sobre a composição d'*Os lusíadas*". Tendo a vantagem de se apresentar legível ao público universitário, o texto trabalha sobre "considerações preliminares" que têm por finalidade eliminar pseudoproblemas amplamente discutidos por escritores amplamente digeridos no meio universitário. Entenda-se meio universitário em sentido amplo, como o meio que também escreve história e crítica da literatura e no qual pululam os seus profissionais.

O texto de Saraiva, nessa sua legibilidade específica (no seu "estilo" de doutor em letras), põe em cena uma problemática recalcada pela linguagem dos doutores da literatura (que é também a linguagem dos bacharéis e aprendizes do ofício). O diálogo a ser travado com esse texto tem como objetivo mostrar procedimento similar (à maneira da retórica da similitude...) n'*Os lusíadas*, onde a sua legibilidade se articula numa duplicidade fundamental. Duplicidade esta que não se confunde com um movimento ambivalente, em que o sujeito da enunciação assume posição ambígua. Pelo contrário, o metassujeito assume posição definida, não apenas de anunciar como se destemperou a sua lira, mas também a de inverter os termos de uma linguagem (decompô-los) e jogar estilisticamente com essa inversão.

Num primeiro exame d'*Os lusíadas*, a duplicidade em questão (cujo sentido procuraremos escrever) é apreendida empiricamente sob forma de uma berrante "heterogeneidade de elementos" que compõem a obra. Trata-se da "primeira coisa que salta à vista", como a descreve Saraiva no seu texto: a proposta do poema é cantar os feitos gloriosos dos barões assinalados e a memória dos reis que dilataram a Fé e o Império. O seu interesse narrativo porém se escora nos conflitos entre os deuses do Olimpo, personagens banidos da proposição. Homens e deuses se contrapõem em toda a linha, mesmo porque seus papéis se acham trocados: "Os deuses são dotados de paixão, ódios, simpatias, enternecimentos e cóleras... O que torna possível entre eles um enredo dramático e um desenlace, ao passo que os homens são, ao contrário disso, hirtos vultos, agarrados ao leme da sua missão histórica, sem respiração humana, impassíveis, inaproveitáveis para uma intriga". Gama e companheiros se movem "com a impassibilidade ritual que nós atribuiríamos aos deuses, e, ao lado dele, os deuses é que são seres volúveis, impressionáveis, levianos e incertos". O assunto da viagem é ordenado de modo unívoco, decidido, sobre homens determinados por poucos e fixos motivos, visando a uma configuração segura da realidade. Mesmo se servindo de interpolações que preenchem todo o espaço do passado, o relato só conhece o primeiro plano, "só um presente uniformemente iluminado, uniformemente objetivo", as tensões omitidas, os mistérios ausentes, o silêncio recuado para fora da História. Os segredos se debatem em outro lugar, onde rolam as tensões opressivas e as alusões implícitas — os conflitos pertencem somente aos deuses. É a mitologia que abriga o personagem, a ação, a verdade narrativa, o discurso tratado como vivo. A história se faz de figuras despidas, quadros descritos, justaposição, estaticidade, dentro do discurso lentamente tratado como a morte. Os hirtos vultos prometem o real, o dito, o verossímil. Os deuses constroem a intriga, vivos ainda que fictícios.

A diferença na construção dos dois planos não acontece apenas em nível de estilo, de tratamento verbal — é também pensada dentro do próprio discurso, mas de maneira inversa, como num curioso espelho de formas. *O discurso tem alguma coisa a dizer sobre essa diferença que em silêncio foi traçada.* Embora aparentemente mortos por cada verso, os nautas e os reis são absolutamente reais, transcendem a própria linguagem, são a História transcendente: "A verdade que eu conto nua e pura/ Vence toda grandiloca escriptura". São "verdadeiros e gloriosos", têm existência ontológica, nos diz o texto expressamente. E embora aparentemente vivificados, são os deuses "fingidos de mortal e cego engano", mero recurso narrativo, úteis apenas para fazer versos deleitosos: nomes com que o engenho humano batizou as estrelas. Não passam de mito, de literatura, de coisa escrita e não real: "Fábulas vãs, tão bem sonhadas".

Aqui a contradição se desdobra e deixa de funcionar em termos de heterogeneidade de elementos (a primeira impressão). Em nível do expresso, a escritura é identificada ao irreal, ao engano, ao fabuloso, enquanto a história é dita verdade (de verdade). Há que fazer alarde da verdade histórica dos feitos gloriosos, como se historiá-los não bastasse para a sua autenticação. Estamos sob a lei da fala, do contínuo, da ideologia dominante, que inclusive se diz verdade, e não ideologia. A verdade do próprio texto é antes de tudo cuidadosamente sufocada em sua letra, mas escapa pelas bordas tanto nas intervenções do metassujeito da narrativa ("o cego eu") quanto pela inversão estilística. As intervenções do metassujeito movimentam uma verdade que se manifesta verticalmente, isto é, fugindo à linha narrativa e identificando-o aos perdedores do jogo (Baco e os mouros viciosos), a ponto de calar o texto com a derrota (ou seja, a não identificação com os vencedores, que havia sido proposta inicialmente).

Dessa forma as categorias de "histórico" e "mítico" não funcionam como articuladoras do "verdadeiro" e do "falso", como se tem dito, mas como peças estilísticas de um jogo bem mais amplo, que consiste na inversão dos termos propostos (na proposição d'*Os lusíadas*, em leituras críticas abundantes e nas próprias certezas que identificam histórico a real e mítico a não real).

A mitologia não se limita a "um mundo próprio do estilo, uma ficção independente, que... em nada interfere com o mundo dos fatos que esse estilo simboliza", como diz Saraiva, visto que interfere com o mundo culturalmente percebido do verdadeiro e do falso. Criam-se duas ordens de acontecimentos — os acontecimentos ditos históricos e os ditos mitológicos — e é na relação entre os dois que se faz a epopeia da literatura. Em termos narrativos, inclusive, é Vênus quem leva Gama à glória: "Não são as próprias ações do Gama que por si sós o tornam digno de memória, mas uma circunstância muito especial: é que Vênus conduziu-o à ilha dos Amores e fê-lo casar com Tétis", ou seja, o que torna Gama imortal é o *próprio texto*, os versos deleitosos: Vênus e Baco são outras metáforas para o poema. Da mesma maneira, "a viagem de Gama é o pomo de discórdia no Olimpo", ou seja, o "real" (que a ideologia dominante quer real, a história que ela escreve) é o pomo de discórdia na escritura. O plano histórico que serve de tema a *Os lusíadas* não funciona exatamente como "mero pretexto para construir uma ficção que desse saída a esse mundo de formas puras e livres", "o mundo puramente formal da arte" (Saraiva). Dizer "mero pretexto" é subestimar a inversão feita. O conceito (ou o desejo) de "formas puras e livres" só existe *em oposição* às formas aprisionadas do "real", é o que afinal o sujeito da narrativa conclui em seu epílogo, nas suas intervenções e nas interrupções do relato com "matéria perigosa" (x, 119), isto é, que ofende o Poder. Em última análise, a linguagem do real (pomo de discórdia na escritura) é a linguagem do Poder (da Fé e do Império), que o estilo do poema lentamente corrói. De modo que o seu centro não se faz evidente como a sua superfície.

O momento final do poema é significativo de todas as suas contradições. O poema termina porque tem que terminar (e não porque é abandonado, como diria Valéry).

A junção do plano histórico e mitológico, realizada na união de Vasco da Gama e Tétis, determina o término do jogo. Mas não sem que antes se desvende (ante olhos comovidos de amor e espanto), completa e absoluta, a grande máquina do mundo. Cuja visão permite ao navegante chegar à pátria amada com a garantia do seu futuro e a confirmação do centro do seu universo. Mas que o "cego eu" abandona num gesto de vingança ante o escritor de longo e inepto poema épico.

1975
os professores contra a parede
opinião, 12 de dezembro

NOS JORNAIS E NO CIRCUITO paralelo dos papos e das reuniões estabeleceu-se recentemente um debate sobre teoria literária envolvendo professores, alunos, críticos e escritores (ver *Opinião*, n. 159 e 160). Como compreender esse debate e, mais ainda, que partido tomar? Segundo algumas interpretações, trata-se de um conflito entre a Razão e o Irracionalismo, entre a Ciência e a Ideologia, entre as luzes e as trevas. Ou, para ser mais metafórico ainda, entre Galileu e a Santa Inquisição: de um lado estariam os opositores da reflexão teórica, os que negam a possibilidade de se pensar a literatura teoricamente, e de outro os que defendem essa possibilidade.

numa canoa furada

Antes de embarcarmos num desses batéis, seria bom lembrar que, antes de ocupar o espaço dos jornais, essa discussão surgia dentro das faculdades de letras sob as mais variadas formas. Foram os alunos os primeiros a sentir dificuldades graves em relação ao que se chamou "teoria". Falava-se do excesso de teorização, da dificuldade de aprender a matéria dada, da incompreensibilidade dos termos usados, do pouco contato do aluno com textos de literatura, da falta de relação da matéria aprendida com a vida profissional do aluno. Tomar partido no debate *teoria × não teoria* não é embarcar para o inferno ou para o paraíso, mas numa canoa furada. O direito de refletir sobre a literatura não precisa ser conquistado: está perfeitamente legitimado nas nossas universidades; a "crítica universitária" não corre nenhum perigo iminente. O libelo contra a "teoria" não deve ser considerado no seu aspecto irracionalista, mas sim como uma reação a uma *forma de impor*, à utilização de determinados termos e teorias em detrimento do aluno e da própria literatura.

Trata-se portanto de *deslocar o eixo do debate* e passar a examinar os mecanismos de poder e de repressão que têm sido exercidos dentro da instituição e contra os quais se ouvem críticas muitas vezes desordenadas. *Essas críticas não podem ser desprezadas por seu caráter caótico, pouco estruturado ou emocional, mas consideradas como sintomas de distorções que se manifestam na universidade.* É preciso acabar com a ideia de que os debates e as produções de conhecimento se desenvolvem no céu puro da verdade ou da ciência. Toda produção e toda transmissão de conhecimento estão vinculadas a uma posição ideológica e à posição de produtor dentro da instituição. Não se trata de rejeitar a possibilidade de produção teórica, ou um determinado tipo de produção teórica, mas de *politizar as "teorias"*, indicando os seus usos repressivos e recusando uma discussão puramente epistemológica.

repressão velada

Essa politização implica, como é o caso em muitas das nossas faculdades, apontar o uso exclusivo de uma determinada abordagem que se diz mais científica ou verdadeira em detrimento de outras que são marginalizadas (não por serem menos fecundas, mas por não se inserirem dentro de um esquema de prestígio favorecido pela instituição). Implica também, como parece ser o caso, rejeitar a pretensão de banir da crítica literária o elemento apreciativo e ideológico (cuja presença não é incompatível com o rigor do trabalho crítico; tampouco *rigor é* sinônimo de formalização ou de "ciframento" da linguagem), negando agora em outro nível o mito da neutralidade ideológica do intelectual e das suas produções.

A questão se complica porque a utilização de teorias e teóricos de forma repressiva se manifesta veladamente. A repressão não funciona aqui "como um superego freudiano", mas penetra mais profunda e sutilmente do que isso no corpo e no comportamento das pessoas, impedindo-as de encararem a questão criticamente. A maneira sutil como a repressão penetra o corpo das pessoas exige, no nosso caso, um exame da relação docente na universidade. A relação entre professor e aluno assume muitas vezes um caráter de *sedução*: o aluno copia a matéria sem dizer palavra, embasbaca-se com o brilhantismo do professor, aplica os seus modelos e injeções ao texto literário. O bom professor passa a ser "aquele que 'tenta' eroticamente sua turma, e que reina sobre ela como um sultão sobre o seu harém".

a onipotência intelectual

Por outro lado, o aprendizado de teoria literária pressupõe uma competência cultural e linguística que o sistema educacional como um todo não fornece; e a instância oficialmente incumbida de transmitir os instrumentos para que se pense a literatura não sabe ou não se julga obrigada a transmiti-los metodicamente a alunos cada vez mais despreparados. Daí se estabelece uma outra dimensão na relação docente, que é o *terrorismo*, o medo da onipotência intelectual do professor. Essa sujeição porém não é simplesmente intelectual, mas está inscrita *no próprio corpo* dos alunos e dos professores e se expressa na sua *postura* dentro da sala de aula e diante do próprio trabalho: na ocupação física do espaço escolar, na submissão a um modelo de comportamento ou a uma teoria, na afirmação de uma determinada teoria como a Teoria.

Trata-se portanto de *politizar a relação docente*, de mostrar que a colocação dualista (*a teoria × a não teoria*) mistifica a questão, ou seja, ignora o seu conteúdo político. Mesmo dentro da instituição é possível realizar esse trabalho de crítica da absolutização e da dominação teórica (*qualquer que seja a teoria*) e das maneiras como a instituição dissimula os mecanismos de sujeição em nome da verdade ou do conhecimento científico. Essa crítica não implica necessariamente o abandono da instituição, mas uma certa autonomia em relação a ela, um não comprometimento com os altos escalões e, sobretudo, um *olhar não onipotente* em relação à produção crítica e à transmissão pedagógica.

No caso específico dos estudantes, esse trabalho implica, entre outras coisas, rejeitar os traços sadomasoquistas da sua relação com o professor, com os teóricos ou com a instituição e começar a *botar a boca no mundo*. Dentro desse espírito, alguns alunos e ex-alunos recém-formados do Departamento de Letras da PUC e da UFRJ reuniram-se para entrar na discussão também. Transcrevemos trechos dos debates e de alguns depoimentos individuais que atestam uma inquietação significativa e bastante generalizada entre os estudantes.

debate

Sônia Palhares (UFRJ) — As críticas à teoria foram todas formuladas em cima de alguma coisa. Por que um dia na vida começou a aparecer no Brasil um grupo de pessoas falando contra a crítica? Esse problema da crítica tem duas bases: uma, que vem do questionamento da crítica em geral, um questionamento que se faz contra um racionalismo, contra uma objetivação, contra uma ciência que se considera racional. O outro ponto é esse problema dentro da universidade brasileira: por que de repente as pessoas começaram a criticar a teoria? O que aconteceu na universidade brasileira que se começou a colocar uma teoria em cima de outras? Esse problema gerou a questão. Não se pode discutir o problema epistemologicamente quando o problema não vem de uma base epistemológica só, ele vem de uma base do ensino brasileiro. Então discutir se a teoria é assim ou assado sai de uma questão fundamental que é de onde vêm esses problemas. No momento em que o estudante, ou o Lêdo Ivo, ou quem seja coloca uma crítica dessas, ela se fundamenta em problemas reais na universidade no Brasil: o estudante brasileiro, a alienação do estudante brasileiro. É um problema político e social.

Marilda Rosado (ex-aluna da PUC) — A gente não vai propriamente discutir o problema de produção teórica, o que está importando aqui é o problema do ensino. O que seria uma pedagogia da abordagem literária? Um cara que tem uma posição definida, que é um teórico, que tem uma produção, como é que ele vai ser professor? Ele vai bancar uma de eclético? Isso não é tão possível, mas digamos que ele mesmo, não abrindo mão, não abdicando da posição dele, relativize esse poder de impor, de ofuscar os alunos com a teoria e coloque a coisa em termos mais honestos, mais didáticos, mais conscientes da posição, da função dele.

Sônia — Isso não é meio humanista não?

Marilda — Ah, sei lá, vai ver que está, mas eu sei que como aluno era isso que eu sentia, eram coisas que eram levantadas.

Sônia — Se você for um bom professor, chegar na sala de aula e der uma boa aula, os alunos ficam absolutamente passivos. Ele pode dar uma aula superonipotente que todo mundo copia tudo, acha ótimo. Por isso que entra aí o papel do aluno também.

Vítor Hugo Pereira (UFRJ) — A formação do aluno não permite que ele tenha uma visão crítica do papel do professor.

Ronaldo Costa Fernandes (UFRJ) — O próprio professor não tem essa visão crítica. O professor também é aluno, geralmente de pós-graduação. E ele vai repetir o mesmo esquema.

Marilda — A discriminação e o terrorismo se reproduzem também em nível de pós-graduação.

Núbia Melhem Santos (PUC) — Uma coisa é a produção teórica que é feita, que pode ser boa ou má, passível de análise, outra é a teoria que é aprendida na faculdade, que é passada pelos teóricos que ensinam na faculdade; há um clima geral na universidade de medo da teoria. Os alunos têm medo da teoria que é ensinada lá — é esse ponto que eu acho que tem de ser diferenciado, que é a produção teórica por um lado e a teoria que não é aprendida por outro.

Jorge Martins (UFRJ) — No curso de letras há mesmo um excesso de teoria e uma escassez de prática. A teoria que eles dão aí é em volume muito grande e explicação nenhuma. Deixam os alunos soltos para fazer os trabalhos.

Claudius Hermann (UFRJ) — A situação da faculdade daqui é a mesma da PUC: simplesmente teoria. Se o aluno não estiver interessado em ler livro de romance, conto ou poesia, ele passa os quatro anos da faculdade lendo somente Barthes e Todorov... Nos dois primeiros anos da faculdade muitos alunos aqui dentro não são indicados a ler romance nenhum, se eu não me engano. Só se leem teóricos. No curso de teoria literária você lê contos, mas é uma gota d'água. Os livros que pintam são pouquíssimos em relação aos livros de teoria, e eu tenho a impressão de que se aprende muito mais literatura lendo romances. Quem pode ir a Deus não vai ao santo... Em São Paulo também é assim, eu tenho amigos que dizem. Mas eles vão além, não ficam só no estruturalismo. Acho que o mal daqui é que para no estruturalismo e fica ali, ou não transfere os instrumentos que o estruturalismo dá para o Brasil, fica como se fosse Paris... Os alunos reclamam, mas reclamam passivamente.

Jorge — Alguns reclamam, outros são passivos que chega a dar raiva na gente.

Claudius — Eles não gostam, mas também não têm ação. Tem um grupo que tem ação mas não tem força porque o resto da turma aceita passivamente. Eu não sou adepto do estruturalismo, mas também não nego o estruturalismo. Mas a questão para mim não é essa. A questão é como está sendo utilizada a teoria, como na prática essa teoria é exercitada. Porque se essa teoria fosse muito bem ministrada ela teria um valor enorme. A gente não pode desconhecer as teorias que existem. O caso é que essas teorias viram dogmas. Está dogmático o ensino. Você começa a ler autores que você ainda não tem capacidade intelectual para ler. Nós entramos de cara no estruturalismo sem nem saber o que houve antes... Eu vejo essa situação da teorização dentro das faculdades de letras não como a conjuntura universitária, mas a conjuntura nacional... Da forma que está sendo utilizada, a teoria castra a criação dos próprios alunos.

Regina Vitória Quella de Sá (UFRJ) — Eu acho que a teoria sem prática, sem a leitura dos livros, não funciona. A faculdade de letras está prejudicando o próprio raciocínio dos alunos. Você antes discutia sobre o texto, gostava mesmo de literatura; o que me interessava era o conteúdo. Agora não, você chega aqui, lê um texto, começa a fazer aqueles esqueminhas, aquelas análises estruturais que no fundo não deixam de ser subjetivas... Acho que a teoria é importante, o problema é como ela está sendo dada. Devia ser dada a teoria com a prática, o estímulo à leitura, o debate do conteúdo também. O problema não é só da faculdade, é muito mais complexo; a faculdade é apenas um reflexo de uma série de fatores. Esse tipo de teoria de uma certa maneira ajuda a manter esse tipo de sistema que todo mundo tem medo de falar. É muito mais fácil você fazer um esquema do que discutir o conteúdo, o que o cara queria dizer com aquilo.

Ronaldo — O ensino da literatura pressupõe que o aluno que entra na faculdade de letras tenha uma leitura básica dos clássicos ou dos clássicos modernos. O nosso estudante de letras entra na faculdade e não lê os textos literários. Os textos críticos são mal lidos. A teoria seria frutífera na medida em que desse um aparato teórico para uma leitura fora da faculdade. Na minha opinião, numa faculdade não se devem dar todas as coisas, mas condições para que o aluno se vire esteticamente, criticamente, criativamente.

Ana Maria Sampaio Fernandes (PUC) — O aluno não lê literatura. Você sai da universidade formado em letras, não leu literatura, aplica teoria em quê? É importante discutir aqui por que o aluno chega sem ter lido, por que se forma sem ler.

Ângela Maria Pinto da Silva (professora primária, trancou matrícula depois de dois anos na PUC) — As turmas são muito grandes. O nível das pessoas é muito diferente dentro da sala. Deveria haver uns pré-requisitos para as pessoas fazerem o curso de letras. Os professores vivem reclamando que ninguém sabe escrever. O curso de letras é mal estruturado, especialmente o ciclo básico. Eu me sinto totalmente incapaz de pegar um poema de um cara e sair analisando. O curso, principalmente de certos professores, é muito teórico. Devia se dar teoria colada no texto, a partir do texto, e não totalmente desvinculada da prática. A teoria é necessária, mas uma teoria mostrada no texto, verificada no texto. Eu saí da PUC por isso tudo e principalmente pelo preço, que está altíssimo. Você paga por um negócio que você não está satisfeito. Não é isso que eu penso em educação. Não vejo possibilidade de passar para a Nacional porque o que me dizem é que está a mesma coisa ou pior. Como eu estou em contato com a educação, aquilo pra mim se torna uma aberração, um negócio sem sentido. Você vai lá, paga e realmente se pergunta: o que eu aprendi? Nada. Os alunos são desinteressados também.

Vítor — A coisa parte de cima e de baixo. Na medida em que você entra na faculdade você está preparado para se deslumbrar. Você esquece que vai ser um professor de 1º grau, de 2º grau e que a função principal da faculdade não é formar crítico literário, pra começo. Segundo, que a faculdade está sem possibilidade de articular a teoria com uma prática de ensino médio.

Sônia — Ou de puxar a teoria para dentro da casa do sujeito.

Vítor — Afinal de contas, de ligar a teoria à realidade da gente, de dar uma possibilidade de pensamento da realidade da gente. A própria revolta dos alunos — essa revolta irracional contra a teoria — pode ser uma posição dos alunos que vão com a expectativa de conseguir articular uma prática relativa ao conhecimento que eles vão ter na faculdade. Pessoas que em geral vieram do subúrbio e sabem que não vão passar de professores de nível médio. Então eles podem ter uma lucidez, que a gente não tem, de ver o seguinte: o que eu vim pegar aqui é um conhecimento para ser professor lá em Cascadura onde eu moro, e não de chegar a uma posição de crítico literário.

Sônia — Se tem quarenta alunos numa sala, trinta querem isso.

Vítor — O problema é que o teórico brasileiro está se afastando dessa realidade, se esquecendo de fazer na universidade um ponto de contato, de fazer uma ponte para o nível do ensino até o primário.

Lúcia Mac Dowell (PUC) — Eu sinto que na universidade não existe uma reflexão crítica, uma possibilidade de abertura crítica, exatamente porque existem professores e um departamento que vão colocar aquela determinada teoria como a principal. Quando você faz quatro anos de letras a maioria pelo menos pretende dar aula e realmente tem todas essas dificuldades de aplicação. Ao mesmo tempo há uma desorganização total do ponto de vista teórico também. Nos dois níveis está uma bagunça, uma irrealidade total.

Marilda — Os alunos colocavam o problema nestes termos: devia se dar menos teoria e mais literatura. Não é bem esse o caso. O buraco é noutro lugar. Se trata na verdade de sair dessa posição de poder de um tipo de teoria e conseguir dar outros tipos de teoria.

Esse é um nível de discussão. Mas a questão de que os alunos entram despreparados tem de ser discutida com relação ao fato de os professores saírem despreparados. O curso de letras não vai formar críticos literários nem escritores, mas basicamente professores que na hora de ganhar dinheiro vão dar aula no ensino médio. Às vezes os alunos que saem "manipulando criticamente" as teorias vão para o ensino médio fazer o quê? Nada, porque não sabem o que fazer com o que aprenderam. Aluno entra despreparado, professor sai despreparado.

Vítor — A crítica literária também não estaria esquecendo de pensar a quem ela estaria destinada?

1976
quatro posições para ler *opinião*, 27 de fevereiro

de pé

"Não é, rigorosamente, uma antologia, ou florilégio, ou uma crestomatia, ou uma analecta, ou um especilégio, ou mesmo uma seleta — no sentido escolar tradicional." Com essas belas palavras o professor Antônio Houaiss apresenta exótico livrinho que atende pelo codinome de *Gente boa*. O que seria então? Pelas suas páginas pulamos atordoados de contos de Jorge Amado, José Cândido de Carvalho e J. J. Veiga para amáveis crônicas de Fernando Sabino, Paulo Mendes Campos e Rubem Braga e daí para um ensaio de Lêdo Ivo sobre Augusto dos Anjos; de um modestíssimo depoimento de Hélio Pólvora para artigos de jornal de Orígenes Lessa, Alberto Dines e Luiz Alberto Bahia sobre assuntos tão díspares como a poesia de cordel, a Braspetro e reflexões rasas sobre os males da guerra. E não para aí: deparamos de repente com nada mais nada menos que o algo familiar poema "No meio do caminho" (lembram-se? Saiu no número 3 da extinta *Revista de Antropofagia*, de 1928), seguido de mais dois conhecidos poemas de Drummond, e outros tantos de João Cabral e Murilo Mendes. Para terminar, três coluninhas do Castelo. Faltou alguém?

Segundo o mencionado apresentador do livrinho, *Gente boa* é "uma amostragem muito feliz de aspectos importantes do que *se está escrevendo no Brasil nas últimas décadas*, constituindo um convite aliciante para que seus leitores valsem com os autores nos muitos outros universos que cada um deles criou". Grifei a declaração de contemporaneidade da antologia, porque ela dá o que pensar: uma breve consideração sobre os autores selecionados nos indica que são nomes mais do que consagrados e legitimados pela cultura dominante, pelos meios de comunicação, pelo mercado editorial; são autores de vestibular, autores que vendem, escritores que têm o seu espaço garantido nos jornais ou que já "passaram para a história" literária. São parceiros suficientemente disputados nas nossas moderadas contradanças culturais. Não parece meio desenxabido esse "o que está se escrevendo"? Parece introdução a antologia de novíssimos poetas ou contistas, que, estes sim, ainda justificariam talvez, por sua novidade, a estranha e muitas vezes desorientante edição de florilégios.

E já que tocamos no sentido da existência das crestomatias, seria bom lembrar de passagem que geralmente há um certo *critério*, um certo juízo de seleção, a presidir a escolha dos nomes e textos que figurarão num analecto qualquer, sob pena de transformá-lo numa reunião absolutamente arbitrária de retalhos. Que me desculpe o ilustre apresentador, mas nunca vi maior falta de propósito numa seleta, maior salada de temas, gêneros, estilos e ideologias (já que foi, sensatamente, afastado o seu propósito didático). Ou melhor, percebo sim o propósito de "prestigiar" os já prestigiados, o que redunda em investimento seguro para a editora, que dá por certa a venda de tal especilégio. Na avalanche de antologias do nosso mercado editorial, com todas as suas vantagens e desvantagens (ver *Opinião*, n. 169, "Os perigos da Antologia"), essa é sem dúvida uma das mais sem sentido que já vi pintarem por aí.

Que mal pergunte: quem foi o selecionador dos textos? (Não há referência no livro; ao que consta, Houaiss é apenas o prefaciador.) E os ilustres escritores escolhidos receberam seus devidos direitos autorais?

sentado

É difícil deixar de pensar em Guimarães Rosa quando se lê Valdomiro Silveira. Escritor do interior paulista nascido em 1873, Valdomiro também vai buscar material para seus contos nas figuras do sertão, nos grupos e tipos locais, e ao mesmo tempo incorporar à sua linguagem regionalismos, aforismos tradicionais e umas primeiras ousadias de estilo com base regionalista. São contos breves, que giram em torno de uns poucos aspectos da vida sertaneja, mas que absorvem por seus diálogos incisivos, sua ação rápida e rasteira, e pela manipulação segura da linguagem regional. De vez em quando uns traços românticos, umas descambadas para a pieguice, umas insistências nos mesmos temas e esquemas; mas há contos bons, bem construídos, que revelam o contato íntimo do autor com a vida e a linguagem do sertão paulista. Diante de Guimarães Rosa, os contos de Valdomiro tomam a dimensão de obras que, como dizia Mário de Andrade, "alimentam tendências, fortificam ideais, preparam o grande artista e a obra-prima" e ajudam a nos desvencilhar da já velha noção de gênio e da individualidade isolada do artista que súbito desponta com toda a sua glória.

É exatamente essa noção que Péricles Eugênio da S. Ramos, que introduz *Nas serras e nas furnas*, parece querer reviver quando se alonga por páginas e páginas a discutir a irrelevante questão de quem seria o introdutor da literatura regional sertaneja no Brasil. A preocupação do crítico é a origem individual do regionalismo, e não o sentido mais amplo do seu surgimento. E, assim, Valdomiro recebe o epíteto de "pioneiro do regionalismo sertanejo", o que desbanca vários outros possíveis candidatos: são excluídos os românticos e escritores que usaram o regionalismo como mero suporte para a defesa de suas teses, e não a partir de uma "pura intenção regionalista".

Resta saber o que seria essa "pura intenção": seria talvez a de retratar uma região sem intervenções ideológicas, a fim de "refletir" fielmente a vida do homem do sertão. Ora, nem Valdomiro, nem outros escritores regionalistas, nem tampouco Guimarães Rosa "refletem" o homem do sertão ou a sua linguagem, mas *intervêm* nesse reflexo tanto no plano ideológico quanto no plano de trabalho com a linguagem. É nessa intervenção realizada pelo artista que reside o seu interesse literário, e não na fidelidade da "transposição" de uma determinada realidade para o literário.

Valdomiro interessa porque, além de trabalhar a "matéria-prima" da linguagem sertaneja, de certa forma antecipando o trabalho de Rosa, embora não a sua radicalidade, supera o mero mimetismo do regional e parte para a construção de um universo sertanejo — universo que não "corresponde" ao "real", mas, sim, à sua visão de mundo, à sua visão do homem do sertão. Trata-se de um universo limitado pelo pouco alcance dos temas, mas que é construído a partir de uma constante *aproximação* do narrador ao seu personagem. Em vez de abordar o personagem como um outro distante, diferente, exótico, e *escrever a diferença* entre o discurso do narrador (privilegiado lugar de verdade) e o discurso do personagem, traçando assim uma relação tensa ou antagônica entre os dois discursos, o narrador, mediante o próprio aproveitamento da linguagem regional, aponta para uma anulação da distância entre os dois discursos.

O narrador não é, portanto, um antropólogo, como quer Júnia S. Gonçalves (também prefaciadora do volume), cuja função seria recolher "o *melhor* da tradição sertaneja, ameaçada de morte pela inevitável enchente da civilização", e que tem o "escrúpulo" em "reproduzir o mais fielmente possível os *vícios* e modismos" do homem do sertão (os grifos são meus, porque indicam curiosa contradição). Os contos de Valdomiro não interessam por seus escrúpulos fotográficos, mas pela maneira como o narrador se aproxima do seu personagem por um processo de identificação de linguagem, o que acaba por definir uma tomada de partido do narrador, uma identificação ideológica aos valores do personagem (que é *interna* ao texto, e não "enxertada" à guisa de comentários "simpáticos" do narrador). E também pela maneira como, nos bons contos, realiza um corte em relação à expectativa do leitor, trazendo um elemento prosaico ou irônico, um anticlímax em relatos em que seria de esperar um desfecho grandiloquente. Valdomiro fica é a pedir um estudo crítico mais sério, e não simplesmente introduções biográfico-apologéticas.

brincando

Um exame das publicações e dos programas para crianças revela, por trás das mudanças de tons, a repetição dos mesmos esquemas maniqueístas, mitificadores, desligados da realidade da criança, que é colocada em posição de consumidora passiva e tem assim seu espírito crítico embotado. É a partir dessa contestação que Maria Helena Kühner, já conhecida por seus trabalhos teóricos sobre teatro, reconhece a necessidade de buscar formas de espetáculo infantil com uma visão mais direta da realidade e com uma estrutura que possibilite a participação da criança, em vez de reafirmar a força dos poderosos.

"Que visão de mundo vão ter essas crianças que desaprendem desde cedo uma autoconfiança e uma autovalorização só concedidas a privilegiados? Que veem sempre encarnados em inimigos ou seres de outras raças, potências ou planetas? Que veem as atitudes de dominação, agressão ou violência condenadas quando são por elas usadas, mas tornadas válidas, justificáveis ou até dignas de louvor quando são usadas pelos heróis 'a serviço do bem', como instrumentos do poder?"

Essa enfática pergunta mostra a preocupação consciente de Maria Helena ao escrever suas peças para crianças, que foram recentemente publicadas em *A menina que buscava o Sol*. Com exceção da primeira (de 1965), que acaba com lição de moral, punição dos bandidos e recuperação das figuras de autoridade, as outras peças são bastante interessantes e honestas, buscam soluções inventivas e procuram escapar dos esquemas narrativos de sempre ou de rígidas marcações para a direção. Os textos deixam atores e espectadores muito à vontade, são descontraídos e ficam pedindo para ser encenados dentro do nosso pobre panorama teatral infantil. Maria Helena integra, com as suas peças, o restrito número de pessoas que vem tentando fazer bom teatro infantil numa linguagem mais dinâmica.

de trás para a frente

Antônio Carlos Villaça parece que escutou muito bem aquela recomendação freudiana aos pacientes que começam a fazer análise: "Seu relato deve diferenciar-se de uma conversação normal. Normalmente você procura, como é natural, não perder o fio de seu relato e rechaçar todas as ocorrências e ideias secundárias que poderiam provocar divagações. Aqui você procederá de outro modo... Diga tudo o que acudir ao seu pensamento...". Só que Villaça se esqueceu de que não se encontrava no consultório do analista, mas *escrevendo*. A literatura de *Monsenhor* nos sugere exatamente isto: um derramamento de discurso, uma torrente de associações, colagens, frases soltas, exclamações súbitas — enfim, um texto em que entra tudo que vai aparecendo na cabeça do autor ou que está à mão sobre a sua mesa. E somos tentados a embarcar na de analista ao ouvir essa torrente que pede a complacência do leitor e mexe na sua curiosidade um pouco mórbida sobre conventos e padres e monsenhores. A tentação é grande porque os pratos analíticos também são muitos: por exemplo, enquanto o discurso religioso borbota, flui escandalosamente, o discurso sexual se turva, é elíptico, transparece apenas em pequenas indicações.

Aos poucos, porém, a tentação cede lugar ao tédio. Para conseguir ler este Villaça é preciso estar de antemão conivente com a sua metafísica. O texto exige essa conivência porque é muito pouco "literatura" (reinvenção, construção) e muito "confissão" — não estamos propriamente lendo, mas escutando ao pé do ouvido os discursos, as citações em latim (!), as preces, as filosofias, as declarações papais, os arroubos poéticos, as recordações trancadas do Villaça. Essa atitude de tolerância em relação ao fazer literário (vale tudo desde que fale de mim e de minhas obsessões) pede ao leitor também uma atitude tolerante do padre, amigo ou analista. O que facilmente se inverte: logo Villaça é o padre nos sussurrando orações e sermões e sentenças essencialistas e trechos do Evangelho.

É preciso muita paciência para suportar esse caos. Ou muita conivência. Fica, assim, difícil lê-lo se concordarmos com Nélida Piñon, que "considera a cultura monástica ultrapassada" (é o próprio Villaça quem cita, sem comentários).

Mário de Andrade faz uma distinção que talvez ajude a compreender o último texto de Villaça (que já produziu coisa bem melhor): a distinção entre *lirismo* e *arte*. Lirismo implica prioridade do autor sobre a obra, em despreocupação com a coerência formal da obra em função das obsessões pessoais do autor, em *inflação do artista*; arte implica trabalho, *elaboração estética* dessas mesmas obsessões (e não a sua eliminação). Longe de referir-se à arte como "fria", em oposição ao desregramento lírico, este sim "quente" e próximo das nossas emoções, Mário na verdade está apontando para o fato de que arte não é um amontoado gratuito de obsessões (ou pinceladas, ou recortes), mas trabalho dotado de um projeto e de uma coerência (mesmo se supõe a autonomia da lógica do inconsciente).

Monsenhor é exatamente esse amontoado, não tem a menor organicidade, não apresenta um projeto, uma articulação artística. Nem tampouco indica a possibilidade de superação da contradição entre o desregramento lírico e o projeto estético, como no caso de um Murilo Mendes. Nas palavras de Mário, o autor "como que se despreocupa da arte, colocando-se intransigentemente sob o signo da psicologia"... e da teologia, pode acrescentar-se. Assim o livro só interessa se a psicologia e a teologia do autor nos interessam pessoalmente (ou se estamos citados nas suas páginas, repletas como sempre de referências a amigos e conhecidos).

Monsenhor já é best-seller no Rio. Me pergunto se entre os leitores há alguém convencido de que esse discurso caótico é uma manifestação literária de vanguarda. Aliás corrija-se esse "caótico": por trás da colagem, das quebras e das intercalações no texto (facilmente identificáveis a recursos de vanguarda) está uma sólida crença (e fascínio) na Igreja, nos seus valores metafísicos, na infalibilidade papal, enfim, nessa "cultura monástica" que alguns acreditam ultrapassada. O discurso do caos também tem um efeito diluidor da História e das suas contradições: é identificado *sutilmente* ao Monsenhor, Mao e Paulo VI têm um encontro, intelectuais e artistas incrédulos se convertem, o papa se hospeda no Rio, numa pobre casinha de subúrbio, comovendo o povo da cidade. Essa diluição expressa a crença de que afinal todas as diferenças entre os homens se anulam diante da Verdade Religiosa. A diluição do discurso quer corresponder, assim, a uma diluição da própria realidade.

E é aqui que toda a grande ingenuidade de Villaça se revela: crer na Verdade, nessa Essência Indizível, corresponde, no plano da literatura, a acreditar na transferência do discurso: basta abrir a boca ou pegar da pena e essa Verdade se manifestará; não é necessária nenhuma meditação artística (a não ser um "bom estilo"), porque o escritor é um arcanjo predestinado, portador de misteriosa revelação. O texto, ingenuamente, dana a falar e orar e pregar, acreditando piamente que nesse vomitório a mensagem será encontrada ou pressentida, talvez entre reflexões profundas como "Um sistema é um sistema" e "É preciso ir ao fundo das coisas, ao fim do fim". Fim.

1976
nove bocas da nova musa
opinião, 25 de junho

REUNINDO ALGUNS POUCOS textos críticos sobre a atual poesia brasileira e uma pequena seleção de poemas novos, o número 42/43 da revista *Tempo Brasileiro* pretende "deixar que o leitor, em diálogo com os textos que (ali) se reúnem, assuma a sua posição" diante dessa coisa nova e desconhecida que é a nossa nova musa. Com prudência, a revista não pretende compreender em toda a sua amplitude essa literatura emergente; anuncia que a tarefa é difícil e perigosa e espera que com seus indícios o leitor safe a onça.

Há aí uma flagrante impossibilidade de o leitor assumir uma posição em diálogo com os textos da revista. Sob um único título — *Poesia brasileira hoje* — junta-se uma estranha mistura que dificilmente permite uma tomada de posição. É difícil definir-se diante das breves amostras e análises porque a própria revista, no seu conjunto, parece escapar à pergunta complicada de qual é a cara dessa nova musa; no seu conjunto escorrega, foge. A fuga, porém, é encoberta pela intenção explícita de "apresentar e avaliar parte ponderável da nossa recente produção poética".

Resta saber que sentido tem este *recente* para a revista como um todo: ao que parece há uma confusão entre as *últimas novidades* surgidas e o *verdadeiramente novo* como linguagem, evitando assim os perigos da definição própria. Basta dizer que a revista abre com meia dúzia de poemas do último livro de João Cabral (*Museu de tudo*), que, realmente, não pode ser alinhado entre os representantes da nova poesia, anticabralina por excelência. No mesmo barco vai o longo poema de G. H. Cavalcanti, cabralíssimo.

É desorientante percorrer os poemas publicados pela revista, que, depois dessa entrada cabralina, deságua indevidamente nos anticabralinos novíssimos ("devidamente" postos no final de tudo?). Fica claro que não há uma reflexão por parte da revista sobre essa nova poesia, ou seja, uma *proposta editorial* que a oriente: o critério para publicação dos poemas foi simplesmente o seu *ineditismo* (os poemas de *Museu de tudo*, assim como todos os outros, eram inéditos na época).

Também a seleção de ensaios revela essa ausência de proposta. Num ponto apenas a revista esboça com unanimidade um pedaço, ainda que pelo negativo, de resposta: a nova musa não tem nada a ver com os "movimentos vanguardistas" (concretismo, neoconcretismo, práxis): ao contrário, distancia-se da não discursividade, da quebra com a sintaxe, dos jogos ótico-verbais. Há consenso neste ponto: a nova musa proclama a falência das vanguardas. Mas e a face iluminada, como se apresenta?

Com exceção de dois trabalhos, o resto da revista passeia, passeia, e acaba confundindo qualquer tentativa de compreender criticamente essa literatura. São trabalhos de duas das poucas pessoas que têm pensado a nossa nova poesia: José Guilherme Merquior e Heloisa Buarque de Hollanda.

O ensaio de Merquior é brilhante e esboça com segurança as tendências da nova poesia a partir de 1950. Heloisa fecha a revista com uma miniantologia de poetas novíssimos, trailer da sua máxi (*26 poetas hoje*), que está sendo lançada esta semana. Tanto o ensaio de Merquior quanto a seleção de Heloisa revelam uma tomada de posição coerente, uma proposta de definição de novo, que não é, comodamente, identificado com o inédito.

Ambos, porém, se veem às voltas com outra dificuldade que a revista ignorava ao desejar no editorial que o leitor dialogasse com seus textos a fim de assumir uma posição. A produção poética que ambos avaliam e apresentam, embora surpreendentemente intensa e viva dentro da situação política atual, tem sido imprimida e distribuída marginalmente, em reduzidas edições custeadas pelo autor, que passam de mão em mão ou são vendidas em raras livrarias.

Como indica Heloisa, a "própria precariedade da sua produção a liberta do quadro alienante e dominador da cultura oficial", dando-lhe uma feição específica, mas limitando a sua circulação e o seu público. Quase que se pode dizer que há mais poetas que leitores de poesia. Não há vazio cultural nem falta de matéria para a criação poética: há sim obstáculos graves à divulgação em maior escala.

Como já disse Antonio Candido, e como bem sabem os novos poetas, a literatura não existe na gaveta: só vive como relação inter-humana, quando se completa o triângulo autor/obra/público. A publicação de miniantologia em revista universitária consagrada (com claras restrições quanto ao tom e ao tema) ou a de maxiantologia por grande editora (europeia) são, no momento, as concessões máximas que a atual política editorial dá à nova poesia, que, mesmo assim, não deixou de buscar a via pública por seus próprios meios.

Para pensar essa nova produção, Merquior utiliza três oposições que a crítica moderna elaborou: estilo puro ou elevado/estilo mesclado ou impuro (de Erich Auerbach), estilo simbólico/estilo alegórico (de Walter Benjamin, cuja tese *A origem do drama barroco alemão*, em que desenvolve a oposição entre símbolo e alegoria, imperdoavelmente ainda não foi traduzida aqui) e ânimo poético de celebração/ânimo poético de conhecimento ou denúncia.

Para Merquior a nossa poesia mais recente e mais radical caracteriza-se primeiramente pelo "estilo mesclado", ou seja, retoma a lição moderna, inaugurada por Baudelaire, que abole a distinção rígida de estilos, misturando a visão poética problematizante com temas e expressões vulgares, criando assim uma tensão com esse convívio do sério e do coloquial. O tom estetizante, muito fino e sempre impecável não é mais a marca definidora e inevitável do verso.

Meu deus do céu
que situação
eu não merecia isso

ai minha mãe morta
dá vontade de abrir tudo
(Francisco Alvim)

É também uma poesia mais próxima da alegoria do que do símbolo: uma poesia que estabelece "uma *distância* entre a representação e a intenção significativa", estranha à identificação de sujeito e objeto que caracteriza a consciência do símbolo. Essa literatura sabe que não está simbolizando alguma inefável verdade sobre o mundo, que não está abarcando um símbolo inexprimível; é antes uma poesia que não se dá ares, que desconfia dos plenos poderes da sua palavra.

Nove bocas
Não sei se em mim são nove bocas
que falam, ou se o rei de Absalam roubou
O sonho modernista;
Roubou o sonho do sonho;
Roubou a dama.
Não sei se são nove bocas em mim,
Ou se a porta da esquerda
Me leva ao paraíso.
Não sei se são bocas;
Não sei se é em mim.
(João Carlos Pádua)

A autoconfiança, ao contrário, revelaria num aparente paradoxo a convicção de que a verdade não pode ser dita, de que as palavras são "apenas" símbolos. Haveria por trás da confiança do símbolo a crença de que há afinal uma distância irrecuperável entre a linguagem e o real.

Na sua feição atual a poesia, sem saudosismos, assume essa distância, torna-a clara, incorpora-a no seu tom, tira-a dos bastidores metafísicos: o poema é uma produção, um modo de produzir significação mediante o fingimento poético, e não uma nobre tradução do intraduzível. O poeta faz da consciência do distanciamento o seu tema ou o seu tom.

> *Hora do recreio*
> *O coração em frangalhos o poeta é*
> *levado a optar entre dois amores.*
> *As duas não podem ser pois ambas*
> *não deixariam*
> *uma só é impossível pois há os olhos*
> *da outra*
> *e nenhuma é um verso que não é*
> *deste poema*
> *Por hoje basta. Amanhã volto a*
> *pensar neste problema.*
> (Antônio Carlos de Brito)

O poeta pode representar, fingir descaradamente; não tem mais um compromisso com uma Verdade, não se propõe simbolizar um inefável e preexistente sentir ou existir. Com isso fica com mais mobilidade, sai e entra mais à vontade, ainda mais que se encontra desobrigado de solenizar o seu verso. Uma das marcas dessa nova poesia é o seu não compromisso com o metafísico, o que não implica desligamento ou falta de rigor.

A nova poesia aparece aqui marcada pelo cotidiano, ali por brechtiano rigor. Anticabralina porém, não hesita em introduzir no poema a paixão, a falta de jeito, a gafe, o descabelo, os arroubos, a mediocridade, as comezinhas perdas e vitórias, os detalhes sem importância, o embaraço, o prato do dia, a indignação política, a depressão sem elegância, sem contudo atenuar a sua penetração crítica. Tudo pode ser matéria de poesia. Sem as obrigações iconoclastas do modernismo, a poesia "pode dizer tudo" e revela inquietação ante essa abertura, que se choca com as imposições do momento e requer muitas vezes

O Alinhamento do Poeta
Dormindo é que lhe vem a notícia
de um irrestrito arrepiar de carnes.
Na hora do jantar chega o aviso
de uma fome remota;
Com o travo do café engole as letras
de uma grande devastação.
Não aqui, mais ao norte.
(Eudoro Augusto)

A dicção mesclada, o estilo alegórico e o ânimo de denúncia definiriam não a nova poesia em sua totalidade mas, segundo Merquior, o seu caminho mais moderno e radical. Mesmo uma mostra pequena de poemas dá a perceber a impossibilidade de reduzir dogmaticamente a certos traços a musa morena moça (o que não significa impossibilidade de pensá-la ou defini-la, ou falta de critérios para avaliá-la). Como diz Heloisa, "a diversidade de procedimentos e a não formação de grupos ortodoxos são ainda sintomas significativos" dessa poesia.

A própria mescla estilística não é norma e um mesmo poeta não se nega poemas de dicção pura e tom nobre lado a lado com outros em que o tom coloquial impera. A tensão passa a vigorar no espaço do livro, no choque entre os textos. No choque entre os poetas, comparece tanto a contenção, a brevidade e o inacabamento (como em Vera Pedrosa), como o "excesso de palavras", o derramamento sem pudor de um Afonso Henriques Neto (autor do belíssimo livro *Restos & estrelas & fraturas*), a complexidade grave e forte de Capinan, o rigor de Zulmira Ribeiro Tavares.

É impossível contudo abordar a nova poesia sem deixar de levar em conta o momento da sua produção, a marca de frustração que o momento lhe impõe. Embora sua face esteja ainda bem pouco iluminada, a nova poesia parece prematuramente amadurecida, parece dizer adeus aos sonhos da juventude, sem com isso deixar-se empedernir nem abdicar quando necessário de ácido humor. Tudo pode ser dito no poema, mas na realidade nem tudo pode ser dito.

A nova poesia se equilibra na consciência deste paradoxo, entre a possibilidade que conquistou e a impossibilidade real e vivida. Dá a partida mesmo sabendo-se ainda na estação, mesmo sem saber se são suas as nove bocas por que fala. A nova poesia sente-se presa e assustada. A nova poesia está à solta, e pode assustar, nesta

Sala de espera
Parto
Aguardo o sinal para entrar na luta
De um tempo que virá depois
Nos meus oito anos
Quando eu já desconhecia por completo
a arte da poesia
(João Carlos Pádua)

1976
para conseguir suportar essa tonteira
entrevista com carlos sussekind
opinião, 10 de setembro

ACABA DE SER PUBLICADO um livro único na ficção brasileira. Um livro que tem a qualidade de nos virar a cabeça silenciosamente, com discreta malícia e humor, com impecável mansidão, e nos lançar num poço sem fundo de associações e relações inexpressas. A sua aparência é simples: são justapostos dois relatos, o do pai e o do filho, que giram em torno da crise psicótica e da internação do filho num sanatório para doentes mentais.

O texto do filho, o Lamartine do título, fala de dentro da crise, de dentro do sanatório, e passa uma irônica, uma ácida crítica aos métodos da psiquiatria tradicional. O texto do pai, Espártaco M., um minucioso diário escrito entre 1954 e 1955, começa com a saída de Lamartine de casa e termina com o seu retorno, depois de dois meses de internação. O diário se volta não só para a vida familiar como para a vida nacional, com fascinantes registros dos conflitos políticos desse momento brasileiro.

Não é por acaso que o prefaciador do romance é um psicanalista. Ao decifrar a chave estrutural dessa justaposição, Hélio Pellegrino diz que:

> *Armadilha para Lamartine* é também uma armadilha — ou quebra-cabeça — oferecido à argúcia do leitor, e esse oferecimento vem revestido de uma tão alta gentileza que o desafio nele implícito jamais se explicita, agressivo ou premente, em nenhuma parte do texto... O caráter labiríntico de *Armadilha para Lamartine* não é óbvio, muito pelo contrário. O dédalo é

propositadamente disfarçado, as fusões — e confusões — de identidade entre os personagens se constroem a partir de uma tão lenta arquitetura que o módulo desorientador, que lhe é intrínseco, só emerge para quem consiga suportar a tonteira leve que provoca, e o esforço inevitável de reflexão que dessa tonteira decorre.

Uma das primeiras questões que *Armadilha para Lamartine* levanta com sua perturbadora e arguta gentileza é a da relação da literatura com a biografia. Ao entrevistar Carlos Sussekind, comecei dizendo que não sabia se puxava para a discussão literária ou para a indagação biográfica. O texto do filho é evidentemente "literatura", é altamente elaborado e tenso, escrito sob o signo da máscara e da representação. Já o texto do pai — e é aí que entra mais claramente a questão biográfica — não traz nenhuma *intenção* literária, parece escapar dos limites da própria literatura de tão cotidiano, parece ser "cópia do real" (no caso, da sua matéria-prima real, o diário verdadeiro de Carlos Sussekind pai, o jornalista por excelência). O choque entre os dois textos vai produzir as mais diversas faíscas. A justaposição parece indicar um conflito (e também um namoro) da literatura-invenção, que se joga noturnamente para o inconsciente, com a literatura-diário e diurna, registro colocado no dia a dia. À primeira vista o livro parece propor um choque entre a loucura e a normalidade, ou entre a máscara e o despojamento, ou finalmente entre uma literatura elaboradíssima, que fala de dentro do sanatório, e o texto não literário, a voz familiaríssima do cotidiano, não confinada portanto.

No prefácio Hélio Pellegrino trata de mostrar que é falsa a aparente oposição entre a loucura e a normalidade: "A primeira parte do romance — o relato de Lamartine — ilumina e dá rosto a uma ausência que é o miolo da sua segunda parte, o diário [...], revelando a função defensiva que o diário possui para o próprio Espártaco M., que, através dele, oculta, dissimula e recalca a vertente psicótica da sua personalidade". Nesse depoimento Carlos Sussekind (filho) mostra que também é falsa no seu livro a oposição literatura × não literatura, ao traçar o seu paciente trabalho de invenção e elaboração sobre o diário original de seu pai e ao desfazer a ilusão de cópia: estamos em pleno terreno do literário, que, "está provado, supera em realidade os documentos", afirma o doutor.

Opinião: Como você vê a relação entre ficção e biografia, entre literatura e documento no seu livro?
Carlos Sussekind: Essa questão já me preocupou demais. Foi gozadíssimo: numa entrevista para *O Globo*, nós começamos a conversa assim: não vamos partir para o biográfico — e não deu outra coisa até o fim. Na verdade fui eu que criei essa confusão. O Hélio Pellegrino fez um prefácio em que ele absolutamente excluiu o biográfico, foi perfeito. Eu poderia ter mantido isso, mas acontece que eu fiz a besteira de colocar a dupla autoria. Achei realmente que tinha que fazer isso: papai entrava lá com uma base muito grande, ficava então impossível eu suprimir a parte dele. Quem lê acha que a coautoria é igual à divisão: a primeira parte seria minha e a segunda parte, dele. Não é verdade. A segunda parte é bastante trabalhada, bastante inventada. Mas como eu coloquei a dupla autoria, aí já fui obrigado a fazer a orelhinha para justificar, porque não havia momento nenhum em que se falasse o porquê do Carlos & Carlos Sussekind. O Hélio tinha, com a política certa, tratado o livro como ficção. Não se cogitava da ligação biográfica — era um romance com aqueles personagens. Aí, quando eu dei essa dica na capa do livro para justificar a dupla autoria, se desencadeou um processo que eu não consigo mais segurar. A partir dessa nota surgiram várias confusões. O que eu disse sobre as 30 mil páginas, escritas em trinta anos, dá a entender que o livro não é literário, que é ipsis litteris o texto original de papai. Isso aí foi um recurso editorial e atrapalhou todo mundo, ficou sendo uma armadilha para crítico.

Opinião: Fala da maneira como você trabalhou essa matéria-prima, essas 30 mil páginas originais do diário do seu pai. Como surgiu a ideia de aproveitar o diário literariamente?

Carlos Sussekind: No início eu queria fazer apenas o diário dele, que era o que me interessava realmente — não era o romance. Por outro lado, eu sempre gostei de fazer ficção, e aí duas coisas se encontraram. Mas a base disso era a vontade de fazer um livro com o diário dele, que é em si apaixonante, tem coisas absurdas — é impressionante que alguém, durante trinta anos, todos os dias, várias vezes por dia, se sente para escrever um diário. Era um diário íntimo, um diário de uso pessoal, mas não de confidências. As pessoas da família tinham acesso se quisessem, mas poucas queriam — eu queria. Não havia interesse nenhum pelo diário, e eu me interessava muitíssimo, porque achava aquilo tão esquisito — aquele impulso de registrar tudo diariamente, e mais de uma vez por dia. A ideia era então utilizar o diário. O problema era técnico: como pegar aquelas páginas completamente sem unidade, porque aquilo é o registro do dia a dia mesmo, corre em todas as direções, não tem um critério. Isso para mim interessava de mil maneiras, mas para um leitor dificilmente interessaria tal como estava, abarcando tudo como ele abarca: ele anota tudo, remédios que toma, preços, horas, todos os detalhes, o que ficaria pesado para o leitor. Então veio a dúvida. Eu por muito tempo me interessei por um período de 1939 a 1940, que era muito engraçado, muito pitoresco, com muitas situações de bonde. O diário todo vai de 1939 a 1968, sendo que muda um pouco de feitio. Em 1939 ainda era literário, tinha um caráter de substituição, porque ele tinha deixado o jornalismo para ser magistrado, então ficou com uma certa saudade de escrever. Ele então fazia um certo estilo, o dia era visto por uma perspectiva final. Mas, à medida que os anos vão passando, o diário vai ficando um auxiliar para ele de impulsos difíceis de dominar, não há mais a perspectiva, mesmo porque ele não escreve mais apenas uma vez por dia. Vira um registro, onde ele não procura mais criar a unidade que ele procurava em 1939-40, que seria mais fácil de usar literariamente porque já está quase que servido — seria só uma questão de montar. A minha primeira preocupação era esta: fazer uma montagem, aproximar coisas que estavam distantes mas que ganhavam com a proximidade, ficavam mais fortes — esse tipo de trabalho é que eu ia fazer. Mas aí houve desânimo; esse ano de 1940 é engraçado, mas por outro lado você começa a sentir que é como a vida é mesmo, e as pessoas não querem saber da vida exatamente como é: querem a coisa um pouco mais romanceada, com uma direção, ou pelo menos uma concentração de interesses. E, de repente, o diário se dispersava. Havia muito episódio de bonde. Papai nessa época era muito analítico de coisas que aconteciam no bonde. Eu quase que antecipei na redação final um fato de 1957-8, quando ele simplesmente depredou um bonde. Foi quando aconteceu uma coisa que está no livro: mudaram o letreiro do itinerário no meio da viagem. Em 1958 ele tem a mesma briga que aparece no livro, mas não se limita a descer e escrever no diário: pega a bengala e arrebenta todos os vidros da frente, depois dá a carteira dele porque o homem o chama de comunista — ele dá todas as indicações, o cartão, e tal. O motorneiro fica meio chateado porque vai ter que pagar e papai se oferece, diz que cobrirá todas as despesas.

Opinião: Como é que você resolveu se concentrar no período de 1954 a 1955?
Carlos Sussekind: Aí houve duas alterações. Havia uma ideia de contar a história do sanatório, que era cheia de peripécias e versavam sobre o diário. O filho tinha crise, entrava no sanatório, e a ação começava com ele contando o diário do pai para os colegas, fingindo que estava recebendo o diário na hora por telepatia. Era uma sessão de cinema telepática. Então um outro rapaz internado — e isso eu não lembro bem se aconteceu, os eletrochoques apagaram muitas coisas, apagaram aquilo que nos faz aderir à coisa como realidade ou não —, esse rapaz percebe logo a relação do diário com a crise, que jamais foi tocada por ninguém, por nenhum médico. Ele percebeu de cara que o núcleo da crise, eu tinha mil explicações, e que eu mesmo emprestava sentido místico, estava no diário. Pelo jeito como eu dramatizei logo de início o diário, ele, que era um doente, percebeu que o importante ali era o diário. A primeira reação dele foi de chateação, e sugeriu

que em vez de eu ficar contando o diário para ele e para os outros, todo dia, toda hora, que eu fosse contar nas entrevistas com os médicos — que eram umas entrevistas bobas, umas injeções de otimismo. E eu me lembro de ter feito isso algumas vezes e, pelo contrário, os médicos desviavam o assunto do diário do meu pai e voltavam-se para a religião. Então esse rapaz tem uma lucidez incrível e percebe, partindo da indiferença dos médicos para com o diário, que possivelmente eles não estavam querendo tocar no diário por política, por constrangimento em relação a quem estava pagando o tratamento. Naquela época não se cogitaria jamais de chamar papai ao banco dos réus para depor, e saber o que o diário estava causando, o que o diário tinha a ver com a crise. Eles jamais usariam isso, porque papai era uma pessoa respeitável, um magistrado. Então o rapaz dá uma ideia genial, dizendo para eu insistir no diário. Eu passei a fazer isso então de caso pensado! Já era uma provocação para fazer aquilo chegar a um ponto que eles seriam obrigados a chamar e interpelar meu pai. A primeira ideia do romance era essa — eu saí do sanatório graças a esse recurso, porque chegava a um ponto em que papai tinha que explicar o diário dele, o que era um tal constrangimento, uma casa de marimbondos, que os médicos preferiam me mandar para a rua. Então de repente, quando eu comecei a olhar de novo o diário, me pareceu que seria possível mexer, concentrar, criar uma fonte de interesse nesse episódio. Nos outros anos do diário a vida do meu pai segue uma rotina com muito poucos acontecimentos que fazem balançar aquela história. De repente há um fato bastante dramático (o internamento), envolvendo a família toda, e o tratamento de documentário ficava muito mais vivo. Aí eu pensei em usar isso. Mas a ideia ainda era fazer o diário. Aí aconteceu um negócio muito surpreendente. Eu comecei a trabalhar no diário, a mudar o nome das pessoas, as situações, as referências, as profissões, e à medida que fui mudando, eu comecei a me sentir mais livre. Até aí eu não tinha ainda metido a mão no texto dele, estava com um respeito excessivo, afinal o que estava diante de mim era a letra dele. Aí eu bati à máquina, já não tinha o manuscrito dele diante de mim, e comecei a fazer o trabalho de aproximar coisas que pudessem ter mais vida com a contiguidade. De repente, comecei a me botar na pele do velho Carlos e a escrever por ele. Aí mudou tudo, e apareceu toda a primeira parte. Do sanatório não ficou documento algum, os textos foram evidentemente produzidos. Foi se estruturando então isso que o Hélio pegou muito bem, essa ligação entre os dois textos — que não é um conflito de gerações, mas uma duplicidade, dois polos passando a corrente ora para um, ora para outro, e concretamente na realização do livro isso aconteceu o tempo todo — eu assumindo a personalidade dele para escrever como ele, me descrevendo. Aí foi uma maravilha, até ficou muito mais vivo: depois eu fiz a comparação com o diário e realmente está provado que a literatura supera em realidade os documentos. Às vezes eu dizia o contrário do que estava dito nos diários, no entanto eu tenho a certeza de que estava sendo mais fiel à personalidade dele como um todo do que em detalhes, em comentários que me pareciam soar falsos. O Hélio tratou do livro em termos de literatura, com a maior honestidade só fala de romance e personagens, de Espártaco e Lamartine, jamais menciona Carlos pai e Carlos filho.

Opinião: Quando se começa a ler as mensagens do sanatório, que são emocionadíssimas e muito trabalhadas literariamente, o leitor vai num crescendo de tensão, e depois que entra no diário há um esfriamento desconcertante — o leitor fica com uma vertigem, uma expectativa frustrada.
Carlos Sussekind: Fica-se esperando alguma coisa que entre naquele clima anterior, e não entra. O Hélio deu mais ênfase ao que estaria faltando no diário do pai, justamente esse tipo de explosão. Mas também há o contrário, que é o fascínio desse registro concreto de coisinhas. Até mesmo para mim, quando cheguei no sanatório completamente fora dos eixos, era uma coisa maravilhosa acender o gás, e a pessoa registrar isso — era um dado, uma referência concreta. O Hélio não tinha lido todo o livro quando me falou, mas ele tinha de tal maneira decifrado a vertente prin-

cipal que praticamente o que vinha na frente confirmava. Muita coisa foi armada dentro daquele esquema que o Hélio fala, não muito conscientemente, mas foi. A última visita que o pai faz ao sanatório é um texto completo meu porque eu senti a necessidade de quase que trazer o diário para o clima inicial, mas era uma temeridade. Esse foi um momento em que a ficção jogou-se inteira para expressar a ideia que o Hélio pegou na carne, que era a troca entre os dois textos. Então teve um negócio que eu morri de rir porque foi verdadeiro, não foi intencional. Há um episódio no livro, daquela cartinha meio doida que o filho entrega ao pai para colocar no diário. Acompanhando a ideia do Hélio, que não tinha ainda lido essa parte, quando o diário para — e o diário vai parar naquele dia — aparece o primeiro sinal do desequilíbrio do filho. E aquilo foi verdade, rigorosamente verdade. A carta não é rigorosamente verdadeira, mas o episódio aconteceu. De repente eu resolvo que vou entrar naquele diário, coisa que nunca tinha acontecido em momento nenhum. E eu escolho para entrar no diário justamente o dia em que o diário termina, vai calar, vai acabar, o que é uma temeridade, não pode. Se aquilo parece, imediatamente explode dentro da casa a loucura que de certo modo o diário exorcizava. A verdade era essa, está patente — isso não foi propiciado, estava ali, foi cerzido pela própria realidade. Aconteceu exatamente assim: o diário para, e o filho entregava uma carta que já era um atestado de completa insanidade mental. Era uma carta ainda literatizada, com falta de referências, falta de horizontes — exatamente o que o diário norteava com aqueles pequenos episódios de 1940-50. Este episódio parece quase artificial — eu disse para o Hélio, "estava previsto pela sua teoria" — mas no entanto foi totalmente verdadeiro.

Opinião: O Hélio Pellegrino seria o psicanalista da *Armadilha?*
Carlos Sussekind: Por incrível que pareça, até o Hélio, ninguém tinha posto o envolvimento do pai no processo de doença do filho. Quem lia analisava as duas partes completamente separadas, o que era uma frustração para mim. Não se fazia o vínculo. O tí-

tulo é simplesmente o vínculo. A armadilha para aquele filho é aquele diário do pai. A ideia era esta: o episódio (a crise) já está preparado. A armadilha armada dia a dia, pedacinho a pedacinho, para se cair fatalmente. O prefácio do Hélio tem dado algumas confusões. Tem gente que acha que o prefácio atrapalha, que força uma interpretação, mas eu acho que não. Acho que realmente sem aquilo o encadeamento ficaria difícil. Eu mesmo não tinha feito tão declaradamente. O Jaguar no *Pasquim* mandou não ler o prefácio. Era uma dica do "Pasquim Tilê": "Leia primeiro o livro e depois o prefácio do nosso querido e complexo Hélio Pellegrino...". Mas eu não acho que prejudique a leitura. Porque me ligava muito no pessoal achar que o livro não tinha estrutura. A crítica era sempre essa, que as duas partes não se casavam, e aventuravam mais, e isso realmente eu não concordava — que a estrutura viria naturalmente se eu tivesse acrescentado uns capítulos meio "delirantes". Mas eu acho de mau gosto. Aí sim eu ia trazer o artifício de cara. E como eu iria fazer isso se eu não tenho evocação nenhuma da época — não me ficou exatamente como eu me sentia no sanatório. Então de repente começar aquela prosa desconexa só para tornar presente o testemunho do personagem não dava. A ausência desse testemunho do filho é intencional. Lamartine em momento nenhum fala o que ele teve ou não teve. O que é interessante é o vínculo da crise com o pai, e não a cobertura mística do filho. Quem me fez essa crítica achava que eu devia tornar o livro mais convincente dramaticamente, que devia haver um outro ponto de vista que não está no livro, pois a própria narração de Lamartine é supostamente do ponto de vista do colega, do outro louco. Mas essa própria ideia da máscara, do disfarce que ele usou, faz parte do personagem. E faz parte também do livro, que anda por aí se disfarçando de documento, pondo a máscara da realidade. Essa talvez seja a armadilha mais difícil do romance, que como um todo acaba por deixar a impressão de que é um testemunho direto de fatos ocorridos tais e quais: de que é quase uma historiografia. Nestas e noutras entrevistas, ao falar de mim, do meu pai, da minha vida, é como se eu estivesse reforçando essa máscara. Como se o romance fosse uma cópia. Como se esta própria entrevista, quando publicada, fosse também uma transcrição exata do que eu disse. Seria cabotinismo remeter à frase final do livro, insistindo no modo comparativo, no "como se"? Não sei mais se eu estou a fim de tirar ou deixar a máscara. Acho que não depende mais de mim.

1976
um livro cinematográfico e um filme literário
opinião, 22 de outubro

COMENTEI RECENTEMENTE (ver *Opinião*, n. 201) o romance *Armadilha para Lamartine*, de Carlos Sussekind, cuja arquitetura o psicanalista Hélio Pellegrino sentiu como capaz de causar uma "tonteira leve" no leitor. Essa tonteira decorreria justamente da forma calada que o livro impõe: em vez de explicitar suas intenções, o narrador limita-se a pôr lado a lado dois relatos diferentes, o do pai e do filho, deixando que a montagem fale por si. A produção de sentido na obra é assim análoga à produção de sentido pela montagem cinematográfica. No cinema, a justaposição de duas imagens díspares (a declaração de um general americano e uma cena num cemitério vietnamita, por exemplo) produz um sentido que dispensa o comentário ou a explicitação de um narrador.

Não é à toa que a construção da *Armadilha* se aproxima do cinema. O livro de Sussekind coloca em confronto dois "documentos vivos", duas "cópias escritas" da realidade, "não elaboradas" literariamente: o diário do pai e uns papéis redigidos pelo filho durante internamento num hospício. As etapas são importantes e foram enfatizadas pelo próprio autor na entrevista: *a impressão de documento é parte do fingimento literário*. Mesmo com conhecimento do processo de elaboração literária empreendido pelo autor, persiste a impressão de que estamos diante da *reprodução* de dois documentos. Digamos, de uma cópia xerox. É aqui que se fecha a relação com o cinema, que "em vez de se deter na reelaboração do material fotográfico, utiliza a montagem desse material"[1] para criar o sentido do relato. No cinema, a narração se impõe pela montagem. A voz da narração raro se faz ouvir em pessoa. Geralmente, se aparece, é "ou para suprir uma impossibilidade de mostrar, ou por economia narrativa".

No romance de Carlos Sussekind o narrador só se manifesta uma vez, numa nota introdutória (à guisa de letreiros, onde situa os personagens). Depois se retira e "deixa os documentos falarem por si". Sua presença estruturadora só se manifesta agora no silêncio das relações entre os dois textos, que convergem e divergem implicitamente. O narrador se cala de propósito, se recolhe de toda onipotência, em contraposição a uma literatura de pendor naturalista em que a voz do narrador sabe tudo e conta tudo. Há como que uma cinematografização do texto literário.

Digo isso com ressalvas, porque a montagem na *Armadilha* é discreta (como devem ser as boas armadilhas). Não se repete como recurso principal do livro. É antes uma "arquimontagem", que lhe confere o seu sentido mais amplo: a relação muda e perigosa entre a loucura do filho e o diário obsessivamente cotidiano do pai. O narrador é no caso um arquinarrador, já os documentos têm também seus narradores internos. A cinematografização da literatura comparece vigorosamente é no romance de Ivan Angelo, *A festa*,[2] como técnica fundamental que organiza os episódios e os fragmentos do livro, e mais, que se revela como a maneira mais eficaz e consequente de narrar uma matéria eminentemente política e atual.

O romance se compõe de "contos" que aparentemente não têm nenhum vínculo entre si. Mas que têm em comum o fato de serem todos bem datados. Sertão e cidade, 1970. Amor dos anos 1930. Garota dos anos 1950. Triângulo dos anos 1940. Insegurança, 1970. Vidinha, 1970. Angústias, 1968. Vítimas dos anos 1960. Além de bem datados, os episódios se centram em personagens bem determinados socialmente e bem localizados no espaço. No primeiro "conto", a relação com o cinema fica logo evidente: sucedem-se trechos de jornais, de livros, depoimentos, manifestos e discursos políticos em montagem rápida, reunidos sob o título de "Documentário" e com um flashback em letras grandes a alturas tantas. Nos dois últimos episódios — "Antes da festa" e "Depois da festa" — os cortes se aceleram mais uma vez, saltando de um ponto de vista para outro. Essas duas últimas partes do livro funcionam como um painel onde o vínculo entre os personagens vai se fazendo claro. E inevitavelmente acabam por produzir novas relações entre os episódios.

Os diferentes episódios do livro porém não são narrados por um narrador principal e único. Pelo livro adentro vão mudando os focos, os narradores, as formas de narrar. O narrador onisciente e distante, em terceira pessoa, é apenas um dentre os enfoques possíveis da narrativa, que é contada por diversos pequenos narradores, ora de dentro, ora de fora dos acontecimentos, ora em um tom neutro, ora em tom envolvido. Da mesma forma, o próprio escritor é apenas um dentre os personagens presentes, e como personagem pode confessar a um amigo o desejo que anima a construção partida do livro: "O meu problema é de ordem técnica: não haveria narração na terceira pessoa. Eu queria mostrar a festa sendo, entende? não narrada" (p. 168).

Nessa confissão o personagem-escritor revela o limite extremo do seu desejo: cinematografizar até o impossível a literatura. Separar totalmente o relato do narrador. Permanecer "atrás da câmera", mudo, imperceptível. E, como a imagem fotográfica, não relatar, apenas mostrar.

No cinema, a ausência da voz narrativa é um dos recursos que reforçam a credibilidade no aspecto objetivo do que se vê. Para o público, "ao que se assiste na tela é verdade exatamente porque se vê o que está acontecendo", sem que uma voz intrusa nos lembre de que se trata tão somente de ficção. Para o cinema tradicional, é importante manter a ilusão de que não há o diafragma de um narrador entre os acontecimentos e os espectadores. A própria natureza do cinema — que trabalha com a imagem da presença de objetos reais — facilita esse ocultamento, muitas vezes mistificador. Mas na literatura isso é mais difícil: "Mesmo o foco narrativo mais objetivo está sempre dentro do texto e se faz perceber".

Ao confessar o desejo de "mostrar a festa sendo", o escritor está ressentindo a posição convencional do narrador na literatura, que domina a cena com a sua presença maciça. O escritor fica querendo fazer cinema na literatura, ou seja, imitar o jeito de narrar do cinema, que dispensa a voz do narrador e produz continuidade narrativa na montagem. Mas ao mesmo tempo o escritor sabe que esse é um desejo impossível, um projeto frustrado e engavetado: "Tempo perdido", diz ele das suas tentativas de apenas mostrar, sem narrar. Na prática de escrever ele sabe que é impossível para o narrador ausentar-se do texto, por mais neutro que seja o seu tom. A impossibilidade dessa ausência se manifesta desde as questões mais simples: sem o narrador, o texto "ficaria enorme, porque eu não poderia cortar arbitrariamente no tempo como se faz numa narração na terceira pessoa [desconfiou que estava ficando aborrecido e resolveu resumir bem depressa], um corte por exemplo assim 'passaram-se duas horas', ou 'duas horas mais tarde...'". A própria natureza da literatura dificulta esse ocultamento.

Mas, embora o personagem diga que o desejo de fazer cinema na literatura é "tempo perdido", a estrutura do livro desmente em parte essa perda. O desejo se filtra num projeto. *A festa* é um livro de solução cinematográfica. É um livro de solução cinematográfica no sentido de que os elos narrativos são dados fundamentalmente pela montagem, e não pelo discurso de um arquinarrador. Nesse aspecto, *A festa* lembra o livro do argentino Manuel Puig, *Boquinhas pintadas*, também composto de fragmentos justapostos: pedaços de cartas, documentos, monólogos e diálogos dos diversos personagens. Essa composição fragmentada produz um perturbador efeito "realista", porque "o documento é restaurado, trazido diretamente ao leitor sem a mediação do narrador. Mesmo quando este ocupa a posição de relator, converte-se em tela, onde são projetados gestos e pensamentos dos personagens". Esse efeito de "restauração" do documento se encontra bruscamente radicalizado na *Armadilha para Lamartine*, a ponto de provocar aquela tal tonteira leve de que fala Pellegrino.

Na *Festa* não há um narrador a unificar todos esses pedaços; não há propriamente uma "integração" entre os fragmentos, uma síntese que supra a fragmentação. Onde então está a "presença do narrador", impossível de ser ocultada na literatura? Essa presença — ou marca — está exatamente na organização dessas cenas partidas. E, como no cinema, organizar (montar, titular, pôr epígrafes) é *comentar*. A montagem, por mais que se pretenda (e por mais que o cinema pretenda), não é neutra. A ausência da voz direta do narrador não significa ausência de manipulação narrativa, de tomada de posição do narrador ante a matéria narrada. A justaposição das preocupações da mãe de um estudante ativo em 1968 e das preocupações de um delegado de polícia social na mesma época formula um comentário coerente sobre os dois textos, sem que o narrador precise intervir explicitamente. Basta organizá-los sob o mesmo título, a mesma data, a mesma epígrafe, que a articulação se completa, evitando obviedade e maniqueísmo.

Como cada episódio do livro tem um enfoque distinto, o leitor não fica sempre a mesma distância da matéria narrada, como no romance tradicional. Se a narração é em cada episódio contada de um ponto de vista diferente, com diferentes graus de envolvimento, o leitor também se vê obrigado a mudar de posição, a ocupar sempre um novo lugar. O enfoque muda como pode mudar a posição da câmera num filme. Rompe-se assim a leitura contemplativa. O leitor muda de galho a cada corte. E vira descobridor de nexos não explícitos da montagem.

Essa quebra de passividade da leitura é parte do questionamento feito pelo romance moderno às formas tradicionais de narrar. O romance moderno, como disse Adorno, é a resposta antecipada a uma situação diante da qual não se pode admitir "a contemplação sem intervenção nem tampouco a reprodução estética dessa contemplação". O romance de Ivan Angelo prova-se assim particularmente significativo na sua resposta ao momento e ao lugar em que se inscreve. É um romance politicamente consequente pela relação que estabelece com a sua matéria, que é como disse da maior atualidade política.

Ou seja, *A festa* é um livro que recusa o paternalismo de um narrador que guia o olhar do leitor estático; que recusa paternalizar tanto o leitor quanto a dramática matéria que narra. O livro recusa o tom onipotente de um narrador que se finge perfeitamente familiar com o real, dono do real e das suas chaves.

Mas essa recusa não assume a forma de um rompimento da linguagem discursiva, como em Joyce, que fundiu a rebelião literária contra o realismo com uma rebelião em nível do discurso. Nem se faz mediante reflexões explícitas à moda de Machado de Assis, que com gesto irônico comenta a sua própria elocução; em Machado é esse gesto — o comentário metalinguístico — que desprende o relato da pretensão de estar espelhando a realidade e relativiza a posição do narrador. Em Ivan Angelo a crítica às convenções do relato realista é feita no nível da estrutura, mediante dispersão do foco narrativo, o que resulta num romance sem herói, sem centro e sem pai.

Essa dispersão contudo não constitui um esfacelamento — porque a montagem a articula e comenta. Os textos são jogados uns contra os outros, diferentes perspectivas se contrapõem e se modificam. O texto se cinematografiza para recusar a função onisciente do narrador. Mas com isso não cai no ocultamento da organização narrativa nem na ilusão de neutra objetividade que o cinema facilmente alimenta com o seu aparato técnico.

Dentro do cinema brasileiro, o *Macunaíma* de Joaquim Pedro de Andrade realiza um movimento inverso e por isso mesmo paralelo a este. Em *Macunaíma* há como que um movimento de literatização da linguagem cinematográfica que define irredutivelmente a sua coerência crítica e lucidez política.

A voz do narrador, normalmente dispensável no cinema, é utilizada no filme para quebrar a credibilidade da imagem. Quando o preto Macunaíma se transforma num branco príncipe, por exemplo, o narrador se intromete e anuncia: "Macunaíma virou um príncipe lindo". Apenas repete, distanciando, o que a imagem já mostrou claramente. A voz do narrador tem uma função crítica, de desrealizar a imagem e intervir na passividade do espectador, que deseja o ocultamento de qualquer marca narrativa. A ilusão realista é rompida, e com isso a verdade do acontecimento é comprometida. A transformação de Macunaíma em príncipe passa a ser vista como parte de uma história contada, e não como uma evidência ratificada pela fotografia. A transformação é truque da narrativa, e não magia da selva misteriosa. "O cineasta abre mão das infinitas possibilidades das técnicas ilusionistas do cinema frente a uma interpretação crítica."

Outros recursos infectam o filme de literatização: o movimento da câmera — ao saltar assustada ou parar perplexa — se identifica com o estado psicológico dos personagens. Tenta-se assim vencer os limites da imagem, que dificultam a descrição da interioridade do personagem. A simbologia carregada do cenário — haja vista a cena de grande feijoada antropofágica — mina a leitura horizontal, corrida do filme em projeção normal. É como se o filme exigisse uma leitura vertical, que pudesse se deter em cada plano, para apreender níveis de significação que se perdem na corrida dos fotogramas.

Joaquim Pedro desperta possibilidades "literárias" no cinema para melhor trabalhar criticamente sobre a sua matéria, para melhor imprimir sua visão política. Não se trata de uma tendência do cinema para o literário e, no romance, de uma tendência da literatura para o cinematográfico. Acontece que tanto em *Macunaíma* como em *A festa* são utilizadas técnicas que, parecendo pertencer a outro espaço, na verdade são soluções radicais que funcionam simultaneamente como reviravolta de uma linguagem tradicional e como manipulação consequente de uma matéria política. No cinema, as técnicas literatizantes sacodem a crença no objeto fotografado, o disfarce da manipulação narrativa e o enfeitiçamento das plateias. Na literatura, a técnica da montagem e da multiplicação de enfoques abre estranhos espaços no romance, em que o grande pai-narrador cala e o leitor é chamado a pôr o livro em movimento.

1977
o bobo e o poder em poe e herculano
revista colóquio/letras, janeiro

A PARTIR DE DOIS TEXTOS contemporâneos — o romance *O bobo*, de Alexandre Herculano, e o conto "Hop-Frog", de Edgar Allan Poe,[1] veremos de que maneira as narrativas solucionam o paradoxo representado pela figura do bobo da corte, esse diabo por profissão, na sua relação com o poder instituído.

No conto de Poe o centro da narrativa é a relação entre o rei (e seus sete ministros, desdobramento e simulacro múltiplo da figura real) e o bobo da corte. A história é contada por um narrador que insiste numa propositada imprecisão: "At the date of my narrative...", "On some grand state occasion, I forget what", "I am not able to say, with precision, from what country Hop-Frog originally came", "why they hesitated I never could tell". Nessa insistência na indeterminação o narrador funciona como o foco "inocente" do relato, o que lhe acentua o caráter alegórico: a narrativa portanto vai se desdobrar num conflito não marcado historicamente, mas que tematizará a luta irreconciliável entre a classe no poder e o bobo, representante da classe oprimida. A inocência mencionada é o artifício que assegura à narrativa uma retaguarda para seu traçado radical, cujo objetivo é desautorizar e imolar pelo desmascaramento o poder instituído. O bobo será a peça fundamental da destruição do poder por meio de um jogo de fantasias.

O rei e os seus ministros são de imediato localizados dentro do espaço do riso: amantes de piadas e histórias humorísticas, por alguma obscura causa extremamente gordos (novamente o narrador se diz inocente), parecem viver apenas em função do cômico. O rei tem ainda especial predileção por truques não verbais que ridicularizem o objeto ("practical jokes") e, à maneira dos grandes "poderes" da época, retém o seu bobo da corte, que deve exibir espirituosos apartes com mira nas migalhas que caem da mesa real ("in consideration of the crumbs that fell from the royal table").

"Hop-Frog" (*hop*: pular; *frog*: rã) é o apelido dado ao bobo pelos oito gordos poderosos e que se refere à dificuldade do seu andar: além de anão, o bobo é também manco e caminha com movimentos tortos e dolorosos. Esse fato triplica aos olhos do rei o seu valor: além de provocar riso por seus gracejos, o bobo faz rir por sua deformidade física ("a jester to laugh *with* and a dwarf to laugh *at*"), o que ainda consola o rei e os ministros da própria gordura. A monstruosidade do bobo tem função de gratificá-los: uma deformidade maior compensa outra menor (tanto a barriga quanto a cabeça do rei são excessivamente protuberantes). O bobo também serve para "contrabalançar" a sapiência dos ministros ("the heavy wisdom") com a sua leviandade ("something in the way of folly"). No espaço do cômico, o rei e os ministros detêm o riso "inteligente"; e o bobo, o riso "tolo".

Apesar da deficiência das suas pernas, Hop-Frog é prodigiosamente ágil nos movimentos de braço, o que o faz semelhante a um pequeno macaco. Sua origem é desconhecida, mas sabe-se que ele foi capturado numa "região bárbara" e oferecido como presente ao rei (o narrador mais uma vez não sabe informar com precisão sobre minúcias históricas ou geográficas). Junto com Hop-Frog foi feita prisioneira uma bela dançarina anã, Trippetta, que se tornou sua amiga inseparável.

Esquematizando, o bobo caracteriza-se por um riso "tolo", uma deformidade maior e uma pequenez desvantajosa (anão/pequenos animais), enquanto os donos do poder detêm um riso "sábio", uma deformidade comparativamente menor e uma enormidade vantajosa.

Definidas essas duas posições, a história começa na noite em que se realizará um baile de máscaras no palácio. O rei e seus ministros, por algum "motivo desconhecido", não conseguem se decidir quanto à fantasia que deverão usar na festa. Hop-Frog e Trippetta, que davam sugestões a todos e responsabilizavam-se pela organização do baile, são chamados ao gabinete real para resolver tamanha indecisão. Sabendo do profundo desagrado e dos efeitos nocivos produzidos em Hop-Frog pelo álcool, o rei, à guisa de piada, obriga-o a beber e exige que o bobo sugira uma fantasia *original* que os afaste da mesmice de sempre. Alterado pelo vinho, Hop-Frog não consegue produzir ideias e o rei se encoleriza. Trippetta intervém, implorando ao rei que poupe seu amigo. Indignado, o monarca a empurra violentamente e atira-lhe o conteúdo de uma taça ao rosto.

É nesse momento que, em meio a um sutil silêncio desagradável, ouve-se um estranho ranger que parece vir de todos os cantos da sala. Numa intuição logo abandonada, o rei atribui o ruído aos enormes dentes do anão e, enfurecido, o questiona; um ministro, porém, o tranquiliza, apontando para um papagaio que arranhava o bico na gaiola. Aparentemente recuperado da intoxicação alcoólica, o bobo tem uma brilhante ideia quanto à fantasia para o baile: disfarçar o rei e os ministros de orangotangos, de forma a assustar todos os convivas, especialmente as mulheres. Maravilhados com a aterrorizadora sugestão, os oito se deixam cobrir de alcatrão e fibras de linho imitando pelos, ficando assim muito semelhantes a orangotangos verdadeiros. São em seguida amarrados uns aos outros por uma corrente, de acordo com o uso dos caçadores da época.

Iluminava o salão do baile um enorme candelabro sustentado por um contrapeso que ficava do lado externo da cúpula. Por determinação de Hop-Frog, superintendente da festa, o candelabro fora removido para evitar que a cera pingasse nos convidados. Um pouco antes da meia-noite, trancadas todas as portas, Hop-Frog, de posse das chaves, irrompe pelo salão, aos uivos e tropeços, o horrorizante octeto de gorilas. Pânico, desmaios e tentativas vãs de escapar por parte da multidão; alegria incontida por parte do rei. No meio do tumulto, a corrente que originalmente sustinha o candelabro começa a descer até o chão, e, assim que os "orangotangos" passam pelo centro da sala, o anão, que os incitava a prosseguir, prende a corrente do candelabro à corrente que ligava o grupo. Com impressionante agilidade Hop-Frog pega numa tocha e sobe pela corrente, que é misteriosamente levantada outra vez. Passado o susto, todos estão se dobrando de rir enquanto o rei e os ministros, ainda às gargalhadas, se veem presos uns aos outros a alguns metros do solo. Um pouco acima, Hop-Frog toma a palavra e declara que vai descobrir quem são aquelas criaturas, iluminando-as perigosamente com a tocha.

Nesse momento ouve-se novamente aquele mesmo rangido estranho, mas dessa vez ninguém tem dúvida de que é o anão que o produz com os dentes, espumando e encarando o rei e seus ministros com uma raiva alucinada. Fingindo observar melhor os oito, Hop-Frog abaixa a tocha de tal forma que aquela massa de alcatrão e pelos começa a incendiar-se sob os olhares apavorados da multidão. Para que as chamas não o alcancem, o bobo sobe ainda mais pela corrente e diz que pode agora ver claramente quem são aqueles animais: um rei e seus ministros que não têm o menor escrúpulo de afrontar gratuitamente uma moça sem defesa. Antes de Trippetta, cúmplice da sua vingança, desaparecer para sempre pelo buraco do teto, Hop-Frog declara a todos que é essa a sua última piada.

Podemos agora verificar que a diferença inicial é invertida no final do relato: o opressor é marcado por um riso "tolo", por uma deformidade total ("a fetid, blackened, hideous and indistinguishable mass") e por uma enormidade desvantajosa (= grande animal dominado); já o oprimido é marcado por um riso sábio (ardil), por uma deformidade apenas parcial (que não chega a comprometer o seu projeto, uma vez que este exige apenas agilidade nos braços) e uma pequenez vantajosa (= pequeno animal que escapa pelo alto).

Ao analisar a figura do bobo da corte, Luiz Felipe Baeta Neves[2] chama a atenção para o paradoxo da sua posição: o bobo é um personagem que tem simultaneamente o *poder* de afrontar o grupo dominante face a face com suas piadas e ironias e o *dever* de fazê-lo.[3] No seu desempenho cotidiano, ao ridicularizar o monarca e os cortesãos com suas irreverências e representações cômicas, o bobo está cumprindo a função que essa mesma corte lhe outorgou. "Por meio da ficção (teatralidade) pode mostrar a ficção (mentiras) que a sociedade produziu a respeito de si mesma",[4] mas dentro dos limites e das normas do grupo no poder. Em "Hop-Frog", a função crítica e cômica do bobo é atenuada pela jocosidade do rei e dos ministros. A grande mentira, no caso, se situa dentro do próprio espaço "cômico" ocupado pelo rei: aparentemente o rei vive rindo ("He seemed to live only for joking"), mas na verdade a piada do rei ultrapassa a barra da representação para tornar-se crueldade "real": o cômico é o disfarce do verdadeiramente cruel. A piada do bobo da corte não pode normalmente transgredir esse obeso espaço fictício, ferir a estrutura de dominação e denunciar-lhe a farsa: o rei será sempre mais engraçado, o seu riso será sempre mais inteligente e menos disforme do que o do bobo — nos diz o narrador numa ironia velada pela sua afetada inocência. Por meio da ficção (teatralidade, piada, representação cotidiana e outorgada) o bobo não pode mostrar a ficção (a piada que encobre a violência do poder, a opressão que, sob forma hilariante, mascara seu sadismo) que o grupo dominante produziu sobre si mesmo. Na sua *última* piada, o bobo ultrapassa a barra radicalmente, mas sem o disfarce real, ou melhor, utilizando o disfarce para destruí-lo: a princípio comanda uma ficção *apenas verossímil* (os oito são idênticos a orangotangos), mas no final a "fingida" crueldade da representação torna-se *real* (os oito são incendiados).

Tanto o rei quanto o bobo utilizam "practical jokes" para atingir o seu objetivo: o rei deseja atormentar a multidão; o bobo responde à altura, usando o próprio instrumento de prazer do rei para destruí-lo. A vingança do bobo é engendrada dentro do palácio e da linguagem do rei, preso nas malhas do seu próprio prazer. Somente a radicalização do "paradoxo do coringa" (ser simultaneamente poderoso e oprimido, prestigiado e desprezado, obediente e obedecido), permitida pelo *ardil*, possibilita a verdadeira escapada. Preenchendo o seu papel, utilizando-se estrategicamente dele, o bobo recalca (daí o ranger de dentes) sua reação imediata de ódio ante a injustiça e a reelabora numa tática. Hop-Frog movimenta-se assim de dentro (da representação cômica, linguagem do rei) para fora (do palácio, do sistema e da sua difícil e contraditória posição).

O movimento do ardil é inverso ao do chiste, cujo trabalho consiste em reprimir um desejo agressivo, fazendo vir à tona uma representação camuflada do desejo.[5] A proposta original seria: o rei disfarçado de orangotango assusta seus convivas, fazendo com que uma representação passe momentaneamente por realidade. O "chiste" do bobo consiste em camuflar as suas próprias intenções dentro do disfarce (a gilete dentro do bolo): o rei representa um orangotango que é acorrentado exatamente como se acorrentavam orangotangos na época; antes do desfecho, porém, a verossimilhança do disfarce é levada às últimas consequências: o rei torna-se um animal acorrentado. O rei desejara a verossimilhança que mantivesse a sua dominação sobre o grupo e a sua onipotência. O bobo corrige a verossimilhança parcial e acorrenta os animais, que são afinal vencidos pelo homem-anão.

Podemos examinar melhor a função do *ranger de dentes* dentro da narrativa. Em outros contos de Poe, ruídos estranhos aparecem como índices do sobrenatural que denunciam o criminoso, que de outra forma escaparia incólume. Nesses contos, o som é a voz transcendental da Lei que traz a punição necessária (ver "The Tell-Tale Heart", em que as batidas do coração do morto acusam o seu assassino; ou "The Black Cat", onde os miados de um gato misterioso atraem a polícia para o lugar do crime). Em "Hop-Frog" o assassino do rei e dos ministros não é punido, exatamente porque o assassinato não é imotivado: os verdadeiros culpados são os donos do poder. Da primeira vez que se ouve o ranger é impossível determinar-lhe a origem e a ele se atribui uma aparência *natural*. A associação de Hop-Frog à natureza (rã e outros pequenos animais) corresponde à atribuição de uma causa natural ao ruído produzido pelo bobo. O ódio do oprimido é ignorado e diluído no natural. A junção *bobo/animais* precede o relato da brincadeira, cuja proposta é colar o rei à natureza, transformá-lo num animal perfeitamente verossímil. Pela representação, o bobo materializa a junção do poder e da natureza, que é uma junção assumida pela ideologia dominante; o poder se diz natural e legítimo, e o bobo faz encarnar grotescamente essa naturalização vestindo o rei de macaco (tomando ao pé da letra a doutrina).

Na segunda emissão do som, a sua origem é evidente: não se pode mais atribuir a animais a produção do bobo. A disjunção *bobo/animais* corresponde à revelação da verdadeira origem dos macacos (a verdadeira face do rei, não mostrada em público). A disjunção do poder e da natureza se opera na denúncia do disfarce da festa e do disfarce cotidiano, que implica a imagem do rei que ri e a ideologia que diz que o rei é o detentor legítimo e natural do poder. Através do fogo, elemento *que dá a ver, que ilumina* ("Ha, ha! I begin to see who these people are, now!...", "I now see distinctly"...), e que ao mesmo tempo *dissolve* as aparências, *destrói*, a fantasia de orangotango cai e deixa ver quem são na verdade os detentores do poder. Desmascará-los é queimar em praça pública o que a ficção (a mentira) não deixa ver.

E, agora, *O bobo* de Herculano. Não é por acaso que recorremos a outro texto da mesma época em que o bobo da corte também faz as suas graças, mas que se inscreve num outro contexto ideológico. O objetivo do relato de Alexandre Herculano é autenticar um poder, uma história determinada, uma "raça", reconstituindo os "verdadeiros valores passados" de Portugal "no meio de uma nação decadente". Trata-se de afirmar que há uma tradição portuguesa *verdadeira* e negar um *falso* poder. A polarização da narrativa toma portanto uma outra direção: há um conflito entre duas facções da classe dominante — a facção autêntica, legitimamente nacional, a quem toca "a herança da honra de Portugal" (d. Afonso Henriques) e a facção que pretende usurpar o trono (d. Teresa, sua mãe, e o conde de Trava). Esse conflito representa um momento decisivo na constituição da nação portuguesa independente, diz o narrador: não fosse a vitória do infante, "constituiríamos provavelmente hoje uma província da Espanha". O narrador toma um partido muito bem definido e pretende relatar fielmente como se formou a nação cujos destinos futuros seriam "conquistar para o Cristianismo e para a civilização três partes do mundo, devendo ter em recompensa unicamente a glória". Pretendendo reconstituir os fatos rigorosamente, o relato tem pacto selado com a história "que a ideologia dominante quer real", ou seja, a história escrita para glorificar os feitos da classe dominante e mascarar a violência da dominação. Daí uma verdadeira obsessão pela verossimilhança histórica, cujo efeito é autenticar a narrativa e disfarçar a sua função ideológica e o seu maniqueísmo: "Fique dito por uma vez que todos os nomes que empregamos, cenas que descrevemos, costumes que pintamos são rigorosamente históricos". Essa obsessão chega a extremos tais que, ao descrever a corpulência do infante, o narrador puxa uma veemente nota de pé de página para dizer que "em 1832 o túmulo de d. Afonso I em Santa Cruz de Coimbra foi aberto, e pessoa que assistiu a esse ato, ou pelo menos ainda pôde examinar a ossada do nosso primeiro rei, me asseverou que esses ossos eram de dimensão extraordinária".

Há que fazer alarde obsessivo da verdade histórica dos fatos relatados, "como se historiá-los não bastasse para a sua autenticação".

O bobo da corte vai portanto definir-se em relação a esse conflito e a nenhum outro. Sendo "português da boa raça dos godos", ou seja, estando comprometido com os valores da raça (confrontar com Hop-Frog, proveniente de "alguma região bárbara", descomprometido portanto com qualquer valor nacional), d. Bibas ajudará a facção *verdadeira*. "A sorte das armas e a vingança de d. Bibas tinham resolvido os futuros destinos de Portugal."

No início da narrativa a "dupla vida" de d. Bibas é explicitada nos seguintes termos: o bobo tem poderes políticos e chega a dominar a corte do conde de Trava nos momentos em que exerce o seu cargo: "Era o bobo que nesse momento imperava despótico, tirânico, inexorável, convertendo por horas a frágil palheta em cetro de ferro, e erguendo-se altivo sobre a sua miserável existência como sobre um trono de rei [...]; nesses momentos ele podia dizer: 'Os reis também são meus servos!'".

Ao mesmo tempo, fora da corte, "o bobo perdia o seu valor momentâneo, voltava à obscuridade, não à obscuridade de um homem, mas à de um animal doméstico". Essa obscuridade, porém, não é efeito da dominação a que está sujeito, mas do domínio específico do conde de Trava, monarca ilegítimo, visto que anteriormente (sob d. Henrique) o bobo tivera prestígio pleno.

D. Bibas é ainda caracterizado como anão, "feio como um judeu, barrigudo como um cônego de Toledo; imundo como a consciência do célebre arcebispo Gelmires, e insolente como um vilão de beetria" e identificado com o próprio diabo no seu escárnio pela religião, nas suas gargalhadas diabólicas, nas suas injúrias, no seu ódio implacável, nas frequentes descrições do seu "desvario", na própria função de ridicularizar os hipócritas e em algumas afirmações contundentes: "D. Bibas não era o bobo; era o Diabo".

Hop-Frog também se aproxima do demoníaco na sua aparência deformada, no estranho ranger de dentes e na sua vingança macabra. Mas o seu vínculo mais profundo com o diabólico está na sua função de destruição de um padrão, de rompimento com o "natural", de desnudamento de uma situação já cristalizada (remetemos ao conto de Poe "The Devil in the Belfry", em que está clara a significação do Diabo como elemento transgressor da ordem estabelecida).[6] No momento em que o primeiro som é emitido, Hop-Frog assume plenamente a sua identidade diabólica, ou seja, a transgressão começa a ser urdida. Também d. Bibas, ao ser castigado por uma pilhéria, assume o seu vínculo com o Diabo: "O bobo receberá essa afrontosa pena; mas ele se converterá num demônio...". D. Bibas, porém, não se revolta contra a opressão nem é afrontado pelo poder, mas sim pelo *falso poder*, representado pelo conde de Trava, esclarece o narrador. "Converter-se num demônio" significa engendrar contra os que o afrontaram, ou seja, passar para o lado da Ordem, converter-se num aliado dos verdadeiros donos do poder. A vingança de d. Bibas é trair o conde de Trava e colaborar com a legitimação do poder real, da nação portuguesa e dos seus valores, e, como tal, exige uma "interrupção" nas suas funções de bobo da corte.

D. Bibas é, segundo o texto, o primeiro bufão de Portugal. O cargo fora introduzido por influência estrangeira: "Os bispos e uma grande parte dos senhores, que eram franceses, defenderam as instituições pátrias, e a alegre truanice daquela nação triunfou, enfim, da triste gravidade portuguesa na corte de d. Henrique...".

No momento, porém, em que o bobo é levado a tomar partido a favor dos que fundarão a nacionalidade portuguesa, a instituição "estrangeira" é abandonada (e com ela a "truanice") e d. Bibas retoma a *gravidade portuguesa*. "O rir já não é para mim!" A princípio ligado à truanice francesa, ao riso, aos poucos torna-se o instrumento de resolução dos "futuros destinos de Portugal". Para sentir a pátria e restaurar a verdadeira linhagem portuguesa, o bobo deve superar o "paradoxo do coringa", cravado na sua truanice, e agir seriamente. A estratégia é efeito da seriedade e de um movimento de *fora* (do risível, da representação) para *dentro* (do sistema restaurado). Resolvido o destino da pátria, o bobo reintegra-se nas suas atividades: "D. Bibas reconquistou a paz de espírito com o gosto da vingança; e ainda por muitos anos alegrou os saraus de seu senhor d. Afonso. Morreu velho, deixando o importante cargo que exercitava aos dois célebres truões de Sancho I, Bonamis e Acompaniado".

Tomando a narrativa de Herculano em seu desenvolvimento, seríamos levados a afirmar que se trata de um discurso que se esgota na função ideológica, na tendência em "considerar suas afirmações na Natureza":[7] o texto reafirma e restaura o poder natural, legítimo e indiscutível de um grupo; o bobo é um dos elementos que servem a esse propósito. O texto pretende-se ainda *verdade* histórica, verdade essa que deriva da "evidência" de que a nação portuguesa teve uma gloriosa missão "no progresso da civilização humana". O narrador conta a ocupação do poder por um grupo que naturalmente e para bem da civilização deveria detê-lo. Não pensa o poder, não o questiona, silencia fatos que o comprometam, se fecha nas próprias evidências. O texto trabalha com um "deslocamento específico": aquele em que *uma visão de classe é tomada como a versão natural e verdadeira dos fatos.*

Não nos parece lícito, apesar de todas as evidências, opor violentamente Poe e Herculano e dizer que *O bobo* se esgota na função ideológica, embora o texto português tenha recebido um emprego ideológico no seu objetivo de legitimação da tomada do poder por uma determinada classe. Não se esgota porque há *brechas* abertas no interior da própria narrativa que rompem com o projeto ideológico tão alardeado pelo narrador e que chegam a comprometer o seu fechamento. Uma delas é a caracterização pouco católica do bobo que, significativamente, *não* constitui o centro motivador da narrativa, que antes se escora num insosso drama de amor. A caracterização de d. Bibas se constrói dentro de uma contradição: elemento fundamental na instauração da pátria, que assim dilataria a fé e o império por todo mundo, o bobo é descrito como um inimigo da fé (veja-se a ótima passagem em que, saindo do mosteiro, d. Bibas escarra no hábito "o latim com que os monges começavam a empeçonhentar-lhe o espírito"). As próprias descrições físicas e emocionais do bobo, e ainda o seu vínculo com o Diabo, dão-lhe estatura de personagem pouco adequado ideologicamente para a sua nobre função: é um personagem-desvio (e não um personagem-padrão) que ajuda a corrigir um desvio na sucessão do poder.

A outra rachadura no relato é menos incerta: trata-se de uma referência explícita à maneira como a História é escrita pelo próprio texto e que nos faz reler igualmente a sua obsessão pela verossimilhança histórica.

> Devemos crer, ao menos piamente, que o conde Henrique, na época em que alevantou o Castelo de Guimarães, não lançou nos fundamentos do seu edifício soberbo um cárcere seguro e vasto com os intuitos de rapina que guiavam o comum dos senhores nestas tristes edificações. Ainda que algum documen-

> tinho de má morte provasse o contrário cumpria-nos pô-lo no escuro, ou contestar-lhe francamente a autenticidade, porque o conde foi o fundador da monarquia, e a monarquia desfunda-se uma vez que tal cousa se admita. Assim é que se há-de escrever a história, e quem não o fizer por este gosto, evidente é que pode tratar de outro ofício.[8]

O livro parte do suposto de que é um espelho fiel a ressuscitar os verdadeiros valores de uma nação hoje decadente. Esse trecho, inesperado momento de lucidez ou de desconfiança, esclarece porém que a verossimilhança histórica é uma imposição, um artifício, e que um discurso que tem o objetivo de glorificar determinados valores de uma classe dominante tem de *calar* todo discurso que o contradiga. O trecho enuncia o próprio trabalho de elaboração e estruturação do relato, denuncia discretamente a sua produção, que implica selecionar cuidadosamente a sua matéria, pondo de lado evidências que possam contestar o seu projeto ideológico. A ironia do trecho contesta a validade do projeto e parece levantar uma tocha perigosa sobre os seus gorilas. O "efeito ideológico" do relato é posto em risco: "O 'efeito ideológico' existe quando o discurso se apresenta como o *único possível* e desaparece quando a seleção e a combinação se manifestam a si mesmas como operações fundamentais".[9] De repente, quase que en passant, o narrador explicita ironicamente "o próprio fato de que realizou uma seleção em tais condições".[10] Escrever essa história é contar apenas aquilo que autentica a monarquia, e não o que a "desfundaria", revelando os seus "intuitos de rapina", nos diz o narrador. A História é vista aqui não como o espelho da Verdade, mas como uma questão de crença cega numa ideologia que funda as monarquias através das suas repressoras manobras textuais. O que não *redime* o texto, mas coloca entre aspas a sua exagerada eloquência. Se a tocha não foi abaixada por mãos mais ágeis, pelo menos derreteu sobre os convidados um pouco da *cera* do grande candelabro oficial.

1977
de suspensório e dentadura
opinião, 21 de janeiro

UM LIVRO EXTREMAMENTE contraditório, esse *Açougue das almas*, de Abel Silva (São Paulo: Ática, 1977). Abel estreou em 1971, com *O afogado*, e publicou *Açougue das almas* pela primeira vez em 1973. A segunda edição aparece agora, graficamente toda atraente: desenhos de Elifas Andreato, paginação em colunas, páginas pretas, títulos correndo na vertical, ausência da tradicional folha de rosto. De repente a ilustração atravessa a página e empurra o texto para um canto, contundente. A apresentação gráfica quer assim mexer com o aspecto ordinário do livro e infligir-lhe uma vistosa originalidade. A primeira relação que se estabelece com esse livrinho de contos é um folhear curioso — quem der com ele vai passar tempo passando os olhos nessa festa.

O olhar oblíquo e sedutor do próprio Abel, barba meio crescida, cabelos revoltos, ilustra suas declarações iniciais: a imagem perfeita do antiescritor confirmada pela sua intenção de "fazer uma literatura diferente da já estabelecida, que seja uma alternativa mais eficiente da literatura mimeografada". Quer dizer, tanto no texto e no aspecto gráfico quanto na sua própria cara, o autor pretende subverter a literatura brasileira estabelecida — definida por ele como "uma literatura de suspensório e dentadura". É aí que as contradições começam a vir à tona.

Logo no início Abel Silva se coloca na posição do escritor famoso dando entrevista: fala da sua biografia, das leituras precoces, das suas influências literárias, das suas obsessões e até do seu círculo de amizades. Ao mesmo tempo dispensa o status de escritor: "Sempre vivi com músicos, a maioria de meus amigos são músicos. Não existe ambiente literário no Brasil, mas mesmo se existisse eu não viveria nele. Escritor é quase sempre um chato. Uma vez, entrevistando o Cortázar para o *Opinião*, ele me disse que 'no me gusta los escritores'. Tampouco a mí".

Depois da entrevista com o autor, segue-se prefácio do acadêmico Antônio Houaiss. O texto é capaz de esfriar ou estontear qualquer leitor que se sinta atraído pela cara desbundada do livro e do contista. Houaiss desfia uma verdadeira aula teórica sobre o gênero "conto" num estilo digno de Rui Barbosa — empolado, pesadão, retórico. Só ao fim de onze coluninhas é que o nome do autor entra em cena, sendo qualificado de "novo mestre da contística brasileira".

Aqui cabem algumas perguntas: qual será a função de prefácio tão acadêmico num livro tão moderno e infrator de normas? Quem ou o que legitima como "mestre" um jovem contista? Por que buscar essa legitimação nas palavras do professoral Antônio Houaiss, um crítico "de suspensório e dentadura"? Abel Silva se diz a favor de uma nova literatura que constitua uma alternativa tanto à literatura estabelecida quanto à literatura marginal. Gostaria muito justamente de criar com o público uma relação "em termos mais amplos, mais profissionais". Antônio Houaiss seria um mediador necessário para vitalizar a relação?

A leitura dos contos é atravessada também por esse clima contraditório. Abel domina sua técnica, transmite um tom seguro e profissional na manipulação da palavra. Sabe fazer suspense e explorar as emoções do seu texto. Mas como um conferencista talvez seguro demais de sua matéria e da sua didática, corre o risco de ser redundante e explicitar excessivamente suas intenções, como no conto "Notícias": o narrador é abordado na rua por uma cega que lhe pede para ler as notícias do dia. Logo a cega se configura como uma presença demoníaca, mas essa configuração é formulada nas poucas páginas do conto através de expressões exaustivas e nada sutis: "dedos ossudos", "lábios finos e hostis", "arremedo grosseiro de sorriso", "queixo pontiagudo", "máscara de dor e ódio", "dentes cerrados", "voz terrível", "garras". A falta de sutileza pode ser fatal para a literatura.

Há entre os dez contos do livro de Abel Silva uma tensão mal acertada entre a originalidade e o lugar-comum, entre a inovação e a obviedade, entre o acadêmico e o rebelde. A impaciência que a leitura dos contos desperta parece vir dessa irresolução, que transparece no meio de tanta segurança no escrever. Abel fica insoluvelmente a meio caminho.

1977
o poeta fora da república
o escritor e o mercado
escrito com a colaboração de italo moriconi jr.
opinião, 25 de março

PLATÃO EXPULSOU O POETA DA República. O poeta é inútil: não governa, não legisla, não guerreia, não fabrica utensílios para a felicidade cotidiana, não faz serviços de interesse público nem dá aulas de virtude. O poeta é arredio ao pensamento racional e à verdade. O poeta é um sedutor. Um homem que fabrica simulacros. Prove-se a utilidade da poesia e ela será admitida na ordem e progresso do Estado. Até prova em contrário, o expurgo está consumado.

Nas andanças das suas obras, o escritor tem de se haver de alguma forma com o impermeável mito platônico de sua inutilidade. Em horas de aperto, há escritores que apelam para o populismo, para o naturalismo, para a função "fotográfica" da literatura. O mimetismo condenado por Platão vira receita de utilidade: a literatura é útil porque imita a vida. O dogma segue fácil: a literatura que não imita, essa sim é inútil. A expulsão se faz por outra via.

A defesa mimética acaba fazendo falar o mito que queria calar. Aceita os termos da discussão e a distinção platônica entre o modelo, lá, real, e a cópia, aqui, fiel. Apenas valoriza a cópia, em vez de desprestigiá-la. Mas acontece que a literatura circula socialmente — não é peça de museu nem matéria onírica. A discussão centrada no texto pifa porque os próprios escritores começam a perceber que são produtores de alguma coisa que é vendida e produz lucro: as relações capitalistas não são meramente "matéria-prima" para o texto literário, mas se intrometem no próprio corpo do livro e na maneira de o texto circular. Nesse sentido, um texto se produz duplamente. Por um lado surge como produto intrinsecamente literário; mas, por outro, para que circule e seja lido, deve ser reproduzido industrialmente por um sistema ao qual o escritor somente tem acesso através do editor: o texto também *se produz no mercado.*

Recentemente Autran Dourado e Carlos Drummond abriram processo contra a Bloch S.A. porque textos seus foram incluídos sem autorização na antologia *Literatura brasileira em curso.* Depois de muitas idas e vindas, o STF deu ganho de causa aos autores, revogando o dispositivo que não dá como ofensa ao direito do autor "a reprodução de passagens ou trechos de obras já publicadas e a inserção de pequenas composições" em obra de "fim literário, didático ou religioso". Lygia Fagundes Telles qualificou a revogação de "vitória extraordinária", mas insistiu que o problema "deve ser um pretexto para que os autores se organizem e as causas tenham mais força coletiva".

proposta sindical

Em outubro um grupo de escritores se reuniu em Porto Alegre para debater sua situação ante o mercado editorial e acabou elaborando uma proposta sindical. O debate teve tom de mobilização e denúncia: "A gente tem que estabelecer uma relação muito sólida, muito firme, áspera e severa com o editor, através de cláusulas exigentes" (Nélida Piñon). "O escritor brasileiro de um modo geral não quer nada, não tem consciência do que ele faz, ele não sabe se é funcionário público, se é escritor" (José Louzeiro). "O problema é a falta de contrato, que é o instrumento legal. Há uma atitude do autor para com o editor que é a seguinte: o editor sempre faz um favor ao autor" (Fernando Mangarielo). "O escritor brasileiro tem que se conscientizar de que se consente que a literatura dele seja ornamental é porque ele inconscientemente se acha amador" (Leo Gilson). "É uma verdadeira heresia quando um autor nacional insinua que pode tirar algum fruto real do seu trabalho em livro" (João Antonio). "Num momento como este se estabelece a necessidade de um sindicato operante. Nós, sem um instrumento legal na mão, não podemos fazer coisa nenhuma" (Louzeiro).

No Paraná, escritores menos conhecidos se mobilizam por intermédio de uma Editora Cooperativa de Escritores, que, sem fins lucrativos, financia novas edições com a renda de lançamentos anteriores. "Não podemos utilizar o esquema de distribuição comercial, de retorno demorado e mutilado" (Reinoldo Atem, Curitiba). "No momento, o trabalho cooperativo é o que mais se coaduna com os interesses dos escritores brasileiros. As editoras comerciais, por serem empresas, não investem capital num escritor desconhecido do pequeno público leitor" (Nilto Maciel, Fortaleza). "A cooperativa é realmente a forma institucional que mais se adapta aos projetos que desenvolvemos até agora na marginalidade. Além do caráter de redemocratização que as cooperativas assumem neste momento" (Arnaldo Xavier, São Paulo). "Importante é lembrar que a cooperativa não é apenas uma forma alternativa de edição mas também de fomento crítico, congraçamento de escritores novos e de relacionamento estreito destes com o público, através de lançamentos (quase sempre com recitais), visitas a escolas etc." (Domingos Pellegrini Jr.).

Os escritores começaram a se mexer: se deram conta de que são produtores, vendem seu produto e são explorados nessa dança. Não fazem apenas colocar narrativas e poemas no papel: produzem produtos que são incluídos num esquema de comercialização em que a lei imperante é a do lucro. Mudaram as relações entre a própria atividade literária e a sociedade: se escrever é *produzir* naquele duplo sentido, o escritor agora é personagem de uma cena em que o leitor atua como consumidor e o editor como espécie de empresário, que se apossa do produto para dele retirar lucro. Deste, apenas uma parcela volta, como remuneração, ao produtor-escritor. Resulta daí uma tensão política entre o produtor literário e o detentor dos meios de produção do texto (quando visto do ângulo do mercado). A sobrevivência do escritor enquanto profissional depende em grande parte de suas relações com o editor, pois é este quem, mediante jogadas de mercado, pode assegurar uma boa vendagem para o livro. Sem deixar de ser criador solitário, o escritor, na feira da literatura, não vive sem o editor, mas a ele também se contrapõe.

a circulação no mercado

Quando se fala em organização de escritores, a reação é geralmente negativa, porque, por um lado, "escritor não tem jeito para tratar de negócios"; por outro, cutuca-se a ideia do escritor como ser privilegiado. Caricatura do artista: pouco prático, desajeitado, distraído, vive sonhando, vive duro mas vive nas alturas. Transar *comércio* é se rebaixar. Muitos escritores não entram nessa ou pra não *descerem* (a descida só admitida e até aplaudida na trilha do tema, no branco papel da *criação*) ou então por incerteza quanto ao sentido social do que fazem, o que pode vir a dar no mesmo. O ataque contra o poeta acaba virando sua defesa. À exploração do trabalho do escritor se juntam as insidiosas permanências platônicas com o que o escritor se expulsa do Estado e emigra para um estado de graça qualquer.

A intervenção dos autores na circulação dos seus textos vem abalar a concepção do escritor como ser iluminado, a aura da obra escrita, a autoridade do texto impresso, e não apenas o literário. A autoridade do texto é legitimada por instituições, universidades, suplementos, entrevistas, mas é uma autoridade bastarda, um poder nominal — a literatura que for consagrada terá prestígio e glória, será redimida do seu papel de mercadoria (ou seja, o papel será oculto nas festas ou esquecido nas abordagens críticas), o escritor consequentemente nunca será visto como mero produtor de mercadorias (ou seja, esqueceremos a questão do mercado). Aqui em casa o mercado é pequeno e muito escritor tem gostado das mãos limpas. Sua atividade não é profissão, é "vocação". Se a questão profissional vem à baila, culpa-se a reduzida extensão do mercado, a precariedade da distribuição, os níveis de analfabetismo, a invasão dos best-sellers multinacionais, a pobreza das livrarias, a televisão...

O *rebaixamento* dos escritores bota em risco auras e auréolas através: 1) da sindicalização e das reivindicações trabalhistas, posição a que se ligam autores reconhecidos, cuja produção já foi mais ou menos legitimada pelas diversas instâncias de consagração cultural; 2) da criação de alternativas (edição e distribuição marginal, cooperativas), tentadas pelos novos e menos conhecidos. De uma forma ou de outra, os escritores começam a levantar questões sobre o estatuto de sua atividade.

A posição legalista e reivindicatória quer regular as relações entre o escritor, o editor e o distribuidor, intervindo na repartição dos lucros (normalmente o escritor fica com 8% a 10% do preço da capa do livro), no controle das tiragens e das edições, na utilização de textos em antologias e livros didáticos (o escritor não era pago por esse uso até a briga de Drummond e Autran com a Bloch — a legislação até incentivava essa *promoção*, na qual embarcavam muitos escritores gratos pela atenção dispensada). A luta dos escritores quer não apenas fazer valer seus direitos legais, ignorados pela falta de consciência ou pela consciência agradecida ao bom pai editor, mas também pressionar para modificar a legislação vigente sobre assuntos autorais.

O sindicato atuante é o lugar escolhido para efetivar tais objetivos. Mas há limites: são muitas as restrições impostas à atividade sindical no país. Sobre o primeiro desdobramento político, aquele que coloca escritor e editor em campos opostos, surge um segundo, que faz com que o escritor se equipare a todos os outros trabalhadores sindicalizados. Libertando-se das defesas platônicas por intermédio do sindicato, o escritor se obriga a ver a questão política com mais cuidado, pois esta se amplia para além dos assuntos editoriais, na medida em que lutar pela liberdade sindical não será mais uma plataforma abstrata, mero índice de "engajamento social", mas interesse real, ligado à vida do escritor enquanto produtor num mercado.

É claro que aceitar e propugnar a sindicalização significa aceitar um campo *legal* de reivindicação e descartar o fato de que uma luta sindical não põe em xeque as relações de produção, tentando apenas regulá-las para que a partir delas não surjam conflitos graves. Talvez essa questão não importe no momento, mas quem trabalha com literatura deve se lembrar de que, ainda com os escritores unidos em sindicatos, a obra continuará produzindo mais-valia, da qual editores e livreiros continuarão a se apropriar. Desse ponto de vista, o sindicato representa mera possibilidade de se *aprimorar* uma situação em que o editor detém poder sobre a obra escrita. Sem o nihil obstat do editor não há livro que chegue à feira, a menos que o escritor entre nela pelos fundos.

opção marginal

A opção marginal, traçada principalmente por poetas novos, tem por enquanto mais fôlego que a cooperativa e está alheia à questão do sindicato. Tem também uma dupla face. Contingência imposta pelo sistema editorial fechado, constituiria passagem provisória do autor desconhecido, que secretamente talvez desejasse o selo da boa editora, a distribuição mais ampla e os olhares da instituição. Seria como que o passo inicial necessário para a criação de um primeiro círculo de leitores, a editora tomando posse do processo na medida do reconhecimento do escritor. Já a outra face do marginal implica a formação de um circuito paralelo de produção de distribuição de textos, em que o autor vai à gráfica, acompanha a impressão, dispensa intermediários e, principalmente, transa mais diretamente com o leitor. Nessa perspectiva, através do circuito paralelo, o autor pretende aproximar-se do público, recuperar um contato, tomar posse dos caminhos da produção. Recuperar talvez um certo caráter artesanal, a lição do cordel. Recusar o esquema de promoções, a despersonalização da mercadoria-livro, a escalada da fama. Isso tudo em âmbito restritíssimo, quem sabe meio nostálgico, em que as iniciativas isoladas se enfraquecem e as coleções e agrupamentos dão mais certo. Os autores começam a se juntar, prenunciando talvez a difusão da cooperativa. Mas o que se percebe é a emergência da edição marginal como escolha mais consciente. Francisco Alvim, poeta maduro e com suficiente respaldo para ser publicado em editora, vê no entanto na opção marginal maior significado político. Esse significado parece se concentrar não só na intervenção direta do escritor no processo global de produção da obra (tornando claro que a produção literária não se restringe à escritura), mas também num descompromisso com o sistema de consagração no campo cultural. Ivan Angelo, autor de *A festa*, mostra em seu artigo um enfoque diferente.

1977
o poeta é um fingidor
jb — livros, 30 de abril

ESCREVER CARTAS É MAIS misterioso do que se pensa. Na prática da correspondência pessoal, supostamente tudo é muito simples. Não há um narrador fictício, nem lugar para fingimentos literários, nem para o domínio imperioso das palavras. Diante do papel fino da carta, seríamos nós mesmos, com toda a possível sinceridade verbal: o eu da carta corresponderia, por princípio, ao eu "verdadeiro", à espera de correspondente réplica. No entanto, quem se debruçar com mais atenção sobre essa prática perceberá suas tortuosidades. A limpidez da sinceridade nos engana, como engana a superfície tranquila do eu.

A literatura mexe com essa contradição: desconfia da sinceridade da pena e do cristalino das superfícies; entra a fingir para poder dizer; nega a crença na palavra como espelho sincero — mesmo que a afirme explicitamente. Finge o que deveras sente, já se disse. O Romantismo, por sua vez, põe bem em cena essa discussão: quem é esse *eu* lírico que se derrama em versos? Será sincero? Reflete o autor? Mascara?

Num ensaio sobre Álvares de Azevedo, um dos nossos poetas românticos mais interessantes e polêmicos, Mário de Andrade apontou uma "insinceridade" curiosa na sua poesia: evidentemente virgem e temeroso de mulher, o poeta camufla e sequestra seu medo de amar; passa por libertino, farrista e viciado nos poemas; falsifica em versos sua experiência e seus temores; garganteia o que não sente. Longe de condená-la, Mário localiza na insistência transgressora de Álvares de Azevedo um instigante problema literário: a poesia fica mais fraca quando o poeta trabalha em cima do que não conhece, e mais forte quando seus medos e pudores recalcados emergem da força do texto, a despeito do seu controle consciente.

Com a edição das *Cartas de Álvares de Azevedo*, o organizador Vicente de Azevedo (não é parente) também toca no problema: a publicação das cartas, no seu entender, ajuda a compreensão do autor porque nelas, sim, o poeta é sincero, autêntico, verdadeiro, ingênuo; enquanto nas poesias ele finge o que não foi, "criando uma falsa imagem de boêmio". As cartas viriam corrigir a falsa imagem que os poemas veiculam. A correspondência é, assim, lida ingenuamente, como reflexo fiel do autor, a ser contrastada com seus insinceros versos... A correspondência passa a funcionar como termômetro de verdade, que os versos encobrem.

A visão de Mário é mais rica: o fingimento é próprio da literatura, mas só se afirma sobre bases deveras sentidas. A insinceridade porém não se detecta cotejando o documento com a literatura de um autor, mas dentro da própria produção literária, como problema intrinsecamente literário, como dado revelador de um jogo de recalques e poderes. Através de Mário, revitaliza-se o uso inteligente da biografia e da correspondência, e evita-se um cotejamento simplório entre o literário e o extraliterário. É talvez nessa perspectiva que se salva a consulta dessa acadêmica edição das *Cartas de Álvares de Azevedo*: consultá-la sem levá-la ao pé da letra, e sem fúrias biografistas.

Além das cartas do poeta aos familiares e amigos, a edição tem ainda a tradicional biografia do autor, e muitas notas do organizador, que comenta cada carta detalhadamente, conta a sua odisseia para encontrar toda a correspondência, disserta sobre a autenticidade dos retratos de Álvares de Azevedo, também incluídos, e finalmente corrige, num longo capítulo, a ideia de que o poeta teria morrido de tuberculose (não, ele morreu de uma queda de cavalo...). Trabalho de acadêmico, de scholar, com cuidados de autopsiador. Resta o sabor de algumas cartas, com o inconfundível travo de documento de época. Convencionais e cotidianas para a família ("Nada de novo aqui, peguei carrapatos, meu dia de anos foi insípido"), apaixonadas para o amigo Luiz Antonio ("Não sei quê no meu coração que diz que talvez tudo esteja findo entre nós"), às vezes rasgadas de romantismo ("Ah! as mulheres!"), as cartas de Álvares de Azevedo ficam à espera ou de outro acadêmico do mesmo quilate, ou de um curtidor matreiro e sabido, ou ainda de quem as aproveite, sem ingenuidade, como matéria-prima para outros escritos e, quem sabe, outras cartas?

Cartas de Álvares de Azevedo, organizadas e comentadas por Vicente de Azevedo. São Paulo: Edição Academia Paulista de Letras, 1977, 254 p.

1977
malditos marginais hereges
beijo, novembro

CERTA VEZ, NO FALECIDO jornal *Opinião*, João Antônio publicou um artigo sobre Murilo de Carvalho, autor da "Cena Brasileira", do ainda vivo jornal *Movimento*. A matéria começava com dados biográficos melancólicos. Ganhador do primeiro lugar do concurso de contos do Paraná de 1974, Murilo continuou porém tão ou mais inédito do que antes: jogou para o alto seu emprego de publicitário e, "num carro em precário estado de conservação", passou a perambular pelos buracos do Brasil, procurando retratar a chamada realidade brasileira.

Aos trancos e barrancos, o escritor premiado debruça-se sobre as classes populares, dedica-se a escrever sobre personagens que também vivem mal e deslocados dos concursos nacionais.

Esses e mais dados de melancolia começam matéria sobre autor de temário e entonação populista. Murilo seria "um desses casos que só podem ocorrer no miserê cultural em que estamos enfiados até o talo, embora nem todos se convençam disso". A justaposição não é casual: miséria do autor/miserê cultural/literatura da miséria. A intenção é construir a identidade do escritor com o povo a partir da própria vida do escritor (ou de dados bem selecionados dessa vida). De um escritor que, supostamente, não é consagrado, que ganha concursos mas é esnobado ou explorado pelas editoras. Esse escritor é como povo; é povo. Sua mão de obra é desprezada.

Alienada. Comprada por uma porcaria. Antes mesmo devemos estar solidários a esse tipo perseguido, que será certamente solidário aos perseguidos da terra. Produzirá uma literatura de solidariedade.

Num golpe de mestre, ficou construída a identidade de classe entre o "nosso povo" e o "escritor típico do miserê cultural". Quem melhor para fazer literatura sobre esse povo? Para narrá-lo, representá-lo, expressá-lo, dar-lhe voz? Se defeitos há nessa literatura, a culpa será do miserê: a rapidez do trabalho, a angústia do momento, a exiguidade geral, os dias que correm, a pobreza do nosso jornalismo, a censura, a ineficiência dos concursos, e até a falta de intimidade maior entre as pessoas e os lugares, o pouco perambular pelas ruas. São fraquezas contingentes. Haverá talento e honestidade e busca sincera do povo.

Batalhadores, sofredores, resistentes, contestadores, irreverentes, cáusticos, teimosos, colecionadores de broncas com a censura, malcomportados, impossibilitados de viver do próprio trabalho literário, atrelados ao vagão dos empregos, bem à imagem e semelhança de seus personagens. São alguns dos predicados biográficos que introduzem heroicamente os autores da coletânea de contos *Malditos escritores* (25 mil exemplares vendidos no primeiro semestre de 1977). Alguns se orgulham de serem filhos de operários. Em cada biografia os adjetivos pesam sobre os substantivos: jornalista, publicitário, redator de propaganda, músico de sucesso, cineasta, ensaísta, palestrador em universidades do país.

Desde a capa, os escritores são adjetivados com garrafal MALDITOS que lhes anuncia o status marginal. Todos têm o 3×4 datado ali na frente, caras perigosas como que fichadas na polícia. Chamada repreensiva ecoa a bronca que todos julgam merecer: ELES NÃO SE EMENDAM: SEMPRE FALANDO NO MISERÊ GERAL, NO DESEMPREGO E NO EMPREGO DA FORÇA; NO FEIJÃO, NA CARNE DOS AMANTES, FUTEBOL, HOMOSSEXUALISMO, CADEIA; SEMPRE FALANDO NO CORAÇÃO, FÍGADO E INTESTINOS DA REALIDADE BRASILEIRA. RAÇA MALDITA! Os adjetivos de maldição e marginalidade, os retratinhos e as feias broncas não foram às bancas para atrair repressão. Mas para embalar ideologicamente o produto a ser vendido. Não dá para sacar o "sentido" ou a "estrutura" dos seus contos sem levar em conta essa embalagem, que acondiciona e garante a circulação do produto, a sua receptividade numa fatia do mercado. A embalagem altera e integra o significado da produção. Fica montada, antes mesmo da leitura, uma cumplicidade especial com certo leitor, com base na heroização dos escritores e no aproveitamento de uma atual simpatia automática — ou desesperada — por qualquer que "proteste". Simpatia por qualquer produto "perseguido" — mesmo que este venda 25 mil exemplares com espantosa rapidez.

A literatura dos escritores malditos também é apresentadíssima: são histórias diretas, sem golpes de estilo ou "ismos", da moda literária; refletem um mundo visto sem deformação; reproduzem realidades incômodas e violentas; são retratos absolutamente verdadeiros e servem para calar os incrédulos.

Pode o leitor ficar mais calado e crédulo diante dessa investida? Haverá maneira mais veladamente violenta de calar leitor e não deixar margem pra dúvida? O contato do leitor com o texto é acolchoado pela capa, contracapa, prefácio, epígrafes, biografias panfletárias, fotos, ilustrações — todos os acessórios violentamente redundantes e ideológicos, todos repetindo a mesma mensagem. Uma sobrecarga. Uma superproteção. Uma supergarantia de marketing. Esses escritores só podem ser malditos, só podem ser contestadores, intérpretes e fotografadores da real realidade brasileira. A realidade que é mais real: a das classes populares, tais como as veem os malditos.

> *Ó bendito o que semeia*
> *livros, livros à mancheia*
> *e manda o povo pensar.*
> *O livro, caindo n'alma,*
> *é germe que faz a palma*
> *é chuva que faz o mar.*
> (Castro Alves)

O "maldito" da capa era garrafal, berrante, em tipo escandaloso de jornal barato. Já a epígrafe romântica da coletânea aparece discretamente na folha de rosto, num itálico pequeno e bonitinho. Discretamente, a epígrafe inverte o título: são "eles" que nos chamam de malditos; na verdade, somos é benditos. Equações mágicas retornam para corrigir a maldição, agora com a ajuda metafórica de poeta (não casualmente) romântico:

produtor: semeador
produto: semente, gota,
É germe que faz a palma,
povo: terra, campo a fecundar, tábula rasa

Não é estranho que identidade entre o produtor e o povo tenha sutilmente se alterado numa virada de página? O escritor não é mais maldito: é bendito porque FAZ O POVO PENSAR. Tem uma missão pedagógica, jesuítica. A relação entre o escritor e o povo não é tão simples e berrante quanto parecia a princípio em negrito: não se trata apenas de uma duvidosa identificação baseada em vivências semelhantes (?) de opressão, mas de uma relação pedagógica sussurrada em mínima epígrafe poética. O escritor é simultaneamente povo e pai do povo. Na verdade da diagramação, o escritor é (em grandes letras) maldito e (em pequenas letras) bendito.

Outra sutil alteração: o povo não é só o marginal que a capa anuncia e os contos narram, mas o próprio leitor desses contos, campo a semear. O povo é ao mesmo tempo matéria real e adequada para a literatura e seu consumidor real e adequado. Fica estabelecida a (falsa) identidade de classe entre as classes populares e os compradores dessa literatura.

É muita confusão. Ou antes: tentativa de diluir diferenças e contradições reais entre grupos e classes, expressando os conflitos sociais com dualidade: "eles" e "nós". O inimigo explorador e nós, os explorados. Fica encoberta a distância (a relação) entre os escritores e povo que retratam... É resolvida num golpe de pena por uma identificação fictícia: basta falar neles para identificar-se com eles. Basta pronunciar a identidade para tê-la, ali, à mão. O intelectual produz discursos (literatura, manifesto, ciência etc.) de apoio verbal (= verbalmente fetichizado: basta falar para instaurar) ao "povo".

Em velhas palavras: falta consciência de classe ao intelectual, que se acredita mais uma vez porta-voz dos oprimidos, setor transparente que reflete as imagens e os gritos ocultos dos banguelas e desbocados. Essa falta é socialmente favorecida. Historicamente motivada. É bom que o intelectual desconheça a sua função de controle e de reprodução social, e que não leve a contestação ao nível concreto da sua prática. Jornalistas, professores, advogados, cientistas — não fiquemos só nos técnicos e burocratas. A informação, a educação, o direito, a ciência, mitos que ainda acalentamos, mesmo se coloridos com a discórdia.

O intelectual de esquerda ainda é o sujeito que tem ideias, opiniões, inclinações revolucionárias, mas que não consegue repensar revolucionariamente o próprio trabalho: sua relação com os meios de produção intelectual, sua técnica, seu poder de dizer. O escritor se vê como maldito ao engatar-se no antigo projeto realista, mas não percebe o controle que esse projeto e sua técnica exercem hoje sobre a cabeça das pessoas. No caso do realismo populista, nem se questiona o poder de dizer por grupos mudos, de refleti-los e interpretá-los. Ou então de "conscientizar", fazer chegar à elite a "verdadeira vida", fígados e intestinos da realidade brasileira. Em vez de contestação, há reabastecimento; reprodução de relações entre o produtor-semeador e o consumidor-campo a semear.

Para não entrar na relação autoritária proposta por todo o aparato de apresentação dos *Malditos escritores*, há que ler os contos sem cumplicidade, desconfiando da propaganda, recusando o papel de semeadura. A desconfiança não é só um jogo do contra. Até aqui a embalagem falou mais alto. A leitura — crítica ou não — fica inevitavelmente marcada por esse estardalhaço. No embrulho maldito, os textos literários não conseguem aparecer direito com autonomia, desvinculados da parafernália ideológica que os protege. Aparece mais o que aplasta do que o que diferencia os contos e os autores. Um bloco. Recorrências esquemáticas. A mesma fábula recontada várias vezes. Um inimigo misterioso, absoluto, invisível, ou então indicado por generalidades — "sistema", a "sociedade". Os personagens são vítimas desse inimigo e geralmente acabam sucumbindo. Há carrascos, personagens representantes do inimigo, "os homens".

Intenção do narrador: levar o leitor a compadecer-se das vítimas, revoltar-se contra o inimigo e os carrascos. Comover o leitor, sacudi-lo, identificá-lo à situação. Culpar e chocar, se necessário. Arrancar o leitor de suas frescuras e introduzi-lo a este mundo "mais real". Para conseguir seus objetivos, o narrador avança com frequente mão pesada e não sabe disso. É guloso, retórico, não consegue se retrair dos seus privilégios de manipulador, nem tampouco apontá-los. Prevê e conduz rigidamente a reação do leitor. Não resiste à tentação de encaminhar seus juízos, traçar ostensivamente suas simpatias e antipatias. Explicita demais sua solidariedade aos pobres personagens, como se nunca bastasse. Tem uma intenção esquemática clara e cerca por todos os lados para não deixá-la escapar. A sua posição não está em xeque. Tudo isso em nome do "corpo a corpo com a vida", do "refletir sem floreios".

O exemplo mais gritante que encontro dessa posição voraz do narrador é sobre um jogador de futebol: "Ainda menino escapou com ela da miséria, da pestilência, da fome, do anonimato, e de tudo o que é uma vida de condenação dos que são os lesados da sociedade... As pernas rotas, estilhaçadas, picadas e embrutecidas por tantas infiltrações calcificantes não suportaram mais o peso do corpo que se arriou para sempre" ("32 anos em cada perna").

Mais notas de leitura. No conto "Caramba", perfeitas descrições realistas à século XIX. Aproximação visual gradativa do centro de interesse. Técnica da metonímia naturalista (Zola é mestre): deslocamento descritivo para um pormenor brutal com sentido simbólico. O narrador é olho mágico, zoom. O mendigo morre e aos poucos a câmera vai se aproximando, desvendando tudo. "Tem uma mosca passeando nas frieiras, do lado de lá da rua. Tem uma mosca se mexendo, passeando nos cortes fundos, entre o dedão do pé e as frieiras enormes, brancas, do crioulo." Enquanto isso o narrador já deu muitos toques de que é solidário e íntimo do mendigo, usando linguagem carinhosa, diminutivos, descrição do sofrimento, o Caramba que a gente conhece, torto, tortinho, escorraçado, ressabiado, enxovalhado e lambido.

"Estes escritos cometem (intencionalmente) quase todas as heresias diante de alguns conceitos tradicionais do fazer literário." A indefinição da frase também é intencional?

"A resposta está em mim e está em ti, meu irmão, que caminhas ao meu lado e não me olhas nem me dizes nada porque tens medo de ver a tua própria suspeita refletida nos meus olhos, a minha e a tua suspeita de que nos fizemos inimigos. Sabemos que temos que chegar a algum lugar, mas não sabemos se o queremos — com certeza não o queremos — porque desconhecemos o verdadeiro sentido da nossa marcha."

Dica para o leitor — de um narrador grandiloquente:

"Chapinhei no lodaçal dos meus próprios abismos. O ventre da mãe se cerrava, como se seus intestinos se petrificassem. Era preciso toda aquela pedra para que ela se pusesse de pé, andasse. Era preciso toda aquela rigidez para sustentar um tempo estático. E a enormidade da loucura e da coragem daquele filho assustavam-na."

Muitos detalhes chocantes para desvirginar leitor, ânus negro lacerado, testículos esmagados, barreira fétida, sangue, escarro, vômito. A reação do leitor é prevista e empacotada pelo narrador. Desvirginamento faz supor fecundação. O ato de semear, no seu esquema reprodutor. Ativo, passivo. Antes do prazer, a reprodução acima de tudo.

Do conto "Nas matinês do Cinema Íris": hoje em dia, os intelectuais deslumbrados vão vestidos a caráter a uma sessão nostalgia no Cinema Íris, enquanto a *verdadeira* plateia do cinema — bichas, bombeiros, soldados, operários de construção e prostitutas — permanece do lado de fora sem poder entrar. Dito isto, o narrador entrou no Íris, percorreu aterrado e enojado o caminho até o banheiro, ultrapassou a barreira esfumaçada e fétida das portas, até se deparar nauseado com um "espetáculo impossível". Este o caminho que *devemos* percorrer, levados pela mão ou pela identificação com o narrador: de intelectuais deslumbrados à verdadeira realidade. Essa literatura nos quer: aterrados, enojados, nauseados, mas tendo transposta a barreira.

A realidade está sempre além da barreira. O escritor apresenta ou desvenda essa realidade para o leitor. Tem intenções críticas, não tocará a realidade das relações com o leitor, estabelecida pelo trabalho do escritor, com suas técnicas específicas (jogo de personagens, jogo de narradores, foco narrativo, manipulação inevitável da tradição literária etc.), e pelo trabalho do editor, com suas técnicas específicas (imagem do livro, divulgação, prefácios, embalagem ideológica, manipulação de marketing etc.).

> Os escritores estão muito elitizados, não é? O escritor em geral tem medo de ir pra um campo de futebol, ir pra geral e tirar a camisa porque tá quente. Se coloca numa posição de intelectual olhando as coisas por cima. Em geral é muito dono da verdade, não gosta de andar de ônibus, andar de trem, gosta muito de emprego público, de mecenato...
>
> O escritor brasileiro é um indivíduo que foge de qualquer tipo de realidade que não seja uma realidade agradável, componente de um bom comportamento; o escritor brasileiro é um homem que se coloca muito na classe média, e a classe média vive mais de mentiras, vive de consumos...
>
> (João Antônio, em entrevista ao jornal *EX*)

Questão de classe: questão de espaço. A classe popular ou classe média são lugares dos quais nos colocamos mais ou menos afastados. Vontade, gosto, opiniões, atitudes, inclinações. "O intelectual deve encontrar seu lugar junto ao proletariado." Mas qual é esse lugar? Junto onde? Só pode ser o de um protetor ou mecenas ideológico. Um lugar impossível, Benjamim. Porque supõe que o intelectual é desenraizado, que pode sublimar seus interesses e privilégios, sua educação e seu poder de verbalizar, em nome do bem comum. Supõe que as classes são lugares, bons ou maus, para onde nos transportamos, conforme formos melhores ou piores, mais ou menos lúcidos. Em cima, embaixo, do lado, de frente. Situa as brigas fora de nós. O intelectual deve ir às classes populares, lá onde está sua perdida pureza. Religiosa maneira de eliminar relações ambíguas, sentimentos divididos, velhas culpas, práticas sociais contraditórias, mistura em mim de explorado e explorador, conflito entre prática e consciência, consciência e vontade, entre a mão pesada que critico, a minha mão pesada, ironia grossa, didatismo, retórica de jornal. Joga-se para debaixo do tapete questões perigosamente próximas. Quem domina quem? quem controla quem? só vale em termos gerais e amplos que a literatura da luta de classes já explicou. O resto é minúcia. A realidade vira um grande esquema em que já estão definidas as prioridades, as contradições primárias, a última instância. Segurar o real. Escapar da multiplicidade dos usos e abusos do poder. A questão volta: Quem controla quem? Quem diz qual é a prioridade de luta? A literatura mais correta? O campo a semear? As plagas virgens?

Se é pra fazer literatura "maldita" ou "marginal", não há que desafiar as normas reais ou sentimentais dominantes que catalogam os sujeitos merecedores da nossa PENA? Ou pelo menos não disfarçar que também nos rebolamos de piedade por nós mesmos, que somos outros, e não iguais, em relação à chamada "gente humilde"?

Não ser Juiz do Supremo, empregado certo, prostituta.
Não ser pobre a valer, operário explorado.
Não ser doente de uma doença incurável.
Não ser sedento de justiça ou capitão de cavalaria.
Não ser, enfim, aquelas pessoas sociais dos novelistas.
Que se fartam de letras porque têm razão pra chorar lágrimas.
E se revoltam contra a vida social porque têm razão para isso [supor.

Álvaro de Campos tem razão: esses operários banguelas, mendigos desdentados, pingentes desajustados, policiais truculentos, soldados lesados, homossexuais e prostitutas escorraçados, prisioneiros torturados etc., como quer o João Antônio, são aqui mal ou bem pessoas sociais dos novelistas, e não as pessoas reais da sociedade. A distância que vai de umas a outras é a distância (não moralizável) da mediação literária e a distância (indisfarçável, apesar da nossa culpa) entre produtores/leitores de literatura — escritores malditos, poetas marginais, Jorge Amado, Beijo, ou o que for — e as "massas populares".

"Tudo o mais é estúpido como um Dostoiévski ou um Górki. Tudo o mais é ter fome e não ter o que vestir."

1979 literatura marginal e o comportamento desviante*

antecedentes: o tropicalismo

É com o chamado movimento tropicalista (1967-8) que vão surgir as primeiras manifestações culturais desse desvio. O país estava ingressando num novo período, caracterizado pela modernização acelerada e pela crescente dependência ao capital monopolista internacional. Convivendo com a modernização econômica, era estimulado o ressurgimento ideológico de valores arcaicos da direita que assumira o poder.

A produção musical dos novos compositores era marcada, nessa época, por uma tendência "participante", ligada ao engajamento político: a canção de protesto. Inclinada para a denúncia social explícita, a canção de protesto procurava atuar como catalisadora política de setores da classe média, especialmente os estudantes, e subordinava o "elemento estético às exigências imediatas da agitação política".**

Nos debates que se travavam sobre a música popular, discutia-se a necessidade de preservar a "autêntica" música popular brasileira, de mantê-la em sua "pureza popular", longe da invasão "imperialista" do rock e das guitarras elétricas. Pode-se identificar aqui uma postura nacionalista mitificante e purista.

* Trabalho de mestrado entregue em 8 de junho de 1979, na Escola de Comunicação da Universidade Federal do Rio de Janeiro, na disciplina Comunicação e Direito, ministrada pela professora Ester Kosovski.
** As primeiras páginas da introdução e a última, das notas bibliográficas, extraviaram-se.

É nesse clima que um novo grupo de jovens artistas começa a expressar sua inquietação. Desconfiando dos mitos nacionalistas, do discurso militante de esquerda, percebendo os impasses do momento cultural brasileiro e recebendo informações dos movimentos culturais e políticos da juventude que explodiam nos EUA e na Europa — os hippies, o cinema de Godard, os Beatles, a canção de Bob Dylan, maio de 1968 na França etc. —, esse grupo passa a desempenhar um papel fundamental não só para a música popular, mas para toda produção cultural da época, com consequências que vêm até nossos dias.

Em 1967, a canção "Alegria, alegria", de Caetano Veloso, causa intensa polêmica. Apresentada no III Festival de Música Popular Brasileira, a marchinha, acompanhada de guitarras elétricas, tem uma letra construída em fragmentos, como que acolhendo a realidade urbano-industrial da modernização brasileira. Nela estão presentes alguns dos principais traços que irão marcar o tropicalismo: a crítica à intelligentsia de esquerda ("por entre fotos e nomes/ sem livros e sem fuzil/ sem fome e sem telefone/ no coração do Brasil"), a atração pelos canais de comunicação de massa ("ela nem sabe, até pensei/ em cantar na televisão") e a afirmação de um comportamento desviante e livre ("Caminhando contra o vento/ sem lenço e sem documento").

Usando cabelos longos, roupas extravagantes, atitudes inesperadas, a crítica política dos jovens baianos passa a ter uma dimensão de recusa de padrões de bom comportamento, seja ela artística ou existencial. Esse dado é uma novidade importante em relação ao modo de fazer política da esquerda tradicional, em que a prática revolucionária deixa de lado os aspectos existenciais e de comportamento, fazendo-se grave, séria, sagrada, conceitual e deserotizada.

Como atitude, o tropicalismo está presente em outras produções culturais da época, como a encenação de O *rei da vela*, de Oswald de Andrade, pelo Grupo Oficina; ou no filme *Terra em transe*, de Glauber Rocha; ou nas experiências de artes plásticas de Hélio Oiticica. O tropicalismo é a expressão de uma crise, uma opção estética que inclui um projeto de vida, em que o comportamento passa a ser elemento crítico, subvertendo a ordem mesma do cotidiano e marcando os traços que vão influenciar de maneira decisiva as tendências literárias marginais. O tropicalismo revaloriza a necessidade de revolucionar o corpo e o comportamento. Será mesmo por esse aspecto da crítica comportamental que Caetano Veloso e Gilberto Gil serão exilados pelo regime militar. As preocupações com o corpo, o erotismo, as drogas, a subversão de valores apareciam como demonstração da insatisfação com um momento em que a permanência do regime de restrição promovia a inquietação, a dúvida e a crise da intelectualidade.

contracultura e comportamento

É por essa época que começa a chegar ao país a informação da contracultura, colocando em debate as questões do uso das drogas, a psicanálise, o rock, os circuitos alternativos, jornais underground, discos piratas etc. Os principais veículos de divulgação dessa nova informação surgem com os primeiros jornais de uma "imprensa alternativa" — *Pasquim*, *Flor do Mal*, *Bondinho*, *A Pomba* e outros — que procuram romper com o princípio da prática jornalística estabelecido pela grande imprensa. São jornais que deixam de buscar o tom "objetivo" e de suposta neutralidade da linguagem da imprensa tradicional, em favor de um discurso que não dissimula sua parcialidade e leva em conta abertamente a impressão e a subjetividade. É no *Pasquim* que a informação sobre a contracultura vai encontrar talvez a sua "tribuna" mais importante, na página Underground produzida por Luiz Carlos Maciel. Sua página reflete o clima dos debates, em que o materialismo dialético aparece ao lado das drogas, da psicanálise, das novidades nova-iorquinas do "desbunde" tropical. Um exemplo interessante da situação de "guru" desempenhada por Maciel pode ser encontrado num artigo publicado no *Pasquim* no verão de 1969, em que ele faz recomendações sobre o tipo de comportamento "por dentro" a ser adotado nas rodas intelectuais que frequentavam a praia de Ipanema:

> Se a conversa for sobre psicanálise, pode ser contra, sem medo. No dia seguinte você conta ao seu analista e ele próprio saberá compreender. Diga, portanto, que a psicanálise é uma invenção do século passado, não tem mais sentido no mundo de hoje.
>
> Quando lhe perguntarem por uma alternativa válida [...] responda com simplicidade que são as drogas alucinógenas.
>
> É muito importante que você fale sobre drogas com absoluta displicência.
>
> Você deve referir-se à maconha, principalmente, como se fosse coca-cola, tratando-a carinhosamente por "fumo" para revelar seu grau de intimidade.
>
> [...]
>
> Lembre que ser a favor do Teatro da Agressão não é mais tão pra frente assim. Prefira filosofar sobre a inutilidade histórica do teatro.
>
> Condene o cinema à mesma sina. Diga até que Godard já acabou e que a única coisa que existe é o underground.

A contracultura, as drogas, o *desbunde* e mesmo a psicanálise vão ser articulados, enquanto traços de um comportamento desviante, a um progressivo desinteresse pela política.

A esse respeito, é muito interessante o trabalho de Gilberto Velho sobre tóxicos e hierarquia, defendido na USP como tese de doutoramento em antropologia. Definindo dois grupos para a pesquisa, os "nobres" (intelectuais) e os "anjos" (surfistas), Gilberto Velho observa, a respeito do primeiro grupo, como, a partir de um determinado momento de suas histórias de vida, o engajamento na prática política é substituído pela valorização da "mudança de vida", mediante uma atribuição de função liberadora aos tóxicos e à psicanálise. O tema da liberdade, da desrepressão, da procura da "autenticidade", nesse grupo, substitui progressivamente os temas diretamente políticos. Ser marxista, no fim de algum tempo, passa a ser visto como um estigma, principalmente se vem acompanhado de algum engajamento político mais efetivo, constituindo-se em demonstração insofismável de "caretice". É nessa linha que aparece uma noção fundamental para esse grupo: não existe a possibilidade de uma revolução ou de transformações sociais sem que haja uma revolução ou transformações individuais. Em outras palavras, o desvio em nível estrutural só é possível a partir do desvio em nível comportamental.

Entretanto, observa Gilberto, o que vale a pena ser sublinhado é o fato de ambas as situações (o uso de tóxicos e a participação política) desempenharem papéis desviantes, sujeitos à repressão. A repressão anula uma contradição interna, igualando sob o rótulo do desvio duas atitudes ou posições que poderiam ser consideradas contraditórias. Assim sendo, é importante considerar que a contradição é mais sutil do que parece, uma vez que um comportamento desviante (o uso de tóxicos aliado a todo um universo de contracultura, por exemplo) também configura um nível de contestação política, mesmo que rejeite aquilo que "normalmente" se entende como contestação de esquerda. A dimensão política do comportamento desviante, enquanto expressão de uma divergência em termos de visão de mundo, também se concretiza em determinadas relações com o poder.

Por outro lado, a realidade dos grandes centros urbanos é nesse grupo valorizada em seus aspectos "subterrâneos", e dá-se uma identificação com as figuras do marginal do Harlem, dos Rolling Stones ou dos Hell's Angels. A identificação não é mais, como no grupo de esquerda, com o "povo" ou o "proletariado revolucionário", mas com as minorias: negros, homossexuais, hippies, marginal de morro, pivete, Madame Satã (símbolo de integração marginal/homossexual), cultos afro-brasileiros etc. A Bahia é descoberta, nesse momento, como o paraíso oficial das minorias, onde se misturam os rituais africanos, a sensualidade da cozinha e da dança, a valorização do ócio. É da Bahia que surgem os principais líderes dessa renovação cultural: Glauber Rocha, Caetano Veloso, Gilberto Gil, Wally Sailormoon, Rogério Duarte, Duda Machado, Antonio Risério e outros.

O "desvio pós-tropicalista" apresenta uma ambiguidade básica: por um lado, valoriza-se a marginalidade urbana, a liberação erótica, a experiência das drogas, a atitude festiva e, por outro, verifica-se uma constante atenção a certos referenciais do sistema e da cultura consagrada, como o rigor técnico, a preocupação com a competência na realização das obras, a valorização do bom acabamento dos produtos culturais. A marginalidade é tomada não como saída alternativa, mas sim como ameaça ao sistema, como possibilidade de agressão e transgressão. A contestação é assumida conscientemente. O uso de tóxicos, a bissexualidade, o comportamento "exótico" são vividos e sentidos como gestos perigosos, ilegais e portanto assumidos como contestação de caráter político.

a produção escrita desviante

A adoção do sistema de valores da contracultura, marcada pela rejeição do sistema e pela descrença com a política, ocorre num momento de desilusões com a política, quando os movimentos de massa são novamente derrotados pelo regime militar que decreta o AI-5, concretizando o que se chamou de "segundo golpe". O quadro internacional também sugere novas desilusões: a invasão da Tchecoslováquia, a censura em Cuba etc. A fé no marxismo é abalada. Instala-se a desconfiança em todas as formas de autoritarismo. A loucura passa a ser vista como uma perspectiva capaz de romper com a lógica racionalizante de esquerda e de direita. E a experiência da loucura não é apenas uma atitude "literária", como foi por tanto tempo na nossa história da literatura.

A partir da radicalização do uso de tóxicos e da exacerbação das experiências sensoriais e emocionais, surge um grande número de casos de internamento, desintegrações e até suicídios. Essa alta incidência de entradas em hospitais psiquiátricos é um dos pontos de diferença entre a atitude vanguardista cuja mudança se centra no elemento estético e o grupo pós-tropicalista, que levava suas opções estéticas para o centro mesmo de suas experiências existenciais. O caso de Torquato Neto, poeta e compositor, e um dos líderes do grupo, certamente mobilizou toda uma geração. Seus textos, reunidos e publicados depois de seu suicídio sob o significativo nome de *Últimos dias de Paupéria* (pense-se nas ressonâncias apocalípticas do título), foram por algum tempo lidos como bíblia pelas novas gerações. Tanto a densidade da transcrição de suas vivências de limite quanto a avidez com que o livro foi lido e relido demonstram a força e a presença dos temas da loucura e da morte no momento:

cogito
eu sou como eu sou
pronome
pessoal intransferível
do homem que iniciei
na medida do impossível

eu sou como eu sou
agora
sem grandes segredos dantes
sem novos secretos dentes
nesta hora

eu sou como eu sou
presente
desferrolhado indecente
feito um pedaço de mim

eu sou como eu sou
vidente
e vivo tranquilamente
todas as horas do fim

Os mesmos temas se fazem presentes em anotações tipo de Torquato Neto, agrupadas sob o nome "d'Engenho de Dentro", em que a loucura não é simplesmente um tema de investimento literário, mas uma realidade vivida que o poeta registra, entre lúcido e fragmentário:

> O dr. Oswaldo não pode fugir nem fingir; mas isso eu comecei a ver, de fato, logo mais quando teremos nossa primeira entrevista. O anonimato me assegura uma segurança incrível; já não preciso mais (pelo menos enquanto estiver aqui) liquidar meu nome e formar nova reputação como vinha fazendo sistematicamente como parte do processo autodestrutivo em que embarquei — e do qual, certamente, jamais me safarei por completo. Mas sobre isso, prefiro dar mais tempo ao tempo. Tem um livro chamado: o hospício é deus. Eu queria ler esse livro.

A revista *Navilouca* é a mais importante publicação do grupo do pós-tropicalismo. Organizada por Torquato Neto e Wally Sailormoon, reúne textos literários de diversos poetas, além de contribuições de artistas plásticos, músicos e cineastas. Num clima de fragmentação, desagregação e contradições, a intervenção cultural do pós-tropicalismo se faz múltipla e polivalente. Os produtores "atacam" em várias frentes, diversificam-se profissionalmente. A valorização da técnica e do moderno integra-se num sentido anárquico de subversão.

O nome *Navilouca* já revela uma relação entre viagem (percurso cultural, mutação constante ou transe do drogado), artista e louco. Na revista está presente a preocupação com uma "nova sensibilidade", que incentiva um tipo de trabalho coletivo e múltiplo empenhado fundamentalmente na experimentação radical de linguagens inovadoras como "estratégia de vida", e na recusa das formas acadêmicas e institucionais da racionalidade. Era preciso mudar a linguagem e o comportamento, recusar as relações dadas como prontas, "viajar", tornar-se "mutante". Como diz José Celso Martinez Correa em carta aberta a Sábato Magaldi:

A mutação é muito difícil, de uma consciência aprisionada e aprisionadora, ela logo identificará no novo a bruxaria, o desconhecido, o irracional, pois o entendimento do novo implica sempre a construção de uma razão nova, uma percepção aberta, viajante, pesquisadora, participante, disposta a tudo, a erros e desvios do caminho.

Voltando à *Navilouca*: o nome dessa publicação foi sugerido pelo *Stultifera Navis*, navio que, na Idade Média, circundava a costa recolhendo os idiotas, os desgarrados e fora da ordem, enfim, todos aqueles que apresentavam um comportamento desviante e que a sociedade procurava banir do seu meio através desse singular enclausuramento. *Navilouca*, a revista, recolhe também a intelectualidade desgarrada, louca, cuja marginalidade é vivida e definida por conceitos produzidos pela ordem institucional; seus viajantes estão, portanto, *fora*, mas ao mesmo tempo *dentro* do sistema. Essa ambiguidade é evidente no próprio projeto da revista: aos textos marcados pela fragmentação e pela crítica anárquica, junta-se um tratamento gráfico dos mais sofisticados, tecnicamente equiparando-se, nesse nível, às revistas industriais. *Navilouca* evidencia a atitude básica pós-tropicalista de mexer, brincar e introduzir elementos de resistências e desorganização nos canais legitimados do sistema. Assim, o fator técnica é preservado, mas, simultaneamente, subvertido. A diagramação, a disposição das fotos, os tipos gráficos, a cor, o papel etc. são manipulados pelas técnicas mais modernas do design, contra a normalização da leitura operada pelas revistas conhecidas no circuito. Sem se sair desse circuito, tenta-se estabelecer tensões e estranhamentos (desvios) em seus padrões.

Em *Navilouca*, assim como no *Almanaque Biotônica Vitalidade*, é central o tema da marginalidade, no sentido agressivo de "navalha na mão". Há fotos em que os poetas aparecem vestidos de vampiro, travestidos em homossexuais, ou à moda da imprensa sensacionalista, com barras pretas nos olhos, encostados em muros ou em automóveis antigos como gângsteres. Outro elemento de presença obrigatória é a gilete, utilizada em suas possibilidades significativas como arma de pivete, fio cortante, e em sua ambiguidade de objeto que se presta ao embelezamento e à agressão: "Concreção de ambiguidades: que lado da gilete você prefere? são os dois iguais? o corte é cego ou invisível? pra barbear ou castrar?".

Os poetas tematizam a "nova sensibilidade" que imprimirá o ritmo possível dessa nave, como mostra Jorge Salomão:

> *Eu, fragmento de uma sensibilidade*
> *que produz um ritmo.*
> *Eu, que vim ao mundo para participar dessa missa louca*
> *com minha doida dança na derrocada dos valores que*
> *torturam a alma humana,*
> *Eu, filho do sol,*
> *Eu, belo, forte, irmão do poente,*
> *Eu, dançando nesses esparsos-espaços palcos da vida.*

Por outro lado, o desejo de ação e transformação revela-se em forma programática de intervenção guerrilheira. Em vez da perspectiva de um discurso didático, que pregava a tomada de poder, essa contestação configura uma prática de resistência cultural ou, como diz Wally Sailormoon, uma tática de "forçar a barra":

> **forçar a barra**
> Estou possuído da ENERGIA TERRÍVEL que os tradutores
> chamam ÓDIO — ausência de pais: rechaçar a tradição
> judeo-cristiana — ausência de pais culturais — ausência de
> laços de família — Nada me prende a nada —
> Produzir sem nada esperar receber em troca:
> O Mito de Sisifud.
> Produzir o melhor de mim pari-passu com a perda
> da esperança de recom-
> Pensão paraíso.

FIM DA FEBRE
DE
PRÊMIOS DE PENSÕES
DUM
POETA SEM
LLAAUUREEAASS

O poeta se coloca aqui como um grande batalhador: investe contra a ordem do cotidiano, os laços de família, a tradição religiosa e os pais culturais. Recusa a hierarquização do poder literário, a atitude "de gabinete", simbolizada aqui pela repetição de fonemas na palavra que conota as premiações e glórias literárias: as "llaauureeaass". A função do saber é aqui relativizada, como que manifestando a consciência desviante de que a erudição não pode muito contra o sistema: ao contrário, é preciso *pique, energia terrível*, resistência para intervir e compreender. E essa intervenção não se faz mais tendo como ideal a luta pela revolução proletária ou camponesa. Ela só será possível a partir da transformação individual do batalhador. O empenho da mudança refere-se menos a uma transformação ampla. O que importa é a viagem, o percurso, a campanha, a produção viva do desvio, o *aqui e agora*. No entanto, o aqui e agora do pós-tropicalismo é ambíguo, múltiplo, contraditório: a intervenção exige a "batalha" nos próprios circuitos do sistema, sem abrir mão de uma linguagem que se opõe violentamente à ordem desse sistema, construindo o desvio da linguagem em cada nível do texto, por meio da fragmentação e da contradição.

É importante observar como a fragmentação é dado distintivo dessa produção em geral. Na "nova sensibilidade" pós-tropicalista, a cultura (o saber, a técnica) é redimensionada pela loucura (percepção fragmentária) e vice-versa. Aqui já se coloca uma questão: basta considerar o estilo fragmentário desses textos como um procedimento literário, um estilo literário? Na verdade, esse gesto de recolher partes do real se manifesta como forma de apreensão de mundo extremamente vinculada a uma postura geral da vida. Mais do que uma observação, em que sujeito e objeto estariam delimitados, a fragmentação é sentida no nível das próprias sensações mais imediatas. Mais que um procedimento literário, a fragmentação é nesse grupo um sentimento do mundo.

conclusão

Pode-se verificar que a partir do fechamento político de 1968 dá-se um incremento de uma produção cultural marginalizada dos circuitos institucionalizados. Essa produção origina-se com o tropicalismo, movimento musical que influenciou de forma decisiva a produção literária nacional. O tropicalismo introduziu na nossa cultura uma consciência crítica em relação a um tipo de arte panfletária, rígida, centrada na denúncia social, e manifestou uma relação concreta entre arte e vida, uma vez que seus participantes testemunhavam um comportamento desviante nas suas apresentações.

A partir do tropicalismo, vão se acentuar esses traços na produção literária marginal. Os novos poetas pregam nos seus textos a necessidade de subverter o comportamento para mudar o sistema e, ao mesmo tempo, fazem questão de manifestar em suas vidas o descompromisso com as regras e os valores desse sistema. Dessa forma, pode-se analisar a produção do momento tanto por meio de textos quanto da própria vivência dos poetas. Trata-se de uma poesia e de uma vivência fragmentária, marcada frequentemente pela loucura, pela utilização intensa de drogas como forma liberatória, pelos desvios sexuais, pela afirmação da marginalidade, pela exasperação com o chamado "sufoco", pela descrença em relação aos mitos da direita e da esquerda. Ao mesmo tempo, verifica-se nesse grupo, de natureza fundamentalmente urbana, um apego às linguagens modernas, à apresentação graficamente trabalhada e aos meios de comunicação de massa, numa relação ambígua com o sistema que pretendem contestar.

1979
literatura e mulher: essa palavra de luxo *almanaque 10, cadernos de literatura e ensaio*, brasiliense

Ninguém me ama
ninguém me quer
ninguém me chama de Baudelaire
Isabel Câmara

I.

— Haverá uma poesia feminina distinta, em sua natureza, da poesia masculina? E no caso de existir essa poesia especial, dever-se-á procurar nela caracteres tais como uma sinceridade levada até o exibicionismo, uma sexualidade que nada mais é do que o desejo de se fazer amar pelos leitores? Poder-se-ia dizer que o homem é mais intelectual ou então se aprofunda mais? Será preciso ligar o sentido da experiência interior a um caráter essencialmente feminino? Poder-se-ia dizer que o apegamento ao real seja uma das características do homem em oposição à mulher?

II.

— Faça uma enquete tipo *Globo Repórter*. Saia à rua e pergunte aos pedestres: o que é poesia; o que é mulher; e mulher fazendo poesia, fala de quê. As respostas vão configurar o senso comum do poético e do feminino. Surgirão algumas imagens que se convencionou chamar da natureza e considerar belas. O cancioneiro popular. Perfume, pérola, flor, madrugada, mar, estrela, orvalho, pólen, coração. Tépido, macio, sensível. E em aparente contradição: inatingível, inefável, profundo. A velha contradição que os românticos não conseguiram resolver. Mulher é inatingível e sensual ao mesmo tempo. Carne e luz. Poesia também. O poético e o feminino se identificam.

Passemos agora para o campo erudito. Estou escrevendo a propósito de dois livros de mulheres famosas: *Flor de poemas*, de Cecília Meireles, e *Miradouro e outros poemas*, de Henriqueta Lisboa. Os dois da Nova Fronteira e, a julgar pelas edições, vendendo bem. São livros de escritoras consagradas; antologias com notas editoriais, prefácios de professores universitários, biografias, bibliografias. O prefácio a Cecília: "Poesia do sensível e do imaginário". O prefácio a Henriqueta: "Do real ao inefável".

O título dos prefácios já encaminha a leitura dessas poetisas: imagens estetizantes, puras, líquidas. Tudo aqui é limpo e tênue e etéreo. A dicção e os temas devem ser belos: ovelhas e nuvens. Falando ou de preferência se insinuando sobre o segredo das coisas ocultas. Intimidade, dom mágico, pudor, meios-tons, surdina, véus, nuance. O ocluso, o velado, o inviolado. A tentativa de "apreensão da essência inapreensível" das coisas. A função tradicional da poesia (de mulher?): "elevação" além do real. Tons fumarentos. Nebulosidades. Reflexos crepusculares. Luz mortiça, penumbra. Belezas mansas, doçura. Formalmente, uma poesia sempre ortodoxa, que passou ao largo do modernismo. Um temário sempre erudito e fino. Cecília é considerada "a única figura universalizante do movimento modernista" ao afastar-se dos "vícios expressivos, do anedótico e do nacionalismo" que subsistiam em quase todos os poetas de então. Henriqueta insiste numa poesia metonímica, de interiorização, aprofundamento, abstração, em que a natureza aparece em flocos, resíduos, gotas de orvalho, voz de luar, chuva triste, espuma entre os dedos, pássaro esquivo, bolhas desvanescentes. Movimento: elidir o visível. Dissolver. Abstrair.

A apreciação erudita da poesia dessas duas mulheres se aproxima curiosamente do senso comum sobre o poético e o feminino. Ninguém pode ter dúvidas de que se trata de poesia, e de poesia de mulheres. Não quero ficar panfletária, mas não lhe parece que há uma certa identidade entre esse universo de apreensão do literário e o ideário tradicional ligado à mulher? O conjunto de imagens e tons obviamente poéticos, *femininos* portanto? Arrisco mais: não haveria por trás dessa concepção fluídica de poesia um sintomático calar de temas de mulher, ou de uma possível poesia moderna de mulher, violenta, briguenta, cafona onipotente, sei lá?

A crítica constituída se divide em relação às poetisas: uns veem na delicadeza e na nobreza de sua poesia algo de feminino; outros silenciam qualquer referência ao fato de que se trata de mulheres, como se falar nisso fosse irrelevante ante a realidade maior da Poesia. Seria possível superar essas atitudes críticas? Pensar na recepção da poesia consagrada de mulher como instância organizadora de um universo *naturalmente* feminino. Suave. O natural: onde as imagens estetizantes ecoam o senso comum do poético e do feminino.

III.

— Tudo resvala, flui e anda nesta poesia. Em tudo isto é de feminina delicadeza, aflorando as coisas, os seres, com dedos fugidios, tocando-os de encantamento. Já aí começa a fugir. Esses dedos não agarram; intuem para logo transfigurar. As mãos a que pertencem são de fada. A sensualidade volatiza-se ou afunda-se em golfos de afetividade tão arguta e dilatada que leva à intelecção do mundo. Como os ouvidos de cego que chegam a substituir a vista, o sentimento de Cecília Meireles ganha olhos que ultrapassam os fenômenos até as essências.

IV.

— Cecília levita, como um puro espírito... Por isso ela se move, "viaja", sonha com navios, com nuvens, com coisas errantes e etéreas, móveis e espectrais, transformando em pura poesia essa caminhada.

V.

— Terminemos frisando mais uma das excepcionalidades de C. M. — a construção, retifiquemos, a composição de uma poesia densamente feminina, não apenas a poesia feita por alguém que é mulher, mas obra de mulher, de um sem-número de perspectivas sobre as coisas que os homens não teriam, poesia na qual uma das grandes forças é a delicadeza, e delicadeza de poeta, que transfigura a vida em canto...

VI.

— Não deixo de reconhecer que há em Cecília Meireles e em Henriqueta Lisboa elementos comuns. Muitos deles, no entanto, são devidos ao acaso... Em Cecília Meireles tudo é oceano, a terra, a vida, tudo é uma vaga que joga pra cá, pra lá, sem direção e sem velas, o poeta. O mar torna-se antes de tudo a imagem de um sentimento, de uma experiência psíquica. Mas encontro também esse sentimento nos romancistas fenomenologistas, desde Kafka até Camus, e por isso não posso considerá-lo um elemento puramente feminino.

Isso se dá porque o feminino só existe na sexualidade. Em todos os outros aspectos da vida é o social que domina, é o ser construído pela cultura do meio e da época. Todas as vezes, pois, que nos distanciamos da sexualidade pura, será difícil distinguir o feminino do masculino, a não ser por certos detalhes difíceis de serem definidos: — o gosto pela música oposto ao da plástica, uma certa prolixidade oposta à rigidez da forma. Mas mesmo assim ainda estamos no social e podemos encontrar a prova disso em que segundo as épocas ou o pudor ou o exibicionismo serão considerados caracteres da sensibilidade feminina. Além disso encontramos novamente a lei da barreira e do nível tanto nesse domínio da oposição sexual como no da oposição de classes, a mulher querendo penetrar no domínio masculino, pôr-se desse modo no mesmo nível do homem.

No fundo, a ideia de procurar uma poesia feminina é uma ideia de homens, a manifestação, em alguns críticos, de um complexo de superioridade masculina. Precisamos abandoná-la, pois a sociologia nos mostra que as diferenças entre os sexos são mais diferenças culturais, de educação, do que diferenças físicas. Diante de um livro de versos, não olhemos quem o escreveu, abandonemo-nos ao prazer.

VII.

— Cecília Meireles e Henriqueta Lisboa? Estamos falando de mulheres. Acho imprescindível considerar esse fato. Considerá-las *poetas* e fazer crítica literária tout court pode ser até machista. Condescendente. Não adianta, as mulheres escritoras são raras e o fato de serem mulheres conta. Mulher sempre engrossou demais o público de literatura, mas raramente os quadros dos produtores literários. No Brasil, então, as escritoras mulheres se contam nos dedos e quando se pensa em poesia Cecília Meireles é o primeiro nome que ocorre. E, exatamente por ser o primeiro, ela como que define o lugar onde a mulher começa a se localizar em poesia. Cecília abre alas: alas da dicção nobre, do bem falar, do lirismo distinto, da delicada perfeição. Quando as mulheres começam a produzir literatura, é nessa via que se alinham. Repare que não estou criticando Cecília, mas examinando a recepção da sua poesia, o lugar que ela abre. Cecília é boa escritora, pois tem técnica literária e sabe fazer poesia, mas, como se sabe, não tem nenhuma intervenção renovadora na produção poética brasileira. A modernidade nunca passou por essas poetisas, que jamais abandonaram a dicção nobre e o falar estetizante. Baudelaire já transtornara a rígida relação entre poesia, dicção nobre e assunto elevado, causando o escândalo que instaurou a modernidade poética. O modernismo brasileiro abriu-se para a modernidade. Cecília e Henriqueta continuaram a falar sempre nobres, elevadas, perfeitas.

O que interessa é que Cecília, e Henriqueta atrás, acabaram definindo a "poesia de mulher" no Brasil. E nessa água embarcaram as outras mulheres que surgiram depois. É curioso que nenhuma mulher tenha produzido poesia modernista — irreverente, mesclada, questionadora, imperfeita como não se deve ser... Cecília é virtuose, tem belos poemas, e é *toujours une femme bien élevée.* As duas são figuras consagradas e que nunca inquietaram ninguém. Mas não é a consagração que critico, nem a marca nobre. Apenas acho importante pensar a marca feminina que elas deixaram, sem no entanto jamais se colocarem como mulheres. Marcaram não presença de mulher, mas a dicção que se deve ter, a nobreza e o lirismo e o pudor que devem caracterizar a escrita de mulher. É claro que há homens que também fazem poesia assim. O próprio Drummond acabou se nobilizando para não mais voltar. O que eu quero saber é por que as poetisas brasileiras têm optado por essa via, e não por outra. Por que mulher quando escreve se atrela a esse tipo de produção?

Acrescente aí: minha posição não é defender o cotidianismo, nem o prosaísmo, nem o escracho, nem o realismo em poesia, contra as "abstrações" em geral e a geração de 1945 em particular. Noto na crítica brasileira uma certa confusão entre nobilização e universalização, ou entre local e nacional. Na ótica de país colonizado e dependente, "universal" e "local" são conceitos não tão fáceis, como já mostraram Schwarz e Candido: são elementos da dura dialética da dependência e da tentativa de "construção da nacionalidade". O universal pode ser elemento dessa construção. Já o local pode esvaziá-la, como um certo regionalismo. Mas, enfim, essas já são outras questões. Com tudo isso, não vejo sentido em valorizar Cecília por ser "universal" a sua poesia, em oposição ao modernismo, tão "local". Ou, ao contrário, acusá-la de nobilizante e desnacionalizante, em oposição a um modernismo prosaico e nacional.

Irrecusavelmente, estamos diante de escritoras mulheres. Mesmo sem o dizer, a crítica assim as acolhe e julga. Diante de uma determinada leitura que "feminiza" a produção feminina. Faça um levantamento da crítica sobre essas poetisas, especialmente sobre Cecília, e estará traçado um belo retrato de (literatura de) mulher.

VIII.

Sei que há moças que vendem o corpo, única posse real, em troca de um bom jantar em vez de um sanduíche de mortadela. Mas a pessoa de quem falarei mal tem corpo para vender, ninguém a quer, ela é virgem e inócua, não faz falta a ninguém. Aliás — descubro eu agora — também eu não faço a menor falta, e até o que escrevo outro escreveria. Um outro escritor, sim, mas teria que ser homem porque escritora mulher pode lacrimejar piegas.

IX.

Étrange occupation que celle à laquelle nous allons nous attacher ici: dépoétiser. Supprimer la magie évoquée par cette faulté qu'on appelle aussi (aussi trompeur que les autres) el dont sixiènne sens hommes parlent avec un sourire attendri et condescendent.

X.

E por falar em Drummond: que alterego! Henriqueta Lisboa faz em *Miradouro* uma "Saudação a Drummond" que começa assim: "Eu te saúdo, Irmão Maior". É uma louvação em que há inveja incestuosa, recalcada por rosas em botão e margaridas as mais puras. Vejo nesse poema um movimento muito *feminino*, em que a pureza e a delicadeza e a boa educação são definidas como femininas. Um movimento de anular conflitos, de adorar o Irmão que faz a poesia que gostaríamos de fazer, ou de ler nela aquilo que lemos em nós: as transcendentais dimensões, a purificação crescente do estilo, a classicização fiel, a elegância inigualável. Um dia essa poesia nos encantou ao extremo. Sua música entoava o belo. Todas fizemos poemas a Carlos Drummond de Andrade, muito especialmente àquele de *Claro enigma* em diante.

> *Enquanto punha o vestido azul com margaridas amarelas*
> *e esticava os cabelos para trás, a mulher falou alto: Inveja*
> *é isto, eu tenho inveja de Carlos Drummond de Andrade,*
> *apesar de nossas extraordinárias semelhanças.*

E decifrou o incômodo do seu existir junto com o... [...]
Um dia fizemos um verso tão perfeito
que as pessoas começaram a rir. No entanto persiste,
a partir de mim, a raiva insopitada
quando citam seu nome, lhe dedicam poemas.
Desta maneira prezo meu caderno de versos,
que é uma pergunta só, nem ao menos original;
"Por que não nasci eu um simples vaga-lume?"
Só à ponta de fina faca, o quisto da minha inveja,
como aos mamões maduros se tiram os olhos podres.
Eu sou o poeta? Eu sou?
Qualquer resposta verdadeira
e poderei amá-lo.

Os versos são de Adélia Prado. Adélia é bom, raro exemplo de outra via, de uma produção alternativa de mulher em relação à via Cecília/Henriqueta. Dentre as que não são de nova geração, Adélia é das poucas que não se filiam à Irmã Maior. Hipótese: Adélia supera a feminização do universo imagético pela feminização temática. Ser mulher é tema e motivo de sua produção, que passará com artifícios narrativos pela incontornável inveja ao Irmão. Inveja explicitada, tematizada, literariamente produzida. Repare que esse poema *narra* a inveja de uma personagem: mulher. As margaridas são aquelas do vestido da personagem, desmetaforizadas, informação para contar uma história. E não as margaridas puras de Henriqueta, imagem codificada entre as que a mulher escritora vai pinçar, índice da elevação para o sublime.

XI.

— É claro que, como todo escritor, tenho a tentação de usar termos suculentos; conheço adjetivos esplendorosos, carnudos substantivos e verbos tão esguios que atravessam agudos o ar em vias de ação, já que palavra é ação, concordais?

errata

— E de repente, dois anos depois, em contato com alguma produção poética feita hoje por mulheres brasileiras, toda aquela discussão que tivemos sobre poesia de mulher me parece rapidamente anacrônica. Uma nova produção e um feminismo militante se dão as mãos, propondo-se a despoetizar, a desmontar o código marcado de feminino e do poético. Cecília e Henriqueta nada mais seriam do que exemplos típicos de uma velha e conhecida retração e recalque da posição da mulher. Mas as boas moças já não estão na ordem do dia. A militância desencava com fúria uma operação de reviravolta, uma dialética do conflito, uma errata diabólica. Onde se lia flor, luar, delicadeza e fluidez, leia-se secura, rispidez, violência sem papas na língua. Sobe à cena a moça livre de maus costumes, a prostituta, a lésbica, a masturbação, a trepada, o orgasmo, o palavrão, o protesto, a marginalidade. A operação toda me parece uma virada inócua da cara em direção à coroa, uma proeza militante de troca em que importam menos os poemas do que uma poética da nova "poesia da mulher": a lama no terno branco, o soco na cara, o corpo a corpo com a vida, e outras joias da ideologia da literatura que reflete uma causa e espelha uma realidade. A nova (?) poética inverteu os pressupostos bem-comportados da linhagem feminina e fez da inversão sua bandeira. Mulher não lacrimeja mais piegas: conta aos brados que se masturbou ontem na cama, e desafiante, e faiscante, e de perna aberta. A escrita de mulher é agora aquela que desfralda a bandeira feminista, depois de costurar o velho código pelo avesso? A poesia feminina é agora aquela que berra na sua cara tudo que você jamais poderia esperar da senhora sua tia? A produção de mulher fica novamente problemática. Marcada pela ideologia do desrecalque e pela aflição hiteana de *dizer tudo*, sem deixar escapar os "detalhes mais chocantes".

O que está me parecendo é que essa virada dá no mesmo: recorta novamente, com alguma precisão, o exato espaço e tom em que a mulher (agora moderna) deve fazer literatura. É aí na beira dessa virada que se deve reconhecer a "verdadeira postura de mulher". E está dado novamente o lugar preciso que a mulher tem de ocupar para se reconhecer como mulher. Fechou-se o ponto de reapreensão da literatura feminina. Voltamos ao ponto de partida. Não, essa discussão toda não fica tão rapidamente anacrônica.

dramatis personae

I. Perguntas retóricas retiradas do contexto de um artigo de Roger Bastide, "Poesia masculina e poesia feminina" (In: *O Jornal*, Rio de Janeiro, 29 dez. 1949).

II. Referências aos prefácios de Darcy Damasceno e Maria José de Queiroz, publicados respectivamente em: Cecília Meireles, *Flor de poemas* (3. ed. Rio de Janeiro: Nova Fronteira, 1972), e Henriqueta Lisboa, *Miradouro e outros poemas* (2. ed. Rio de Janeiro: Nova Fronteira, 1976).

III. Cunha Leão, "Um caso de poesia absoluta". In: Cecília Meireles, *Obra poética*. Rio de Janeiro: Aguilar, 1972.

IV. Menotti del Picchia, "Sobre *Vaga música*". In: ibid.

V. José Paulo Moreira da Fonseca, "Canções de Cecília Meireles". In: ibid.

VI. Trechos do artigo de Roger Bastide, op. cit.

VII. De uma entrevista concedida pela brasilianista Sylvia Riverrun, da Universidade do Texas, sobre as poetisas C. M. e H. L., em maio de 1977.

VIII. Clarice Lispector, *A hora da estrela*. Rio de Janeiro: José Olympio, 1977.

IX. De um panfleto feminista do IDAC — Institut d'Action Culturelle, Genebra.

X. Poema de Adélia Prado, do livro *Bagagem* (Rio de Janeiro: Imago, 1976).

XI. Clarice Lispector, op. cit.

ERRATA: adendo à entrevista, enviado por Sylvia Riverrun, do Texas, em março de 1979, depois de tomar contato com recente produção poética de mulheres no Brasil.

1980
pensamentos sublimes sobre o ato de traduzir
inglaterra, fevereiro
alguma poesia jornal, abr./jun. 1985

take 1 e 2

Caetano no cinema cantando uma elegia de John Donne.
Eu de frente para a tela, no escuro não faz sol.
A biblioteca de tarde no fundo, no inverno.
Anoitecendo muito cedo.

setting

Europa, 1980. "Quando todos estão voltando."
De vez em quando chegam notícias de lá: onde estou; não importa tanto aonde vou; cartas de amor; veja no sol ipanema; briga pasquim × isto é; Angela Rô-Rô; balanços de 1970; o que é isso companheiro; olhos vermelhos do Chacal; pedaços de cultura (misteriosamente); e a fita, no cinema transcendental.

script

vão passando os anos
e eu não te perdi
meu trabalho é te traduzir

plot

Há dois movimentos possíveis no ato de traduzir.
1) Um movimento tipo missionário-didático-fiel, empenhado no seu desejo de educar leitor, transmitir cultura, tornar acessível o que não era. As variações vão desde o *trot* (= tradução literal, palavra a palavra, ao pé do original) à versão literatizada. Tentação recorrente (ou às vezes recurso inevitável): explicar o original

mais do que ele se explicou, acrescentar vínculos que estavam silenciados, em suma, inflacionar o texto original.

2) Um movimento não empenhado, livre de preocupações com o leitor iletrado ou de um projeto ideológico definido, que inclua digamos a importância de divulgar fulano no país. As variações vão desde bobagens e exercícios de pirotecnia, equivalentes adestrados do *trot* compromissado com o leitor, àquela coisa fascinante que são as "imitações" — o acesso de paixão que divide o tradutor entre a sua voz e a voz do outro, confunde as duas, e tudo começa num produto novo onde a paixão é visível mas o nome tradução, com seus sobretons de fidelidade matrimonial, vacila na boca de quem lê (Robert Lowell tem um belo livro chamado *Imitations*, em que ele imita os seus queridos).

A militância cultural do grupo concretista inclui a tradução divulgação como atividade fundamental. Traduções, manifestos, ensaios e até poemas concretos foram todos produções do desejo de modernizar a cultura do país, atualizar linguagens, afirmar uma evolução de formas, divulgar as figuras consideradas chaves dessa afirmação, internacionalizar e até exportar cultura como parte do processo de tomar pé. Brasil moderno: vozes de 1950-60.

O paideuma tinha sobretudo Pound, Joyce, cummings, Mallarmé; a teoria concreta passava por eles e as traduções também incluíam muita gente como Maiakóvski, Marianne Moore, Lewis Carroll, Apollinaire, Donne, Marvell, Poe, Wallace Stevens, Ungaretti, Marinetti, William Carlos Williams, Ponge, Corbière, Laforgue, Hopkins, Ovídio, Marino, Dante, poetas provençais...

Muito do trabalho dessa época. Augusto de Campos, nosso fiel discípulo de Pound, editou agora em *Verso, reverso, controverso*, reunindo traduções e artigos seus sobre poetas "que lutaram sob a bandeira da invenção e do rigor". Movimento 1, movimento 2: o projeto ideológico se manifestava na trilha dos autores (não se tratava de traduzir "qualquer um"; traduzir também era um gesto teórico e didático), mas ao mesmo tempo não traía a qualidade literária com mão pesada: o garbo de traduzir era aqui especialmente inteligente. O tradutor também é um sedutor.

Caetano e concretos se cruzaram várias vezes. De cabeça lembro de *Balanço da Bossa*, *Araçá Azul*, *Navilouca*, prefácio do *Panorama do Finnegans Wake* (de Dublin a Santo Amaro, como se dizia: Caetano, poeta erudito).

A produção erudita dos concretos, querendo articular técnica e engajamento, é coisa séria. As alianças entre certa geração desbundada mas letrada (geração de Torquato, Waly, Rogério Duarte, Caetano, Agripino, Gil etc.) com concretos pós-concretos é coisa digna de muita nota, ainda mais porque é com essa geração em geral e com Caetano em particular que dança no Brasil a questão da militância na cultura, o compromisso do engajamento político-cultural, seus fantasmas sérios.

Caetano e Augusto de Campos se cruzam outra vez no *Cinema Transcendental*, na "Elegia" de Donne. Donne é um dos poetas que Augusto tentou pôr em circulação no Brasil daquele tempo, com traduções e artigos sobre os Metafísicos. Décadas antes na Inglaterra a nova geração de poetas e críticos reabilitava Donne meio esquecido, num gesto de ler nele a sensibilidade do tempo, a consciência moderna de dispersão, desgarramento e desorganização da experiência, como sacava Eliot: a poesia de Donne não organiza propriamente um universo, não constrói um mundo harmonizado por um olhar estruturador que lhe acaba dando uma unidade última, uma hierarquia de sentido. Em vez disso, o que salta à sensibilidade modernista é um movimento meio de embaralhar cartas, misturar dominó, desmontar quebra-cabeça, com humor e autoironia. Donne foi meio que resgatado pela geração modernista inglesa e ficou na moda.

Mas dessa vez uma tradução de Donne vira uma canção/interpretação no Brasil em 1980. E é aí que hoje o circuito muda as possibilidades da tradução, seu alcance, seu projeto como forma específica de produção cultural. Não se trata mais de divulgar eruditamente Donne, seja qual for o suporte ideológico dessa divulgação. O labor erudito existiu, mas o impulso erudito e seu alcance não importam mais. Esse mesmo impulso, daqui desta ilha, de dentro da universidade, ainda parece natural: ir à biblioteca, folhear as elegias, decifrar a velha ortografia, descobrir o poema certo enquanto a voz de Caetano não sai da cabeça, cantarolando baixinho no quinto andar da biblioteca supersônica onde se chega por um elevador sem portas nem escadas que se chama páter-nóster, lá embaixo tem um parque com lago, campos, trilhas, o inverno é belo, não quero mais voltar, descobri o poema certo, decifrei a ortografia, saquei Donne, teria sido o empenho acadêmico da produção, o segredo suave da biblioteca, ou apenas a lembrança do carinho culpado do Reinaldo na despedida de Paris, aparecendo com uma edição bilíngue de *poèmes choisis*, "olha aqui para você aquele poeta que o Caetano canta" e que a gente tanto ouviu nas reuniões de brasileiros que não queriam deixar Paris nunca mais? O Brasil dava medo de Paris. O Brasil dá medo de Paris. Minha América, minha terra à vista.

Mas não se trata mais de divulgar eruditamente Donne. Também não se trata de "pura tradução". Quando Caetano canta Donne, essa combinação não revela exatamente um projeto mas tem sim uma coerência, uma consistência, uma — identidade, arrisco.

Quando Caetano canta Donne, só para mim, naquela biblioteca-filmoteca-discoteca, passa um filme, um filme não, um documentário inglês da BBC sobre John Donne, que diz que Augusto podia traduzir mas Caetano não podia cantar outra coisa senão essa elegia especialmente cintilante; e que diz que Donne escreveu essa elegia ou parte dela para o Caetano cantar para mim, e não outros poemas, ou parte deles, onde meu corpo é um impedimento para o amor. Meu corpo (meu imaginário) é um impedimento para o amor? A elegia que Donne escreveu é comprida, tem uns cinquenta versos e se chama "Going to Bed".

É um festejar do corpo, um poema de sacanagem em grande estilo, um tira roupa meu bem com o que tem de melhor nos poetas metafísicos: tom de conversa + colagens ou desdobramentos de metáforas precisas, com belas ousadias como a do final, quando ele manda a amante se mostrar tão liberalmente como se fosse para uma parteira. Nas primeiras 25 linhas do poema ele não para de mandar a amante tirar peça por peça até que não resiste e pede licença para a sua mão com uma incrível elipse obtida pela sequência musical-gramatical de preposições:

License my roaving hands, and let them go,
Before, behind, between, above, below.
O my America! my new-found-lande,
My kingdome, safliest when with one man man'd.
My Myne of precious stones, My Emperie,
How blest and I in this discovering thee!
To enter in these bonds, is to be free;
Then where my hands is set, my seal shall be.
Full nakedness! All joyes are due to thee,
As souls unbodied, bodies uncloth'd must be,
To taste whole joves ....
....
.... *like books gay covering made*
For lay-men, are all women thus array'd;
Themselves are mystick books, which only wee
(Whom their imputed grace will dignifie)
Must see reveal'd. Then since that I may know
....

Copiei os trechos que a canção fala ao coração:

Deixa que minha mão errante adentre
Atrás, na frente, em cima, embaixo, entre
Minha América, minha terra à vista
Reino da paz, e um homem só conquista,

Minha mina preciosa, meu império,
Feliz de quem penetre o teu mistério
Liberto-me ficando teu escravo
Onde cai minha mão meu selo gravo
Nudez total! Todo prazer provém
Do corpo (como a alma sem corpo) sem
Vestes. Como encadernação vistosa, feita
Para iletrados, a mulher se enfeita,
Mas ela é um livro místico e somente
A alguns (a que tal graça se consente)
É dado lê-la.
Eu sou um que sabe.

Notas na biblioteca.

A América na voz de Donne/ A América na voz de Caetano.

No poeta metafísico tem metáforas recorrentes de descobrimentos e novos mundos: as atualidades se incorporam na composição. Aqui a América recém-descoberta substituiu como figura o corpo da amante. Donne, que gostava de estar a par de livros modernos e atualidades atlânticas, faz desse gosto material para elegias.

No cinema transcendental, a América ecoa a América onde passa o cinema transcendental, aquela de verdade, e de repente não substitui nem deixa de substituir o corpo da mulher — vale como América também, mapa metafísico do poder. A figura não substitui: brilha intacta, como no cinema.

Em 1980 Caetano não canta o medo da América. Em 1968 ele cantava "Soy loco por ti, América".

Eu sou um que sabe, chave final na segunda virada da canção, é o limite da transa entre linguagens e leituras — o limite da tradução. De repente há um último segredo que só se canta uma vez, suave — os segredos não têm que ser segredos, nem pesados, nem culpados; basta cantá-los apenas uma vez.

E dessa vez se precisa a imagem da leitura: encadernação/ iletrados/ livro místico/ lê-la/ eu sou um que sabe — que lê.

O procedimento é fiel à mania dos metafísicos de desdobrar até a exaustão uma metáfora, puxando da primeira caixa todas as outras caixinhas. Mas há um corte incisivo nesse segredo final. Aqui o limite onde vacila com garbo e perícia o nome tradução (o tradutor como *stuntman*?).

No texto original, a frase "Then since that I may know" não para por aí mas introduz a exortação sacana dos versos seguintes. A frase inteira é uma coisa assim: "Para que eu possa saber (= te ler enfim), mostra-te tão liberalmente quanto para uma parteira". Ao fechar as imagens de leitura, a frase dá o gancho para o desejo por pernas se abrindo literalmente. O desejo fica enfim em foco. Não é mais mediado metaforicamente pelo gesto de abrir um livro — gesto que aliás tem de ser sempre (mesmo que a lombada ceda) um gesto liberal de 180 graus, caso contrário não dá para ler confortavelmente.

Transcendências: o teor de sacanagem do original é destilado nos cortes e montagens da tradução.

Na canção de Péricles Cavalcanti, "Eu sou um que sabe" é uma insubordinada afirmação final. Queria saber se ela responde àquele segredo, talvez leve queixume, que Caetano cantava no final de "Pecado original": "A gente nunca sabe o que quer uma mulher...". De "Pecado original" à "Elegia", a passagem da incerteza para a afirmação; não preciso mais de ironia para deslindar a *self-pity*. O mistério não dá mais pena de mim. Me afirmo no mistério, e não tenho pena nem pudor. Não preciso dizer mais. Estratégia do silêncio de ouro e da esfinge que canta. Dizer "tudo", irradiar o striptease, medir com todas as palavras todos os milímetros da carnalidade é um capítulo da história da sexualidade.

Não estou pensando mais no belo Donne, mas nos segredos que uma tradução pode guardar.

Eu sou um que lê: Caetano também é um erudito. Um erudito não: um poeta letrado, cuja leitura se incorpora no que ele produz. Em "Sampa", por exemplo, as referências quase cifradas não se fazem no sentido do hermetismo mas da incorporação da experiência intelectual vivida na composição.

Inevitavelmente, existe no mercado um outro impulso de produção artística, em que a experiência intelectual é por assim dizer posta em suspenso quando se trata de compor e funciona como um background ali atrás, na estante, velando a obra e seus dissabores, pronta até para defendê-la. O background fornece abordagens, defesas e opções temáticas, mas não fornece material de composição. Muita gente diria que esta é a postura propriamente dita do produtor de arte que é "também" intelectual ou artista pensante de esquerda; não misturar: a realidade chega em níveis hierarquizados, em instâncias.

E já chega! Ler Spinosa/ Sentir cheiro de comida no fogão. Uma barra que não é lacaniana.

biblioteca × cinema

Num sentido muito especial, Caetano é o mais letrado dos nossos compositores; o mais "metafísico".

No entanto, quando ele canta a "Elegia", o efeito (e me refiro aqui à circulação e recepção de formas) não é erudito no sentido de remeter ao velho Donne, brisas de biblioteca, mas sim de identidade com a tradução de Donne, especialmente dedicada a quem o ama. A afirmação do corpo, a alegria solar começam a dar assunto inteligente (a tomar *forma*). E Donne gira num disco industrial com beleza pura, Brasil, carne escura, desejo, Tempo, Espaço, Aracaju, todos os lugares, Destino, Cultura, Arrepio, terra, cajueiro, papagaio. Mistura "metafísica" das grandes Abstrações e dos grandes Tesões. A Alma em Êxtase e o Corpo Aberto do Menino. Não tem hierarquia nem propriamente filosofia, mas um ato de mistura, filtragem ou apropriação poética, que inclui ainda os tabus que não podiam ser profanados porque eram conceitos sérios de esquerda ou ídolos mesquinhos de direita: a história do samba, a luta de classes, os melhores passes de Pelé, tudo é filtrado ali.

Agora é tarde, felicidade. E é desconcertante cantar felicidade sem ser bobagem. Como acreditar que a felicidade também é matéria exemplar, nós que nos aliávamos na infelicidade ou na gravidade das missões ou na partilha dos desgostos? Era daí que nasciam nossas canções e poemas, nossas formas. E o imaginário, love? Hello, darling, como deslindar a velha contradição entre homem mau & sexy e homem bom & plain? A maldade, a infelicidade mexem com o nosso imaginário, darling. E tem aquele livro, *O amor e o Ocidente*, mostrando como a literatura nasce toda da morte e sua paixão. Ah as doçuras do amor perverso, a história do cinema, as Cartas de uma Mulher Desconhecida!

Num sentido muito especial, cada canção é também um manifesto, mesmo que sua plataforma não seja tão sinceramente manifesta como em 2 e 2 são 4. Força Estranha ou Muito Romântico — todos exemplos consagrados pelo Rei.

Ou:

Uma canção manifesta onde estou.

1982
riocorrente, depois de eva e adão... *folha de s.paulo, folhetim*, 12 de setembro

1. Angela virou homem?

Acompanho muito fascinada o trabalho de Angela Melim, poeta que cada vez mais escreve prosa — prosinhas breves, entre poemas, ou outras mais longas, virando livro.

Acabo de reler as prosas breves de *Das tripas coração*, que se alternam e se misturam com poemas, e a prosa que virou livro de *As mulheres gostam muito*. E confesso que levo um susto quando passo dessas prosas, todas muito orais, muito próximas de uma certa voz que a gente ouve, para as engravatadas primeiras linhas do mais recente *Os caminhos do conhecer* — um livro contínuo e inteiro em prosa, sem sombra de poema. Eu disse "engravatadas", palavra esquisita, mas é isso que me ocorre quando bato os olhos na primeira frase do livro ("LM se viu dentro do carro, no meio do trânsito na Lagoa, indo na direção do túnel Rebouças") e comparo com o início de *As mulheres gostam muito*, tipograficamente já desequilibrado ("Sobre o suicídio: preciso tomar uma decisão entre pedra ou vidro, estilhaça ou espatifa, porque todas as palavras não cabem num livro"). Que esquisito, penso. E ainda sob o susto inicial me ocorre uma indagação meio terrível. Tenho medo da mão pesada, da grossura da minha pergunta, mas não posso mentir, ela diz assim: Angela virou homem?

2. linhas cruzadas

É desajeitada a minha pergunta, admito. Mas quero ver por que foi que perguntei assim. Desde 1974 que venho lendo Angela à medida que seus livros aparecem.[1] E entre um poema e outro, aprendi a ouvir uma prosa de voz íntima, que fala como quem conversa intimamente com um interlocutor, que se apega às exclamações e aos murmúrios da intimidade, e que pede emprestado da conversa a despreocupação com a continuidade lógica e com a sintaxe rigorosa, desobedecendo às regras de desenvolvimento expositivo, à mercê de toda sorte de interferências meio fora de controle, de associações meio súbitas, de interrupções e parênteses que quebram às vezes irremediavelmente as primeiras sequências.

Uma sintaxe meio infantil, às vezes levemente estropiada e cortada por diminutivos. Uma dicção com um jeitinho, "olha eu pensando no meio da briga". Passeios pelo arbitrário ("Dentes de máscara e olhos de amêndoas... Qual é, cara? Digo o que eu quiser"). E uma história toda estilhaçada em que se localiza uma dificuldade: "As coisas são assim, repetidas, superpostas, entremeadas de, maior dificuldade de ir separando elas com travessões, parênteses, aspas, maior ainda de ir inventando a existência delas com nomes".

Sobretudo, uma voz muito próxima, pé do ouvido, linhas cruzadas.

3. questão pendente

Minha péssima pergunta dá a entender que havia por aí coisa de mulher. Quando lia os livros anteriores de Angela, especialmente a parte final de *Das tripas coração* e *As mulheres gostam muito*, me batia sempre a sensação nítida de estar lendo "livro de mulher". Ou para ser mais precisa: eu lia feminino esses livros, seus poemas, e essas prosas em que acabava mandando o feminino.

Operação com duas direções: eu lia no feminino, mas os textos de Angela (e arrisco dizer: os seus melhores textos) iam-se impondo como femininos. O feminino impera, pensava eu. Ou vai imperando, se imprimindo aos poucos, em diversas formas de coexistir: na adoção de um ponto de vista de mulher; no interesse por certos caprichos, cheiros, gestos nos anéis, lavandas, véus pretos pelas mãos e pernas, na irrupção cada vez mais constante do ser mulher como tema e motivo de texto; mas sobretudo nesse tom íntimo, nessa sintaxe infantil, meio segregada, meio caprichosa na sua indisciplina...

Quando me vi diante de *Os caminhos do conhecer*, suas primeiras páginas disciplinadas, sóbrias, monocordes, em descritiva terceira pessoa, a imagem da gravata impôs-se com a impertinência de um lugar-comum. Era esse o tipo de texto que eu identificava como de tonalidade tipicamente masculina? A essa altura o sentido de minha pergunta já ficava um pouco mais sutil. O que estava em questão era o texto, e não noções obscuras como origem autoral/sexo do autor/tendência inata/eterno feminino/discurso sexual. O texto de uma escritora que costuma trabalhar com "mulher", usar "mulher" como um tema que determina um tom, como questão (pendente).

4. abandonemo-nos ao prazer

A primeira vez que escrevi sobre literatura de mulher curiosamente não falei por mim nem de mim diretamente. Usei diversas personas que se contradiziam entre si. Alguém me pedira uma resenha sobre as antologias de Cecília Meireles e Henriqueta Lisboa editadas pela Nova Fronteira. Quando recebi os dois livros, não pude deixar de pensar que estava recebendo para o chá duas senhoras. Anfitriã nervosa, me vi rodeada de convivas variados (e um penetra) num *mad tea-party* em que a questão era sobretudo o que fazer com as duas senhoras. Evidentemente que a resenha dançou.[2] E ficou assim a minha festa:

Roger Bastide abria com engraçadas perguntas retóricas que estavam secretamente na cabeça de todos nós, tipo "Haverá uma poesia feminina distinta, em sua natureza, da poesia masculina?", extraídas justamente de uma resenha que ele conseguira fazer em 1949 sobre Cecília e Henriqueta. Ele também, trinta anos atrás, ao receber livros das duas, começara se perguntando se tinha algum sentido especial aquelas duas autoras serem mulheres.

Na resenha de 1949, Roger Bastide cedo abandonava suas perguntas como sendo meras dúvidas do senso comum que seria preciso superar pela via da sociologia. E as recalcava com uma velada autocensura e uma proposta final involuntariamente provocante. Dizia ele, negando que houvesse nas poetisas em questão qualquer traço feminino:

> No fundo, a ideia de procurar uma poesia feminina é uma ideia de homens, a manifestação, em alguns críticos, de um complexo de superioridade masculina. Precisamos abandoná-la, pois a sociologia nos mostra que as diferenças entre os sexos são mais diferenças culturais do que diferenças físicas. Diante de um livro de versos, não olhemos quem o escreveu, abandonemo-nos ao prazer.

5. diferença alguma

Duplo abandono ele nos propunha. Me lembrou daquela Lebre Louca do País das Maravilhas que oferecia vinho a Alice para em seguida dizer que não havia vinho nenhum. Nesse mesmo chá, a própria Alice se queixava: "Bem que vocês podiam ocupar melhor o tempo do que ficar fazendo charadas que não têm resposta".

Escrita de mulher: uma charada sem resposta?

Só as perguntas são possíveis?

Na minha festa, a preocupação era legitimar outra vez as perguntas do primeiro convidado, levar a sério ao menos o impulso de perguntá-las, apesar da sua irônica retórica. Eu não podia simplesmente abandonar as minhas dúvidas. Mas nesse momento entravam em cena outras vozes, as vozes de alguns críticos que, ao contrário do que o sociólogo recomendava, liam nas poetisas uma essencial "delicadeza feminina". Estava travada uma disputa (ou uma armadilha): uns tentando ver a sua ideia de feminino em poesia feita por mulher, outros tentando não ver diferença nenhuma.

Outras vozes entravam no debate, querendo escapar da armadilha, se perguntando sem parar como escapar dessa. Seria possível mexer com "literatura de mulher" (seja lá o que isso for) sem ocupar o lugar do feminismo nem cair na confusa ideologia do eterno feminino?

6. frente ao texto

Era então que surgia a "brasilianista Sylvia Riverrun, da Universidade do Texas". Especialista em literatura de mulher, ex-militante feminista, ativa no movimento desde 1967, uma das fundadoras do "Marxist-Feminist Literature Collective", colaboradora da revista inglesa *Spare Rib*, plantonista eventual de "Rape Crisis Center", admiradora de Yoko Ono, Sylvia devorara, com sentimento de urgência no devido tempo, Betty Friedan, Germaine Greer, Shulamith Firestone, Kate Millet, Sheila Rowbotham, Ingrid Bengis e outras de sua geração, sem falar em Beauvoir e Mead. Na época do seu divórcio, tinha lido e anotado textos do gênero de "The Political Economy of Women's Liberation" e "The Limits of Masculinity". Ela mesma não sabe dizer com precisão como e quando se deu o seu afastamento da militância. Parece que o processo começou quando, por princípio de estafa, atenção ao contemporâneo e senso prático, imaginou criar uma maneira de reduzir a distância entre a militância e a sua atividade profissional na universidade. Era cada vez mais cansativo viver em mundos pouco intercambiáveis. No entanto, dotada de sensibilidade literária, sabia-se incapaz de cruzar Kate Millet e Machado de Assis com alguma consequência.

Começaram então os hoje famosos seminários sobre literatura produzida por mulher, o que, devido à sua fascinação pelo século XIX, a princípio representou um desligamento da literatura brasileira. Sylvia voltou-se para as grandes romancistas inglesas — as irmãs Brontë, George Eliot, e até a intrigante Mrs. Gaskell, e nelas mergulhou por mais de um ano. Compromissos acadêmicos forçaram-na aos poucos a retornar para o seu departamento de origem.

Cedo percebeu que sentia uma pontada de culpa em "isolar" as mulheres, tratando-as com uma deferência de fundamento duvidoso. Cada curso parecia levantar, querendo ou não, uma pergunta *à la* Roger Bastide: "Haverá uma literatura feminina distinta, em sua natureza, da literatura masculina?". Consciente da complexidade desse "em sua natureza", Sylvia quase desejava no final de cada curso que a resposta NÃO tomasse vulto. Ao pé da letra, era ser mais fiel à militância que cada vez mais vivia sem a sua presença — era fazer falar a diferença para depois derrotá-la. Qualquer resposta afirmativa e não poderia dormir tranquilamente.

Em suma: foi difícil desculpabilizar o rótulo de "literatura feminina". Em nome de que a gente chama a atenção para o fato de que esta autora é mulher? Por que a gente não esquece que Cecília Meireles, Clarice Lispector, Adélia Prado ou Angela Melim são mulheres? Agrupá-las não é um ato de preconceito — ou um zelo feminista inconsciente — ou uma violência para com o texto, um pretexto para falar de outra coisa? Como falar de mulheres se estamos lidando com texto, e não com a pessoa do autor — essa categoria fugidia que o texto escamoteia, com razão?

Foi a partir dessas dúvidas que Sylvia se viu inevitavelmente — de uma forma que o feminismo não lhe havia possibilitado — frente ao "texto".

7. alguma forma

Uma das saídas para as suas primeiras dúvidas Sylvia buscou numa espécie de teoria da recepção e circulação social dos textos, inspirada em Antonio Candido. Chamou a atenção para o óbvio: o de que raramente se deixava de aludir ao fato de que tais escritoras eram mulheres: críticos, comentadores, resenhistas, opinadores, todos tinham algum álibi para nomear o sexo — ou gênero — do autor. Quem deixa de mencionar isso parece calar (ou abandonar) alguma coisa, ponderava. Me lembro então que, persona grata do meu *tea-party*, Sylvia atacava com um peremptório: "Cecília Meireles e Henriqueta Lisboa? Estamos falando de mulheres. Acho imprescindível considerar este fato... As mulheres escritoras são raras e o fato de serem mulheres conta". E apontava que a inefabilidade do dizer nobre da poesia das duas senhoras (*Romanceiro* à parte?), facilmente acoplada a uma ideia banal de feminilidade, definia (em termos de recepção) o lugar onde a mulher começa a ser localizada e a se localizar em poesia no Brasil — evidentemente isenta do modernismo (Pagu à parte).

Acredito que uma das preocupações de Sylvia nesse momento era simplesmente falar o que não era assunto dominante à mesa. "Esta escritora é mulher sim" era menos afirmar uma diferença do que furar um silêncio consentido... dizer o que não se sabia dizer sem cair no essencialismo insatisfatório de alguns críticos.

Sylvia estava limpando terreno. Falava de duas damas da poesia brasileira. No mais, "elas escrevem como mulheres" era, e sempre será, uma frase de interessante ambiguidade.

> "O que é escrever como mulher?" Desculpabilizava-se aceitando que essa era uma pergunta legítima do seu imaginário. Quando a pergunta não passa, ela é contrabandeada. As damas da poesia não têm nada a declarar na alfândega, passam direto, e acabam dando uma resposta sem saber, contrabando involuntário. Adélia Prado é uma que aponta para outra via: a pergunta passa para dentro do texto. E cada vez mais quem parece chamar a atenção para o fato de ser mulher são as próprias mulheres, nos seus textos. Tenho a impressão de que toda mulher que escreve tem de se haver com essa pergunta de alguma forma.

8. porção mulher

A insatisfação difusa de Sylvia com os limites de feminismo pareceu surgir de uma relação mais íntima com a literatura. Quando Sylvia falou do meu chá das cinco, conservava muito da virulência e da alma feminista do primeiro time, mas já traía um desconforto indefinível. Foi por meu intermédio — embora sem minha premeditação — que essa insatisfação como que articulou-se num insight. Lembro-me de ter levado para ela o disco *Realce*, de Gilberto Gil, do qual ela ouviu, entre atenta e agitada, a faixa "Super-homem". "Minha porção mulher que até então se resguardara...", ela cantava, e de repente disse com ar meio assustado: "Não é bem mulher, é porção mulher".

9. a louca presa no sótão

E depois de um longo tempo: "Por que não usar escritoras mulheres como pista, não importa que meio falsa? Pista do feminino, da porção mulher. É como se mulher, por vocação ou posição privilegiada, pudesse ter mais percepção disso aí. Um fato fácil de ser comprovado — e me mostrava o seu exemplar de *The Female Imagination* — é que na literatura de todas as épocas, quando mulher escreve, emerge uma espécie de consciência feminina. Mulher raramente deixa de escrever 'como mulher', e mesmo quando isso ocorre vem uma outra mulher por cima, uma leitora enfurecida, anos depois e estranhamente a lê como mulher" — e me mostrava um capítulo de *The Madwoman in the Attic*, em que duas críticas analisavam a conhecida novela *Frankenstein*, de Mary Shelley, como "um livro de mulher", associando a história do monstro ao ambivalente mito de Eva.

"Eu também, mulher que escreve, essa consciência está mexendo com a minha crítica, com o tema da minha crítica..." (e com o tom também, eu acrescentava, me referindo a uma mudança sen-

> sível que notara nos seus artigos, que se tornavam menos amarrados e mais relaxados, menos afirmativos e mais interrogativos, menos impessoais e autorizados pelo saber acadêmico... e provavelmente mais "frívolos" na sua exploração da experiência).[3]

"Mas isso é recente em mim... Minha porção mulher que até então se resguardara?" — e parecia haver na sua pergunta um rancor contra o feminismo que ela nunca quis explicitar.

10. para ler karl marx

Devo confessar que perdi Sylvia de vista. Houve entre nós um afastamento inexplicável, durante o qual cheguei a anotar, com ar de pouco-caso: "Esse assunto de mulher já terminou". Mas certo dia, num assomo de tranquilidade, escrevi qualquer coisa a respeito da dificuldade de se pensar nessa questão na terra dos modismos, ainda cravada na dependência. Desejei resgatar o assunto. Revi alguns textos que Sylvia me deixou (à disposição de quem mais quiser reabrir o assunto, que é literatura) e vasculho o arquivo para salvar a presença nacional (Walnice Galvão, por exemplo; e subitamente me ocorre que é preciso reler urgente Maura Lopes Cançado).

O resgate poderá rolar. Mas aqui nestes tópicos, de 1 a 10, como fechar, convenientemente, o problema do feminino no texto literário — deslindando-o inclusive da palavra mulher? Onde ancorar esse conceito? Não seria melhor deixá-lo à deriva, errante conforme nos sopra o que há de feminino na linguagem? Não volto por enquanto a Angela Melim (com ou sem esta conversa toda, é preciso lê-la, editá-la, urgente), mas há pelo menos um círculo que se fecha no percurso que vai da minha pergunta inicial sobre Angela, aquela que eu temia "grossa", à pergunta final de Sylvia sobre Walter Benjamin, na nota 3, feita sem o menor temor: não é curioso que a primeira pergunta pareça menos conveniente que a última? A tempo: por onde andará Sylvia ("riverrun, past Eve and Adam...")?[4] Tenho saudades.

1982
excesso inquietante
jornal leia livros, setembro

"AS MULHERES SÃO UM POUCO doidas e os homens um pouco menos."

Eis aí uma espécie de charada que dá um certo medo: em que consiste esse "um pouco a mais" de loucura das mulheres?

Tanto a charada quanto o medo estão presentes no livro de estreia de Marilene Felinto, *As mulheres de Tijucopapo*. Sem evitar cair no lugar-comum, é bom que se reconheça logo que este é um livro "de mulher", que dá pano para manga para a questão do feminino. É um livro que conta, *femininamente*, a história de um retorno às origens: um retorno mítico de São Paulo para o Recife natal. *Femininamente* significa aqui: de forma errante, descontínua, desnivelada, expondo com intensidade muito sentimento em estado bruto. Significa também: dirigindo-se eternamente a um interlocutor, falando sempre *para alguém*, como numa carta imensa. Mas ao mesmo tempo esse feminino transborda um excesso inquietante. Ao longo do livro trava-se uma luta com esse feminino excessivo, com esse "a mais", porque o excesso se situa à beira de uma amedrontada indefinição, à beira de uma impossibilidade de afirmar, afirmar-se, dar forma, acabar-se. "Tudo é turvo" nesse excesso, diz a autora. Com muita garra, Marilene tem a coragem de escrever disto que é turvo. Mas sem hermetismo algum. O resultado é uma narrativa autobiográfica, traçada em zigue-zague, construída toda em desníveis, numa dicção muito oral, atravessada de balbucios, repetições, interrupções, associações súbitas, falas de tonalidade infantil.

Marilene escreveu *As mulheres de Tijucopapo* aos 22 anos. É um livro vital, intenso, loucamente atormentado pela questão do feminino (mais, muito mais do que com a questão da origem pobre em Pernambuco, como pode parecer). No final, é anunciada a possibilidade de desembaraçar-se desse tormento. À primeira vista, essa possibilidade significa apenas desenredar-se da ameaça do feminino e atrelar-se ao "pouco menos" de loucura do masculino; é o que se esboça na chegada a Pernambuco, quando toma vulto uma estranha afirmação: "Porque eu posso no máximo seguir Lampião. Por uma causa justa". Será que a solução é o finca-pé masculino, que afirma, dá forma, tem causa e lugar — no máximo?

Prefiro acreditar que esta não é a única solução para as tensões deste livro inaugural. O mais interessante — e promissor — do texto está antes na sua superfície, no seu falar errante, solto, desarticulado, desnivelado. Corta essa superfície a angústia da pergunta: como não sucumbir ao "a mais" de loucura das mulheres? Essa angústia busca resolver-se num sintomático desejo de articulação, mas prefiro acreditar que esse desejo é apenas provisoriamente o de "seguir Lampião". Prefiro acreditar que essa trajetória que ainda não sabe bem de si tem sim uma direção própria: a direção do desejo por (um pouco) mais literatura. A própria autora o denuncia claramente quando confessa a três por quatro o desejo de contar tudo aquilo numa carta escrita em inglês. A carta é o próprio livro. Tendo chegado a Tijucopapo, nome da sua origem mítica, Marilene já pode passar para o inglês a carta que conta da viagem, e explica: "Inglês é um material estrangeiro que me fascina e me separa dessa proximidade toda de enviar uma carta de mim na língua de minhas pessoas, a minha língua. Não quero que saibam de mim assim tão proximamente".

É isso aí: literatura é de um material como que estrangeiro, que nos separa dessa proximidade do sentimento bruto, nos descola de nós e da língua das nossas pessoas. Não é preciso atrelar-se a Lampião nem tampouco "androgenizar-se" (como queria Virginia Woolf) para fazer grande literatura. A *trip* de Marilene terá direção: literária. Nesse sentido, é possível retornar, desenredada, para o "pouco a mais" da loucura das mulheres: no retorno, o feminino começará a falar loucamente "em inglês", isto é, mais literariamente. Tudo indica que Marilene vai nessa. Vale conferir. Então, *so long, goodbye and best wishes.*

Marilene Felinto, *As mulheres de Tijucopapo*.
Rio de Janeiro: Paz e Terra, 1982, 133 p.

1983
o rosto, o corpo, a voz
jornal do brasil, caderno b, 23 de abril

WALT WHITMAN TEM O PODER de transtornar de paixão poetas e leitores. É como se ler Whitman significasse tornar-se amante de Whitman. Foi Álvaro de Campos, na sua "Saudação a Walt Whitman", quem percebeu isso de forma mais radical: nela ele o celebra sensualmente, beija o seu retrato, fala até de uma "ereção de amor", mesmo que "abstrata e indireta no fundo da minha alma". Outros grandes poetas, em celebração amorosa, o têm cantado em versos que parecem querer adotar — insensatamente, diria Borges, um amante sempre comedido — o estilo de seus poemas: García Lorca, na sua "Ode a Walt Whitman", Vicente Huidobro, no seu épico "Altazor". É sintomático que essa celebração amorosa não possa deixar de desenhar a própria figura — o rosto, a barba, o corpo, a voz — de Whitman, revelando reais estremecimentos de desejo.

Esses estremecimentos não vêm de uma fascinação pela vida de Whitman. Mal importa biografar o grande poeta americano (1819-89), autor de um dos mais apaixonantes livros de poesia já escritos, o alentado *Leaves of Grass*, "canto de um grande indivíduo coletivo, popular, homem ou mulher", que dá sinal de vida agora entre nós numa seleção intitulada *Folhas das folhas da relva*. "Whitman é para a América o que Dante é para a Itália", dizia Pound em inequívoco reconhecimento da sua força. Paraíso: esta palavra que ocorre quando se fala dessa força e quando Borges menciona, argutamente, num texto clássico sobre o poeta, que "passar da orbe paradisíaca de seus versos para a insípida crônica de seus dias é uma transição melancólica".

O próprio Whitman assinalava que sua vida era apenas "uns poucos traços apagados" sobre os quais ele quase nada sabia. O fascínio pela figura do poeta surge antes de sua poética radical, que afirma, como verdadeiro inventor, que a palavra funda o real, que o livro é o poeta. No final-despedida e chave de *Leaves of Grass*, ele chega a dizer que aquele não é um livro: "Sou eu que tu abraças e que te abraça", e mergulha com delícia nos braços de quem o lê — ou seja, de quem o *toca*.

Este o seu fascínio. Outra face da modernidade — aquela que reinventa a felicidade —, Whitman rompe a metafísica que impõe e chora a distância entre o mundo e a linguagem. "Nos teus versos, a certa altura não sei se leio ou se vivo./ Não sei se o meu lugar é no mundo ou nos teus versos": Álvaro de Campos, um torturado genial pela metafísica, captou diretamente a grande questão de Whitman.

Leaves of Grass faz tomar forma, dentro do livro e *como* livro, "uma das poucas coisas grandes da literatura moderna: a figura de si mesmo". Essa grande figura mítica estabelece uma relação pessoal com cada leitor, presente e futuro, se confunde com ele, se afirma sensorialmente presente. Daí, para os leitores que aprendem a poética de Whitman, ler *Leaves of Grass* é beijar e ser beijado pelo próprio Whitman: não seria preciso nem mesmo a mediação do retrato de que fala Álvaro de Campos. Poeticamente a questão da representação como distanciamento é abolida na euforia revolucionária da poética de Whitman.

A presente edição brasileira de *Leaves of Grass* é uma seleção de poemas com objetivo divulgatório ou vulgarizador, destinada ao "leitor não erudito" (singular contradição: Whitman é exatamente o poeta que escreve para o leitor não erudito, para o leitor que são todos os leitores). Nela perde-se, sem dúvida, a intenção whitmaniana que dá a *Leaves of Grass* a feição de um Livro dos Livros, de um Livro materialmente presente que diz ser o próprio poeta. Vale a pena ter em mente, ao folhear esses belíssimos poemas, que o original não é uma coleção de poemas soltos: é um livro como todo livro que se quer objeto arquetipico, e que este é um tema fundamental da poesia de Whitman. Mas se a seleção se justifica pelo objetivo divulgatório, o mesmo não se pode dizer da opção do tradutor ao escandir os versos originais. O encantatório verso longo de Whitman se transformou em dois, três versos curtos na tradução. O ritmo tornou-se entrecortado, modesto, desapareceu a fluência exclamativa, emocionada, *retórica* (no sentido grego original, de *rétor*, convencer, dissuadir ou persuadir o interlocutor, como bem nota Paulo Leminski na introdução) de Whitman. Baixa consideravelmente o nível da emoção, intimamente ligado ao ritmo febril do verso longo, que mimetiza a intenção do texto, sua eufórica afirmação sensual, sua retórica de amor, e a metáfora recorrente do abraço da palavra que percorre e inventa o país de ponta a ponta.

Nenhum objetivo divulgatório — e nenhuma opção teórica da própria tradução — parece justificar esses cortes breves do verso original, que traem, sem necessidade, a intenção literária do poeta americano. Basta comparar a presente tradução brasileira com a tradução feita por Borges, que mantém fielmente a versificação e o ritmo original, mesmo sabendo que a "longitude" dos versos não é, em si, o mérito essencial do poeta, mas sim o "delicado ajuste verbal, as simpatias e diferenças" das suas longas enumerações. Onde estão, para o leitor brasileiro, erudito ou não, os "versos saltos, versos pulos, versos espasmos" que "arrastam o carro dos nervos, aos trambolhões, exaltados, mal nos deixando respirar, estourando de vida" — esses "versos-ataques-histéricos" —, como dizia o poeta Álvaro de Campos?

Fica registrada esta ressalva, quem sabe para abrir uma discussão necessária sobre a tradução de poesia entre nós. Mas que não impede que se deem as boas-vindas a estas *Folhas*. Folheá-las será, de qualquer forma, indispensável.

Walt Whitman, *Folhas das folhas da relva*.
Sel. de Geir Campos. São Paulo: Brasiliense, 1983, 144 p.

1983
bonito demais
jornal leia livros, junho/julho

ESTOU FOLHEANDO SEM PARAR um livro precioso: o *Mais provençais*, uma belíssima edição bilíngue de poesia provençal traduzida por Augusto de Campos. Há apenas seiscentos exemplares do livro em circulação, e não é só a edição limitada que me faz subir à cabeça um sentimento de urgência. Parece mais e mais premente levantar a poeira e repensar a tão maltratada questão da tradução de poesia entre nós. Estou resistindo à urgência, que inclui reclamações graves sobre traduções que andam por aí (e sobre edições que recusam, imperdoavelmente, a página bilíngue), porque este *Mais provençais* é de rara eloquência e pede homenagem. Augusto é tradutor admirável, que sabe combinar a competência do scholar à consciência da tradução como ato (também) político. Sua prática dá o que pensar: ele é, dos poetas-tradutores, o que mais explicita suas opções de tradutor como militância. Basta rever o seu *Verso reverso controverso*, de 1978, coletânea de poemas traduzidos atravessada por uma didática estritamente poundiana e por soluções impecáveis. Já então os poetas provençais ocupavam lugar de destaque. Agora Augusto retorna à paixão antiga — daí o "mais" do título, cuja assonância apenas prenuncia a engenhosidade das soluções do tradutor.

Esse retorno nos dá duas canções de Raimbaut d'Aurenga — a primeira delas, que se chama "Não-sei-o-que-é" (!), pode valer como espécie de prefácio um tanto irreverente à questão da poesia e do desejo — e dezoito canções de Arnaut Daniel. Raimbaut era nobre, nasceu por volta de 1144, deixou umas quarenta composições marcadas pela irreverência e por agudo rigor formal, e é considerado "o mais lídimo precursor de Arnaut Daniel", este sim o grande craque da poesia provençal, namoradíssimo por Ezra Pound em ensaios e traduções.

Na introdução ao livro, Augusto conta um pouco da história dos poetas provençais do século XII e reconfirma a extraordinária modernidade de seus versos. As páginas bilíngues que se seguem abrem a chance de se provar da orquestração da língua provençal, astutamente redesenhada no português.

E a edição dá mais: é um primor gráfico do aventureiro "poeta-tipógrafo-editor-visionário" Cleber Teixeira, que lá da ilha de Santa Catarina tem feito imprimir manualmente, na sua oficina Noa Noa, outras preciosidades, como o *poem(a)s* de e. e. cummings, *Donne, o dom e a danação* (ambos traduções de Augusto), e *As mulheres gostam muito*, prosa de Angela Melim.

O álbum é bonito demais. E a urgência sobe outra vez: traduzir poesia, como diz Augusto (e agora num tom menos estrito e didático do que antes, quando Pound parecia presidir a fúria nossa contra o "subdesenvolvimento cultural"), não é exercício de divulgação; é sim um modo de ler criticamente a obra, "quem sabe até revivê-la em alguns momentos privilegiados".

Mais provençais põe em cena, decididamente, um desses momentos.

Mais provençais: Dezoito canções de Arnaut Daniel e duas de Raimbaut d'Aurenga. Trad., intr. e notas de Augusto de Campos. Ed. bilíngue. Florianópolis: Noa Noa, 1982, 40 fls.
Leia Livros, São Paulo, ano VI, n. 58, 15 jun./14 jul. 1983.

1983
depoimento de ana cristina cesar no curso literatura de mulheres no brasil*

ANA C.: MEU NOME É Ana Cristina Cesar. Acabo de lançar *A teus pés*, meu primeiro livro por editora e que contém três livros que eu havia publicado antes, em edição independente. O primeiro que eu publiquei foi este, o *Cenas de abril*. Portanto, quem tiver *A teus pés* sabe que há uma reprodução em fac-símile da capinha com as indicações e tal. Depois, *Correspondência completa*, que é uma cartinha, que também foi publicada independentemente. E aí editei, no mesmo esquema, *Luvas de pelica* e esses três livros estão incluídos em *A teus pés*, com mais o novo livro, que se chama *A teus pés* mesmo.

No momento, estou trabalhando na TV Globo. E, enfim, queria... Vim aqui conversar com vocês, responder qualquer coisa, o que vocês quiserem e aproveitar também para ahn... avisar que estou meio *down*, que estou meio tipo gripe, virose. Se eu não falar muito alto, se não me exaltar muito, vocês não estranhem, estou em frequência baixa.

Mas, então?! Se vocês não começarem a perguntar, vou falar uma coisa de cara. Vou falar da contracapa do livro. Essa contracapa foi escrita pelo Caio Fernando Abreu, que é um escritor que eu gosto muito, um amigo, e que vai pegar os meus textos exatamente por um lado que eu queria desmontar aqui, que é

* Curso ministrado pela professora Beatriz Resende, na Faculdade da Cidade, em 6 de abril de 1983. A transcrição das fitas foi feita por Ana Cláudia Coutinho Viegas e Wilberth Clayton Ferreira Salgueiro. A edição é de Beatriz Resende.

um lado de cartas... e diários íntimos... e correspondências... e revelações... e ocultamentos. E queria dizer para vocês que isso é desmontado em *A teus pés*.

Não sei se vocês chegaram a se perguntar por que eu, de certa forma, fui tão identificada com a questão do diário e a questão da correspondência. O que é isso de diário e correspondência? Acho que na vivência pessoal de todo mundo, diário e correspondência, diário e carta, é o tipo de escrita mais imediato que a gente tem. Quase todo mundo aqui, tenho certeza absoluta, que a maioria das pessoas já fez diário íntimo ou faz diariozinho, em adolescência ou até agora. E que a maioria absoluta das pessoas aqui também escreveu alguma vez cartas, ou, quem sabe, teve até uma correspondência meio intensa, com algumas expectativas. Então, o primeiro tipo de *produção* de escrita que a gente tem — e isso quando a gente pensa um pouco em escrita de mulher... Mulher, na história, começa a escrever por aí, dentro do âmbito particular, do familiar, do estritamente íntimo. Mulher não vai logo escrever para o jornal. Historicamente, séculos passados, quando a mulher começa a escrever numa esfera muito familiar. E a gente começava a escrever também numa esfera muito familiar. Todo mundo terá essa experiência. O que acontece quando a gente escreve carta? Qual é a questão fundamental da carta? Que tipo de texto é a carta? Carta é o tipo de texto que você está dirigindo a alguém. Você está escrevendo carta não é pelo prazer do texto, não é um poema que você está produzindo, não é uma questão que você está levantando dentro da literatura, não é uma produção estética necessariamente. Fundamentalmente, carta você escreve para mobilizar alguém, especialmente se a gente entra no terreno da paixão, onde a correspondência fica mais quente. Você quer mobilizar alguém, você quer que, através do teu texto, um determinado interlocutor fique mobilizado. Então é muito dirigido. Vocês estudaram Jakobson? Função fática? Muito centrado naquilo que é a segunda pessoa. Então, carta é cheio de vocativos, é cheio de exortações a alguém. É alguém que importa numa carta, mesmo que você esteja falando de coisas tuas. Diários... também. Quando você está escrevendo um diário... Existe muito aquela expressão "querido diário". Você está também de olho num interlocutor. Você escreve um diário exatamente porque não tem um confidente, está substituindo um confidente teu. Então você vai escrever um diário para suprir esse interlocutor que está te faltando. Você está precisando loucamente falar com alguém, você está precisando loucamente confidenciar umas tantas coisas. Mais tarde, a gente substitui por analista ou por uma pessoa intimíssima, que pode ouvir tuas confissões. Mas é ali, tem uma coisa que está engasgada, que precisa ser dita para alguém, e aí, muitas vezes, a gente de puro engasgo, de necessidade mesmo, apela para o diariozinho. E naquele diário também tem um interlocutor, mesmo que ele não tenha a forma de alguém, você ali está se dirigindo a alguém, esse alguém já é mais abstrato.

Bom, e a literatura? Quando você faz poesia, quando você faz romance, quando alguém produz literatura propriamente, qual é a diferença em relação a esses gêneros? Você está escrevendo para todo mundo? Do ponto de vista pessoal, do ponto de vista de como é que nasce um texto, você, quando está escrevendo, o impulso básico de você escrever é mobilizar alguém, mas você não sabe direito quem é esse alguém. Se você escreve uma carta, sabe. Se escreve um diário, você sabe menos. Se você escreve literatura, o impulso de mobilizar alguém — a gente podia chamar de o outro — continua, persiste, mas você não sabe direito, e é má-fé dizer que sabe. Então, se Jorge Amado disser "escrevo para o povo", não sei se ele escreve para o povo, entendeu? Ou alguém que diz assim, "escrevo para...". A gente não sabe direito para quem a gente escreve. Mas existe, por trás do que a gente escreve, o desejo do encontro ou o desejo de mobilização do outro. Agora, você não sabe direito. Às vezes, na tua cabeça, te ocorre alguém. Alguém realmente. Você está apaixonado por alguém ou você está querendo falar com alguém, mas isso, no trabalho literário, no trabalho de construção estética, esse alguém se perde de certa forma.

Dentro dessa perspectiva do desejo do outro é que queria colocar a minha insistência com o diário. Se vocês forem ver em termos, assim, totais, não tem muito diário. Diário não é o grosso, não é só diário que está rolando, não é só correspondência que está rolando. Isso é um momento, é um momento que acontece dentro da minha produção, que é o seguinte: de repente... eu me defrontei muito de perto com a questão do interlocutor, eu comecei, fui fazer poesia e tal, mas de repente, isso aí me incomodava muito. Quem é esse interlocutor? Inclusive, não sei se vocês notaram o título do livro, *A teus pés*, já contém uma referência ao interlocutor. *A teus pés*, pés de quem? Muita gente me perguntou: aos pés de quem? Muita gente brincou com esse título. Para quem é? Muita gente se intrigou com isso. Quer dizer, não é que seja alguém determinado. Isso significa que aqui existe, de uma maneira muito obsessiva, essa preocupação com o interlocutor, que eu acho, inclusive, que é um traço duma literatura feminina — e aí feminina não é necessariamente escrita por mulher. É a minha posição. Acho que a gente pode ter Guimarães Rosa, de repente, e ter uma escrita feminina. Uma escrita obcecada. Se vocês forem ver o texto, o tempo todo o texto se refere a alguém: "meu filho".

Público: Dentro desse aspecto que você está falando, a respeito da sua preocupação com o interlocutor, eu acho, por exemplo, que nós, os seus leitores, percebemos isso, essa preocupação. Por exemplo, o diário íntimo é aquela coisa muito nossa. Como você falou, você não tem um parceiro com o qual trocaria as suas ideias. O diário é o parceiro, mas um parceiro inativo. E será que nessa passagem do diário a uma obra não estaria o receptor perdendo essa conexão, esse ponto, justamente pelo diário ser uma coisa que conta com um pressuposto, a vida íntima do próprio autor?
Ana C.: Certo, acho ótima essa colocação. Eu acho que exatamente é esse tipo... essa armadilha que eu estou propondo. Existem muitos autores que publicam seus diários mesmo, autênticos. Aqui não é um diário mesmo, de verdade, não é meu diário. Aqui

é fingido, inventado, certo? Não são realmente fatos da minha vida. É uma construção. Mas há muitos autores que publicam diário. Quando você ler o diário do autor, de verdade, que ele escreveu sem uma intenção propriamente de fingimento, você vai procurar a intimidade dele. Se você vai ler esse diário fingido, você não encontra intimidade aí. Escapa... Então, exatamente o que é colocado como uma crítica é, na verdade, a intenção do texto.

Público: É um diário íntimo e, ao mesmo tempo, você não quer que ninguém leia, você não quer que vá ao fundo, porque você não deixa.
Ana C.: Não é que não queira, é que a intimidade... não é comunicável literariamente.

Público: É exatamente esse ponto: essa incomunicabilidade do texto...
Ana C.: A subjetividade, o íntimo, o que a gente chama de subjetivo não se coloca na literatura. É como se eu estivesse brincando, jogando com essa tensão, com essa barreira. Eu queria me comunicar. Eu queria jogar minha intimidade, mas ela foge eternamente. Ela tem um ponto de fuga. Aí você tem razão, ela escapa.

Público: Mas nós, os desavisados, por exemplo, buscamos no fundo, no fundo de cada palavra, uma correspondência, pelo menos, com uma ideia. Por mais que não seja íntimo do autor... "O poeta é um fingidor, finge tão completamente..."
Ana C.: Exatamente. A gente sempre procura. Por exemplo, você vai ler Manuel Bandeira. Ele fala de tuberculose. Você já pensa "bom, Manuel Bandeira...". Ahn, enfim...

Público: Mas é uma coisa que não tem nada a ver.
Ana C.: Quando se fala de um amor, de uma paixão, você desejaria ter acesso a isso. É como se o meu texto estivesse brincando ou puxando, não é "brincando", é puxando até o limite esse desejo do leitor.

Público: Seria *A teus pés* um soluço, uma palavra ainda não falada?
Ana C.: Acho que toda literatura tem esse lado de: "Ainda há uma palavra não falada".

Público: Mas você sempre teve essa impressão?
Ana C.: Olha, Mário de Andrade tem uma distinção legal que é entre a intenção pessoal e a intenção estética. Por exemplo, intenção pessoal eu posso ter tido aqui quinhentas, acho que não interessa de jeito nenhum. Agora, intenção estética é alguma coisa que se revela no livro. Você pode ter pensado antes, ou pode ter pensado depois. A Clarice Lispector escrevia e não falava sobre o que escrevia, sabe? "Escrevo e não entendo o que escrevo", e mal falava sobre aquilo.

Público: Onde é que a gente estava? No soluço...
Ana C.: Olha, o soluço... Você diz o quê, uma lamentação?

Público: Não, soluço de uma coisa não falada. Por exemplo, como se você tivesse desistido do ar e, no momento que o ar não saía, você não conseguia produzir o som necessário.
Ana C.: Ah, não. Não acho isso. Eu acho que existe uma palavra não falada, mas no sentido mais da... alegria. Não sei se deu pra sacar, *A teus pés* é um livro alegre. Não sei se vocês sentem isso ou não. Não sei se isso passa ou não. Quer dizer, não é um livro "pra baixo". E, aliás, eu acho que é outro traço da literatura feminina. Acho que ele conta com alguma coisa que não foi dita; conta, mas conta enquanto questão literária. Na literatura, sempre haverá uma coisa que escapa. Então, não dá nem mais pra chorar em cima disso, não dá nem para soluçar em cima disso. A gente pode, inclusive, se alegrar com isso. Agora, sempre há uma coisa que não é dita. E essa coisa será... A gente tenta dizer no próximo livro.

Público: Esse corte...
Ana C.: Eu acho que esse corte está ligado muito à poesia moderna. A poesia moderna é uma poesia que se lanceta. Ela é toda

cheia de arestas, é angulosa, não tem, digamos, um desenvolvimento coerente, linear. Você não desenvolve como os poemas românticos. É toda quebrada mesmo. Ela tem a ver, mesmo, com alguma coisa do urbano, que é assim cortado, caótico, fragmentado. Ela é fragmentária. Então, se você pega Eliot, não sei se você teve a oportunidade de dar uma sacada no Eliot. Tem uma tradução recente, do Ivan Junqueira. Você pega os poemas do Eliot, ele faz exatamente isso: coloca uma cena duma cartomante jogando cartas e, de repente, ele corta, ele está em Londres, atravessando uma rua; de repente, ele corta, está no fundo do mar, falando com as sereias, sabe?

Público: Isso não seria um padrão muito contemporâneo da conversação?
Ana C.: Da conversação também, exatamente. É como a gente conversa, não é?

Público: Já que a gente está falando um pouco da relação leitor-autor que pintou aqui, acho que é uma experiência interessante na leitura deles (*inaudível*). A gente fez um trabalho de poesia — é uma descoberta da necessidade do convívio. Então a primeira impressão é um pouco, de um certo susto pelo fragmentário, uma vontade de querer saber as coisas que estavam nos entremeios todos. Um momento assim de uma certa angústia. Depois, e aí eu acho que isso é uma coisa muito importante na produção poética, por exemplo, como a sua, que é uma produção, quer dizer, são livros razoavelmente pequenos, não são livros de fôlego enorme e não são narrativas e não é um romance longo e que, portanto, acho que para uma proposta de fruição mesmo, de prazer mesmo, é muito importante o convívio. Então isso foi uma coisa que aconteceu aqui com a gente, quer dizer, uma ida e vinda. Eu acho que poesia é isso. Para mim, poesia tem muito isso... Até foi engraçado (*inaudível*), porque eles começavam a se lastimar: "Que coisa chata! Essas folhas caem...". Eu fiquei muito contente quando as folhas começaram a cair.

Ana C.: Já que as folhas caem, aproveito para dizer que eu, na minha casa, tenho ainda esses livrinhos. Se alguém quiser livrinhos cujas folhas não caem, edições históricas, vocês podem falar comigo. Agora queria dizer uma outra coisa. Você falou em entre... os entrementes, as entrelinhas do texto. Quer dizer, é uma coisa que eu acredito... Eu acho que, no meu texto e acho que em poesia, em geral, não existe entrelinha. Não acho que exista isso chamado entrelinha. Entrelinha é uma mistificação. Existe a linha mesmo, o verso mesmo. O que é uma entrelinha? Você está buscando o quê? O que não está ali? Pode existir o não dito, o que não... Mas entrelinha acho que não existe.

Público: Você podia falar mais sobre isso.
Ana C.: O que eu quero dizer é que o texto é muito aquela materialidade que está ali.

Público: O dito.
Ana C.: Não sei se é o dito, é a materialidade. Você achar que aquilo esconde uma outra coisa... Não acredito que esconda, acho que a poesia revela, pelo contrário. Ela não esconde uma verdade por trás ou uma via íntima por trás. Mas é também a dificuldade de quem produz, quer dizer, sempre, quando você escreve, tem sempre uma história que não pode ser contada, entende, que é basicamente história, a história da nossa intimidade, a nossa história pessoal. Essa história, ela não consegue ser contada. Se você conseguir contar a tua história pessoal e virar literatura, não é mais a tua história pessoal, já mudou. Então, eu acho que isso, digamos, é uma questão que me preocupa. E nisso eu até chamaria assim uma parte de *A teus pés* que é até meio teórica, que repensa sobre literatura... Vocês podem fazer o levantamento um pouco disso. A literatura é muito pensada. O que é a literatura, o que é poesia, o que não é? O que é isso de literatura? Que texto maluco é esse, que conta e, ao mesmo tempo, não conta, que tem um assunto e, na verdade, não tem um assunto e é diferente do nosso discurso usual, que é diferente da correspondência, que é diferente do

diário? Mesmo que eu pegue um diário, como tentei fazer, mesmo que eu pegue um diário e coloque ali como literatura, mesmo assim continua a haver uma história que não pode ser contada. É um tormento e, de repente, é engraçado também. Você não pode contar...

Público: É um mistério, não é?
Ana C.: É um mistério, exatamente. Esse mistério você pode chorar em cima dele, soluçar em cima dele, de repente, você pode achar interessante.

Público: No último livro, você fala muito em pato. Esse pato é uma coisa proposital ou saiu assim espontâneo? Patos que pulam na água, patos que se escondem, pato que está na gaiola; de repente um tal de "páthos", "pactos"...
Ana C.: Tem esse jogo... porque é um livro que tem várias... Como é que eu podia dizer?... Eu não sei por que eu falei muito de pato.

Público: O que é que o pato esconde aí? É a sua própria poesia?
Ana C.: Acho que você pode pegar esse significante e puxar por vários lados... Pato é uma porção de coisas, é páthos, é um certo drama que você vive...

Público: É o pato que você comeu no jantar, inclusive.
Ana C.: Pato é uma coisa meio ridícula, não é? É um bicho meio ridículo.

Público: Mas também é um bicho que flutua. Pato não afunda na água, ele mergulha, ele está sempre na superfície.
Ana C.: Ele não afunda na água. Às vezes, quando você lê um texto, você pode cair que nem um patinho também.

Público: O pato rouco...
Ana C.: Sabe, tem aquela música do João Gilberto, o pato (*cantan-*

do), sabe? Pato, por acaso, é um significante que puxa muitos outros. Acho que a gente pode puxar. Quanto mais puxar, melhor, não é? Ele migra...

Público: Não estaria caindo nas entrelinhas?
Ana C.: Não, não é entrelinha isso. Acho que isso é puxar o significante, é diferente. A entrelinha quer dizer: tem aqui escrito uma coisa, tem aqui escrito outra, e o autor está insinuando uma terceira. Não tem insinuação nenhuma, não. Fala em pato, você puxa as associações que você quiser com aquilo. Eu posso lembrar de várias, mas não vou chegar nunca na verdade do meu texto. Não vou dizer nunca para você que, para mim, o símbolo pato significa... Dá pra você puxar. Então, acho que devo puxar. Eu puxo. Agora nessa conversa, nesse pacto aqui nosso, eu puxei que a gente pode cair que nem um patinho na armadilha da intimidade, achar que estou revelando minha intimidade ou escondendo minha intimidade e não é isso, sabe? Podemos puxar outros. Ler é meio puxar fios, e não decifrar. Mas é legal isso, do pato. Uma constelação...

Público: Outra coisa. Você começou falando do título do seu livro. É uma coisa que fica muito na cabeça da gente. Por que *A teus pés*? O que é? Você está...
Ana C.: O que é?

Público: Acho que é profundamente irônico. De repente, tem um texto que você diz "caí a teus pés agradecida". Então, como é que fica? É irônico?
Ana C.: Não é irônico, gente. Olha, vamos lá. "A teus pés"... Tem uma porção de coisas em "A teus pés". Eu gosto desse título, porque, em primeiro lugar, ele sugere uma devoção religiosa, é a primeira coisa, não é? Depois, ele sugere uma certa humilhação diante de... Ele sugere também um romantismo. E aí, a primeira coisa quando eu transei a capa, eu transei a capa com o Waltércio, que é um artista conceitual que eu gosto muito. E é engraçado

que nessa coleção tem sempre umas ilustrações assim... Então, se fosse "a teus pés", teria uma mulher jogada aos pés de algum homem. Ele exatamente sacou que "a teus pés" invertia. O que a gente pensa que é "A teus pés" o texto, de certa forma, dribla: "Não é isso que você está pensando". E ele também fez uma capa que driblava. É uma capa muito seca. Não há ilustrações possíveis para isso. Agora, "a teus pés", como eu te disse, eu sinto como uma referência ao outro. Inclusive o assunto do texto é uma paixão. Quando você fala em "a teus pés", você está fazendo "fragmentos de um discurso amoroso". Como é possível estar "a teus pés"? Esquisito isso, estar "a teus pés". Quando você escreve, você tem esse desejo alucinado e, se você está escrevendo na perspectiva da paixão, ou sobre a paixão, a respeito da paixão, há esse desejo alucinado de se lançar, que o teu texto mobilize. Vou dar um exemplo no Whitman, que talvez fique mais claro. Vocês já ouviram falar no Walt Whitman? Olha, isso é meio uma chave. Vou dar uma chave. O índice onomástico é cheio de chaves. Eu posso abrir, esse segredo eu posso abrir. Cento e onze, ó, página 111 do livro. Vou abrir um segredo. Tem um WW aí, na página 111. Esse WW da página 111 é Walt Whitman. É uma referência, assim como no texto vai ter uma série de referências a autores e a textos que eu gosto.

Público: Katherine Mansfield...
Ana C.: É, Katherine Mansfield... E vem entre aspas o final do poema, um poema lindo. O Walt Whitman fez, é um poeta americano do final do século XIX, o grande poeta americano do século XIX, ele e a Emily Dickinson. E o Walt Whitman escreveu um poema maravilhoso, *Leaves of Grass*. Foi traduzido em português como "Folhas de relva" ou "Folhas da relva". E *Leaves of Grass* termina dizendo — eu fiz uma tradução adaptada —, termina dizendo assim: "Amor, isto não é um livro, isto sou eu, sou eu que você segura e sou eu que te seguro (é de noite? estivemos juntos e sozinhos?), caio das páginas nos teus braços, teus dedos...". Olha só, "eu caio das páginas nos teus braços", é um homem que,

de repente, ele assume esse desejo de que o texto não seja meramente texto. Infelizmente ou talvez felizmente — é esse o mistério, como você falou — um texto é só texto, ele não é pele, ele não é mãos tocando, ele não é hálito, ele não é dedos, ele não... Ele não coloca o desejo no sentido... não é... no sentido do...

Público: É o abstrato, não é?
Ana C.: Quê?

Público: Seria o abstrato.
Ana C.: Obstáculo?

Público: Abstrato...
Ana C.: Não, ele é tão concreto. Ele é de outra ordem, ele não é da ordem do corpo. Mas, mesmo assim, ele não deixa de ter o desejo, o desejo não é abandonado dentro do texto. Então, de repente, você pode fingir... Porque, em poesia, você pode dizer tudo. Você pode dizer assim: "Isto que eu estou escrevendo não é um poema". Você pode escrever isso num poema. Da mesma maneira, você pode dizer: "Isso que eu estou escrevendo não é um poema, isso que eu estou escrevendo é a revolução". Mesmo que não seja literalmente, o poema é o espaço onde você inventa tudo, onde você pode dizer tudo. De repente eu digo "isto, aquilo é um livro; isso aqui sou eu; eu caio nos teus braços, eu estou a teus pés, leitor". Isso representa, digamos, o escancaramento do desejo. Todo texto desejaria não ser texto. Em todo texto, o autor morre, o autor dança, e isso é que dá literatura. Fica uma loucura. Acho que depois valia a pena — não sei se eu respondi —, valia a pena dar uma sacada no Walt Whitman. Eu sou muito inspirada pelo Walt Whitman. Acho que é um poeta incrível; vale a pena se mexer com ele que tem essa coragem... Acho que existem várias maneiras de você lidar com esse problema de que o texto é texto. Existe, de repente, uma consciência trágica: texto é só texto, nada mais que texto. Que tragédia!

Público: Você tem noção de que, quando você escreve, há a intenção de alcançar o público? Você tem noção de que algum grupo, de maneira específica, vai entender melhor?
Ana C.: Não, acho que não. Aí, é para quem pegar. A gente não sabe direito isso. A gente esquece. Quando a gente escreve, esquece o público. Eu acho que a literatura, uma literatura mais radical, numa primeira instância, esquece o público.

Público: Tomando assim, não tem nada a ver, mas de repente pode ser até que tenha. Quando você chegou, você estava comentando o negócio do (*inaudível*). Queria que falasse um pouquinho disso. Você sente que o nível está baixando?
Ana C.: Ah, isso é uma outra história, não é? Eu leio scripts na TV Globo e sinto que o padrão de scripts está muito baixo, quer dizer, há poucos autores de texto fazendo televisão. Tem pouca gente dentro da televisão. Acho que eles estão precisando loucamente de novos autores, estão matando cachorro a grito. Tudo o que a televisão está precisando é de autores novos. Agora, quanto à renovação da linguagem de televisão, é complicado, é muito difícil. É uma linguagem muito renitente à renovação. Isso é verdade. Eu acho.

Público: Tem uma preocupação aí que tem a ver com certa importância em dizer para eles que é preciso que a gente conviva com todos esses autores, seria a preocupação da poesia e do poeta. Por que assistem àquelas reuniões? Os poetas escrevem uns para os outros, não é? Então uma preocupação com esse iniciar no universo da poesia. Acho até que existe mesmo. Acho que é um universo pelo qual você passa e continua. Se você passa e para um pouco, você vai perceber que (*inaudível*). Acho que essa questão preocupou um pouco eles: até que ponto precisaria ser um iniciado.
Ana C.: Eu acho que precisa ser iniciado, sabe? Acho que todo mundo precisa ser iniciado em poesia, para ler poesia. Você pode ser iniciado de qualquer ponto. Mas isso não há dúvida. Poesia não dá pra você ler assim tipo... espontâneo. Você começa a ler

e vai curtir um texto. Porque, senão, você vai cair nas mesmas questões. Você vai cair em buscar a intimidade do autor, você vai buscar na identificação romântica. Agora, poesia tem que ser iniciado mesmo, eu acho. Para ser iniciado, não precisa ter lido 590 mil autores, sabe? Não precisa ter feito a história da literatura toda. Você pode ser iniciado em qualquer ponto, você pode se iniciar pelo meu livro. Vai, acha esquisito, uma porção de coisas esquisitas, mas depois você... tem que se iniciar em algum mistério. Porque a poesia — assim como qualquer assunto — tem um universo próprio.

Público: Essa iniciação não precisaria ser acadêmica, não?...
Ana C.: Ah, não, de jeito nenhum, quer dizer, as faculdades de letras tentam organizar essa iniciação. Acho que essa iniciação não precisa ser acadêmica de jeito nenhum. E, às vezes, tem os caminhos mais variados. Você pode ter lido muito determinados poetas, nunca ter lido outros e ser um iniciado. Você pode ter lido um ou dois e já sacar o que é poesia: que a poesia é um tipo de loucura qualquer. É uma linguagem que te pira um pouco, que meio te tira do eixo. Agora, é importante ser iniciado porque os textos mais densos de literatura, os que nos satisfazem mais se referem muito a outros textos. Cada texto poético está entremeado com outros textos poéticos. Ele não está sozinho. É uma rede sem fim. É o que a gente chama de intertextualidade. Então, um remete ao outro... Aqui mesmo tem um índice onomástico que dá algumas pistas de autores com os quais eu cruzo, que até, às vezes, eu copio, cito descaradamente. Então, a poesia está sempre fazendo isso. Nesse índice, eu fiz uma espécie de homenagem. Inclusive, não tem só autores, tem amigos também. Porque, às vezes, você... Olha, todo autor de literatura faz isso, só que uns dizem e outros não dizem. Todo autor, de repente, está muito atento ao que ele lê, ao que ele ouve, e incorpora isso no próprio texto. Às vezes, você incorpora... Você diz uma coisa e eu uso a tua frase igualzinho. Aí, por acaso, achei engraçado e coloquei, como se usasse uma frase tua, coloquei lá atrás o nome das pes-

soas de quem eu usei. Mas não é para entender melhor. Foi onde eu cruzei, quem eu citei, quem eu li, quem o texto namora, sabe?

Público: São importantes as autoras mulheres. No índice onomástico tem uma proporção...
Ana C.: Tem, tem autoras mulheres.

Público: ... razoável.
Ana C.: Tem, tem algumas.

Público: Você começou a falar do diário, dessa forma... E, depois, você começou a falar de literatura feminina, que você achava que não era só escrita por mulheres. Queria que você continuasse por aí.
Ana C.: É, olha, tem duas coisas. Você, quando fala em literatura feminina, pode escolher uma via de análise que eu tenho a impressão que a Beá pegou aqui no curso. Você pode pegar: o que é literatura feminina? Aí a gente pode, para pesquisar isso, ler autoras mulheres. E ver se essas autoras têm alguma diferença em relação ao texto produzido por autores do sexo masculino. Se você for aprofundar essa questão mesmo, não tem uma diferença assim... Você não pode fazer essa relação. Fica muito esquisito. Essa relação é esquisita, entre o sexo do autor e um tipo de escritura. É muito complicada essa relação. Há autores de sexo masculino que teriam um texto feminino. Então, você tem que redefinir o que é isso. Isso seria uma coisa muito complicada. Agora, isso que eu estava falando do diário é que, numa perspectiva feminista, em que você está interessada em mulher, você saca que as mulheres, historicamente, elas começaram a escrever no âmbito particular. Toda produção feminina inicial foi feita dentro do lar. Então, ela começou a escrever carta, escrevia o seu diário. Agora, acho que você pode escolher as duas vias. Você pode ir ou por uma via feminista, que pesquisa mulher na história da literatura, ou, então, você pode ir por uma via, talvez, mais psicanalítica, talvez, mais difícil que seria ver o feminino e o masculino na literatura. Aí, são outros quinhentos.

Público: É engraçado que em momento nenhum nos preocupou a questão da oposição, da diferenciação. Não é verdade? Não sei se vocês também estão sentindo isso. A gente mais ou menos pensou isso. A gente não fica preocupado em ver "aqui é diferente, esta autora escreve uma coisa diferente". Não. É como se a gente buscasse o universo das referências entre essas autoras. Mas isso é uma coisa até que... um tanto espontânea. Não pintou uma vontade de estabelecer diferenças.
Ana C.: Mas, de repente, até há, não é?

Público: Talvez seja uma outra etapa.
Ana C.: É.

Público: Mas fala mais, Ana Cristina, dessa história, sobre sua teoria da literatura feminista.
Ana C.: Bom, eu acho que existe um falar feminino.

Público: Você não nota que a mulher, quando escreve, fala da mulher muito mais do que...
Ana C.: Noto, noto. Mas, quer dizer, ao mesmo tempo, você pode identificar, na história da literatura, mulheres que falam igual aos homens. Isso não é uma regra geral nem se aplica de uma maneira rígida. E você, de repente, pode pegar Cecília Meireles, que é uma poeta que escreve dentro duma perspectiva do que se poderia esperar que fosse o feminino. O feminino é o etéreo, é o leve, é o cristalino, é o diáfano, é o que fala de coisas muito leves da natureza, nuvens e riachos, alguma coisa que não "toca" direito. Eu acho que a Cecília Meireles exemplifica um senso comum que a gente tem em relação ao feminino. Talvez o feminino seja alguma coisa de mais violento que isso. Talvez o feminino seja mais sangue, mais ligado à terra. Recentemente, pegando uma série de autoras mulheres, vejo que essas autoras tentam colocar esse feminino de uma maneira mais violenta. Quer dizer, mulher tem até uma vantagem para falar nisso, mas o homem também fala desse lado assim mais escuro, mais violento, mais passional...

Público: É um pouco o que a Adélia Prado faz...
Ana C.: É, exatamente, fingindo que é uma boa moça. É, ela faz isso. Acho que talvez pelo fato histórico de a mulher ser marginal, talvez ela tenha mais ouvido para falar um outro discurso. Ela tem alguma coisa de outra para dizer, que ainda é meio esquisito. Uma outra fala. Como diria? A fala da minoria. Levanta uma outra poeira. Acho que tem mulheres fazendo isso. Tem outras que não. Às vezes, tem uma que fala de muito, muito... É: "pá"! Assim, escancara muito, eu não gosto da pornografia escancarada. Acho que não tem a ver, é uma forçação de barra feminista. Agora, mulher vai falar tudo que nunca falou. Não sei, acho que é muito masculino, não tem muito a ver. Mulher é, talvez...

Público: Fala mais da sua experiência quando você começou a escrever.
Ana C.: Minha experiência de quando comecei a escrever? Eu comecei a escrever tipo pequena.

Público: Diário?
Ana C.: Não, eu escrevia poesia, sempre escrevi poesia, mas poesia incomoda muito. Poesia é muito grilante. Tem um lado grilante da poesia. Ela não comunica. Isso que você está se queixando, que não comunica, acho que é um fato...

Público: Eu não estava me queixando, não.
Ana C.: Ou, então, você apontou, poesia não comunica, poesia para valer não comunica nesse sentido que a nossa fala daqui comunica, ou a fala do jornal comunica. Então, eu acho que a tentativa de ir para o diário... Eu fazia muito diário, sim. E o diário era sempre para mim... Havia duas coisas separadas. Havia o diário, onde eu podia escrever minhas verdades, minhas inquietações, minhas aflições pessoais, minhas confissões, meus amores, e havia poesia, que era uma outra coisa, e que eu não entendia direito o que era. Até que começaram a se aproximar os dois, entendeu? Isso foi engraçado. As duas coisas começaram a se aproximar.

Percebi que no ato de escrever a intimidade ia se perder mesmo. A poesia tendia, a poesia queria revelar e o diário não conseguia revelar. Aí as duas coisas foram se cruzando. Bom, mas falar uma coisa mais pessoal? Que é que eu fiz?... O que eu estudei? Não sei o que vocês querem saber...

Público: É isso mesmo que você está falando, essas coisas. Fala dos seus livros.
Ana C.: O *Cenas de abril* tem textos antigos também, é misturado. Textos desde 1975, 76. Havia livros anteriores que não foram publicados. A gente também faz isso.

Público: Ana Cristina, você usa muito inglês, não é?
Ana C.: É, atravessa, de vez em quando.

Público: É, e às vezes atravessa até o leitor, que fica meio embananado, não sabe onde fica... É um meio de afastar o leitor, um meio de afastamento, ou é uma coisa natural?
Ana C.: Mas eu acho que é a tal coisa do primeiro contato. Acho que intimida no primeiro contato. Mas depois... o inglês está tão dentro da vida da gente. Letra de música, o rock, "baby"... O inglês se incorporou um pouco, ele entrou na vida da gente.

Público: A sua poesia, ela flui naturalmente?
Ana C.: De jeito nenhum. (*risos*)

Público: É bem racional?
Ana C.: Racional?

Público: É.
Ana C.: Você perguntou se flui naturalmente. Não é nem racional nem irracional. É muito construída, muito penosa.

Público: Tem muita construção formal?
Ana C.: Formal, tem. Não é assim: inspiração e vem um verso.

Acho um pouco difícil, é muito... é construída. É rabiscar, tem tudo.

Público: Eu achei (*inaudível*) uma linguagem muito feminina. Eu achei seu livro muito feminino. Achei que você tivesse...
Ana C.: Acho que existe sim um tipo de sensibilidade feminina, que é uma sensibilidade meio caótica, é uma sensibilidade mais sutil, é mais desorganizada. Ela é uma sensibilidade talvez meio histérica. A mulher é histérica por tradição. Mulher histérica é uma figura do século XIX pesquisada, não é? Histérica... inclusive *histero* quer dizer "útero", a palavra grega. Quer dizer, mulher é aquela que histeriza o tempo todo, aquela que joga no corpo, aquela que fala com o corpo. Acho que passa por aí sim. Agora...

Público: Eu não estou falando em nível de corpo. Eu estou falando em nível de sentimento.
Ana C.: Mas eu acho que mulher cola muito um com o outro. Você não acha que a mulher cola muito com o outro?

Público: Eu acho que a mulher faz justamente o contrário.
Ana C.: Você acha que descola?

Público: Eu acho que ela separa completamente. Sentir para a mulher é sentir. O corpo é uma coisa à parte. Se ela quiser jogar com o corpo, ela vai saber fazer isso, mas eu acho que ela consegue separar.
Ana C.: Eu já sinto diferente de você. Acho que mulher cola demais. Mulher é por natureza histérica, quer dizer, ela é, por natureza, a que fala com o corpo. Se você reparar, toda mulher comunica com o corpo. Toda mulher tem um jeito de...

Público: Eu não sei se isso é inerente, essa coisa da mulher, ou se é social. Eu não sei se é a postura, pode até ser uma coisa assim fabricada pela nossa sociedade. Tem um verso seu que diz "Pensando em você"... porque eu percebi que você usa muito os

substantivos sempre no gênero feminino e, se eu não me engano, os adjetivos também. Sempre as coisas... Até nessa parte você foi sutil, de prestar atenção nisso.
Ana C.: Substantivos que você diz é o quê? O que você diz, chamando substantivos femininos? Assim como: "Eu estou cansada"? Quer dizer, tem um sujeito feminino? Ah, sim, acho que tem um sujeito feminino aí sim. E tem como se tivesse um personagem feminino aí, um personagem que é uma mulher.

Público: "No entanto/ também escrevi coisas assim,/ para pessoas que nem sei mais/ quem são,/ de uma doçura/ venenosa/ de tão funda".
Ana C.: Agora, vou lhe entregar uma coisa. Acho uma observação muito engraçada, muito interessante você notar a presença das palavras femininas. Agora, sabe o que é esse poema? Esse poema não é meu literalmente. Aí é que existe uma questão da autoria que é sempre balançada. Você nunca sabe direito quem é o autor... Autoria é uma coisa muito esquisita. Isso aqui é uma crônica do Drummond. O Drummond escreveu uma crônica e isso aí são frases, palavras da crônica do Drummond. É o que você chama de "poema desentranhado de uma crônica de Carlos Drummond de Andrade". Então, tinha aquela crônica assim e eu extraí dali, roubei dali umas tantas palavras que fizeram um poema. Não foi uma intenção minha. E, por acaso, de repente, saem essas palavras femininas. Esquisito... Bom, mas aí é escancaradamente um sujeito feminino falando. Aí não tem nem a questão das palavras propriamente. Aí é sujeito mulher.

Público: Tem um pedaço no livro assim: "Opto pelo olhar estetizante...".
Ana C.: Um pouquinho antes tinha as duas opções. As duas opções eram o seguinte. Olha aí, um pouquinho antes: "Em vez dos rasgos de Verdade embarcar no olhar estetizante". A ideia seria a seguinte. Ao escrever, você poderia ser movida... Ao falar também, você pode ser movida pelas duas intenções. Você pode ser

movida pela intenção de rasgar a verdade, dizer a verdade, ter rasgos de verdade, traduzir a verdade, seja essa uma verdade política, social ou a verdade acerca da sua intimidade ou você pode ter um olhar estetizante. O que quer dizer "olhar estetizante"? Quando você estetiza, quer dizer, quando você mexe num material inicial, bruto, você já constrói alguma coisa. Então, você sai, você finge, é a questão do fingimento novamente. Aí você sai do âmbito da Verdade, com letra maiúscula. Você saca que ela nem existe, que ela nem pode ser transmitida. Na literatura, então, não existe essa verdade. Então, quando falo isso, eu opto, eu estou declarando, fazendo uma afirmação de princípios da produção literária. Ao produzir literatura, eu não faço rasgos de verdade, eu tenho uma opção pela construção, ou melhor, não consigo transmitir para você uma verdade acerca da minha subjetividade. É uma impossibilidade até. Já que é uma impossibilidade, eu opto pelo literário e essa opção tem que ter uma certa alegria. Ela é engraçada. Não é uma perda como parece. Ela tem uma renúncia inicial, mas, no final, não é uma perda não. A gente tem que falar, a gente tem mais é que falar. Falar nunca é a verdade exatamente, mas a gente tem que falar, falar, falar, falar, falar, falar... para abrir brecha. Se não, a gente angustia muito. Não sei.

Público: O.k.
Ana C.: O.k.? Você venceu. Legal. Depois vocês me escrevam cartas. Eu quero receber cartas. Vocês me escrevam cartas do que vocês acharam, assim: "Prezada autora". Ah, eu quero receber cartas.

notas

1976 — um livro cinematográfico e um filme literário

1 Tanto as citações sob este número quanto as (resumidas) observações finais sobre o filme *Macunaíma* pertencem à tese de mestrado de Heloisa Buarque de Hollanda, *Heróis de nossa gente* (UFRJ), 1974.

2 Ivan Angelo, *A festa*. São Paulo: Vertente Editora, 1976.

1977 — o bobo e o poder em poe e herculano

1 Alexandre Herculano, *O bobo*. São Paulo: Livraria Exposição do Livro; Edgard Allan Poe, *Great Tales and Poems*. Nova York: Washington Square Press, 1968.

2 Luiz Felipe Baeta Neves, "A ideologia da seriedade". *Revista de Cultura Vozes*, Rio de Janeiro, ano 68, n. 1, vol. LXVIII, jan./fev. 1974.

3 Há uma brilhante encenação dessa posição paradoxal do bobo da corte na cena 4 do primeiro ato de *Rei Lear*. O bobo ridiculariza o rei com afrontosos jogos verbais que não poupam as críticas e as insolências, chamando-o de bobo para baixo. Lear escuta entre complacente e divertido, e ameaça-o sem intenções sérias de chicoteá-lo. Com trocadilhos e canções, o bobo diz verdades duras que o rei tolera perfeitamente.

4 L. F. Baeta Neves, op. cit., p. 39.

5 Oswaldo D. de Moraes, "Freud: dos chistes ao cômico". *Cultura Vozes*, op. cit.

6 Ver o artigo de Roberto da Matta, "Poe e Lévi-Strauss no campanário: ou A obra literária como etnografia". In: *Ensaios de antropologia estrutural*. Rio de Janeiro: Vozes, 1973.

7 Luiz Costa Lima, "As projecções do ideológico", edição mimeografada para o I Encontro Nacional de Professores de Literatura, PUC, Rio de Janeiro, 1 a 3 ago. 1974.

8 Alexandre Herculando, *O bobo*. Lisboa: Bertrand, 1972, p. 194.
9 Eliseo Verón, "Ciência e ideologia: para uma pragmática das ciências sociais". In: *Ideologia, estrutura e comunicação*. São Paulo: Cultrix, 1970, p. 182.
10 Ibid.

1982 — riocorrente, depois de eva e adão...

1 Livros publicados, todos em edição independente: *O vidro, o nome* (1974), *Das tripas coração* (1978), *As mulheres gostam muito* (1979), *Os caminhos do conhecer* (1981) e *Vale o escrito* (1981).
2 Virou uma colagem que foi publicada no *Almanaque* da Brasiliense (n. 10, 1979), sob o título de "Literatura e mulher: essa palavra de luxo".
3 Nesse ponto, com um brilho pouco anglo-saxão no olhar, creio que Sylvia perguntaria à queima-roupa, em francês: "Benjamin, était-il en vérité une femme?".
4 "riocorrente, depois de Eva e Adão...": primeiras palavras do *Finnegans Wake*, na tradução de Augusto de Campos.

bibliografia

1973 — notas sobre a decomposição n'os *lusíadas*

BORGES, Jorge Luis. "El Aleph". In: *El Aleph*. Madri: Alianza; Buenos Aires: Emecé, 1972.

FOUCAULT, Michel. *Les Mots et les choses*. Paris: Gallimard, 1966.

SARAIVA, Antônio José. "Notas sobre a composição d'*Os lusíadas*". In: *Para a história da cultura em Portugal*. Lisboa: Europa-América, v. 1, 1972.

SILVA, Nilza Leal. "O tempo em *Os lusíadas*". *Littera*. Rio de Janeiro, n. 6, set./dez. 1972.

1976 — quatro posições para ler

KÜHNER, Maria Helena. *A menina que buscava o Sol*. Rio de Janeiro: Cátedra, 1975. 149 p.

SILVEIRA, Valdomiro. *Nas serras e nas furnas*. Rio de Janeiro: Civilização Brasileira, 1975. 140 p.

VÁRIOS AUTORES. *Gente boa*. Rio de Janeiro: Brasília, 1975. 145 p.

VILLAÇA, Antônio Carlos. *Monsenhor*. Rio de Janeiro: Brasília, 1975. 127 p.

escritos
da inglaterra

ORGANIZAÇÃO
Armando Freitas Filho

apresentação

NO PRIMEIRO SEMESTRE DE 1983, Ana Cristina preparava o curso Poesia Moderna Traduzida, que iria dar na PUC do Rio de Janeiro, a partir de agosto daquele ano. O planejamento estava feito: T.S. Eliot, Pound, Whitman, Maiakóvski, Baudelaire, Mallarmé, Kaváfis, Paulo Mendes Campos, José Paulo Paes, Paulo Henriques Britto, Ivan Junqueira — entre outros autores e tradutores, relacionados numa extensa bibliografia.

O curso não se realizou.

Este livro representa, de certa forma, uma tentativa de concretizá-lo e ampliá-lo, com a apresentação de estudos e reflexões de Ana C. sobre poesia e prosa moderna traduzidas, expostos em seminários de classe, no decorrer do curso de literatura Teoria e Prática da Tradução Literária, realizado na Universidade de Essex, Inglaterra (1979-81). Inclui, ainda, a tese *O conto "Bliss" anotado* (Katherine Mansfield), com a qual obteve o grau de "Master of Arts, with distinction", naquela universidade.

Traduzi estes textos com o empenho de quem está tentando incorporar a prática da tradução, da forma como foi pensada e realizada por Ana C. Entre a intenção e a feitura uma preocupação quase obsessiva: como traduzir com adequação e fidelidade textos de uma escritora brasileira, escritos originalmente em inglês? Como evitar na mecânica da tradução a tendência à explicitação, que tão facilmente leva à frase inflacionária — risco tanto maior quanto mais evidente a constatação do que a língua portuguesa é, intrinsecamente, menos econômica do que a língua inglesa?

Com essas e outras dificuldades batalhei constantemente. Talvez desejasse mesmo não terminar logo — ou nunca — o trabalho, para prolongar no tempo esse novo tipo de colaboração e descobertas. Mas, de várias maneiras, as lições de Ana Cristina me foram ajudando a compor o percurso e, assim, fui caminhando e aprendendo. Aprendi muito como tradutora e muito como aluna cativa de longos e curtos anos.

Agradeço aos que mais me estimularam: meu marido, Waldo Cesar, e nosso amigo, o poeta Armando Freitas Filho, incentivador constante, revisor perspicaz e competente.

Assim, estaremos dando seguimento ao trabalho exigentemente criador de Ana C.

Maria Luiza Cesar

ensaios sobre tradução literária

NÃO SEI SE É UMA TENDÊNCIA, mas quero crer que o ensaio, hoje, anda incorporando mais livremente a especulação, a incerteza, a contingência de quem o faz, sem os rigores metodológicos e os fatalismos teóricos de antes.

Se é assim, este novo livro de Ana Cristina é a expressão cabal desse destino que se quer desconcertante. Nele, vamos encontrar, com diferentes alcances, textos sobre tradução onde a graça, a originalidade e a elegância de sua inteligência aparecem com toda a força.

É isso tudo que nos chega através da versão exemplar, límpida e cursiva que Maria Luiza Cesar conseguiu obter do original em inglês. Mais: temos, muitas vezes, a impressão que não estamos lendo, mas sim ouvindo Ana Cristina expor, de viva voz, suas experiências e tentativas, sujeitas a ríspidas e rápidas revisões, sem disfarces eruditos, mas apoiadas, sempre, em sua ironia tão peculiar quanto inesquecível.

Portanto, este é um livro de poeta que não quer ser scholar, somente. E de poeta que sabe que a mão que escreve pode se dar ao luxo de devanear, ao correr da pena, e encontrar, por vias não ortodoxas, soluções novas e imprevistas.

Armando Freitas Filho
Texto para contracapa da primeira edição
de *Escritos da Inglaterra*

O conto “Bliss” anotado

... ou “PAIXÃO E TÉCNICA:
tradução, em língua portuguesa,
do conto ‘Bliss’, de Katherine Mansfield,
seguida de oitenta anotações”

Tenho paixão pela técnica. Tenho paixão por transformar o que estou fazendo em algo completo — se é que me entendem. Acredito que é da técnica que nasce o verdadeiro estilo. Não há atalhos nesse caminho.

Escolhi não apenas o comprimento de cada frase, mas até mesmo o som de cada frase. Escolhi a cadência de cada parágrafo, até conseguir que eles ficassem inteiramente ajustados às frases, criados para elas naquele exato dia e momento. Depois leio o que escrevi em voz alta — inúmeras vezes —, como alguém que estivesse repassando uma peça musical — tentando chegar cada vez mais perto da expressão perfeita, até lograr alcançá-la por completo.

Quero escrever uma espécie de longa elegia... Talvez não em forma de poesia, nem tampouco em prosa. Quase certamente numa espécie de prosa especial.

Katherine Mansfield, *Diário*

introdução

I.

As notas de pé de página constituem, em geral, a parte menos importante de um ensaio. Sua localização dentro da página corrobora esse fato. Podemos deixar de lê-las, quando o interesse pelo conjunto da obra é muito grande. Ou podemos estudá-las cuidadosamente, quando estamos mais interessados em detalhes microscópicos, digressões eruditas, fontes informativas, bibliografia obscura (às vezes, tudo isso nos proporciona até grande prazer, como no livro *Annotated Alice*, de Martin Gardner, o que não parece ser o caso na maioria das obras acadêmicas). Alguns escritores particularmente interessados em facilitar a leitura de seus trabalhos tentam reduzir ao máximo o número dessas notas e até mesmo as eliminam completamente. Outros, porém, se regozijam com a maior quantidade possível de numerozinhos espalhados pelo texto — como sinais evidentes da fecundidade de suas pesquisas de background, que poderiam passar despercebidas aos olhos do leitor, não fosse aquele o recurso usado para atraí-lo.

Isso não acontece neste ensaio. Aqui, as notas, essencialmente discretas, são promovidas à categoria da própria substância do texto. Trata-se, na realidade, de uma dissertação formada por notas de pé de página, expressão essa que deixa de ter propriedade, uma vez que as notas ultrapassam o espaço reduzido de um pé de página e passam, efetivamente, a ocupar o lugar mais privilegiado. Inicialmente, não tive essa intenção. Pretendia escrever um ensaio geral sobre a tradução para o português do conto "Bliss", de Katherine Mansfield, complementando-o com notas de pé de página, que abarcariam problemas específicos. Mas o processo se subverteu espontaneamente (ou se inverteu) e logo ficou evidente que as notas haviam absorvido toda a substância primordial do ensaio "a respeito da tradução". Mais ainda: as oitenta notas acabaram ficando mais extensas do que a própria história ou sua tradução e foram desvendando gradualmente a forma como o processo de tradução estava se efetuando; elas convergem, passo a passo, para os movimentos da mão e da mente do tradutor, incluindo digressões que não são eruditas, problemas de interpretação literária e algumas perplexidades sobres os próprios personagens, que não puderam ser adequadamente resolvidas. Assim sendo, as notas seguem a trilha do meu pensamento durante a tradução e tentam dar-lhe caráter gráfico (na medida do possível).

Examinando-as retrospectivamente, percebo seu caráter analítico ou dialético (ou, de preferência, seu movimento descentralizador), e sinto necessidade de uma síntese que vá invertendo esse processo, ou, pelo menos, de algo estrutural que possa evidenciar o padrão oculto por detrás dessas oitenta notas. Eu sabia que espécie de padrão poderia surgir daí, mas a tabulação das notas proporcionou-me novas perspectivas.

Como poderia classificar as oitenta notas da minha tradução de "Bliss", de Katherine Mansfield?

O primeiro tipo de notas (talvez o mais evidente) se relaciona com *problemas gerais de interpretação* ou com questões mais amplas, que provavelmente poderiam constituir, em outra situação, a base de um estudo individual de "Bliss". São essas, em geral, as notas mais extensas, podendo incluir citações e referências a estudos sobre KM. Do ponto de vista psicológico, elas podem revelar, por vezes, a gênese de meu interesse pelo conto "Bliss" e podem revelar, ainda, minha insistência em determinados pontos — coisa que poderia, futuramente, constituir um estudo sobre a personalidade literária de KM. Não constituiu coincidência alguma o fato de que, ao mesmo tempo que eu traduzia o conto "Bliss", ia mergulhando, paralelamente, no diário de KM, em suas cartas e biografias. Um leitor atento afirmou: "Não consigo pensar em KM apenas em termos de autora literária. Ela ocupa lugar de destaque entre os escritores modernos que primam pela originalidade e subjetividade e, em seu caso, ficção e autobiografia constituem uma única e indivisível composição".[1]

Não chegarei ao extremo de buscar traços de "ser" de KM no conto "Bliss", o que já foi feito por outro ensaísta.[2] No entanto, na qualidade de autora, essa fusão de ficção e de autobiografia me seduz. E, na qualidade de tradutora — alguém que procura absorver e reproduzir em outra língua a presença literária de um autor —, não consegui deixar de estabelecer uma relação pessoal entre "Bliss" e a figura de KM. É possível que aquilo que chamei de "notas de caráter geral" não alcance inteiramente o objetivo proposto. Nelas poderemos encontrar, principalmente, o embrião de uma leitura pessoal, em vez de comentários de problemas técnicos que a tradução apresenta. Na realidade, esses dois processos se fundiam constantemente no decorrer da tradução, ficando, portanto, menos patente a distinção entre o que era intervenção pessoal e técnica específica.

Nessa primeira categoria inclui-se, obviamente, a nota I sobre a palavra "bliss" e suas implicações; há outra sobre a separação entre a criança e o adulto, em KM, que se relaciona com a primeira e, de certa forma, lhe dá seguimento. Outra nota trata das imagens relacionadas com comida, evitando possíveis conclusões psicanalíticas. Há ainda notas secundárias sobre o símbolo da pereira e sobre a presença de uma babá, aparentemente sem importância na história.

Surpreendentemente, o tipo de notas mais frequente se relaciona com *problemas de sintaxe*: há mais de quinze notas nessa categoria — o que poderia ser sinal de que esse aspecto constitui um dos problemas fundamentais da tradução em prosa. A maioria (cerca de dez notas) se inspirou na necessidade de contração sintática e de economia, visto que a língua portuguesa é, intrinsecamente, menos econômica do que a língua inglesa. Por isso fui compelida, frequentemente, a contrair a sintaxe, a fim de conseguir um enunciado mais sintético em português — pelo menos do ponto de vista literal. E havia giros sintáticos em inglês que não teriam correspondência em português, pelo menos do ponto de vista literal. Esse procedimento incluiu a supressão consciente de pronomes supérfluos, a condensação de dois ou três períodos diferentes através de estruturas subordinativas e, às vezes, a alteração na ordem das palavras, para se conseguir melhor ritmo e tensão. Na realidade, creio que o interesse pelo ritmo da prosa estava sempre orientando toda e qualquer intervenção sintática, visto que é no nível sintático que o ritmo da prosa é trabalhado, como demonstrou Amado Alonso.[3]

Outro tipo de nota, estreitamente relacionado com a primeira categoria, poderia ser encarado como algo que revela, mais claramente, minhas próprias *idiossincrasias estilísticas*, isto é, aquelas alterações arbitrárias movidas pelo desejo de um "melhor resultado estilístico". Há casos simples, como a falta de marcação de um parágrafo (nota 35), ou então a repetição da mesma palavra, para a criação de uma pausa rítmica inexistente no original (nota 24), ou ainda uma explicação sobre a manutenção do tratamento "Miss", em relação a Pearl Fulton (nota 25). Algumas alterações sintáticas específicas tornam o paralelismo mais transparente ou a repetição mais evidente, como na nota 11. Por vezes, altero significativamente a adjetivação para poder empregar uma palavra mais expressiva em português ou para evitar o acúmulo de adjetivos que são naturais na língua inglesa. Assim, "a big cluster of purple ones" passa a ser "um cacho repleto de uvas vermelhas" (nota 11) e "a bright glowing place" se reduz à palavra "ardência" (nota 9). Às vezes, opto por uma expressão menos precisa, por amor à eufonia (como na nota 10), e outras vezes a alteração semântica tem como objetivo maior precisão (como na nota 33).

A principal intervenção idiossincrática se centralizou contudo no problema de *dicção e de tom*. Em "Bliss", a oposição entre o poético e o prosaico ultrapassa o campo estilístico e tem algo a ver com o tema da história e seu mais profundo significado — como tratarei de demonstrar adiante. Descobri, assim, que estava conscientemente trabalhando a dicção e o tom, em determinados trechos-chave, que expressam uma percepção e sensibilidade especiais por parte de Bertha Young, sob o encantamento de seu "Bliss". Nesses trechos (ver notas 30, 31, 49, 52, 59, 75, entre outras) eu me preocupava mais com o estudo da dicção e do tom do que com uma tradução exata, o que me levou a empregar palavras portuguesas mais ricas e também recursos de natureza poética. Algumas vezes não hesitei em traduzir palavras inglesas de uso comum por termos, em português, de caráter inteiramente *literário*, desde que o resultado obtido resultasse "natural" e corrente.

Algumas notas explicam as soluções que encontrei para alguns tiques estilísticos de KM em "Bliss", tais como a interação emocional de palavras, a repetição de determinada frase em diferentes momentos da história, ou uma espécie de refrão sutil (ver notas 4, 7, 78, 80).

Por vezes, tive que enfrentar problemas de caráter genérico bastante frequentes na tradução de prosa, do inglês para o português. Entre eles, o comportamento linguístico específico do pronome em ambas as línguas (como expliquei na nota 8) e a tradução de diálogos, especialmente quando continham expressões idiomáticas e objetivavam a caracterização (as notas 21 e 23 se referem à linguagem de Nanny; as notas 37, 39 e 40, à vivacidade de linguagem do sr. e da sra. Knight; as notas 41, 73 e 74, à entonação do simplório Eddie Warren).

Outras vezes, me deparei com formas de expressão tipicamente anglo-saxônicas ou com recursos estilísticos que simplesmente não existiam em português. Uma tradução exata tornava-se, assim, impossível e tive que empregar a forma semântica mais aproximada, ou então a paráfrase, como se pode ver no caso de frase com verbos acompanhados de preposições, tais como *toss away*, *stretch up*, *rush into*, *creep across* etc., e em certos verbos que indicam um movimento preciso. Às vezes, eu tinha que recorrer a um advérbio extra, para obter uma tradução mais exata.

Por outro lado, consegui, às vezes, usar recursos inexistentes na língua inglesa e perfeitamente possíveis numa língua latina, como o português. O recurso mais frequente foi o uso do imperfeito do indicativo (ver notas 26, 47, 62, 67 e 71), que acrescenta uma certa sutileza aos modos verbais e à tensão da história.

Às vezes, a presença do leitor virtual ficava mais forte e eu me detinha em explicar detalhadamente uma metáfora obscura (por exemplo, as "pregas do vestido" de Bertha, na nota 36); não repeti, porém, o processo, na frase em que o monóculo de Norman Knight é denominado de "estufa" (nota 63). Foi também pensando no leitor (brasileiro) que decidi manter uma ou duas notas, caso a tradução de "Bliss" fosse publicada no Brasil (talvez a nota 1, sobre a intraduzível palavra "bliss"; a 29, sobre a pereira, e a 64, sobre peixe e batatas fritas).

Durante a tradução de "Bliss", não tive que enfrentar muitos problemas difíceis, que exigissem pesquisas, engenho e capacidade de invenção por parte do tradutor. Dois pequenos desafios desse tipo surgiram no momento de traduzir os apelidos "Face and Mug", na citação com rimas que o sr. Norman Knight recita ("This is a sad, sad fall! When the perambulator comes into the hall") e na referência ao jogo fora de moda, que consiste em fazer rodar um aro na frente da criança.

Ao redigir estas oitenta notas, não pude evitar algumas exclamações subjetivas (impróprias de um tradutor). Espero que o leitor atento e culto releve o fato.

II.

Até o momento, tentei grupar e classificar as notas, a fim de estabelecer um tipo de tabulação que desvendasse o movimento e os motivos ocultos por detrás da tradução. Seria interessante passar da classificação para a distribuição das notas no texto. Veremos que elas se distribuem de forma bastante desigual: algumas páginas estão sobrecarregadas de notas, em outras aparece um ou outro comentário. O que foi que determinou essa flutuação?

Pode-se verificar que as notas tendem a se concentrar nas páginas 1, 2, 6, 11, 14, 18, 19, numa disposição quase simétrica. Se relacionarmos essa distribuição com o *conteúdo* da história, veremos que as notas tendem a concentrar-se exatamente nos "momentos centrais", isto é, nas partes da história que apontam diretamente para o êxtase de Bertha. Na primeira página, os primeiros "sintomas" do êxtase de Bertha são descritos: gestos impetuosos de alegria, riso súbito, o sol queimando dentro do peito, um ar de revolta contra os códigos da civilização. A página 2 transmite uma forte consciência da beleza sensual das coisas, tal como frutos macios, combinação de cores, formas redondas, jogo de luz e sombra na sala de jantar: os objetos do dia a dia parecem, repentinamente, estar arrumados numa composição perfeita. Na página 6 aparece, de novo, uma relação apaixonada com os objetos do salão: as almofadas, que inicialmente davam impressão de desordem, são depois abraçadas com paixão. Aparece depois a pereira, com toda a sua exuberância e, numa visão aziaga, os dois gatos que rastejam pelo jardim. Depois, essa relação estranha com objetos não humanos é substituída pela presença de outras pessoas: na página 11 surge o contato com o braço de outra mulher, a sensação de uma compreensão perfeita e inigualável. Na página 14, Pearl faz um "sinal", as duas mulheres contemplam o jardim e Bertha mergulha num clímax de identificação silenciosa, que combina perfeitamente com a visão da árvore em flor, sob o luar. As duas páginas finais trazem a demolição final do êxtase — é o sentido da realidade que desfecha o golpe final.

Uma tradução anotada pode ser encarada como tarefa fundamentalmente técnica. No entanto, se nos indagarmos sobre as razões que levam à concentração de notas em determinados momentos da história, concluiremos que o comentário técnico é inconscientemente conduzido por pontos literários centrífugos, isto é, pelo *conteúdo*. O tradutor se vê mais envolvido (pessoal e profissionalmente) pelos trechos em que a história se intensifica, sentindo, assim, maior necessidade de explicá-la.

Reparei que as páginas mais anotadas se distribuíam de forma "quase simétrica"; esse fato se deve aos movimentos regulares da própria história, aos movimentos de seu conteúdo, que ora se expandem, ora se contraem. Nas notas de pé de página, expresso o que penso ser a tarefa do tradutor — e esse fato vai acompanhando as variações estruturais da história. No caso de "Bliss", essas variações não são orientadas por fatores "externos", tais como trama e tempo, nem mesmo pela alternância clássica entre o mostrar e o narrar, entre a cena e o panorama, ou entre o mundo subjetivo e o mundo objetivo, entre o lírico e o dramático. A estrutura narrativa da história parece-me ser basicamente ditada e organizada pelo *tom*, que está em perpétua (e simétrica) oscilação. É essa oscilação que dá origem à estrutura e sua respectiva regularidade.

Segundo a definição de R. B. Heilman, "Bliss" constitui exemplo típico de "ficção em dois tons", isto é, uma narrativa cujo impacto nos faz intuir uma espécie de "ruptura ou discórdia" entre duas qualidades de tom. Não é nada que lembre uma associação de efeitos genéricos diferentes; o conto "Bliss" "nos obriga a observar problemas ou dificuldades que são divergentes, embora não sejam irreconciliáveis; é essa divergência que induz à investigação".[1]

Como é que esse processo se efetua em "Bliss"? Para chegarmos a uma resposta, é importante destacar que a história é narrada de um ponto de vista limitado, daquilo que alguns autores chamam de "onisciência seletiva":[2] o leitor se prende à mente de um dos personagens, mas, apesar disso, a história é narrada por uma terceira pessoa, o narrador. Trata-se, portanto, de uma história com um "centro" ou "foco" narrativo e, no entanto, sem que se abandone a terceira pessoa e os diálogos, a ação é delineada pela maneira de ser (ou pela consciência) de um dos personagens da história. Ao adotar esse ponto de vista, o autor busca limitar as funções de sua intervenção pessoal e a quantidade de informações a que ele poderia ter acesso. Esse tipo de narração faz com que "o leitor sinta que a ação está sendo filtrada através da consciência de um dos personagens e, ao mesmo tempo, se aperceba disso *diretamente*, paralelamente ao que acontece com o personagem em questão; assim, se evita um movimento de distanciamento exigido pela narração retrospectiva na primeira pessoa".[3] No livro *The Craft of Fiction*, Henry James afirma que "a diferença é esta: em vez de recebermos a mensagem do personagem, vivemos junto com ele o ato de julgar e refletir. Seu modo de ser (ou sua consciência) se revela perante nós, em toda a sua vivacidade original deixara de ser mero assunto de uma história qualquer ou assunto transmitido através da fidedignidade do personagem".[4]

A *agitação inicial* da mente de Bertha, no início da história, é singelamente transmitida por um narrador na terceira pessoa. No entanto, logo percebemos claramente que essa voz prefere dramatizar as percepções mentais da personagem, em vez de narrá-las apenas. Nota-se esse fato, pela primeira vez, quando constatamos que a narração inicial está se transformando, pouco a pouco, num apelo mais direto: "O que fazer se aos trinta anos, de repente, ao dobrar uma esquina, você é invadida por uma sensação de êxtase — absoluto êxtase!".

Gradualmente, e cada vez com maior clareza, percebemos que teremos que aceitar o quase imperceptível contraponto entre a voz do narrador e a voz de Bertha, paralelamente ao ponto de vista da "onisciência seletiva". Numa segunda leitura, pode-se, em geral, indicar o momento em que as palavras de Bertha se infiltraram nas do narrador. Não se trata propriamente de uma contradição entre as duas vezes, mas, talvez, de uma estranha tensão. Bertha é menos articulada e mais ingênua e não tem tanta facilidade de expressão como o narrador, o que fica, às vezes, demasiado óbvio: "Harry estava degustando o jantar com prazer. Era parte da sua — não bem da sua natureza, e certamente não da sua pose — bem, ou de uma coisa ou de outra — falar de comida...". Outras vezes, o uso do estilo indireto livre, em vez da falta de articulação e visão limitada de Bertha, revela mais intensamente uma profunda perplexidade: "Mas agora — ardentemente! ardentemente! A palavra doía no seu corpo ardente! Era para aí que a levava toda aquela sensação de êxtase? Mas então, então...".

Em resumo, podemos afirmar que o ponto de vista de "Bliss" é o da "onisciência seletiva", que assume formas básicas regularmente alternadas:

— Estilo indireto livre: o narrador fala com palavras que somente Bertha poderia usar. Daí a falta de articulação, as perguntas constantes e exclamações, ou a clara manifestação de preconceitos e de julgamentos. Nesse caso, a distância entre personagem e narrador é marcante e é possível detectar uma ironia velada por parte do narrador.

— Onisciência seletiva evidente: o narrador parte do ponto de vista do protagonista, mas não se "rende" às palavras que ele deveria usar; descreve o que Bertha sente, pensa, vê e escuta, incluindo o cenário geral (diálogo, outros personagens). Poderíamos até afirmar que temos à nossa frente um narrador isento, que usa a terceira pessoa e se mantém num prudente distanciamento em relação à história, recorrendo a certas frases extremamente curtas, a "indicações de cena" e, especialmente, à parte final da história, quando o narrador "finalmente se esmera em desaparecer do cenário, parecendo anular-se".[5] Mas em todos os demais casos, existe estreita relação entre o narrador e o personagem. Há momentos cruciais, em que o narrador está tentando revelar os instantes difíceis de "iluminação", causados pelo êxtase de Bertha: neles não aparece nenhuma ironia, mas respeito e identificação. Sendo mais articulado, o narrador pode transmitir algo daquele êxtase, sem se fazer passar por tolo — e pode até mesmo aventurar-se a usar linguagem "poética". O distanciamento é rapidamente abolido, mesmo que reapareça no próximo parágrafo.

Essas variações não ameaçam a solidez do ponto de vista. Indicam apenas que a distância entre narrador e personagem está, na história, em estado de permanente flutuação. Quer nos aproximemos, quer nos afastemos, o ângulo de visão é sempre o mesmo. Dessa forma, "Bliss" é uma história que pode ser definida através da consistência do ponto de vista, par a par com a falta de consistência — ou oscilação — do tom.

Em outras palavras, há mudanças marcantes de tom, que em geral são abruptas. A narração ora tende para o "poético", revelando a seriedade do narrador em relação ao assunto, ora é claramente "prosaica", revelando um olhar implícito de ironia. Daí o tom *mundano* de todas as conversas, que podem ser fúteis, cruéis, brilhantes ("Encontrei com ela no Alpha Show — uma criaturinha esquisitíssima..."/ "Minha querida, não me pergunte nada sobre o bebê. Eu nunca vejo a minha filha. E não vou me interessar o mínimo até o dia em que ela arranjar um amante..."/ "O problema com os nossos novos escritores é que eles ainda são românticos demais..."); daí o tom *tolo* das reflexões ou justificativas de Bertha, a respeito de sua própria situação (por exemplo: "Era verdade — ela tinha tudo..." ou "Eles eram tão francos um com o outro — tão bons companheiros. Nisso residia o melhor de ser moderno"); o tom *sinistro* ou ameaçador que se entrevê por breves momentos ("Junto com essas últimas palavras, alguma coisa de estranho e quase aterrorizante cruzou o seu pensamento..."); o tom *lírico*, nos momentos em que Bertha é invadida por forte sensação de êxtase ("Por quanto tempo elas ficaram ali? Era como se as duas estivessem presas naquele círculo de luz extraterrena, entendendo-se uma à outra perfeitamente, criaturas de um outro mundo, perguntando-se o que fazer neste mundo com todo aquele tesouro sublime...”); o tom *neutro* do narrador que apenas está dando indicações de cena (“disse”, “pensou” etc.).

O que dissemos acima pode, de certa forma, nos confundir. Não acredito que haja nem rompimento, nem desarmonia entre os diferentes tons que atravessam a história. Concordo com Heilman nesse ponto e considero que essas discrepâncias de tom podem se reduzir a um rompimento básico entre duas qualidades tonais: a intenção séria e a intenção irônica. Os limites entre as duas intenções nem sempre são óbvios, mas a tensão está sempre presente. Às vezes, é impossível estabelecer diferenciações claras: mesmo assim, o tradutor deveria estar consciente da existência da tensão, tentando, talvez, entender o porquê desse fato. Heilman afirma que esse rompimento “pode surgir quando o autor parece possuir ‘intenções diferentes’, que alternadamente comandam a situação: ou quando ele é dominado (talvez inconscientemente) por alguma sutil mudança de atitude. O rompimento também se verifica quando o autor responde de forma variada a um personagem ou situação; ou então, num nível mais profundo, quando ele apresenta contradições emocionais que se expressam em elementos ficcionais de impacto não totalmente coerente”.[6] De qualquer maneira, em “Bliss” essa tensão é um elemento perturbador e fica difícil afirmar que ela é sinal de fraqueza ou, ao contrário, sinal de uma visão mais profunda dentro da complexidade da situação.

O tema do “autor-dividido”, que amplia o tema da variedade de tons, aparece em algumas notas, especialmente na nota 6. Creio que a tradução deve dar solução às ambiguidades gerais criadas pela relação entre autor/narrador/personagem/leitor. Nos momentos em que a ambiguidade era demasiado intensa (sendo impossível determinar a posição exata do narrador em relação às sensações do personagem), fui, às vezes, obrigada a fazer uma opção: na escolha de uma palavra, num determinado giro sintático. Minha tendência foi optar pela "intenção séria", como se vê claramente na nota 6. Provavelmente tive a intenção de salvar "Bliss" de excesso de cortes, de uma certa "inteligência" própria de autor — de algo que fazia parte da natureza de KM. Mas já estamos indo longe demais.

bliss[I]

ALTHOUGH BERTHA YOUNG was thirty[2] she still had moments like this when she wanted to run instead of walk, to take dancing steps on and off the pavement, to bowl a hoop,[3] to throw something up in the air and catch it again, or to stand still and laugh at — nothing — at nothing, simply.[4]

What can you do if you are thirty and, turning the corner of your own street, you are overcome, suddenly, by a feeling of bliss — absolute bliss! — as though you'd suddenly swallowed a bright piece of that late afternoon sun[5] and it burned in your bosom, sending out a little shower of sparks into every particle, into every finger and toe?...[6]

Oh, is there no way you can express it without being "drunk and disorderly"? How idiotic civilisation is! Why be given a body if you have to keep it shut up in a case like a rare, rare fiddle?[7]

"No, that about the fiddle is not quite what I mean", she thought,[8] running up the steps and feeling in her bag for the key — she'd forgotten it, as usual — and rattling the letter-box. "It's not what I mean, because — Thank you, Mary" — she went into the hall. "Is nurse back?"

"Yes, M'm."

"And has the fruit come?"

"Yes, M'm. Everything's come."

"Bring the fruit up to the dining-room, will you? I'll arrange it before I go upstairs."

It was dusky in the dining-room and quite chilly. But all the same Bertha threw off her coat; she could not bear the tight clasp of it another moment, and the cold air fell on her arms.

But in her bosom there was still that bright glowing place — that shower of little sparks coming from it.[9] It was almost unbearable. She hardly dared to breathe for fear of fanning it higher, and yet she breathed deeply, deeply. She hardly dared to look into the cold mirror — but she did look, and it gave her back a woman, radiant, with smiling, trembling lips, with big, dark eyes and an air of listening, waiting for something... divine to happen... that she knew must happen... infallibly.

Mary brought in the fruit on a tray and with it a glass bowl, and a blue dish, very lovely, with a strange sheen on it as though it had been dipped in milk.

"Shall I turn on the light, M'm?"

"No, thank you. I can see quite well."

There were tangerines and apples stained with strawberry pink.[10] Some yellow pears, smooth as silk, some white grapes covered with a silver bloom and a big cluster of purple ones.[11] These last she had bought to tone in with the new dining-room carpet.[12] Yes, that did sound rather far-fetched and absurd, but it was really why she had bought them.[13] She had thought in the shop: "I must have some purple ones to bring the carpet up to the table". And it had seemed quite sense at the time.[14]

When she had finished with them and had made two pyramids of these bright round shapes,[15] she stood away from the table to get the effect — and it really was most curious. For the dark table seemed to melt into the dusky light[16] and the glass dish and the blue bowl to float in the air.[17] This, of course, in her present mood, was so incredibly beautiful...[18] She began to laugh.

"No, no. I'm getting hysterical." And she seized her bag and coat and ran upstairs to the nursery.

Nurse[19] sat at a low table giving Little B her supper after her bath. The baby had on a white flannel gown and a blue woollen jacket, and her dark, fine hair was brushed up into a funny little peak. She looked up when she saw her mother and began to jump.[20]

"Now, my love, eat it up like a good girl", said nurse, setting her lips in a way that Bertha knew, and that meant she had come into the nursery at another wrong moment.

"Has she been good, Nanny?"

"She's been a little sweet all the afternoon", whispered Nanny. "We went to the park and I sat down on a chair and took her out of the pram and a big dog came along and put its head on my knee and she clutched its ear, tugged it. Oh, you should have seen her."[21]

Bertha wanted to ask if it wasn't rather dangerous to let her clutch at a strange dog's ear. But she did not dare to. She stood watching them, her hands by her side,[22] like the poor little girl in front of the rich little girl with the doll.

The baby looked up at her again, stared, and then smiled so charmingly that Bertha couldn't help crying:

"Oh, Nanny, do let me finish giving her her supper while you put the bath things away."

"Well, M'm, she oughtn't to be changed hands while she's eating", said Nanny still whispering. "It unsettles her; it's very likely to upset her."

How absurd it was. Why have a baby if it has to be kept — not in a case like a rare, rare fiddle — but in another woman's arms?

"Oh, I must!" said she.

Very offended, Nanny handed her over.

"Now, don't excite her after her supper. You know you do, M'm. And I have such a time with her after!"[23]

Thank heaven! Nanny went out of the room with the bath towels.

"Now I've got you to myself, my little precious", said Bertha, as the baby leaned against her.

She ate delightfully, holding up her lips for the spoon and then waving her hands. Sometimes she wouldn't let the spoon go; and sometimes, just as Bertha had filled it, she waved it away to the four winds.

When the soup was finished Bertha turned round to the fire.

"You're nice — you're very nice!" said she, kissing her warm baby. "I'm fond of you. I like you."

And indeed, she loved Little B so much — her neck as she

bent forward, her exquisite toes as they shone transparent in the firelight — that all her feeling of bliss came back again, and again she didn't know how to express it — what to do with it.

"You're wanted on the telephone", said Nanny, coming back in triumph and seizing *her* Little B.

Down she flew. It was Harry.

"Oh, is that you, Ber? Look here. I'll be late. I'll take a taxi.

And come along as quickly as I can, but get dinner put back ten minutes — will you? All right?"

"Yes, perfectly. Oh, Harry!"

"Yes?"

What had she to say?[24] She'd nothing to say. She only wanted to get in touch with him for a moment. She couldn't absurdly cry: "Hasn't it been a divine day!".

"What is it?" rapped out the little voice.

"Nothing. *Entendu*", said Bertha, and hung up the receiver, thinking how much more than idiotic civilisation was.

They had people coming to dinner. The Norman Knights — a very sound couple — he was about to start a theatre, and she was awfully keen on interior decoration, a young man, Eddie Warren, who had just published a little book of poems and whom everybody was asking to dine, and a "find" of Bertha's called Pearl Fulton. What Miss Fulton[25] did, Bertha didn't know. They had met at the club and Bertha had fallen in love with her, as she always did fall in love with beautiful women who had something strange about them.

The provoking thing was that, though they had been about together and met a number of times and really talked, Bertha couldn't make her out. Up to a certain point Miss Fulton was rarely, wonderfully frank, but the certain point was there, and beyond that she would not go.

Was there anything beyond it? Harry said "No".[26] Voted her dullish, and "cold like all blonde women, with a touch, perhaps, of anaemia of the brain". But Bertha wouldn't agree with him; not yet, at any rate.

"No, the way she has of sitting with her head a little on one side, and smiling, has something behind it, Harry, and I must find out what that something is."

"Most likely it's a good stomach", answered Harry.

He made a point of catching Bertha's heels with replies of that kind... "liver frozen, my dear girl", or "pure flatulence", or "kidney disease",... and so on. For some strange reason Bertha liked this, and almost admired it in him very much.

She went into the drawing-room and lighted the fire; then, picking up the cushions, one by one, that Mary had disposed so carefully, she threw them back on to the chairs and the couches.[27] That made all the difference; the room came alive at once. As she was about to throw the last one she surprised herself by suddenly hugging it to her passionately, passionately.[28] But it did not put out the fire in her bosom. Oh, on the contrary!

The windows of the drawing-room opened on to a balcony overlooking the garden. At the far end, against the wall, there was a tall, slender pear tree[29] in fullest, richest bloom;[30] it stood perfect, as though becalmed against the jade-green sky. Bertha couldn't help feeling, even from this distance, that it had not a single bud or a faded petal.[31] Down below, in the garden beds, the red and yellow tulips, heavy with flowers, seemed to lean upon the dusk. A grey cat, dragging its belly, crept across the lawn,[32] and a black one, its shadow, trailed after. The sight of them,[33] so intent and so quick, gave Bertha a curious shiver.

"What creepy things cats are!" she stammered, and she turned away form the window and began walking up and down...

How strong the jonquils smelled in the warm room. Too strong? Oh, no. And yet, as though overcome, she flung down on a couch and pressed her hands to her eyes.

"I'm too happy — too happy!" she murmured.

And she seemed to see on her eyelids the lovely pear tree with its wide open blossoms as a symbol of her own life.

Really — really — she had everything. She was young. Harry and she were as much in love as ever, and they got on together splendidly and were really good pals. She had an adorable baby. They didn't have to worry about money.[34] They had this absolutely satisfactory house and garden. And friends — modern, thrilling friends, writers and painters and poets or people keen on social questions — just the kind of friends they wanted. And then there were books, and there was music, and she had found a wonderful little dressmaker, and they were going abroad in the summer, and their new cook made the most superb omelettes...

"I'm absurd. Absurd!" She sat up; but she felt quite dizzy, quite drunk. It must have been the spring.[35]

Yes, it was the spring. Now she was so tired she could not drag herself upstairs to dress.

A white dress, a string of jade beads, green shoes and stockings. It wasn't intentional. She had thought of this scheme hours before she stood at the drawing-room window.

Her petals[36] rustled softly into the hall, and she kissed Mrs. Norman Knight, who was taking off the most amusing orange coat with a procession of black monkeys round the hem and up the fronts.

"... Why! Why! Why is the middle-class so stodgy — so utterly without a sense of humour! My dear, it's only by a fluke that I am here at all — Norman being the protective fluke. For my darling monkeys so upset the train that it rose to a man and simply ate me with its eyes. Didn't laugh — wasn't amused — that I should have loved. No, just stared — and bored me through and through."[37]

"But the cream of it was", said Norman, pressing a large tortoise-shell-rimmed monocle into his eyes, "you don't mind me telling this, Face, do you?" (In their home and among their friends they called each other Face and Mug.)[38] "The cream of it was when she, being full fed, turned to the woman beside her and said: 'Haven't you ever seen a monkey before?'"

"Oh, yes!" Mrs. Norman Knight joined in the laughter. "Wasn't that too absolutely creamy?"[39]

And a funnier things still was that now her coat was off she did look like a very intelligent monkey — who had even made that yellow silk dress out of scraped banana skins. And her amber ear-rings: they were like little dangling nuts.

"This is a sad, sad fall!" said Mug, pausing in front of Little B's perambulator. "When the perambulator comes into the hall —" and he waved the rest of the quotation away.[40]

The bell rang. It was lean, pale Eddie Warren (as usual) in a state of acute distress.

"It *is* the right house, *isn't* it?", he pleaded.

"Oh, I think so — I hope so", said Bertha brightly.

"I have had such a dreadful experience with a taxi-man; he was *most* sinister. I couldn't get him to *stop*. The *more* I knocked and called the *faster* he went. And in the moonlight this *bizarre* figure with *the flattened* head *crouching* over the *lit-tle* wheel..."[41]

He shuddered, taking off an immense white silk scarf. Bertha noticed that his socks were white, too — most charming.

"But how dreadful!" she cried.

"Yes, it really was", said Eddie, following her into the drawing-room. "I saw myself *driving* through Eternity in a *timeless* taxi."

He knew the Norman Knights. In fact, he was going to write a play for NK when the theatre scheme came off.

"Well, Warren, how's the play?" said Norman Knight, dropping his monocle and giving his eye a moment in which to rise to the surface before it was screwed down again.

And Mrs. Norman Knight: "Oh, Mr. Warren, what happy socks?"

"I *am* so glad you like them", said he, staring at his feet. "They seem to have got so *much* whiter since the moon rose." And he turned his lean sorrowful young face to Bertha: "There *is* a moon, you know."

She wanted to cry: "I am sure there is — often — often!"

He really was a most attractive person. But so was Face, crouched before the fire in her banana skins, and so was Mug, smoking a cigarette and saying as he flicked the ash: "Why doth the bridegroom tarry?"

"There he is, now."

Bang went the front door open and shut. Harry shouted: "Hullo, you people. Down in five minutes." And they heard him swarm up the stairs. Bertha couldn't help smiling; she knew how he loved doing things at high pressure. What, after all, did an extra five minutes matter? But he would pretend to himself that they mattered beyond measure. And then he would make a great point of coming into the drawing-room extravagantly cool and collected.[42]

Harry had such a zest for life. Oh, how she appreciated it in him. And his passion for fighting — for seeking in everything that came up against him another test of his power and of his courage — that, too, she understood. Even when it made him just occasionally, to other people, who didn't know him well, a little ridiculous perhaps... For there were moments when he rushed into battle[43] where no battle was... She talked and laughed and positively forgot until he had come in (just as she had imagined) that Pearl Fulton had not turned up.

"I wonder if Miss Fulton has forgotten?"

"I expect so", said Harry. "Is she on the phone?"

"Ah! There's a taxi now." And Bertha smiled with that little air of proprietorship that she always assumed while her women finds were new and mysterious. "She lives in taxis."

"She'll run to fat if she does", said Harry coolly, ringing the bell for dinner. "Frightful danger for blonde women."

"Harry — don't!" warned Bertha, laughing up at him.

Came another tiny moment, while they waited, laughing and talking, just a trifle too much at their ease, a trifle too unaware. And then Miss Fulton, all in silver, with a silver fillet binding her pale blonde hair, came in smiling, her head a little on one side.

"Am I late?"

"No, not at all", said Bertha. "Come along." And she took her arm and they moved into the dining-room.[44]

What was there in the touch of that cool arm that could fan — fan — start blazing — blazing — the fire of bliss that Bertha did not know what to do with?[45]

Miss Fulton did not look at her; but then she seldom did look at people directly. Her heavy eyelids lay upon her eyes[46] and the strange half-smile came and went upon her lips as though she lived by listening rather than seeing. But Bertha knew,[47] suddenly, as if the longest, most intimate look had passed between them — as if they had said to each other:[48] "You, too?" — that Pearl Fulton, stirring the beautiful red soup in the grey plate, was feeling just what she was feeling.

And the others? Face and Mug, Eddie and Harry, their spoons rising and falling — dabbing their lips with their napkins, crumbling bread, fiddling with the forks and glasses and talking.[49]

"I met her at the Alpha show — the weirdest little person. She'd not only cut off her hair, but she seemed to have taken a dreadfully good snip off her legs and arms and her neck and her poor little nose as well."

"Isn't she very *liée* with Michael Oat?"

"The man who wrote *Love in False Teeth*?"

"He wants to write a play for me. One act. One man. Decides to commit suicide. Gives all the reasons why he should and why he shouldn't. And just as he has made up his mind either to do it or not to do it — curtain. Not half a bad idea."

"What's he going to call it — 'Stomach Trouble'?"

"I *think* I've come across the *same* idea in a lit-tle French review, *quite* unknown in England."[50]

No, they didn't share it. They were dears — dears — and she loved having them there, at her table, and giving them delicious food and wine. In fact, she longed to tell them how delightful they were, and what a decorative group they made, how they seemed to set one another off and how they reminded her of a play by Tchekof![51]

Harry was enjoying his dinner. It was part of his — well, not his nature, exactly, and certainly not his pose — his — something or other — to talk about food and to glory in his "shameless passion for the white flesh of the lobster" and "the green of pistachio ices — green and cold like the eyelids of Egyptian dancers."

When he looked up at her and said: "Bertha, this is a very admirable *soufflé*!" she almost could have wept with child-like pleasure.

Oh, why did she feel so tender towards the whole world tonight? Everything was good — was right. All that happened seemed to fill again her brimming cup of bliss.[52]

And still, in the back of her mind, there was the pear tree.[53] It would be silver now, in the light of poor dear Eddie's moon, silver as Miss Fulton, who sat there turning a tangerine in her slender fingers that were so pale a light seemed to come from them.

What she simply couldn't make out — what was miraculous — was how she should have guessed Miss Fulton's mood so exactly and so instantly. For she never doubted for a moment that she was right, and yet what had she to go on? Less than nothing.[54]

"I believe this does happen very, very rarely between women. Never between men", thought Bertha. "But while I am making the coffee in the drawing-room perhaps she will 'give a sign'."

What she meant by that she did not know, and what would happen after that she could not imagine.

While she thought like this she saw herself talking and laughing. She had to talk because of her desire to laugh.

"I must laugh or die."

But when she noticed Face's funny little habit of tucking something down the front of her bodice — as if she kept a tiny, secret hoard of nuts there, too — Bertha had to dig her nails into her hands — so as not to laugh too much.

It was over at last. And: "Come and see my new coffee machine", said Bertha.

"We only have a new coffee machine once a fortnight", said Harry. Face took her arm this time; Miss Fulton bent her head and followed after.[55]

The fire had died down in the drawing-room to a red, flickering "nest of baby phoenixes", said Face.[56]

"Don't turn up the light for a moment. It is so lovely." And down she crouched by the fire again. She was always cold...[57] "whithout her little red flannel jacket, of course", thought Bertha.[58]

At that moment Miss Fulton "gave the sign".

"Have you a garden?" said the cool, sleepy voice.

This was so exquisite on her part that all Bertha could do was to obey. She crossed the room, pulled the curtains apart, and opened those long windows.

"There!" she breathed.

And the two women stood side by side looking at the slender, flowering tree. Although it was so still it seemed, like the flame of a candle, to stretch up, to point, to quiver in the bright air, to grow taller and taller as they gazed — almost to touch the rim of the round, silver moon.[59]

How long did they stand there? Both, as it were, caught in that circle of unearthly light, understanding each other perfectly, creatures of another world, and wondering what they were to do in this one with all this blissful[60] treasure that burned in their bosoms[61] and dropped, in silver flowers, from their hair and hands?

For ever — for a moment? And did Miss Fulton murmur: "Yes. Just *that*". Or did Bertha dream it?

Then the light was snapped on and Face made[62] the coffee and Harry said: "My dear Mrs. Knight, don't ask me about my baby. I never see her. I shan't feel the slightest interest in her until she has a lover", and Mug took his eye out of the conservatory for a moment and then put it under glass again[63] and Eddie Warren drank his coffee and set down the cup with a face of anguish as though he had drunk and seen the spider.

"What I want to do is to give the young men a show. I believe London is simply teeming with first-chop, unwritten plays. What I want to say to 'em is: 'Here's the theatre. Fire ahead'."

"You know, my dear, I am going to decorate a room for the Jacob Nathans. Oh, I am so tempted to do a fried-fish scheme, with the backs of the chairs shaped like frying-pans and lovely chip potatoes embroidered all over the curtains."[64]

"The trouble with our young writing men is that they are still too romantic. You can't put out to sea without being sea-sick and wanting a basin.[65] Well, why won't they have the courage of those basins?"

"A *dreadful* poem about a *girl* who was *violated* by a beggar *without* a nose in a lit-tle wood..."

Miss Fulton sank into the lowest, deepest chair and Harry handled round the cigarettes.

From the way he stood in front of her shaking the silver box and saying abruptly: "Egyptian? Turkish? Virginian? They're all mixed up", Bertha realised that she not only bored him; he really disliked her. And she decided[66] from the way Miss Fulton said: "No, thank you, I won't smoke", that she felt it too, and was hurt.

"Oh, Harry, don't dislike her. You are quite wrong about her. She's wonderful, wonderful. And, besides, how can you feel so differently about someone who means so much to me. I shall try to tell you when we are in bed to-night what has been happening. What she and I have shared."

At those last words something strange and almost terrifying darted into Bertha's mind. And this something blind and smiling whispered to her:[67] "Soon these people will go. The house will be quiet — quiet. The lights will be out.[68] And you and he will be alone together in the dark room — the warm bed..."

She jumped from her chair and ran over to the piano.

"What a pity someone does not play!" she cried. "What a pity somebody does not play."

For the first time in her life Bertha Young desired her husband.

Oh, she'd loved him — she'd been in love with him, of course, in every other way, but just not in that way. And equally, of course, she'd understood that he was different. They'd discussed it so often. It had worried her dreadfully at first to find that she was so cold, but after a time it had not seemed to matter.

They were so frank with each other — such good pals. That was the best of being modern.

But now — ardently! ardently! The word ached in her ardent body! Was this what that feeling of bliss had been leading up to? But then, then —

"My dear", said Mrs. Norman Knight, "you know our shame. We are victims of time and train. We live in Hampstead. It's been so nice."

"I'll come with you into the hall", said Bertha. "I loved having you. But you must not miss the last train.[59] That's so awful, isn't it?"

"Have a whisky, Knight, before you go?" called Harry.

"No, thanks, old chap."

Bertha squeezed his hand for that as she shook it.

"Good night, good-bye", she cried from the top step, feeling that this self of hers was taking leave of them for ever.

When she got back into the drawing-room the others were on the move.

"...Then you can come part of the way in my taxi."

"I shall be *so* thankful *not* to have to face *another* drive *alone* after my *dreadful* experience."

"You can get a taxi at the rank just at the end of the street. You won't have to walk more than a few yards."

"That's a comfort. I'll go and put on my coat."

Miss Fulton moved towards the hall and Bertha was following when Harry almost pushed past.

"Let me help you."

Bertha knew that he was repenting his rudeness — she let him go. What a boy he was in some ways — so impulsive — so simple.

And Eddie and she were left by the fire.

"I *wonder* if you have seen Bilks's *new* poem called 'Table d'Hôte'", said Eddie softly. "It's *so* wonderful. In the last Anthology. Have you got a copy? I'd *so* like to *show* it to you. It begins with an *incredibly* beautiful line: 'Why Must it Always Be Tomato Soup?'."

"Yes", said Bertha. And she moved noiselessly to a table opposite the drawing-room door and Eddie glided noiselessly after her. She picked up the little book and gave it to him; they had not made a sound.

While he looked it up she turned her head towards the hall. And then she saw… Harry with Miss Fulton's coat in his arms and Miss Fulton with her back turned to him and her head bent. He tossed the coat away,[70] put his hands on her shoulders and turned her violently to him. His lips said:[71] "I adore you", and Miss Fulton laid her moonbeam fingers on his cheeks and smiled her sleepy smile. Harry's nostrils quivered; his lips curled back in a hideous grin while he whispered:[72] "To-morrow", and with her eyelids[73] Miss Fulton said: "Yes".

"Here it is", said Eddie. "'Why Must it Always Be Tomato Soup?' It's so *deeply* true, don't you feel? Tomato soup is so *dreadfully* eternal."[74]

"If you prefer", said Harry's voice, very loud, from the hall, "I can phone you a cab to come to the door."

"Oh, no. It's not necessary", said Miss Fulton, and she came up to Bertha and gave her the slender fingers to hold.[75]

"Good-bye. Thank you so much."

"Good-bye", said Bertha.

Miss Fulton held her hand a moment longer.[76]

"Your lovely pear tree!" she murmured.[77]

And then she was gone, with Eddie following, like the black cat following the gray cat.

"I'll shut up shop", said Harry, extravagantly cool and collected.

"Your lovely pear tree — pear tree — pear tree!"[78]

Bertha simply ran over to the long windows.[79]

"Oh, what is going to happen now?", she cried.

But the pear tree was as lovely as ever and as full of flower and as still.[80]

êxtase (bliss)[I]

APESAR DOS SEUS TRINTA ANOS,[2] Bertha Young ainda tinha desses momento em que ela queria correr em vez de caminhar, ensaiar passos de dança subindo e descendo da calçada, sair rolando um aro pela rua,[3] jogar qualquer coisa para o alto e agarrar outra vez em pleno ar, ou apenas ficar quieta e simplesmente rir — rir — à toa.[4]

O que fazer se aos trinta anos, de repente, ao dobrar uma esquina, você é invadida por uma sensação de êxtase — absoluto êxtase! — como se você tivesse de repente engolido o sol de fim de tarde[5] e ele queimasse dentro do seu peito, irradiando centelhas para cada partícula, para cada extremidade do seu corpo?[6]

Não há como explicar isso sem soar "bêbado e desordeiro"? Que idiota que é a civilização! Para que então ter um corpo se é preciso mantê-lo trancado num estojo, como um violino muito raro?[7]

"Não, isso de violino, não é bem o que eu quero dizer", pensou Bertha[8] correndo escada acima e catando na bolsa a chave — que ela esquecera, como sempre — e sacudindo a caixa do correio. "Não é bem isso, porque — obrigada, Mary", disse entrando no vestíbulo, "a babá já voltou?".

"Já, sim senhora."

"E as frutas, chegaram?"

"Sim, senhora. Já chegou tudo."

"Traga as frutas para a sala de jantar, por favor, que eu quero fazer um arranjo antes de subir."

Estava escuro e um tanto frio na sala de jantar. Mesmo assim Bertha tirou fora o casaco: impossível suportá-lo apertado contra o corpo mais um minuto que fosse; e o ar frio bateu nos seus braços.

Mas no seu peito ainda havia aquela ardência — aquela irradiação de centelhas que queimavam.[9] Era quase insuportável. Bertha mal ousava respirar com medo de atiçar esse fogo e, no entanto, ela respirava, respirava profundamente. Mal ousava se olhar no espelho gelado — mas olhou sim, e o espelho devolveu uma mulher radiante, com lábios que sorriam, que tremiam, e olhos grandes, escuros, e um ar de escuta, de expectativa de que alguma coisa... divina acontecesse... que ela sabia que tinha de acontecer... infalivelmente.

Mary trouxe as frutas numa bandeja e uma travessa de louça, e um prato azul muito lindo, com um estranho brilho, como se tivesse sido banhado em leite.

"Posso acender a luz, madame?"

"Não, obrigada. Ainda está dando para ver."

Havia tangerinas e maçãs tocadas por manchas avermelhadas.[10] Havia peras amarelas lisas como seda, uvas brancas cobertas por uma floração prateada, e um cacho repleto de uvas vermelhas,[11] comprado especialmente para combinar com os tons do novo tapete da sala.[12] Que ideia pomposa e absurda! Mas na verdade ela havia comprado as uvas exatamente por essa razão.[13] "Eu preciso daquelas uvas vermelhas para puxar o tapete para a mesa", ela pensara na loja, e o seu desejo lhe parecera então absolutamente sensato.[14]

Ao terminar o arranjo — duas pirâmides de brilhantes formas arredondadas[15] — Bertha se afastou um pouco para apreciar o efeito, que lhe pareceu extraordinário. A mesa escura parecia se dissolver na penumbra[16] e o prato de louça e a travessa azul pareciam soltos no ar.[17] E no seu atual estado de espírito a visão era tão incrivelmente bela...[18] Bertha começou a rir.

"Não, não. Eu estou ficando histérica." E ela agarrou a bolsa e o casaco e correu escada acima para o quarto do bebê.

A babá[19] estava sentada numa mesa baixa dando de jantar para a pequena B já de banho tomado. O bebê vestia uma camisolinha branca de flanela e um casaco de lã azul, o cabelo castanho muito fino penteado para cima num rabinho engraçado, e ao ver a mãe começou a pular.[20]

"Vamos lá, meu bem, come tudo como uma boa menina", disse a babá torcendo a boca de um jeito que Bertha já conhecia e que significava que ela havia chegado outra vez no momento errado.

"Ela ficou boazinha, babá?"

"Ela foi um amor a tarde toda", murmurou a babá. "A gente foi ao parque e eu sentei e tirei ela do carrinho e apareceu um cachorro enorme e ele deitou a cabeça no meu colo e ela agarrou a orelha dele e deu um puxão, só vendo!"[21]

Bertha queria perguntar se não era perigoso deixar um bebê agarrar a orelha de um cachorro estranho. Mas não ousava, e ficou ali, olhando, as mãos abanando,[22] como a menininha pobre em frente da menininha rica com a boneca.

O bebê olhou para a mãe outra vez e riu tão bonito que Bertha não se conteve:

"Babá, deixa que eu termino de dar a comida dela enquanto você arruma as coisas do banho."

"Não é bom para ela mudar de mãos durante a refeição", respondeu a babá ainda num murmúrio. "Agita, pode perturbar o bebê." Que absurdo tudo aquilo. Para que então ter um bebê se é preciso mantê-lo guardado — não num estojo como um violino muito raro — mas nos braços de outra mulher?

"Por favor!"

Muito ofendida, a babá passou o bebê para a mãe.

"Agora, não a excite depois do jantar. A senhora sabe. Depois ela me dá um trabalho!"[23]

Ainda bem! A babá saíra do quarto com as coisas do banho.

"Agora você é só minha, meu tesouro", disse Bertha, e o bebê se encostou contra o seu colo.

Ela comeu que foi um encanto, fazendo bico para a colher e sacudindo as mãozinhas. Às vezes ela não soltava a colher; e outras vezes, assim que Bertha enchia uma colherada, era comida para os quatro ventos.

Terminada a sopa, Bertha se virou para a lareira.

"Você é um amor — um amor!", disse beijando o seu bebê tão quentinho. "Eu gosto muito de você. Eu gosto muito de você."

E realmente, ela amava tanto a pequena B — seu pescocinho se inclinando para a frente, seus dedinhos do pé que brilhavam transparentes contra o fogo da lareira — e toda aquela sensação de êxtase voltou novamente, e novamente ela não sabia como exprimir aquilo — e o que fazer daquilo.

"Telefone para a senhora" — era a babá que voltava triunfante e agarrava a *sua* pequena B.

Voando escada abaixo. Era Harry.

"Ah, é você, Bertha? Olha, eu vou chegar atrasado. Pego um táxi e venho assim que puder, e aí você tira o jantar em dez minutos, está bem? Tudo bem?"

"Tudo ótimo. Harry!"

"Quê?"

O que é que ela tinha a dizer? Nada.[24] Ela não tinha nada a dizer. Ela só queria um contato com ele por um momento. Ela não podia exclamar como louca: "Não foi um dia divino!?".

"Que foi?", martelou a vozinha do outro lado.

"Nada. *Entendu*", e Bertha desligou considerando que a civilização era muito mais que meramente idiota.

Havia convidados para o jantar. Os Norman Knight — um casal sólido —, ele ia abrir um teatro, ela era entusiasmada por decoração de interiores; o jovem Eddie Warren, que tinha acabado de publicar um pequeno livro de poesia e que todo mundo estava convidando para jantar, e um "achado" de Bertha chamado Pearl Fulton. O que Miss Fulton[25] fazia Bertha não sabia ao certo. Elas haviam se encontrado no clube e Bertha se apaixonara por ela, como se apaixonava sempre por belas mulheres com alguma coisa de estranho.

O mais desconcertante nisso tudo era que apesar de terem se encontrado várias vezes e conversado bastante, Bertha não conseguia entendê-la exatamente. Até um certo ponto Miss Fulton era extraordinariamente, maravilhosamente franca, mas havia um certo ponto — e daí ela não passava.

Havia alguma coisa além? Harry dizia: "Não".[26] Achava-a insípida, e "fria como todas as louras, talvez com um toque de anemia cerebral". Mas Bertha não podia concordar; pelo menos ainda não.

"O jeito dela se sentar com a cabeça meio inclinada para o lado, e sorrindo, há qualquer coisa por trás disso, Harry, e eu preciso descobrir o que é."

"Muito provavelmente um bom estômago", respondia Harry.

Ele fazia questão de provocá-la com respostas no gênero... "fígado congelado, menina", ou "pura flatulência", ou "mal dos rins"... e assim por diante. Por alguma estranha razão Bertha gostava disso e quase que o admirava por falar assim.

Bertha passou para a sala de estar e acendeu a lareira; e então, uma a uma, atirou nas poltronas e sofás todas as almofadas que Mary havia arrumado tão cuidadosamente.[27] Que diferença — a sala tomou vida imediatamente. No momento em que ia jogar a última almofada, surpreendeu-se retendo-a contra o corpo e abraçando-a com paixão — com paixão.[28] Mas o fogo não se extinguia no seu peito. Ah, pelo contrário!

As janelas da sala se abriam para uma varanda que dava para o jardim. No extremo oposto, contra o muro, havia uma árvore[29] alta e esguia, em flor, luxuriantemente em flor, perfeita,[30] como se apaziguada contra o céu de jade. Bertha não podia deixar de notar, mesmo a distância, que não havia na árvore nem um broto por abrir, nem uma pétala esmaecida.[31] Embaixo, nos canteiros, tulipas amarelas e vermelhas pareciam inclinar-se sob o próprio peso contra a penumbra da tarde. Um gato cinzento, arrastando-se pelo chão, atravessou furtivamente[32] o gramado, seguido por um gato negro, como se fosse a sua sombra. A passagem dos dois gatos,[33] tão precisa e rápida, provocou em Bertha um estranho arrepio.

"Gatos são coisas aflitivas!", gaguejou, e afastou-se da janela, e começou a andar de um lado para o outro...

Como os junquilhos perfumavam a sala quente! Demais? Não, não demais. E como se subitamente invadida por alguma coisa, Bertha atirou-se no sofá e apertou os olhos contra as mãos.

"Eu estou feliz demais — demais!", murmurou.

E parecia ver dentro de suas pálpebras a maravilhosa árvore

do jardim, completamente em flor, como um símbolo da sua própria vida.

Era verdade — ela tinha tudo. Era jovem. Harry e ela se amavam como nunca, davam-se esplendidamente bem, eram realmente bons companheiros. Ela tinha um bebê adorável. Não havia que se preocupar com dinheiro.[34] A casa e o jardim eram absolutamente satisfatórios. E os amigos — amigos modernos, envolventes, escritores e pintores e poetas ou pessoas interessadas em questões sociais —, exatamente os amigos que eles desejavam. E havia livros, e a música, e uma ótima costureirinha recém-descoberta, e eles iam viajar para o exterior no verão, e a cozinheira nova fazia omeletes fantásticas...

"Eu estou ficando louca. Louca!" E ela sentou-se; mas sentia-se tonta, bêbada. Devia ser a primavera. Claro, era a primavera.[35] E agora ela estava tão cansada que não podia nem ao menos se arrastar escada acima para se vestir.

Um vestido branco, um colar de contas de jade, sapatos verdes e meias de seda. Não fora intencional. Ela havia imaginado essa combinação horas antes de ter se deixado ficar diante da janela da sala.

As pregas do vestido[36] farfalharam suavemente entrando no vestíbulo, e Bertha beijou a sra. Norman Knight, que tirava um casaco laranja dos mais divertidos, com uma fileira de macacos pretos em volta da bainha e subindo pela frente.

"Mas por quê? Por quê? Por que a classe média é tão indigesta — tão completamente sem senso de humor? Minha querida, é por pura sorte que eu estou aqui esta noite — Norman foi o meu anjo protetor. Os meus macacos queridos causaram um verdadeiro escândalo no trem — chegou ao ponto do trem inteiro simplesmente me devorar com os olhos. Ninguém riu, ninguém achou graça, nada disso que eu teria adorado. Simplesmente me devoravam com os olhos — e eu me entediei como o diabo."[37]

"Mas o máximo aconteceu", continuou Norman ajeitando o seu enorme monóculo de aro de tartaruga, "você não se importa se eu contar, se importa, Careta?" (Em casa e entre amigos eles sempre se tratavam de Careta e Coroa.[38]) "O máximo foi quando ela já saturada se virou para a mulher ao lado e disse: 'A senhora nunca tinha visto um macaco antes?'."

"Ah, é verdade!", riu junto a sra. Norman Knight. "Isso não foi absolutamente o máximo?"[39]

E o mais engraçado era que sem o casaco ela se parecia definitivamente com um macaco muito inteligente que até tivesse feito para si mesmo, com cascas de banana, aquele vestido amarelo de seda. E os brincos de âmbar eram exatamente como duas minúsculas castanhas penduradas.

"Trágica queda foi aquela, compatriotas!", recitou Coroa parando em frente do carrinho da pequena B. "Quando o carrinho do bebê chegou à porta..." E ele abandonou a citação no meio do caminho com um gesto.[40]

A campainha tocou. Era o magro e pálido Eddie Warren, como sempre em estado de aflição aguda.

"Essa *é* a casa certa, *não é*?"

"Acho que sim — espero que sim", respondeu Bertha efusivamente.

"Acabo de ter uma experiência terrível com o motorista do táxi; era um tipo dos *mais* sinistros, disparando pelas ruas, e eu não conseguia fazer que ele parasse. Quanto *mais* eu batia *mais* ele corria. Aquela figura *bizarra* à luz do luar com a cabeça *achatada*, todo encolhido em cima do volante..."[41]

E Eddie estremeceu todo ao tirar fora o imenso cachecol de seda. Bertha notou que suas meias também eram brancas — muito atraente.

"Mas que horror!", exclamou.

"Realmente, foi um horror", disse Eddie e seguiu atrás para a sala. "Eu me vi *conduzido* através da Eternidade num táxi *intemporal...*"

Eddie já conhecia os Knight e até ia escrever uma peça para NK quando o esquema do teatro saísse.

"Então, Warren, como vai a peça?", perguntou Norman

Knight deixando cair o monóculo e dando um minuto para o olho voltar à superfície antes de atarraxá-lo outra vez.

E a sra. Norman Knight: "Ah, mas que escolha tão feliz de meias, sr. Warren!".

"Fico *tão* contente que a senhora tenha gostado", disse Eddie mirando os próprios pés. "Elas parecem que ficaram *muito* brancas desde que a lua surgiu no céu." E voltando o rosto fino e angustiado para Bertha: "Tem lua cheia hoje, sabe?".

Ela queria gritar: "Eu sei que tem — eu sei — eu sei!".

Ele era uma pessoa tão sedutora. Mas Careta também era, encolhida junto ao fogo nas suas cascas de banana, e Coroa também, fumando um cigarro e dizendo ao bater a cinza: "Por que deve o noivo sempre tardar?".

"Aí vem ele!"

Bang — a porta da frente abriu e fechou. Harry gritou:

"Alô, todo mundo. Desço em cinco minutos." E todo mundo ouviu que ele zunia escada acima. Bertha não pôde deixar de sorrir; ela sabia o quanto ele gostava de fazer as coisas sob alta pressão. O que importavam cinco minutos afinal de contas? Mas ele fingiria para si mesmo que cinco minutos importavam acima de tudo. E faria questão de entrar na sala extravagantemente calmo e contido.[42]

Harry tinha tanto gosto pela vida. Como ela apreciava isso nele. E a sua paixão pela luta — por procurar em tudo que lhe aparecia pela frente mais um teste do seu poder e da sua coragem — ela também entendia. Mesmo quando, ocasionalmente, diante de quem não o conhecia direito, ele ficava talvez um pouquinho ridículo... Havia horas em que ele entrava em riste[43] na batalha onde não havia batalha alguma... Bertha falava e ria e tinha até se esquecido inteiramente, até o momento em que ele entrou na sala (exatamente como ela imaginara), que Pearl Fulton ainda não havia chegado.

"Será que Miss Fulton se esqueceu?"

"Parece que sim", disse Harry. "Ela tem telefone?"

"Ah, aí vem um táxi." E Bertha sorriu com aquele seu arzinho de propriedade que ela sempre assumia quando seus achados eram mulheres novas e misteriosas. "Ela vive dentro de táxis."

"Vai engordar se continuar assim", disse Harry friamente, tocando a campainha para o jantar. "Grave perigo que correm as mulheres louras."

"Harry — por favor", admoestou Bertha, rindo dele.

Passou-se um outro breve momento, em que todos esperaram, rindo e conversando, um pouco à vontade demais, um pouco descontraídos demais. E então Miss Fulton, toda de prateado, com uma tira de prata prendendo o cabelo louro muito claro, entrou sorrindo, a cabeça ligeiramente inclinada para o lado.

"Me atrasei muito?"

"De jeito nenhum. Entre", disse Bertha dando-lhe o braço, e passaram para a sala de jantar.[44]

O que é que havia no contato com aquele braço que atiçava — atiçava — incendiava — incendiava — o fogo do êxtase que Bertha não sabia como exprimir — e o que fazer daquilo?[45]

Miss Fulton não olhou para ela; mas Miss Fulton raramente olhava diretamente para as pessoas. Suas pálpebras se fechavam pesadamente[46] e aquele estranho meio sorriso ia e vinha dos seus lábios como se ela vivesse de ouvir e não de ver. Mas Bertha sabia,[47] subitamente, como se elas tivessem trocado[48] o olhar mais longo e mais íntimo — como se elas tivessem dito uma para a outra: "Você, também?" —, que Pearl Fulton, ao mexer a bela sopa vermelha no prato cinza, estava sentindo exatamente o que ela estava sentindo.

E os outros? Careta e Coroa, Eddie e Harry, colheres subindo e baixando, guardanapos tocando lábios, migalhas de pão, tilintar de garfos e copos e conversas.[49]

"Encontrei com ela no Alpha Show — uma criaturinha esquisitíssima. Além de cortar fora o cabelo, ela parece que também tirou um bom pedaço das pernas e dos braços e do pescoço e do pobre narizinho também."

"Ela não está muito *liée* com Michael Oat?"

"Aquele que escreveu *Amor e dentadura*?"

"Ele quer escrever uma peça para mim. Ato único. Um único personagem que decide se suicidar. Passa a peça enumerando todas as razões a favor e contra. E justo quando ele se decide por uma coisa ou por outra — pano. Não é má ideia."

"Como é que a peça vai se chamar? 'Mal de Estômago'?"

"Se *não* me engano, eu já dei com a *mesma* ideia numa revista francesa não muito conhecida aqui."[50]

Não, eles não sentiam a mesma coisa. Eram todos uns amores — uns amores — e ela adorava tê-los ali, na sua mesa, e dar-lhes comida e vinho esplêndidos. Ela até desejaria dizer-lhes que ótimos todos eles eram, e que grupo tão decorativo que formavam, e como pareciam deslanchar uns aos outros e como a lembravam de uma peça de Tchékhov![51]

Harry estava degustando o jantar com prazer. Era parte da sua — não bem da sua natureza, e certamente não da sua pose — bem, ou de uma coisa ou de outra — falar de comida e se vangloriar da sua "paixão desenfreada pela carne branca da lagosta" e "sorvetes de pistache — verdes e frios como as pálpebras das dançarinas egípcias".

Então ele olhou para ela e disse: "Bertha, este *soufflé* está admirável", e ela poderia ter chorado de prazer como uma criança.

Por que sentia tanta ternura pelo mundo inteiro nesta noite? Tudo estava bom — e certo. Tudo que acontecia parecia encher outra vez até a borda a taça transbordante do seu êxtase.[52]

E no fundo da sua mente ainda havia a árvore, que devia estar toda prateada agora,[53] à luz da lua do pobre Eddie querido, prateada como Miss Fulton, que estava ali sentada virando uma tangerina nos seus dedos finos e tão pálidos que pareciam emanar uma luz.

O que era simplesmente incompreensível — e mágico — era como ela havia sido capaz de adivinhar tão perfeitamente e instantaneamente o estado de espírito de Miss Fulton. Nem por um momento ela duvidara de que sabia, e no entanto o que havia de concreto?[54] Menos que nada.

"Acho que isso acontece muito raramente entre mulheres. Nunca entre homens", pensou Bertha. "Enquanto eu preparo o café na sala, talvez ela me 'faça um sinal'."

O que aquilo queria dizer ela não sabia, e o que poderia acontecer depois ela não podia imaginar.

Enquanto essas coisas lhe passavam pela cabeça, ela se viu conversando e rindo. Era preciso conversar para controlar o seu desejo de rir.

"Eu rio ou morro."

E então ela notou a mania engraçada de Careta de enfiar alguma coisa no decote — como se ali também ela guardasse uma minúscula provisão secreta de castanhas — e Bertha teve de enterrar as unhas na palma das mãos para não rir demais.

O jantar terminou finalmente. "Venham ver a minha nova cafeteira", disse Bertha.

"E só de quinze em quinze dias que nós trocamos de cafeteira", disse Harry. Careta foi quem deu o braço a Bertha dessa vez; Miss Fulton seguiu atrás, inclinando a cabeça para o lado.[55]

Na sala de jantar, o fogo havia esmaecido e agora, vermelho, tremeluzindo, parecia, segundo Careta, um "ninho de filhotes de fênix".[56]

"Não acenda a luz ainda. Está tão bonito." E lá se enroscou ela novamente junto ao fogo. Sempre com frio,[57] "agora que o mico do realejo está sem o seu casaquinho vermelho de flanela", pensou Bertha.[58]

Nesse momento Miss Fulton "fez o sinal".

"Você tem um jardim?", disse a voz calma e sonolenta.

Foi tão sublime da parte dela que Bertha pôde apenas obedecer. Atravessou a sala, abriu as cortinas e as longas janelas.

"Aí está!", disse num alento.

E as duas mulheres se deixaram ficar ali, lado a lado, olhando para a esguia árvore em flor. Embora imóvel, a árvore parecia estender-se para cima, subir, tremer no ar brilhante como a chama de uma vela, e crescer, crescer mais alto diante delas — quase tocar a borda da lua cheia prateada.[59]

Por quanto tempo elas ficaram ali? Era como se as duas estivessem presas naquele círculo de luz extraterrena, entendendo-se uma à outra perfeitamente, criaturas de um outro mundo, perguntando-se o que fazer neste mundo com todo aquele tesouro sublime[60] que queimava dentro do peito[61] e se derramava em flores prateadas pelos seus cabelos e mãos?

Para sempre — ou por um segundo? E Miss Fulton murmurara mesmo "Sim, exatamente *isso*" ou Bertha havia sonhado?

Então a luz acendeu de repente e Careta fazia[62] café e Harry dizia: "Minha querida, não me pergunte nada sobre o bebê. Eu nunca vejo a minha filha. E não vou me interessar o mínimo até o dia em que ela arranjar um amante", e Coroa tirava por um minuto o olho da estufa e outra vez o metia sob vidro[63] e Eddie Warren bebia café e pousava a xícara com uma expressão de angústia como se ele tivesse engolido uma aranha e percebido.

"O que eu quero é abrir um espaço para os novos. Londres está simplesmente fervilhando com peças de primeira que ainda não foram escritas. O que eu quero é dizer: 'Aí está o teatro. Vão em frente'."

"Sabe, meu bem, eu vou fazer a decoração da sala dos Jacob Nathans. Estou tão tentada a montar um esquema 'peixe frito', com o espaldar das cadeiras em forma de frigideira e lindas batatas fritas bordadas nas cortinas."[64]

"O problema com os nossos novos escritores é que eles ainda são românticos demais. Não se pode embarcar num navio sem enjoar e precisar de uma boa bacia.[65] Por que não ter a coragem de pedir a bacia?"

"Um poema *pavoroso* sobre uma *menina* que é *violada* por um mendigo *sem nariz* num bosque..."

Miss Fulton se afundou na poltrona mais funda e macia e Harry ofereceu cigarros para o grupo.

Pelo jeito dele, ali na frente dela, sacudindo a caixa de prata e dizendo bruscamente: "Egípcios? Turcos? Virgínias? Estão todos misturados", Bertha percebeu que ela não apenas o irritava; ele definitivamente não gostava dela. E pelo jeito de Miss Fulton dizer "Não, obrigada, não quero fumar", Bertha decidiu[66] que ela também sentia o mesmo, e estava ofendida.

"Harry, não a deteste. Você está enganado a respeito dela. Ela é maravilhosa, maravilhosa. E além do mais como é que você pode sentir tão diferente a respeito de alguém que significa tanto para mim? Hoje à noite na cama vou tentar contar o que se passou entre nós. O que ela e eu compartilhamos."

Junto com essas últimas palavras, alguma coisa de estranho e quase aterrorizante cruzou o seu pensamento. Uma coisa cega, que sorria e murmurava:[67] "Logo essas pessoas vão partir. A casa vai ficar quieta, muito quieta. As luzes apagadas.[68] E você e ele sozinhos, juntos, no quarto escuro, na cama quente...".

Bertha levantou-se num ímpeto da poltrona e correu para o piano.

"Que pena que ninguém toca!", falou bem alto. "Que pena que ninguém toca."

Pela primeira vez na vida Bertha Young desejou o seu marido. Ela o tinha amado, claro, e tinha estado apaixonada por ele, mas nunca exatamente daquele jeito. E ela havia compreendido, é claro, que ele era diferente. Eles haviam discutido tantas vezes sobre isso. A princípio, ela se preocupara terrivelmente ao descobrir que era tão fria, mas depois de um tempo não parecia mais importar. Eles eram tão francos um com o outro — tão bons companheiros. Nisso residia o melhor de ser moderno.

Mas agora — ardentemente! ardentemente! A palavra doía no seu corpo ardente! Era para aí que a levava toda aquela sensação de êxtase? Mas então, então...

"Minha querida", disse a sra. Norman Knight, "você sabe o nosso drama. Nós somos vítimas do tempo e dos trens. Moramos em Hampstead. Foi tudo ótimo."

"Vou com vocês até a porta", disse Bertha. "Adorei vocês terem vindo. Mas vocês não podem perder o último trem.[69] Que coisa irritante, não é mesmo?"

"Um uísque antes de ir, Knight?", chamou Harry.

"Não obrigado, meu velho."

Bertha apertou a mão dele mais um pouco em gratidão. "Boa noite, boa noite", ela gritou do último degrau, sentindo que uma parte dela se despedia deles para sempre.

Ao voltar para a sala, os outros estavam de partida.

"... e você pode vir parte do caminho no meu táxi."

"Eu fico *tão* grato de não ter que enfrentar sozinho um *outro* motorista depois da minha *terrível* experiência."

"Vocês podem pegar um táxi num ponto bem no fim da rua. Só precisa andar um pouquinho."

"Ainda bem. Vou buscar o meu casaco."

Miss Fulton dirigiu-se para a entrada e Bertha ia seguindo atrás quando Harry quase que a empurrou.

"Deixa que eu ajudo."

Bertha sabia que ele estava arrependido da sua indelicadeza — e deixou-o passar. Ele era um menino às vezes — tão impulsivo — tão simples.

E Eddie e ela sobraram ali perto da lareira.

"Você chegou a ver o novo poema de Bilks chamado 'Table d'Hôte'?", perguntou Eddie suavemente. "É *ótimo.* Saiu na última *Antologia.* Você tem uma cópia? Eu queria *tanto* mostrar para você. Começa com uma linha *incrivelmente* bela: 'Por que sempre sopa de tomate?'."

"Tenho", disse Bertha, e dirigiu-se silenciosamente para a mesa em frente à porta da sala, e Eddie deslizou silenciosamente atrás dela. Apanhou o livrinho e o passou para as mãos dele; nenhum dos dois havia feito um ruído sequer.

Enquanto Eddie folheava o livro, Bertha virou a cabeça em direção ao vestíbulo. E ela viu... Harry com o casaco de Miss Fulton nos braços e Miss Fulton de costas para ele, a cabeça inclinada para o lado. Harry afastou bruscamente o casaco,[70] pôs as mãos nos ombros dela e a virou com violência. Seus lábios diziam:[71] "Eu te adoro", e Miss Fulton pousou seus dedos cor de luar no rosto dele e sorriu seu sorriso sonolento. As narinas de Harry tremeram; seus lábios se crisparam num esgar horrível ao sussurrarem:[72] "Amanhã", e com um bater de olhos[73] Miss Fulton disse: "Sim".

"Aqui está", disse Eddie. "'Por que sempre sopa de tomate?' É uma verdade tão profunda, você não acha? Sopa de tomate é uma coisa tão terrivelmente eterna."[74]

"Se você preferir", disse a voz de Harry, muito alta, do vestíbulo, "eu posso chamar um táxi pelo telefone."

"Não, não é preciso", respondeu Miss Fulton, e aproximando-se de Bertha ofereceu-lhe seus dedos muito finos.[75]

"Até logo. Muito obrigada."

"Até logo", disse Bertha.

Miss Fulton reteve a sua mão por mais um momento.[76]

"Que linda a sua árvore!"[77]

E então ela partiu, Eddie atrás, como o gato negro seguindo o gato cinzento.

"Vou trancar a casa", disse Harry, extravagantemente calmo e contido.

"Sua árvore linda — linda — linda!"[78]

E Bertha apenas correu para as longas janelas dando para o jardim.[79]

"E agora, o que vai acontecer?", exclamou.

Mas a árvore continuava tão bela e florida e imóvel como sempre.[80]

anotações

nota 1

A tradução do título merece atenção especial. Não existe equivalente para *bliss* em português. Nos dicionários há palavras com sentido aproximado: *felicidade, alegria, satisfação, contentamento, bem-aventurança* etc. Decidi usar "êxtase", porque exprime uma emoção que, ou ultrapassa a palavra "felicidade", ou é mais forte do que ela. Creio que é importante estabelecer a diferença entre os dois termos. *Êxtase* sugere a sensação de uma espécie de suprema alegria paradisíaca, que só pode ser sentida em ocasiões muito especiais: em momentos de satisfação na relação bebê/mãe, em outras relações apaixonadas "primitivas", em fantasias homossexuais, no êxtase religioso e, muito raramente, na "vida real", nos relacionamentos entre adultos. Poder-se-ia dizer que o êxtase é, basicamente, uma emoção *imaginária* cheia de força e do poder próprios do imaginário.

Uma citação interessante de C. Isherwood estabelece a diferença entre *bliss* ("êxtase") e *plain happiness* ("felicidade"). O narrador passa a ter a sensação de que o termo "felicidade" está mais relacionado com relações heterossexuais, enquanto "êxtase" — que é mais violento e "sensacional", e não apenas uma sensação de felicidade — é aquilo que uma pessoa busca em relações homossexuais (alguma coisa que não é propriamente deste mundo?). A citação está no livro de Paul Piazza, *Christopher Isherwood, Myth and Anti-Myth*, e refere-se a seu romance *A Single Man*, que trata de um "frustrado homossexual, de meia-idade":

> Com ela, pela primeira vez no romance, ele começa a sentir essa coisa absolutamente misteriosa e alheia aos sentidos — não é

> "bliss", nem êxtase, nem alegria — é uma sensação de total felicidade. Das Glueck, le bonheur, la felicidad (palavras que pertencem a gêneros diferentes), mas temos que admitir, mesmo a contragosto, que a língua espanhola leva a melhor: é termo feminino, criado para mulher.

A referência de Isherwood a outras línguas nos torna mais conscientes da ausência de tradução para essa palavra inglesa, de significado tão especial. É, porém, interessante notar que a palavra que ele usa logo depois de *bliss* é *ecstasy*.

"Êxtase" foi a palavra que escolhi para traduzir *bliss*. É uma palavra forte, proparoxítona de boa cepa, tem uma aguçada tonalidade religiosa e não pode ser confundida com *just plain happiness* (felicidade). No entanto, eu usaria o título inglês entre parênteses, logo depois, e, provavelmente, seria essa a única nota que faria para leitores brasileiros.

nota 2

Comparar: "although Bertha Young was thirty" com "apesar dos seus trinta anos".

Em português pode-se fazer uso desse recurso, que consiste na redução da frase e na supressão do pronome pessoal e do verbo, diminuindo-se, assim, a tensão sintática.

O mesmo procedimento é visível no início do parágrafo seguinte e em outros trechos da história: "What can you do if you are thirty..." ("O que fazer se aos trinta anos...").

nota 3

A expressão "to bowl a hoop" exigiu alguma pesquisa, porque se trata de uma brincadeira antiga, sem palavra de sentido equivalente em português moderno — lendo a expressão "rolar um aro", o leitor provavelmente pensará numa brincadeira bastante popular há algum tempo. Não se trata, porém, de uma expressão de significado idêntico: a palavra usada na tradução é menos exata. Creio, contudo, que ela evoca visualmente o jogo, acrescentando a ideia de um movimento ao longo da calçada — que não tem relação com a cena descrita por Proust, no jardim do Luxemburgo.

nota 4

"And laugh at — nothing — at nothing, simply."

No conto há uma longa série de iterações, das quais este é o primeiro exemplo. A iteração é usada principalmente nos momentos em que a história se refere aos sintomas do êxtase de Bertha (nível de conteúdo) ou quando o narrador está tentando revelar o tom de Bertha (nível da técnica narrativa). Tratei mais desse problema na nota 78. Depois de notar a repetição do recurso, percebi que não poderia estabelecer uma regra para sua tradução. Cada iteração requeria uma solução diferente — e isso acontece na medida em que se verificam repetições de sons: um forte recurso fonético, que tem ressonâncias diferentes em línguas diferentes.

No primeiro caso, transferi a ênfase para o verbo: "... e simplesmente rir — rir à toa..." — basicamente porque *à toa* é uma expressão demasiado forte e também porque a repetição do som *ee* em "rir — rir" me pareceu bastante efetiva. A mesma escolha fonética irá ocorrer na última iteração do conto (nota 78).

A transferência da ênfase para o verbo ocorre, novamente, mais adiante e também para se obter um efeito sonoro de maior qualidade: "and yet she breathed deeply, deeply"/ "e, no entanto, ela respirava, respirava profundamente".

Não existe nenhuma alteração semântica real, mas note-se que a frase, em português, é maior.

Esse processo não ocorre no trecho em que Bertha "surprised herself by suddenly hugging it to her passionately, passionately"/ "surpreendeu-se retendo-a contra o corpo e abraçando-a com paixão". (Ver também a nota 28.)

Às vezes a tradução é bem literal:

"a feeling of bliss — absolute bliss"/ "uma sensação de êxtase — absoluto êxtase!"

"They were dears — dears"/ "Eram todos uns amores — uns amores"; "But now — ardently! ardently!"/ "Mas agora — ardentemente! ardentemente!"

Às vezes ignorei a iteração:

"like a rare, rare fiddle"/ "como um violino muito raro"; "I believe this does happen very, very rarely between women."/ "Acho que isso acontece muito raramente entre mulheres."

Por vezes, pratiquei uma intervenção drástica, alterando semanticamente o original, para obter melhor efeito: "She wanted to cry: 'I am sure there is — often — often!'"/ "Ela queria gritar: 'Eu sei que tem — eu sei — eu sei!'."

E também:

"What was there in the touch of that cool arm that could fan — fan — start blazing — blazing — the fire of bliss [...]."/ "O que é que havia no contato com aquele braço que atiçava — incendiava — incendiava — o fogo do êxtase [...]."

O excesso de rimas que a forma verbal produz (a terminação "ava" no imperfeito do indicativo) não permitiria uma iteração dupla, como no original.

A frase acima citada vai aparecer ainda na nota 45.

nota 5

No conto há uma longa série de imagens de prazer oral (emoção traduzida em termos de alimento), das quais este é o primeiro exemplo. Em seu ensaio sobre "Bliss", Marvin Magalaner aponta que:

> A história se apoia fortemente em imagens de comida, no ato de comer e beber e em outras sugestões de satisfação oral, como o ato de fumar. O primeiro dever de Bertha, ao entrar em casa, consiste em dar uma arrumação elegante às frutas; essa tarefa, que é muito simples, suscita nela uma reação emocional que raia o "histérico". Em seguida, luta surdamente com Nanny para ter o direito de dar de comer a sua própria filha. O resto da história focaliza o jantar festivo, os convidados, a conversa à mesa, depois o café e cigarros no salão: em seguida o episódio

da pereira e da lua batendo no jardim e a epifania final de Bertha sobre a traição de seu marido com Pearl.

Mesmo quando a trama não necessita de alusões ao ato de digerir, mascar, morder, engolir, beber etc., ao tubo digestivo, à indigestão e coisas do mesmo estilo, "Bliss" faz essas alusões, sempre que possível. O sorriso distante de Pearl é explicado humoristicamente por Harry como consequência de uma indigestão de fígado, ou "pura flatulência", ou talvez "mal dos rins". O leitor fica sabendo, gratuitamente, que a nova cozinheira da família Young faz "omeletes fantásticas"; a sra. Norman Knight se queixa de que os simplórios viajantes de trem a "devoraram" com os olhos, para em seguida caracterizar o episódio como "creamy". Bertha imagina que a convidada fez "com cascas de banana, aquele vestido amarelo de seda" e olha os brincos da sra. Knight como se fossem "duas minúsculas castanhas penduradas". A fascinação de Harry por Pearl Fulton se esconde atrás de palavras: ele se expressa com grande facilidade ao falar sobre comida e não esconde sua "paixão desenfreada pela carne branca da lagosta", por "sorvetes de pistache — verdes e frios como as pálpebras das dançarinas egípcias", predileção essa que remete o leitor a uma referência na mesma página sobre as pálpebras de Miss Fulton, que "se fecharam pesadamente". Durante todo o jantar, e de maneira bastante óbvia, aquela conversa pretensiosa gira ao redor de imagens relativas ao ato de comer. A peça de Michael Oat (aveia) recebe o título de *Amor e dentadura*. O mais recente trabalho daquele teatrólogo é batizado de *Mal de estômago*. E à medida que jantam, "as colheres subindo e baixando, guardanapos tocando lábios, migalhas de pão, tilintar de garfos e copos e conversas", os dedos de Pearl sugerem uma tangerina. A sra. Knight esconde alguma coisa "no decote — como se ali também ela guardasse uma minúscula provisão secreta de castanhas" e o grupo ouve falar do "esquema peixe frito", de decoração de interiores, do "espaldar das cadeiras em forma de frigideira e lindas batatas fritas bordadas nas cortinas". Os novos escritores são conclamados a abandonar o estilo romântico pelo realista e esse apelo é visto como uma necessidade de se vomitar em cima da literatura contemporânea. As alusões literárias estão intimamente baseadas em imagens sobre comida e são mencionados dois poemas: "Table d'Hôte" e "Por que sempre sopa de tomate?".

Citei todo o trecho, que é de leitura vagamente escatológica, porque ele fornece um inventário completo das imagens relacionadas com o ato de comer que são usadas no conto; por vezes, essas imagens proporcionarão ao tradutor a oportunidade de se defrontar com opções interessantes.

No primeiro exemplo, quando KM usa a comparação — "as though you'd suddenly swallowed a bright piece of the late afternoon sun" —, resolvi concentrar o impacto da imagem apenas sobre o verbo. Assim, a tradução, em português, fica: "como se você tivesse de repente engolido o sol de fim de tarde". O resultado é uma hipérbole espantosa: em vez de engolir um pedaço brilhante do entardecer, o personagem tem agora que engolir todo o sol poente. Omiti "a bright piece" não para obter um efeito hiperbólico, mas apenas para evitar uma estranha e rebarbativa explicação, em português, assim como o tom pouco natural de "um pedaço brilhante do sol de fim de tarde". Paradoxalmente, apesar de a força hiperbólica da comparação ficar mais intensa, em português, a tradução soa mais fluente e sintética, sem o uso da expressão "bright piece". "Um pedaço brilhante" constituiria uma pedra de tropeço que levaria o leitor a tomar consciência do absurdo desse êxtase.

nota 6

"Sending out a little shower of sparks into every particle, into every finger and toe..."

Como na anotação anterior, optei por cortes que eliminassem uma tradução exagerada ou deselegante. Inesperadamente, o efeito da tradução em português foi a generalização de uma imagem originalmente específica.

"A little shower" é uma expressão que considerei intraduzível, porque "chuveirinho" soa prosaico demais, parece palavra muito ligada à ideia de um banheiro, em português. A solução foi encontrar um verbo mais rico e confiar na força da bela palavra "centelhas", que contém, igualmente, a ideia do movimento sugerido por "a little shower of sparks": "irradiando centelhas para cada partícula, para cada extremidade do seu corpo".

De novo caí numa generalização ao traduzir "every finger and toe" por "cada extremidade do seu corpo". Não existe quase oposição semântica entre dedos da mão e do pé, tanto em português como em outras línguas. Uma tradução literal, nesse caso, soaria ridícula. A solução leva a um tom mais nobre.

Muitas vezes, durante a tradução, senti que estava beirando o ridículo. Senti que tinha o dever de evitar que os sentimentos de Bertha soassem ridículos, exatamente porque, facilmente, poderiam ser lidos dessa forma. Há muita sensibilidade nesse movimento sutil da autora: ela consegue evitar que o potencial de ridículo de uma situação aflore completamente ao nível da frase. Parece que KM brinca à beira de um abismo; creio, porém, que ela sentia carinho por Bertha e respeitava seus sentimentos, tornando-se, assim, possível uma identificação. É claro que ela não trata nenhum dos outros personagens com o mesmo cuidado.

Como afirmei na introdução, "Bliss" constitui um exemplo de "ficção em duas tonalidades", em que o jogo entre a coisa séria e a intenção irônica tem uma regularidade que, virtualmente, dá forma à estrutura. Não afirmei, porém, que essa dualidade se concentrasse em Bertha. A relação do narrador com Bertha é ambígua — seus sentimentos ora são tratados com sinceridade, ora com ironia. Mas os outros personagens não merecem piedade, nem segundas intenções, nem dualidade de tom. Não há dúvida sobre o que o narrador pensa a respeito deles.

Esse conflito entre Bertha e os outros, ou entre o carinho ambíguo que o narrador sente pelos sentimentos infantis de Bertha e seu sarcasmo nada ambíguo sobre os outros personagens, revela uma contradição que é absolutamente fundamental para a compreensão desta história e até mesmo da obra de KM em geral. Passo a citar o que Isherwood diz, em seu ensaio sobre KM:

> Não creio que um ponto de vista infantilmente ingênuo e o de um adulto tenham *jamais* se fundido completamente em qualquer história de KM. É que o seu psiquismo dividido produzia uma autora dividida, ou, para sermos mais claros, duas autoras distintas. O que há de melhor na obra de Mansfield resulta da colaboração entre as duas escritoras. Era, no entanto, uma colaboração dificultosa, que a qualquer momento podia transformar-se numa luta, com suas consequentes dificuldades. No momento em que uma escritora obrigava a outra a afastar-se da escrivaninha, para poder trabalhar sozinha, o resultado era de qualidade inferior.
>
> A escritora A é uma Mansfield infantil, intuitiva, uma poeta. Ela transmite clarividentes clarões de percepção, que aparecem, principalmente, nas histórias da Nova Zelândia. O leitor fica extasiado com sua sensibilidade para com os seres ou objetos — uma flor, um bule de chá pintado, um pássaro a voar —, tudo isso é visto, por um momento, como algo que tem o direito de ser uma maravilha, no microcosmo da criação. Esses instantes de percepção têm a marca da genialidade, mas por isso mesmo são intermitentes. A escritora A é um médium, com os lapsos de médium — e um médium meio desonesto: quando ela finge, o tom soa falso e embaraçosamente sentimental. Às vezes, essas alternâncias de verdade poética e de falsidade sentimental ocorrem com uma frequência espantosa, como, por exemplo, na descrição do nascer do sol, no início do conto "At the Bay".
>
> A escritora B é uma Mansfield crítica, um adulto inteligente e satírico. Ela pode refrear impiedosamente o sentimentalismo da escritora A, se lhe for permitido. A escritora B pode criar, subitamente, retratos miniaturais extremamente engraçados, como faz com a enfermeira Andrews, em "The Daughters of the Late Colonnel". Pode também expor a futilidade de uma mulher, como a de Isabel, em "Marriage à la Mode", com ter-

rível e bela exatidão. O único problema é que, às vezes, ela é inteligente demais. Constrói tramas inteligentíssimas para suas histórias e tenta fazer com que a escritora A colabore com ela. Lemos essas histórias e ficamos, inicialmente, maravilhados: depois, aos poucos, a dúvida se insinua em nós.

Em que momento começamos a duvidar, em "Bliss"?

nota 7

"Why be given a body if you have to keep it shut up in a case like a rare, rare fiddle?"

"Para que então *ter* um corpo se *é preciso* mantê-lo trancado num estojo, como um violino muito raro?"

A voz passiva (*be given*) não foi usada, para que a frase soasse mais natural em português. Apesar de termos eliminado o pronome pessoal em "é preciso", a frase não ficou impessoal. A repetição de "rare, rare fiddle" não poderia ser mantida tal qual. Percebi que a estrutura global da pergunta seria repetida mais adiante, numa espécie de refrão ou eco ("Para que então ter um bebê se é preciso mantê-lo guardado — não num estojo como um violino muito raro — mas nos braços de outra mulher?"). Aí a forma escolhida foi uma pergunta mais enfática: "Para que então...?".

nota 8

Um pequeno problema de natureza técnica deu origem a esta nota; com isso talvez possamos distinguir melhor os limites que existem entre literalismo e estilo. Ao traduzir "Bliss", deparei, imediatamente, com um problema aparentemente ligado a palavras bem modestas: pronomes pessoais, possessivos, demonstrativos. Em inglês eles não chamam a atenção, porque são indispensáveis à frase: ninguém pensaria que uma presença tão discreta — de uma sílaba apenas — pudesse ser vista como um excesso. Em português a flexão verbal permite que eles sejam omitidos. Verifica-se também uma rejeição tipicamente brasileira ao uso correto do pronome objetivo, que deve ser levada em consideração. Isso não acontece em Portugal.

No decorrer da tradução vi que estava eliminando pronomes que, em inglês, eram usados com perfeição, a fim de obter um tom mais natural. Às vezes, preferi usar o nome próprio, em vez do pronome, como neste exemplo: "She thought"/ "pensou Bertha". Essas supressões cuidadosas referem-se, em geral, a pronomes da terceira pessoa, como o pesado *ele*, *ela*, *eles*, *elas* e, evidentemente, ao pronome neutro *it*, que não existe em português.

Às vezes, a solução foi bastante fácil, como podemos ler na nota 2: "*Apesar dos seus trinta anos*, Bertha Young ainda tinha desses momentos em que ela queria correr em vez de caminhar"/ "Although Bertha Young was thirty she still had moments like this when she wanted to run instead of walk". O segundo *she* não foi omitido na tradução, para se evitar uma cacofonia ("em que queria").

E mais adiante:

"She could not bear the tight clasp of it another moment"/ "*impossível* suportá-lo apertado contra o corpo mais um minuto que fosse".

"But *she* did not dare to. *She* stood watching *them*, her hands by her side"/ "Mas não ousava, e ficou ali, olhando, as mãos abanando" (ver também nota 22).

Em muitos casos, os pronomes possessivos podem ser simplesmente eliminados em português. Assim, quando Bertha procura na *sua* bolsa a chave da porta, podemos dizer simplesmente "catando na bolsa a chave".

Por outro lado, no português oral, o uso excessivo de pronomes é bastante frequente; portanto, não é necessário eliminá-los nos diálogos. É o que acontece, de forma bastante óbvia, quando Nanny descreve seu passeio à tarde com o bebê (ver nota 21).

nota 9

Neste trecho há uma clara intervenção semântica, quase que uma tradução livre:

"But in her bosom there was still *that bright glowing place* — that shower of little sparks coming from it." / "Mas no seu peito ainda havia aquela ardência — aquela irradiação de centelhas que queimavam."

Note-se a tentativa de reduzir a quantidade de adjetivos usando-se uma palavra forte, que engloba toda a ideia contida em "that bright glowing place" ("ardência"). De novo, "shower" e "little" não podem ser traduzidas adequadamente e tive que escolher entre várias palavras, bastante exatas e expressivas ("irradiação de centelhas") para resolver o problema. A modificação mais radical ocorre na parte final da frase: "coming from it" é traduzido por "que queimavam". Essa solução proveio, espontaneamente, da necessidade de reforço da imagem relativa ao fogo e, também, para se obter um ritmo harmonioso, eliminando-se a intraduzível expressão "from it".

A imagem relativa ao fogo se desenvolve na frase seguinte. Em português, o substantivo *fogo* substitui o pronome *it*: "She hardly dared to breathe for fear of fanning *it* higher" / "Mal ousava respirar com medo de atiçar *esse fogo*".

nota 10

"Strawberry Pink" foi traduzido pela expressão menos exata "manchas avermelhadas", devido à sua sonoridade em português, com um tom vagamente sensual, um plural expressivo e vogais sonoras.

nota 11

"*Some* yellow pears, smooth as silk, *some* white grapes covered with silver bloom and *a big cluster* of purple *ones*." / "Havia peras amarelas lisas como seda, uvas brancas cobertas por uma floração prateada, e um cacho repleto de uvas vermelhas."

Esta frase recebeu uma tradução cuidadosa, para poder transmitir, com o devido destaque, a sensação de prazer visual, com ressonâncias sensuais e fortes tonalidades de plenitude, madurez e fertilidade. Dei ao verbo "there were" uma forma explícita, introduzindo a palavra "havia", no início da frase, como que para tirar algum efeito rítmico da repetição (a frase anterior também começa com "havia"). Senti, também, as implicações rítmicas contidas na enumeração da fruta, sua textura e cor. Por isso, para reforçar o paralelismo, eliminei a palavra "some" e usei a belíssima palavra "repleto" (coisa possível, através do desaparecimento do adjetivo "big") e repeti a palavra "uvas".

nota 12

"These last she had bought to tone in with the new dining-room carpet."/ "(e um cacho repleto de uvas vermelhas), comprado especialmente para combinar com os tons do novo tapete da sala."

Na tradução mantive, em geral, a estrutura sintática do original, mas às vezes impôs-se a necessidade de resumir a estrutura e fundir duas ou três frases num único enunciado, devido a razões de ritmo e de economia, principalmente este último fator. O português não é uma língua concisa, como o inglês, e a revisão do conto, página por página, comprovará esse fato: mesmo com todos esses cortes, o número de palavras usadas na versão portuguesa da história é maior do que no "Bliss" original. Por isso, o português literário não exige tanta explicitação como o inglês. KM pode, facilmente, iniciar um período com estas palavras: "These last she had bought", referindo-se às uvas vermelhas da frase anterior. Uma tradução literal dessa frase não seria coisa impossível, mas o resultado obtido soaria mal: a frase ficaria pesada, pareceria carta comercial. Daí a opção feita, com a escolha de uma estrutura subordinada.

nota 13

"Yes, that did sound rather far-fetched and absurd, but it was really why she had bought them."/ "Que ideia pomposa e absurda! Mas na verdade ela havia comprado as uvas exatamente por essa razão."

Outra alteração sintática, ditada pela necessidade de concentrar a estrutura no início da frase. O enunciado "Yes, that did sound rather far-fetched and absurd..." ficaria reduzido a uma exclamação (estilo indireto livre), que serve de eco à frase anterior

("Que idiota que é a civilização!"), expandindo-se na parte final com o acréscimo da expressão enfática "exatamente por essa razão"; posteriormente, reaparece no conto o mesmo processo de redução, no momento em que Bertha atira as almofadas sobre os sofás e modifica a ordem em que elas estavam momentaneamente arrumadas: "*That made all the difference*; the room came alive at once."/ "*Que diferença* — a sala tomou vida imediatamente."

nota 14

"She had thought in the shop: 'I must have some purple ones to bring the carpet up to the table'. And it had seemed quite sense at the time."/ "'Eu preciso daquelas uvas vermelhas para puxar o tapete para a mesa', ela pensara na loja, e o seu desejo lhe parecera então absolutamente sensato."

Aqui a alteração da ordem da frase aumenta a tensão do período. A frase continua, sem que um ponto final a interrompa. A palavra "desejo" é usada para evitar o termo "isto", que é deselegante.

nota 15

"When she had finished with them and had made two pyramids of these bright round shapes" foi condensado para "Ao terminar o arranjo — duas pirâmides de brilhantes formas arredondadas", para evitar qualquer dificuldade no uso idiomático do primeiro verbo.

nota 16

"For the dark table seemed to melt into the dusky light"/ "A mesa escura parecia se dissolver na penumbra".

Chamo a atenção dos leitores para esta linda palavra latina "paene": quase/almost + "umbra": sombra/shadow — originando "penumbra", termo que é raramente usado em inglês, a não ser para se aplicar à astronomia, mas que é muito comum em português e outras línguas neolatinas.

Em português, o conectivo *for* é claramente dispensável na frase.

nota 17

"And the glass dish and the blue bowl to float in the air."/ "E o prato de louça e a travessa azul pareciam soltos no ar."

Aqui há duas alternativas de tradução perfeitamente válidas: "to float in the air" — "soltos no ar" e "flutuar no espaço". Escolhi a primeira forma porque sugeria mais mistério e era mais simples.

nota 18

"This, of course, in her present mood, was so incredibly beautiful..."/ "E no seu atual estado de espírito a visão era tão incrivelmente bela..."

Vivo procurando substantivos que possam expressar pronomes, como *it*, *this* e *one*. É possível que minha escolha imponha uma determinada interpretação do texto.

nota 19

> Quando uma pessoa estuda o sistema social inglês, nota certas similaridades entre a classe de padrão de vida mais alto e a classe popular: rigidez, xenofobia, indiferença pela opinião pública, paixão por corridas e jogo, gosto pela linguagem clara e por comida simples, caseira. Jonathan Gathorne-Hardy em *The Rise and the Fall of the British Nanny* explica o porquê dessas características: "Nos dois últimos séculos, as classes dominantes foram criadas quase que exclusivamente por babás pertencentes à classe operária, tendo os pais abdicado de qualquer responsabilidade para com os filhos".

Transcrevi o primeiro parágrafo do capítulo sobre "The Nanny", do livro *Class*, de Jilly Cooper, em que aparecem também algumas referências interessantes sobre a "relação de bajulação, amor e raiva que existe entre a esposa e a babá". Poderíamos, assim, iniciar uma nota sociológica sobre Bertha, o bebê e a babá. No entanto, essa parte do conto não se presta a esse tipo de considerações. Além disso, é óbvia demais e falta-lhe flexibilidade. Não desperta interesse, parece que não está integrada na estrutura narrativa da história. Como tradutora, fiz o possível para que a linguagem da Nanny tivesse um tom simultaneamente coloquial e protetor, ou então, que se caracterizasse pelo uso de frases estereotipadas: na maior parte do tempo, mesmo ao falar diretamente com Bertha, a babá controla a situação, ora usando continuamente linguagem dirigida ao bebê, ora jargão típico de babá.

Quanto a essa cena, lembremos que, em português, muitos diminutivos se insinuaram imperceptivelmente na linguagem usada com os bebês.

"a flannel gown"/ "uma camisolinha de flanela"; "a funny little peak"/ "um rabinho engraçado"; "The pram"/ "O carrinho"; "kissing her warm baby"/ "beijando o seu bebê tão quentinho" (seria impossível dizer "tão quente" nessa frase, pois poderia sugerir uma conotação de estado febril); "her neck as she bent forward, her exquisite toes"/ "seu pescocinho se inclinando para a frente, seus dedinhos do pé".

Em português não soa bem falar sobre mãos, pescoço ou dedos do pé de um bebê sem se usar a forma diminutiva, especialmente dentro de um contexto carinhoso. O diminutivo explica a ausência do peculiar adjetivo *exquisite*, visto que esta palavra descreve a perfeição dos dedinhos do bebê e também a admiração que a mãe sente. Não há nenhuma necessidade de se acrescentar um adjetivo, pois o diminutivo já é bastante expressivo.

nota 20

"She looked up when she saw her mother and began to jump."/ "Ao ver a mãe começou a pular."

É uma contração radical da frase em português, que permite, igualmente, a supressão dos pronomes pessoais e possessivos.

nota 21

Foi uma façanha passar para o português o tom expressivo das palavras protetoras da babá (que não denotam propriamente determinada classe social).

nota 22

"She stood watching them, her hands by her side"/ "e ficou ali, olhando, as mãos abanando".

Novamente obedeci à regra da redução sintática, para obter um ritmo bom. A expressão "as mãos abanando", que traduz quase literalmente a estrutura "her hands by her side", é, na realidade, uma expressão idiomática, que significa "with nothing left". Três pronomes foram eliminados na tradução.

nota 23

É exemplo de linguagem estereotipada, com tradução idiomática:

"And I have such a time with her after!"/ "Depois ela me dá um trabalho!"

nota 24

"What had she to say? She'd nothing to say."/ "O que é que ela tinha a dizer? Nada. Ela não tinha nada a dizer."

A tradutora intervém e introduz uma pausa rítmica, um enfático... nada.

nota 25

Mantive o tratamento "Miss" ao me referir a Pearl Fulton por duas razões. Primeiro, o artificialismo da palavra "senhorita" no português do Brasil: ora é usada de forma cômica, ora de forma ultraformal. Segundo, "Miss" é uma palavra bem conhecida em português (as jovens dos concursos de beleza são chamadas Miss Brasil ou Miss Inglaterra; uma canção de êxito popular recente se chamava "Miss Brasil Dois Mil", sem falarmos de outros usos correntes da palavra inglesa). Não é à toa que "Miss Fulton" soa muito bem em português, um pouco entre o exótico e o usual.

nota 26

Merece atenção neste trecho o uso do imperfeito do indicativo, no momento em que a narração se distancia do que Bertha está fazendo naquele momento. O imperfeito diferencia os dois níveis de tempo com muita exatidão e transmite ainda uma ideia de repetição: sugere que a implicância de Harry e as dúvidas de Bertha tinham sido tema muito frequente nos últimos dias.

nota 27

"[...] then, picking up the cushions, one by one, that Mary had disposed so carefully, she threw them back on the chairs and the couches"/ "[...] e então, uma a uma, atirou nas poltronas e sofás todas as almofadas que Mary havia arrumado tão cuidadosamente".

Note-se uma inversão dramática na ordem das palavras, a fim de se criar tensão sintática. Assim, a tradução fica ainda mais compacta.

nota 28

"[...] she surprised herself by suddenly hugging it to her passionately, passionately"/ "[...] surpreendeu-se retendo-a contra o corpo e abraçando-a com paixão — com paixão".

O advérbio *apaixonadamente* foi minha primeira opção; tive, porém, que suprimi-lo devido à presença de dois advérbios com a terminação "-mente", nas frases anteriores. Seria uma rima impossível, neste caso.

nota 29

"[...] at the far end, against the wall, there was a tall, slender pear tree..."/ "[...] no extremo oposto, contra o muro, havia uma árvore alta e esguia".

Esta frase constituiu um problema muito sério na tradução de "Bliss". O símbolo central da história se concentra na pereira florescente do jardim. Muito já foi dito a respeito desse símbolo, representado pela pereira; não faltaram também, nessa ordem de comentários, as sugestões biográficas e citações tiradas do *Diário*. No ensaio que escreveu sobre "Bliss", Marvin Magalaner vai mais longe ainda:

> A relação de Bertha com Pearl — fruto híbrido e místico da única pereira do jardim (ou árvore-par)* — tem seu contraponto na criação e forte presença literária de personagens que aparecem aos pares, no decorrer da história. Na realidade, há muitas explicações a respeito da preferência da autora por essa árvore, que tem grande significado para os leitores ingleses: é a pereira que floresce no quintal das casas e é nela que irão pousar os pássaros da época do Natal. A presença da pereira toca particularmente a sensibilidade do povo inglês e traduz uma experiência do dia a dia.

Pensando em tudo isso, notei, em primeiro lugar, que o nome dessa árvore corresponde, em português, ao termo "pereira", uma palavra desarmoniosa e inexpressiva (em termos de experiência). Na expressão "pear tree" existe uma suave conotação familiar, que não existe na palavra "pereira", usada frequentemente como nome próprio, tal qual Smith ou Brown. Em inglês, a palavra "pereira" sugere uma imagem que não tem correspondência na experiência de um leitor de língua portuguesa.

O parágrafo que apresenta a figura da pereira é um parágrafo-chave. É um daqueles raros momentos em que o narrador aceita a qualidade poética da experiência de Bertha: por isso a linguagem é de primeira qualidade. Todo o cenário transmite um impacto estranho e simbólico e sentimos que há uma integração perfeita entre a intenção simbólica e a percepção do personagem. Senti tudo isso e fiz o possível para obter, em português, um parágrafo bem trabalhado, com linguagem exata e fiel. Contudo, a palavra "pereira" não servia; era um sério obstáculo, uma palavra maciça demais, que levava a associações incorretas e transmitia um som desagradável. Por fim, novamente decidi optar pela generalização e usei a palavra "árvore" (uma palavra proparoxítona, forte e bonita por natureza). Examinei o conto cuidadosamente

* Jogo de palavras intraduzível em português. Em inglês, as palavras "pear" (pereira) e "pair" (par, casal) são quase idênticas. (N. A.)

e concluí que essa palavra não prejudicaria a intenção da autora. Além disso também se destacaria na última frase — a fundamental. Não me seria possível terminar a história com uma "pereira", mesmo que estivesse coberta de flores.

nota 30

"[...] a tall slender pear tree in fullest, richest bloom; it stood perfect"/ "[...] uma árvore alta e esguia, em flor, luxuriantemente em flor, perfeita".

A tradução desta frase e de todo o parágrafo foi muito cuidadosa, visando atingir uma precisão "poética" e efeitos rítmicos (principalmente paralelismo rítmico). O resultado é a contração da estrutura sintática.

A repetição enfática de *em flor* e o isolamento da palavra "perfeita" representam invenções para se obter o efeito desejado.

nota 31

Note-se, mais abaixo, outro recurso poético, em que a frase "it had not a single bud or a faded petal" é traduzida com o objetivo de fazer com que o leitor tome mais consciência do estilo ou do tom literário. Daí o paralelismo rítmico, alcançado através da repetição da conjunção *nem*: "Não havia na árvore nem um broto por abrir, nem uma pétala esmaecida".

nota 32

"A grey cat, dragging its belly, crept across de lawn"/ "Um gato cinzento, arrastando-se pelo chão, atravessou furtivamente o gramado".

Usei o advérbio *furtivamente* por três motivos: para reforçar a imagem do gato arrastando-se pelo gramado, para dar destaque àquela expressiva palavra e pela dificuldade de traduzir a frase verbal ("creep across").

nota 33

"The sight of them, so intent and so quick, gave Bertha a curious shiver."/ "A passagem dos dois gatos, tão precisa e rápida, provocou em Bertha um estranho arrepio."

A expressão "the sight of them" passa a ser "a passagem dos dois gatos", forma que supera a tradução literal, por ser mais exata e tangível. Também quis evitar a repetição da palavra "visão", que já tinha sido usada anteriormente na tradução (ver nota 18).

nota 34

Mudança de tom: depois de ter visto "a maravilhosa árvore do jardim, completamente em flor, como um símbolo de sua própria vida", Bertha mergulha num processo de ampla racionalização a respeito das causas de sua felicidade (jovem... se amavam... um bebê adorável... dinheiro... casa e jardim... amigos envolventes... livros... música... ótima costureirinha e cozinheira... férias...) e termina pensando em omeletes fantásticas — ironia maliciosa por parte de KM. O aspecto financeiro se define numa única e simples frase ("They didn't have to worry about money"), que foi traduzida idiomaticamente: "Não havia que se preocupar com dinheiro". Esta frase idiomática permite a eliminação do pronome pessoal *they*, que vai aparecer na frase seguinte ("They had this absolutely satisfactory house and garden") e que é suprimida através da mudança de assunto ("A casa e o jardim eram absolutamente satisfatórios"). Mais adiante, no mesmo parágrafo, há outra supressão de pronomes pessoais: "she had found a wonderful little dressmaker" passa a ser "(havia) uma ótima costureirinha recém-descoberta".

nota 35

"It must have been the spring."/ "Devia ser a primavera."

No texto em inglês, depois da racionalização inicial, vem, em outro parágrafo, a reafirmação: "Yes, it was the spring". Para enfraquecer a ênfase da explicação que Bertha dá a si mesma, resolvi intervir no original e não iniciei novo parágrafo.

nota 36

"Her petals rustled softly into the hall"/ "As pregas do vestido farfalharam suavemente entrando no vestíbulo".

Notamos aqui uma paráfrase clara, em substituição a uma metáfora obscura. Veja-se também a introdução de um verbo — *entrando* — para compensar a ausência do equivalente da preposição *into*. É um bom exemplo do caráter da língua portuguesa, que é muito menos econômica do que a língua inglesa. A solução é tirar vantagem de um aparente obstáculo e valorizá-lo através do uso de palavras expressivas e longas. Veja-se o efeito rítmico dessa cadeia de palavras longas: "farfalharam suavemente entrando no vestíbulo".

nota 37

Custou-me bastante reproduzir em português o mesmo tom agudo e exagerado do discurso de Mrs. Knight. Algumas soluções: a expressão "indigesta" ("stodgy"), que traz lembrança de comida e de digestão (no entanto, mais adiante, na fala de Mr. Knight, a mesma ideia, expressa pela palavra antiquada (?) "creamy", não pode ser reproduzida); "pura sorte" ("a flup"); "anjo protetor" ("the protective fluke"); "causaram um verdadeiro escândalo" ("so upset"); "me entediei como o diabo" ("bored me through and through"). A expressão hiperbólica "o trem inteiro" procura transmitir a mesma ideia da frase "so upset the train that it rose to a man". Todas essas expressões, fluentes e expressivas, são muito usadas na linguagem diária. São clichês que oscilam entre a linguagem coloquial e a intenção de se usar uma linguagem engraçada.

nota 38

Inicialmente tive a intenção de conservar os apelidos *Face* e *Mug*, como havia feito com todos os nomes próprios: depois decidi usar a expressão "cara ou coroa", com suas interessantes ressonâncias (*heads or tails*: o jogo em que se atira uma moeda para o alto, para se ganhar uma aposta), e alterá-la ligeiramente, uma vez que "cara" seria um apelido absurdo (tanto significa *querida* como *rosto*). Consegui, assim, chegar a "careta e coroa", palavras que serão entendidas como uma deformação intencional da expressão relativa a cabeças ou caudas. "Careta" significa *grimace* ou *grin* e poderia, facilmente, ser usada como apelido (é também uma gíria moderna que define uma pessoa muito formal). "Coroa" (*crown*) também é gíria (menos recente), usada em relação a homens ou mulheres de meia-idade. Pode ser usada em tom de carinho ou de sarcasmo.

nota 39

"Wasn't that too absolutely creamy?"/ "Isso não foi absolutamente o máximo?"

O "máximo": expressão coloquial portuguesa significando "the best part" (da história, do show).

nota 40

"This is a sad, sad fall! [...] When the perambulator comes into the hall"/ "Trágica queda foi aquela, compatriotas! [...] Quando o carrinho do bebê chegou à porta".

Tentei encontrar a pista desta citação de Mrs. Knight em diversos dicionários especializados. Havia apenas duas referências no verbete *fall* que pareciam importantes: uma se referia à canção de ninar ("Roda no alto da árvore, bebê, roda/ Quando o vento soprar o berço vai balançar/ Quando o galho quebrar, o berço vai cair/ E o berço, o galho e o bebê vão cair"). A outra citação é de *Júlio César*: "O grande César caiu. Trágica queda foi aquela, compatriotas". (JC III, ii, 194.)

Não vendo muitas possibilidades de rima na canção de ninar, decidi recorrer a Shakespeare, para conseguir um efeito de rima. Escolhi uma citação quase direta, que pode ser reconhecida como inspirada em Shakespeare: é a palavra retórica "countrymen" ("trágica queda foi aquela, compatriotas"). Esta última palavra — "compatriotas" — levou, imediatamente, a uma rima com *porta*, que dá um tom de absurdo à vivacidade de expressão de Mrs. Knight.

nota 41

O uso de grifos na linguagem de Eddie Warren dá origem a uma entonação plausível em português, que poderá sugerir um modo afetado de falar, como o discurso caricatural, de um homem homossexual. Sem mais comentários.

nota 42

"Extravagantly cool and collected."

Essa expressão aparecerá três vezes na história, para qualificar a atitude de Harry. Entre as várias e possíveis traduções de *cool*, optei por *calmo*, para poder reproduzir a aliteração da sequência "calmo e contido".

nota 43

"For there were moments when he rushed into battle where no battle was..."/ "Havia horas em que ele entrava em riste na batalha onde não havia batalha alguma..."

"Riste" é uma antiga palavra portuguesa que significa *lance rest*: *lança em repouso*, mas "em riste" é uma expressão idiomática usual, que quer dizer *ready for action, at the ready, threatening*: *pronto para agir, de prontidão, ameaçador*, além de ter leve sugestão fálica. Ela combina bem com a metáfora relativa à batalha e resolve o problema da falta de uma equivalência para a frase verbal (*rush into*).

nota 44

"'No, not at all', said Bertha. 'Come along.' And she took her arm and they moved into the dining-room."/ "'De jeito nenhum. Entre', disse Bertha dando-lhe o braço, e passaram para a sala de jantar."

Outra contração sintática com a consequente eliminação do pronome pessoal.

nota 45

"What was there in the touch of that cool arm that could fan — fan — start blazing — blazing — the fire of bliss *that Bertha did not know what* to do with?" / "O que é que havia no contato com aquele braço que atiçava — atiçava — incendiava — incendiava o fogo do êxtase *que Bertha não sabia como exprimir — e o que fazer daquilo?*"

Na parte final deste parágrafo apareceu um problema inesperado, na frase aparentemente simples: "the fire of bliss that Bertha did not know what to do with". Basicamente, trata-se de um problema sintático, visto que essa construção é inexistente em português (preposição no fim da frase). A tradução literal deslocaria a preposição para o início da frase: "o fogo do êxtase com o qual Bertha não sabia o que fazer".

Essa forma parece artificial e pesada (embora correta), como acontece na maioria dos casos em que uma preposição inicia uma oração subordinada.

Minha solução: recorrer a um verbo intransitivo que já havia sido usado antes, para exemplificar uma forma frequente em KM: o refrão incomum (*exprimir*). Assim, consegui introduzir na frase uma subordinação secundária, que traduziu adequadamente a frase original ("e o que fazer daquilo").

nota 46

Fiz uma pequena alteração, para respeitar o ritmo e a economia semântica:

"Her heavy eyelids lay upon her eyes" / "Suas pálpebras se fechavam pesadamente".

nota 47

"But Bertha knew, suddenly" / "Mas Bertha *sabia*, subitamente".

O emprego do imperfeito leva a um movimento menos repentino e sutil, na perspectiva de Bertha (como se ela estivesse consciente disso o tempo todo).

nota 48

Aqui houve uma mudança na ordem da frase e no sujeito, para evitar a tradução literal de "between them". O resultado levou a um paralelismo mais intenso:

"As if the longest, most intimate look had passed between them — as if they had said do each other"/ "Como se elas tivessem dito uma para a outra".

nota 49

"And the others? Face and Mug, Eddie and Harry, their spoons rising and falling — dabbing their lips with their napkins, crumbling bread, fidding with the forks and glasses and talking."/ "E os outros? Careta e Coroa, Eddie e Harry, colheres subindo e baixando, guardanapos tocando lábios, migalhas de pão, tilintar de garfos e copos e conversas."

Reconheço que impus, conscientemente, a interpretação deste parágrafo — por mais sutil que tenha sido a mudança. Bertha tinha acabado de experimentar uma forte sensação de êxtase, que o contato com o braço quente de Miss Fulton tinha acelerado; depois isso se transforma na certeza extática de uma compreensão mútua perfeita. Ela está completamente mergulhada nessa sensação, quando a lembrança do mundo exterior lhe vem à mente. "E os outros?" A visão passa a ser diferente — e até se poderia chegar a uma mudança de tom: do sublime para o terreno. Resolvi prolongar o tom anterior e reproduzir a cena em tons mais brandos. Ou então recriar o espírito do transe, uma espécie de atmosfera que nos fizesse pensar numa câmera focalizando os que estavam à mesa: uma câmera não para documentar, mas para notar um detalhe aqui, outro ali, talvez sob um foco indistinto ou sonolento. Mas por que tanta preocupação com este parágrafo? Na realidade, não acredito que tivesse havido um empobrecimento de tom: é que a cena é bastante prosaica, cheia de colheres, garfos, guardanapos, migalhas e falatório bobo. Tentei, então, dar ao parágrafo uma forma precisa, quase afetada: daí a sintaxe abreviada, a linda palavra "tilintar", que cria uma nova metáfora (é o "tilintar" de facas, copos e de *conversas*) e o cuidadoso paralelismo. O leitor ficaria apto a enfrentar a transição abrupta com o diálogo seguinte.

Note-se também a incrível demonstração de inteligência de Miss Fulton, que não diz uma palavra sequer ("como se ela vivesse de ouvir e não de ver"). Esse silêncio aumenta a ambiguidade do personagem. Será que ela é igual aos outros? Ela se cala, enquanto os outros se destroem com palavras.

nota 50

"I think I've come across the same idea in a little French review, quite unknown in England."/ "Se não me engano, eu já dei com a mesma ideia numa revista francesa não muito conhecida aqui."

Evitei a palavra "Inglaterra" e usei a palavra "aqui", a fim de não introduzir um elemento alheio ao leitor estrangeiro.

nota 51

"Ela até desejaria dizer-lhes que ótimos todos eles eram, e que grupo tão decorativo que formavam, e como pareciam deslanchar uns aos outros e como a lembravam de uma peça de Tchékhov!"

Teria Bertha bebido demais nesse momento? Ou estaria KM usando uma de suas armas especiais, bem disfarçada pelo uso do estilo indireto livre?

Em seu livro sobre KM, Sylvia Berkman afirma que "os ritmos da prosa têm uma batida rápida e ligeira. Na melhor hipótese esse ritmo será veloz e borbulhante: na pior, será irregular e histérico, como se vê nas obras *The Singing Lesson* e em alguns trechos de 'Bliss'".

Por outro lado, o ritmo histérico não será adequado a esse momento?

nota 52

"Everything was good — was right. All that happened seemed to fill again her brimming cup of bliss."/ "Tudo estava bom — e certo. Tudo que acontecia parecia encher outra vez até a borda a taça transbordante do seu êxtase."

Faço o possível por usar palavras longas e ressonantes — "até a borda a taça transbordante do seu êxtase" — para poder conduzir o leitor ao mundo imaginário de Bertha e para que ele não comece a questionar a imensa ternura que ela sente pelo mundo exterior.

nota 53

"And still, in the back of her mind, there was the pear tree. It would be silver now"/ "E no fundo da sua mente ainda havia a árvore, que devia estar toda prateada agora".

Eliminei o ponto que finalizava a expressão "pear tree"; introduzi, em seguida, uma frase subordinada — o que dá a todo o parágrafo um ritmo fluente e macio, com uma transição bem marcada, que vai da árvore "no fundo de sua mente" à concentração visual nos dedos esguios de Miss Fulton.

nota 54

"For she never doubted for a moment that she was right, *and yet what had she to go on?*"

De novo, uma frase muito simples, que apresenta uma pequena dificuldade semântica. Em português, é mais uma interpretação do que uma tradução, com insistência na ideia de evidência, de prova: "E no entanto o que havia *de concreto?*".

nota 55

"Miss Fulton bent her head and followed after."

A tradução literal acentua a rigidez do movimento ("Miss Fulton inclinou a cabeça para o lado e seguiu atrás."). Inverti a ordem da ação, para poder usar a frase "inclinando a cabeça para o lado" como uma espécie de refrão, um sinal que identifica os silêncios sedutores de Miss Fulton: "Miss Fulton seguiu atrás, inclinando a cabeça para o lado".

nota 56

"The fire had died in the drawning-room to a red, flickering 'nest of baby phoenixes', said Face."/ "*Na sala de jantar*, o fogo havia esmaecido *e agora*, *vermelho*, *tremeluzindo*, parecia, *segundo Careta*, um 'ninho de filhotes de fênix'."

Em inglês, a frase é bastante direta. Em português, há mudanças que tensionam a estrutura do período: um adjunto adverbial no início da frase ou a interrupção da estrutura com expressões intercaladas. O resultado obtido proveio, em parte, da dificuldade de tradução da expressão verbal "the fire *had died down to* a red, flickering nest".

nota 57

Nesta passagem há uma pequena dúvida: quem é que sempre demonstrava frieza? Face ou Miss Fulton? Não poderia ser Miss Fulton, caso contrário ela não estaria usando uma jaqueta de flanela vermelha com um vestido cor de prata. Por outro lado, sabemos que Face compareceu à festa usando um casaco cor de laranja, adornado com uma fila de macacos pretos ao redor da bainha, e subindo pela frente...

nota 58

Sem ter conseguido solucionar o mistério, fiz, primeiramente, uma tradução literal ("sem aquele casaco vermelho de flanela, é claro") que me pareceu estranhamente sem sentido. Foi o esquisito casaco cor de laranja da sra. Knight, enfeitado com aqueles engraçados macaquinhos, que, por fim, me fez chegar a uma solução. Desde sua chegada triunfal, proferindo um brilhante discurso contra a indigesta classe média, essa senhora havia sido secretamente comparada por Bertha a um "macaco muito inteligente". Aquele vestido amarelo de seda parecia ter sido confeccionado com cascas de banana. Os brincos cor de âmbar pareciam pequenas castanhas que balançavam. O hábito de enfiar alguma coisa no decote induz Bertha a pensar que ali ela poderia estar guardando uma reserva de castanhas — tal qual um macaco que guardasse provisões para o inverno. Quando Bertha vê Face, agachada junto à lareira para se aquecer, não consegue deixar de associá-la à imagem de um macaquinho de realejo — um daqueles animais treinados em acrobacias, que recolhem dinheiro entre os transeuntes e que devem estar usando um "casaquinho vermelho de flanela, logicamente". Agradeço a um amigo que despertou minha atenção para esse aspecto, mas, mesmo assim, a tradução literal continua sem sentido. O leitor brasileiro não teria nenhuma pista mental para chegar a essa imagem, visto que raramente depara com macaquinhos de realejo. A solução foi explicitar a ideia: mencionar o macaquinho ("mico do realejo", em português). O resultado não é favorável à sra. Knight — e perde-se a elegância resultante de ideias subentendidas. Mas a cômica percepção de Bertha fica intacta.

nota 59

Bertha está sob os efeitos intoxicantes do êxtase que sente. Na realidade, uma paisagem mergulhada numa luminosidade toda especial pode assumir aspecto mágico e causar profunda impressão na sensibilidade de uma pessoa em estado de êxtase. Assim, a tradução é quase "livre", a fim de criar um parágrafo bem forte, uma vez que é muito importante reproduzir o caráter emocional do ritmo. Mesmo que as imagens não sejam muito originais, o impacto do trecho deve ser garantido, pelo menos, pela sintaxe. Segundo Amado Alonso, o ritmo da prosa se baseia na sintaxe, ou melhor, o ritmo de um trecho em prosa é, de certo modo, a sua sintaxe.

Comparem:

"Although it was so still it seemed, like the flame of a candle, to stretch up, to point, to quiver in the bright air, to grow taller and taller as they gazed"/ "Embora imóvel, a árvore parecia estender-se para cima, subir, tremer no ar brilhante como a chama de uma vela, e crescer, crescer mais alto diante delas".

Em seu livro sobre KM, Sylvia Berkman afirma que "ela é qualitativamente melhor quando apreende um momento carregado de emoção, do que quando constrói uma trama substancial".

nota 60

"[...] with all this blissful treasure"/ "[...] com todo aquele tesouro sublime".

Estou usando excessivamente a palavra "sublime", mas não consigo encontrar melhor tradução para *blissful*. *Extático* não serviria, porque soa exatamente da mesma forma que seu homófono "estático", que significa *static*.

nota 61

"[...] that burned in their bosoms"/ "[...] que queimava dentro do peito".

É impossível dizer "nos seus peitos", "no peito delas" ou algo semelhante. O adjetivo possessivo soa mal e *peitos*, no plural, se aproxima mais de *seios* do que de *regaço*. Optei por omitir o possessivo e usei o singular. O resultado é mais ambíguo do que a forma original, porque assim o singular, que tem uma conotação vaga, tanto pode indicar que o fogo queima em ambas as mulheres como somente no peito de Bertha.

nota 62

"Then the light was snapped on and Face made the coffee..."/ "Então a luz acendeu de repente e Careta *fazia* café".

O uso do imperfeito lembra uma cena de palco que está sendo apresentada sem nenhum destaque especial; de repente, ela é bruscamente focalizada pela iluminação. Bertha fica consciente de uma cena que estava acontecendo, no momento em que ela havia mergulhado em outra ordem de ideias (consequências do emprego do imperfeito).

nota 63

"[...] and Mug took his eye out of the conservatory for a moment and then put it under glass again"/ "[...] e Coroa tirava por um minuto o olho da estufa e outra vez o metia sob vidro".

Mantive a metáfora relativa ao monóculo, mesmo que os leitores a considerem enigmática.

nota 64

"Oh, I am so tempted to do a fried-fish scheme"/ "Estou tão tentada a montar um esquema 'peixe frito'..."

Talvez decidisse escrever pequena nota etnográfica sobre peixe e batatas fritas, para o leitor brasileiro.

nota 65

"You can't put out to sea without being sea-sick and wanting a basin."/ "Não se pode embarcar num navio sem enjoar e precisar de uma boa bacia."

Introduzi no período o adjetivo *boa*, que tem o mesmo peso e sabor da palavra "good", num trecho anterior, cheio de tagarelice: "Além de cortar fora o cabelo, ela parece que também tirou um bom pedaço das pernas e dos braços e do pescoço e do pobre narizinho também". Em português, o efeito é igualmente coloquial e enfático.

nota 66

"And she decided from the way Miss Fulton said: 'No, thank you, I won't smoke', that she felt it too, and was hurt."/ "E pelo jeito de Miss Fulton dizer 'Não, obrigada, não quero fumar', Bertha decidiu que ela também sentia o mesmo, e estava ofendida."

Aqui houve inversão na ordem, para se conseguir mais tensão sintática e mais ritmo.

nota 67

"And this something blind and smiling whispered to her"/ "Uma coisa cega, que sorria e murmurava".

Notar a variedade de mudanças neste período. O adjetivo *smiling* passa a verbo, em português, visto que a palavra "sorridente" soaria excessivamente festiva. Ao contrário do pretérito perfeito, o emprego do imperfeito, neste caso, produz um efeito mais trágico, pois faz com que o ambiente de terror fique mais difuso e envolvente. Esse efeito se intensifica através da supressão do objeto direto ou indireto.

nota 68

"The lights will be out."/ "As luzes apagadas." Mesmo recurso no comentário referente à nota 57.

nota 69

Sempre fui muito atenta ao uso dos pronomes pessoais e procurei reduzi-los ao mínimo. Contudo, nos diálogos, a repetição monótona do pronome pessoal é absolutamente legítima.

nota 70

"He tossed the coat away" / "Harry afastou *bruscamente* o casaco".

O advérbio *bruscamente* compensa a ausência de um verbo que traduzisse, com precisão, a expressão "toss away". O mesmo problema (uso de palavras exatas) aparece no decorrer da história, com verbos como *wave away*, *drag*, *creep*, *drop*, *dab*, *tuck*, *stretch-up*, *quiver*, *dart*, que descrevem movimentos bastante específicos. Essa precisão sutil é muito anglo-saxônica e dificulta a tradução. Quase sempre se encontra a solução através de uma paráfrase desenvolvida.

nota 71

"His lips said" / "Seus lábios diziam".

Novamente o uso do imperfeito mergulha a cena numa espécie de nível de tempo diferente.

nota 72

"His lips curled back in a hideous grin while he whispered" / "Seus lábios se crisparam num esgar horrível ao sussurrarem".

Economia de sujeitos: "ao sussurrarem" indica que foram os lábios dele que sussurraram.

nota 73

"[...] and with her eyelids Miss Fulton said: 'Yes'." / "[...] e com um bater de olhos Miss Fulton disse: 'Sim'."

Os dois adjuntos adverbiais de modo, "com um bater de olhos" e "num esgar horrível" (nota 72) foram cuidadosamente escolhidos, e o tom é ligeiramente mais literário do que na forma original.

nota 74

Chegando a este trecho, percebi que não havia mais necessidade de insistir na fala caricatural de Eddie. O movimento da história havia atingido um nível quase trágico — e qualquer palavra a mais seria redundante.

nota 75

O uso da subordinação acelera o ritmo do parágrafo e os últimos gestos de Miss Fulton. Comparemos:

"'Oh, no. It's not necessary', said Miss Fulton, and *she came up to Bertha* and gave her the slender fingers *to hold*."/ "'Não, não é preciso', respondeu Miss Fulton, *e aproximando-se de Bertha* ofereceu-lhe seus dedos muito finos."

nota 76

Agora já sabemos com certeza que Miss Fulton está empenhada num jogo muito delicado. A conclusão da história se destaca pela concisão e ausência de qualquer comentário ou intrusão por parte do narrador.

nota 77

Releia-se a nota 29, apenas para se ter certeza de que a supressão da palavra "pereira" não foi negativa.

nota 78

"Your lovely pear tree — pear tree — pear tree!"/ "Sua árvore linda — linda — linda!"

Outra interferência perigosa, que me fez refletir muito, até tomar uma decisão. É uma daquelas repetições (veja nota 4) que representam o eco do caráter obsessivo das emoções de Bertha. A maior parte dessas iterações são usadas para exprimir as modulações das ondas de êxtase, como se fossem algo indescritível: na realidade, não há muitas palavras que consigam descrever essa sensação (sem caírem no sentimentalismo), o que explica a compulsão das repetições, como um esforço apaixonado e hesitante para transmitir uma ideia.

Em *Middlemarch*, George Eliot afirma que a tendência de dizer o que já foi dito anteriormente constitui um "princípio fundamental da fala humana", expressa de forma mais ou menos marcante, de acordo com o personagem e as circunstâncias. No conto "Bliss", no entanto, as iterações não constituem um artifício realista, que dê maior verossimilhança à fala do personagem. Elas enfatizam momentos no discurso em que as palavras do narrador representam um esforço de transmissão de emoções, como se fossem filtradas diretamente da consciência do personagem. E é esse estado desordenado de consciência que impõe a necessidade de repetir — para dar voz à paixão. "É uma bela e louca paixão", diz Henry James, em um de seus prefácios, acrescentando a seguir: "Penso que se trata sempre da intensidade do esforço criador, para poder entrar no íntimo do personagem". Esse sentimento insopitável pode ser expresso através da simples repetição de palavras.

Não é por coincidência que a maior parte das repetições (pelo menos as mais importantes) sejam usadas para descrever a paixão; algumas relacionam metaforicamente esse sentimento com o fogo. Vejamos este esquema:

a feeling of bliss — absolute bliss
deeply, deeply
passionately — passionately
fan — fan — start blazing — blazing
ardently! ardently!
pear tree — pear tree — pear tree

Entenderemos, então, que a expressão "pear tree" constitui uma curiosa exceção dentro da tendência geral. Trata-se da única repetição tripla e é a única que é "substantiva", como que oposta aos poderes qualificativos e descritivos das outras repetições. O que ecoa incessantemente na mente de Bertha é a existência de uma pereira, a única coisa que restou de tudo.

Ciente desse fato, a tradutora (que já havia proibido a presença inesperada de uma pera) ignorou o senso comum e focalizou a intensidade dos sentimentos no adjetivo. Não há realmente argumentos racionais que justifiquem minha escolha, que é predominantemente emocional: eu desejava concentrar-me inteiramente naquele momento, no efeito do eco, que realmente funciona melhor, quando se usa palavra paroxítona curta, como "linda". O som do fonema /i/ perdura em nossos ouvidos, quase como na repetição "tree, tree, tree".

Meu desejo era fazer com que o leitor percebesse esse efeito, com a intensidade do eco que ressoava na mente de Bertha.

nota 79

"Bertha simply ran over to the long windows." / "Bertha apenas correu para as longas janelas dando para o jardim."

Um pequeno acréscimo foi feito, para marcar o ritmo de forma mais convincente.

nota 80

"But the pear tree was as lovely as ever and as full of flower and as still." / "Mas a árvore continuava tão bela e florida e imóvel como sempre."

Poderia ter repetido a palavra correspondente a *as*, acrescentando apenas a palavra "tão", antes de cada adjetivo ("tão bela e tão florida e tão imóvel"); no entanto, a solução encontrada me parece mais exata, por ser bastante sóbria. A tradução de "as ever" não caberia em nenhum outro lugar, exceto no fim da frase.

cartas

UNIVERSITY OF ESSEX
Department of Literature
Wivenhoe Park
Colchester CO4 3SQ
10th August, 1981

Dear Ana Cristina,

How nice to hear from you! I'd been meaning to write ever since your excellent M.A. result came through, but last term was almost impossibly busy, and I've been trying desperately to catch up on some of my own work since. Anyway, warmest congratulations! It was the first Distinction we've had on the Translation course for a very long time, and I think you thoroughly deserved it. I'm enclosing a copy of the External Examiner's report, which should interest you — he has a few suggestions for improvement, as you'll see, but for the most part I've never seen him as enthusiastic as this. I'm also glad, of course, that you've managed to get the translation published — I hope Brazilian women sometimes read men's magazines; it would be a pity if they missed it. (I'm sorry my name got left out of the dedication — perhaps when your *Obras completas* are published you'll be able to restore it!)

If you tell me what kind of things it would really help you to have for your book about women's literature, I'll see what I can find. (There's so much published in that field these days over here that one hardly knows where to start.) I'm enclosing an interesting piece by Anne Stevenson — a very good American poet who's been living in England for some time. (If you'd like to see some of her poems, I'll send some another time.) Also a piece which came out in the *Observer* the Sunday before last.

Good luck with the *Hite Report* — not exactly calculated to increase one's faith in human nature, I imagine! And I do hope you manage to find a congenial job soon.

I think Virginia Woolf was probably right up to a point about KM — though there was also a good bit of professional jealousy, I fancy, and she must have realised that KM could deal with a much wider range of experience than she herself could. My own feeling — though it's a long time since I read her in bulk — is that her stories with an English setting are on the whole not her best; not as good, at any rate, as the best of the German and New Zealand ones. On the other hand, as a letter writer, I think she's incomparable.

Must stop now: it's almost 2 a.m., which is late even for me. With all good wishes.

Yours ever,
Arthur Terry

UNIVERSIDADE DE ESSEX
Departamento de Literatura
Wivenhoe Park
Colchester CO4 3SQ
10 de agosto de 1981

Querida Ana Cristina,

Que bom receber notícias suas! Tencionava escrever-lhe desde que soube do excelente resultado de sua tese para a obtenção do M.A., mas o último período letivo me manteve terrivelmente ocupado; desde então só tento pôr em dia meus trabalhos. De qualquer maneira, felicito-a carinhosamente! Há muito tempo não conferíamos o grau de Distinção para alunos do curso de Tradução. Você realmente mereceu essa qualificação! Estou acrescentando a esta carta uma cópia do relatório do examinador externo, que deverá interessá-la. Como você verá, ele faz algumas sugestões para o aperfeiçoamento da tradução; na realidade, nunca o vi tão entusiasmado com um trabalho como com o seu, Ana. Que bom que você conseguiu publicar a tradução! Espero que as mulheres brasileiras leiam essa revista — seria lastimável se não o fizessem! (Que pena que o meu nome tenha sido omitido na dedicatória! Um dia, quando você publicar suas *Obras completas*, talvez essa omissão seja reparada.)

Diga-me que espécie de material você gostaria de receber para o seu livro sobre literatura de mulher. Verei o que posso achar (atualmente, há tanta coisa publicada aqui sobre esse tema que não sei por onde começar). Estou anexando um texto interessante de Anne Stevenson, uma excelente poeta norte-americana, que está vivendo na Inglaterra há algum tempo. Se quiser algum de seus poemas, mandarei em outra oportunidade. Também remeto um texto que apareceu no *Observer*, há dois domingos.

Boa sorte com o *Relatório Hite*. Não é material que aumente nossa fé na natureza humana! Espero que você consiga logo um trabalho adequado.

Penso que Virginia Woolf estava parcialmente certa em seus comentários sobre KM (mas o ciúme profissional também deve ter influído nesse ponto). Talvez ela tenha descoberto que KM podia expressar uma vivência muito mais ampla do que a sua. Apesar de não ter lido muito de KM ultimamente, creio que os contos de ambientação inglesa não constituem a melhor parte da sua obra. De qualquer maneira, não se podem comparar; nem de longe, aos melhores contos que escreveu, de ambientação alemã e neozelandesa. Por outro lado, penso que ela é incomparável, como correspondente.

Devo terminar agora. Já são quase duas da manhã. É tarde, mesmo para meus horários. Tudo de bom para você.

Um abraço,
Arthur Terry

UNIVERSITY OF YORK
Heslington, York, YO1 5DD
Telephone 0904 59861
Department of English
and Related Literature

Ana Cristina Cesar: Translation of "Bliss" by Katherine Mansfield

This is, on the whole, an excellently thoughtful, meticulous and sensitive piece of work. The introduction is instructive, intelligent and well-formulated; it is limited only by its failure to use sufficient examples. This local failure is more than compensated for by the large number of detailed notes on the translation itself which make something of a model of how this sort of exercise can be performed. I was particularly impressed by the way in which the translator considered the character of her own language and what it would or would not sustain. Her comments on tone, sty-le and intention were also impressive, as was her constante care for an appropriate rhythm in her own language. Perhaps she was not always completely aware of the tone of Mansfield's prose; this would not be surprising since this is a rather extraordinary example of early twentieth century writing with a good deal of period slang. I'm not sure how one could contrive to capture all of this in translation but I feel that a *perfect* version (if that were possible!) would have to solve this problem.

Here are a few comments on individual points.

Note 1: This is a very good and thoughtful note. But I'm note sure that she has chosen quite the right word. *Bliss* conveys a sense of blessedness (see entries in O.E.D.) which I think is not present in *ecstasy*. It's also slightly dated and perhaps can be associated with the upper or upper-middle classes (?? or is this nonsense?).

Note 3: Bowling a hoop is not a game; games have fixed rules.

Note 5: *Faintly eschatological*: I don't see why?

A bright piece: perhaps Mansfield is aiming for something of that absurdity which the translator is trying to avoid here.

Note 6: *Finger and toe*: the target language may impose a more dignified version but it's important to note the childish particularity of the original and the emphasis on smallness.

Ridicule: this is the wrong word (= ridiculous nature of).

Note 9: Again the solutions are intelligent but the substitutions of abstractions for concrete nouns makes an important difference.

Note 10: *vowels* (spelling).

Note 12: *explicitation* (!).

These last is actually rather stiff, pompous English.

Note 22a: *oughtn't to be changed hands*: this ungrammatical and nannyesque phrase deserves a brief note.

Note 29: extremely interesting account of the problem of rendering the pear tree. However, I am not convinced. The specificity of the tree is crucial to the story. I think the reader needs to know. Your best solution is not to omit the name or to find an alternative but to provide a note explaining the cultural significance of this tree to your Brazilian readers.

Note 74: I don't think Eddie's characteristics should be eliminated here. They make him painfully out of key with what is really going on.

Note 78: *point out to* should be *point to.*

On the question of slang and colloquialisms, the following points should be noted: *awfully keen* (p. 5), *swarm up the stairs* (p. 10) can't be translated literally. When Bertha reflects that she and Harry are *good pals* (p. 7), the tone is crucial, on p. 16 the relevance of this particular phrase becomes clearer. The phrase *first-chop* is period slang of indian origin (p. 15; see Eric Partridge's *Dictionary of Slang*); and the translation should not miss the jocular clumsiness of *shut up shop* (p. 19). These are small points but attention to them would make the translation even better.

Timothy Webb

UNIVERSIDADE DE YORK
Heslington, York, YO1 5DD
Telefone 0904 59861
Department of English
and Related Literature

Ana Cristina Cesar: Tradução de "Bliss", de Katherine Mansfield

É, no conjunto, um excelente trabalho, que denota profundidade de pensamento, correção e sensibilidade. A introdução é rica, inteligente e bem formulada. Sua única limitação consiste na impossibilidade de apresentar mais exemplos, coisa que é amplamente compensada pelo grande número de notas detalhadas sobre a própria tradução, as quais irão servir de modelo para trabalhos do mesmo gênero. Apreciei particularmente o enfoque dado pela tradutora à natureza da língua portuguesa e suas possíveis limitações, em termos de tradução. Os comentários sobre tom, estilo e intenção me impressionaram muito, assim como a preocupação constante que demonstra em relação ao ritmo apropriado no português. Talvez nem sempre tenha apreendido plenamente o tom da prosa de Mansfield, o que não é nenhuma surpresa: o conto em questão constitui exemplo fora do comum do estilo literário do início do século XX, com exemplificação considerável da gíria da época. Como poderia uma pessoa conseguir captar tudo isso numa tradução? Creio, porém, que uma versão *perfeita* — se é que ela pode existir — teria que levar em conta esse problema.

Aqui estão alguns comentários sobre o trabalho.

Nota 1: Excelente nota, de grande profundidade. Não estou, porém, absolutamente certo de que a tradutora tenha escolhido a palavra exata. *Bliss* contém uma ideia de bênção (ver verbetes no O.E.D.), que, na minha opinião, não está presente na palavra *ecstasy*. É também um termo ligeiramente antiquado, que talvez se possa relacionar com o vocabulário da classe média alta e classe alta (ou será isso uma tolice?).

Nota 3: "Rolar um aro" não é um jogo. O jogo tem regras fixas e definidas.

Nota 5: *Faintly eschatological*: por quê?

A bright piece: é possível que Mansfield desejasse recorrer exatamente àquele tipo de absurdo que a tradução tenta evitar.

Nota 6: *Finger and toe*: em termos de linguagem-padrão, talvez fosse necessário usar uma expressão mais formal. No entanto, é importante registrar o contexto (infantil) da cena e a ênfase dada ao tamanho diminuto dos pezinhos da criança.

Ridicule — palavra usada incorretamente (= de natureza ridícula).

Nota 9: Outra vez, soluções inteligentes; no entanto, a substituição de abstrações por substantivos concretos implica diferença de sentido importante.

Nota 10: *Vowels* (ortografia).

Nota 12: *Explicitation* (!).

These last — é expressão bastante formal, pomposa.

Nota 22a: *Oughtn't to be changed hands*: esse exemplo de linguagem incorreta, própria de uma babá, mereceria um breve comentário.

Nota 29: Comentário extremamente interessante a respeito da tradução da palavra *pear*. Contudo, não me convenceu. O significado específico dessa árvore é fundamental para a história — o leitor precisa ficar consciente disso. A melhor solução não é a omissão da palavra ou a busca de uma alternativa, mas a inclusão de uma nota que explique o significado cultural da árvore para os leitores brasileiros.

Nota 74: As características da personalidade de Eddie não deveriam ser omitidas nesta passagem. Elas fazem com que o personagem fique lamentavelmente alheio ao que está acontecendo.

Nota 78: *point out to* deveria ser *point to*.

Sobre gíria e coloquialismo, algumas observações: *awfully keen* (p. 5), *swarm up the stairs* (p. 10) não podem ser traduzidas literalmente. Quando Bertha diz a si mesma que ela e Harry são *good pals*, parece que seu tom é de crítica; na p. 16 a importância dessa frase específica torna-se mais patente. A expressão *first-chop* (p. 15) é gíria de época, de origem indiana (ver *Dictionary of Slang*, de Eric Partridge); a tradução não deveria descartar a engraçada inadequação da expressão *shut up shop* (p. 19). Na realidade, essas observações não têm grande importância. É que a tradução poderia ficar melhor ainda.

Timothy Webb

o ritmo e a tradução da prosa

DEPOIS DE LERMOS UM ROMANCE durante toda uma tarde e nos deixarmos envolver pelo fascínio da leitura, pode se entranhar em nós uma espécie de melodia, um ritmo de narração, que flui e retorna como uma canção — e que pode até mesmo moldar o rumo do nosso pensamento. É mais do que uma melodia, é uma corrente sintática, uma coerência musical que organiza o mundo do romance e que teima também em organizar o nosso próprio mundo interior. É uma impressão que pode nos marcar mais profundamente do que a própria trama, porque vai penetrando imperceptivelmente, tal qual uma voz inesquecível; esse dom, nós não o pedimos, mas ele não nos abandonará.

Essa memória do ritmo da narração perdura de forma particularmente viva quando lemos um romance em que a consciência do uso de possibilidades rítmicas é muito forte — romances cuja trama se desenvolve em ondas sintáticas intencionais. Esse fato ocorre principalmente quando a narração está diretamente voltada para o leitor, quando há a intenção clara de seduzi-lo através do estabelecimento de laços com o narrador. O efeito da narrativa se baseia na existência de uma *voz* que narra. Essa mediação nunca é inteiramente abandonada; não há, também, a intenção de apresentar a "realidade" sem a presença dominante de um narrador. Estou escrevendo esse ensaio ainda sob o impacto da leitura de *The Turn of the Screw*, que aprisiona o leitor através de um jogo narrativo assim armado: uma caixa maior, que contém outra caixa menor, que contém outra menor ainda. Assim, o narrador na 1ª pessoa cede o lugar a outro narrador na 1ª pessoa, que cede seu lugar a outro narrador mais. Todos se dirigem ao leitor e é impossível esquecermos o que eles estão nos dizendo.

Machado de Assis levou esse efeito a extremos, em seus últimos romances. O narrador está eternamente presente, contestando sua própria narração e as convenções literárias — às vezes, como que "recorrendo ostensivamente a Sterne". Penso que essa presença se apoia muito no ritmo, num certo fluir sintático, na preferência (ou talento) por algumas alternâncias cuidadosas entre movimentos sintáticos curtos e longos, que tendem ao paralelismo. Acima de tudo, nota-se a preocupação constante de articular o material narrativo com o nível sintático, mesmo que isso signifique um desafio permanente à estruturação literária convencional do material, num nível mais amplo. As frases de Machado de Assis mergulham umas nas outras. Um exame microscópico revelará que cada frase está cuidadosamente ligada à seguinte, numa forma quase obsessiva em relação ao encadeamento explícito da frase — e nada fica solto, nesse nível. Numa dimensão mais ampla, os últimos romances de Machado de Assis entram num jogo estilístico descontraído nos capítulos curtos, que oscilam entre a digressão e a trama, entre a arte de narrar uma história e, ao mesmo tempo, não a narrar.

Gostaria de discutir esse problema mais de perto...

Todo mundo sabe que, em poesia, o tradutor deve levar em conta, acima de tudo, o ritmo. Em prosa, o caso é diferente: o tradutor tende a concentrar-se em problemas semânticos. O tradutor de prosa não se preocupa tanto com a reprodução de efeitos rítmicos, como o tradutor de poesia. Pode-se afirmar que aquele tradutor não se pode dar ao luxo de aprofundar seu trabalho até esse nível, por razões ligadas à extensão da obra, ao tempo de que ele dispõe, e até mesmo a problemas de marketing. Na realidade, o fator tamanho não constitui uma explicação convincente, tendo-se em vista a existência de traduções de obras épicas. Tempo e problemas de marketing também não são uma "desculpa", embora constituam um capítulo importante nas traduções modernas de prosa: romances vendem mais do que poesia, e romances importantes podem ser um investimento editorial seguro. Junto com o nome de Dostoiévski pode-se vender também uma "tradução fluente de David Magarshack".

Em traduções de prosa, a "fluência" é uma necessidade óbvia. Mas estou me referindo a algo mais específico, a um aspecto da "fluência", que se poderia denominar de ritmo poético da prosa. Neste ensaio, pretendo apresentar duas traduções inglesas da obra de Machado de Assis, *Memórias póstumas de Brás Cubas*, e compará-las sob o enfoque desse problema. Tentarei notar se essas traduções levam em conta o ritmo do texto original. Será que a tradução reproduz ou tenta reproduzir a pontuação, o movimento, o compasso, a estrutura da frase original? Poderíamos apontar um movimento não machadiano (como diria Arnold) na tradução?

É esse meu primeiro approach ao problema da sintaxe da forma, relacionada com ritmo e conteúdo — relações muito mais evidentes, quando se trata de poesia. Nesta o ritmo pode ser medido e, de certa forma, cria suas próprias leis em relação à sintaxe e ao conteúdo. Assim, o leitor tem mais liberdade para gozar do prazer desse ritmo. Mas em prosa o ritmo não é mensurável e depende diretamente da sintaxe e do conteúdo; pode, então, acontecer que a consciência de ritmo que o texto nos transmitiu se evapore, capitulando perante o interesse pela trama do livro. Neste ponto, convém saber o que Amado Alonso diz a respeito das diferenças entre o ritmo da prosa e da poesia:

> Hé aqui ahora un rasgo capital: los límites de la entidad rítmica que llamamos verso no están condicionados por los límites de sentido. Un verso, unidad rítmica, no es necesariamente unidad sintáctica: no es una oración, no es el sujeto o el predicado, no es la subordinante o la subordinada, no es un grupo sintáctico menor, un miembro de enumeración, un complemento preposicional. Por un lado van las pausas rítmicas del verso; por otro, las sintácticas del sentido [...]. Con toda frecuencia, por atender el poeta a construir su figura rítmica — el verso —, violenta las normas sintácticas del idioma.[1]

Mais adiante, ao analisar a prosa de Valle-Inclán:

> ¿En qué consiste el ritmo de estos dos periodos? Es inutil ir rastreando elementos del verso, número de sílabas, o pies, o acentos dispuestos según un canon rítmico. Cierto que sentimos divisiones, pero estas no obedecen a una unidad de medida como el verso [...]. Aqui todas las divisiones lo son exclusivamente de sentido, y, mas concretamente, sintácticas [...]. Primera diferencia cualitativa con el verso; los miembros en que se divide un periodo de prosa rítmica son necesariamente miembros sintácticos.
>
> Segunda diferencia cualitativa: el verso, hemos visto, es unidad de medida y, por lo tanto, un modo de medir al tiempo. Los miembros de la prosa rítmica, en cambio, son ajenos a todo intento de medida.[2]

Essa distinção lúcida constituirá minha orientação básica. Escolhi um capítulo do romance *Memórias póstumas de Brás Cubas* — "O delírio" — que é como uma unidade fechada, podendo ser destacado do resto do livro, visto que não tem nenhuma relação com a "trama". E como sugere Machado de Assis, antecipadamente, o leitor poderia pular o capítulo. Nele, notamos uma preferência pelo detalhe "sem importância", pela invenção gratuita da cena, que contrastam com um background de erudição, filosofia e tolice sofisticada. O caráter delirante do capítulo leva a um certo senso de liberdade, que revela mais claramente certas obsessões rítmicas. O próprio conteúdo do capítulo favorece esse tipo de *insistências*. Na medida do possível, tentarei ignorar os problemas de "conteúdo", vocabulário e dicção. Não considerarei o capítulo em sua totalidade. Depois de comparações extensivas, "escolhi meus exemplos" (o que parece um absurdo metodológico) e apontei os trechos em que as duas traduções mais diferem. Minha hipótese: esses trechos coincidem com momentos em que o senso de ritmo é mais marcante no original. Assim, as diferenças na tradução mostram *interpretações* rítmicas diferentes. Admitamos, é verdade, que uma interpretação diferente possa significar falta de compreensão; mas no terreno da tradução literária até mesmo a falta de compreensão pode expressar uma interpretação diferente.

No ritmo sempre existe algo de obsessivo. Em Machado de Assis essa qualidade obsessiva parece provir do desejo de dizer demais, do gosto pela circunlocução, de um deliberado excesso de expressão, que se manifesta em padrões rítmicos: uma tendência à frase longa e tortuosa, à enumeração, ao paralelismo sintático amplo. Levando-se em conta que o limite entre redundância e idiossincrasia estilística é tênue, ao grande estilista só resta o recurso de disfarçar suas próprias obsessões (ou às vezes engoli-las), criando, assim, uma alternância de frases longas e curtas. As mesmas obsessões ficariam imediatamente aparentes num texto poético (Hopkins, Whitman), mas num texto em prosa de boa qualidade elas deverão ser mantidas sob controle, de forma a não entrarem em conflito com a fluência.

A primeira tradução do romance de Machado de Assis tem como título *Posthumous Reminiscences of Braz Cubas* e foi publicada pelo Instituto Nacional do Livro (entidade governamental), em 1955; o tradutor é E. Percy Ellis, que será designado pelas iniciais PE (no texto à direita, em grifo). A segunda chama-se *Epitaph of a Small Winner* e foi publicada em Nova York, em 1973, e mais tarde em Londres, pela Penguin. O tradutor é William L. Grossman ou WG (texto à esquerda). As duas traduções parecem diferir mais nos trechos em que as obsessões rítmicas reaparecem. É como se um dos tradutores não pudesse sentir, com a mesma intensidade do outro, o padrão obsessivo do texto, seu encanto repetitivo — que talvez não fosse percebido conscientemente pelo leitor, mas que poderia estimular um tradutor extremamente cuidadoso com os detalhes do texto. Ou será tudo isso apenas impressão minha?

Uma das maneiras de controlar a tendência de dizer "demais" consiste na interrupção do fluxo narrativo através da intercalação de um conceito marcante, uma asserção curta, que resume e corta a ideia com um tom irônico. Observem os seguintes extratos do delírio de Brás Cubas:

1.

First, I took the form of a Chinese barber, rotund and skiful, shaving a mandarin, who paid me for my work with candy and pinches — mandarin whimsicality. (WG)

First of all, I assumed the figure of a chinese barber? Pot: bellied? Astute? Shaving the head of a mandarin, who paid me with pinches and sugar: plums: the caprice of a mandarin; (PE)

2.

I am not ashamed to confess that I felt a certain itch of curiosity to know just where the beginning of the ages was, whether it was as mysterious as the origin of the Nile, and above all whether it was more important or less important than the end of the ages: reflections of a sick brain. (WG)

Now that it is past and over, I don't mind confessing that I felt the itchings of curiosity to know just where the source of the centuries might lie and if it were as mysterious as the sources of the Nile; above all? If it should turn out to be anything at all like the consummation of these same centuries: the reflections of a sick brain; (PE)

3.

Stupefied, I said nothing, I did not even cry out; but after a short time, I asked who she was and what she was called — curiosity born of delirium. (WG)

Dazed, I said nothing; I did not even utter a cry; but after a while, which could not have been long, I inquired who she and how she named herself, — the curiosity of the delirious. (PE)

4.

And afterwards — a sick man's thoughts — even if we arrived at the stated destination, maybe the ages, irritated by the trespass upon their origin, would crush me between their nails, which must be as frightfully old as the ages themselves. (WG)

Moreover — the cogitations of a sick brain, of course — even should we reach the end proposed, it was quite possible that the centuries, irritated by the discovery of their origin, might crush us with their nails, which are probably as secular as themselves. (PE)

Antes mesmo de lermos o texto original, fica patente que esse tipo de asserção curta (ou epíteto), que reaparece insistentemente no capítulo — esse refrão irônico traz à narrativa uma marcação seca, cortante —, requer, permanentemente, uma estrutura paralela. PE parece estar mais consciente dessa necessidade intrínseca de paralelismo, como podemos ver nesta repetição de estrutura: "the caprice of a mandarin/ the reflections of a sick brain/ the curiosity of the delirious/ the cogitations of a sick man". Por outro lado, ao optar pelo genitivo inglês e pelo uso de uma palavra a mais (*born*), WG não leva em conta a repetição e traduz: "mandarin whimsicality/ reflections of a sick brain/ curiosity born of delirium/ a sick man's thoughts". Poder-se-ia dizer que PE é mais fiel, porque respeita um padrão que tem significado rítmico (apesar de ter usado a expressão *of course*, que é inútil). Mas há algo que é concludente, mais solene e definitivo na estrutura desenvolvida (artigo — substantivo — preposição — artigo — substantivo), que é apropriada à intenção de dar destaque a uma longa reflexão com um julgamento definido. Esse tom solene tem efeito irônico. Basta comparar "mandarin whimsicality" e "the caprice of a mandarin" para se obter duas interpretações rítmicas diferentes.

Comparei as traduções sem recorrer à interferência do texto original. Um exame posterior das frases de Machado de Assis parece reforçar meu comentário (ver texto a seguir); não penso, porém, que no momento essa leitura seja indispensável a estas considerações. O que importa é saber se outros exemplos confirmarão essas ocorrências. Será possível qualificar e identificar as duas traduções?

Enquanto isso, o delírio continua:

5.

The silence of this region was like that of the tomb: one might have said that the life in things had become stupefied in the presence of man.

Did it fall from the air? Did it rise from the earth? I do not know. I know only that an immense shape, the figure of a woman, then appeared before me, with its eyes shining like the sun, fixed upon me. Everything about this figure had the vastness of the primeval; it was indeed all too much for human perception, for its contours were lost in the surroundings, and what appeared at first to be dense turned out, in many cases, to be diaphanous. (WG)

The silence was of the tombs. One would have sworn that life had become stupefied in the presence of man.

Did it fall from the air, did it rise from the ground? I do not know; I can only say that an immense face, that of a woman, then appeared looking at me with eyes burning as the sun; everything about the figure had a savage vastness and escaped observation, as the outlines melted into the surroundings and what appeared to be thick was often diaphanous. (PE)

É um momento solene. O hipopótamo que transporta Brás Cubas parou de andar e, numa paisagem branca, totalmente silenciosa, o herói vai encontrar a Natureza ou a própria Pandora. A preparação desse encontro é importante; noto, imediatamente, que a frase crucial desse momento tem efeitos diferentes nas duas traduções. Comparem "The silence of this region was like that of the tomb" (WG) com "The silence was of the tombs" (PE). A primeira tradução é constituída por treze longas sílabas, é mais solene e majestosa e exerce a função de tornar a narrativa mais lenta neste ponto. O leitor para alguns momentos, respira fundo e imagina silêncio semelhante ao dos túmulos. A segunda tradução é constituída por um rápido período de sete sílabas que não nos faz perder tempo.[3] A mesma oposição entre uma forma de expressão desenvolvida e um movimento de síntese pode ser achada mais adiante: PE parece ansiar pela eliminação de redundâncias, por amor à objetividade, e diz "an immense face, that of a woman" (em oposição a "an immense shape, the figure of a woman") e "everything about the figure had a savage vastness and escaped observation" (enquanto WG traduz: "everything about this figure had the vastness of the primeval; it was indeed all too much for human perception"). Observamos também que na primeira versão há mais pausas e expressões intercaladas, que tensionam o desenvolvimento da ideia. A versão n. 2 parece mais impaciente, mais ansiosa por chegar ao objetivo. É desnecessário dizer que essa impaciência afeta o ritmo: da mesma forma, a "prolixidade" e o uso de pausas tensas (pausas que interrompem a estrutura e atrasam a conclusão como "in many cases", em oposição a "often") dão origem a mais pontos de respiração, mais cadência, e apresentam-se, ritmicamente, mais bem orientadas.

Comparemos agora as traduções de um trecho da fala da monstruosa Mãe Natureza, que Brás Cubas vê em seu delírio:

6.

"I know: for I am not only life, I am also death, and you are soon to give me back what I loaned you. Come, my great lecher, the voluptuousness of extinction awaits you". (WG)	*— I believe it. I am not only life; I am death as well and you are just about to return what I lent you. You are a wanton! An empty longing after nothing awaits you.* (PE)

Na tradução de WG as frases estão menos controladas pela pontuação e mais ligadas organicamente; na de PE, existe o efeito de staccato, devido à tendência para a parataxe. O destaque rítmico é marcante na segunda parte do parágrafo: a fala da Natureza parece mais convidativa e direta, expressando-se num padrão que, inicialmente, aumenta a tensão e depois a libera, através do uso da intercalação sintática. O período é interrompido ("Come, my great lecher...") e ficamos à espera da conclusão. Nota-se um crescente e convincente tom rítmico, que introduz a força retórica do austero convite. Quando PE corta o período em duas partes ("You are a wanton!/ An empty longing after nothing awaits you."), o efeito rítmico é meio desapontador — parece que alguma coisa se frustrou com a ausência da tensão sintática.

Note-se ainda, no trecho que sucederá a este parágrafo, que WG consegue tirar mais efeito do paralelismo através do desenvolvimento da ideia original e do uso da conjunção *and*: "the least vile and least painful of my gifts", que contrasta com a forma escolhida por PE — "less base, less grievous". Tanto o uso da conjunção como o da intercalação concorrem para um melhor acabamento da enumeração: "the face of the earth, and last of all, sleep, my greatest gift to man" em oposição a "the beauty of the earth; sleep, the greatest blessing my hand holds". Neste último trecho, ficamos com a impressão de uma sequência intencionalmente interrompida. Também se poderia levantar hipóteses sobre o efeito rítmico do uso do vocativo no início (tensão) ou no fim da frase (menos tensão).

7.

"A few years would seem like a minute!" she exclaimed. "Why do you want to live longer? To continue to devour and be devoured? Are you not sated with the show and the struggle? You have experienced again and again the least vile and least painful of my gifts: the brightness of morning, the gentle melancholy of dusk, the quietness of night, the face of the earth, and last of all, sleep, my greatest gift to man. Poor idiot, what more do you wish?" (WG)

— *Barely a minute!, she exclaimed. What should you want with a few more minutes of life? To devour and be devoured later? Are you not satisfied yet with the vain show and struggle? Think of all that I offered you? Less base? Less grievous: the dawn of day, the tender melancholy of evening, the stillness of the night, the beauty of the earth; sleep, the greatest blessing my hand holds. What more can you wish for, sublime idiot?* (PE)

Em resumo, WG tende a usar mais palavras e não se assusta com o tom retórico que foi realmente usado por Machado de Assis, num contexto de amarga ironia. Existe uma contradição machadiana entre a retórica e a amargura, que as traduções, às vezes, podem deixar escapar. PE tende a usar menos palavras, como se sentisse impaciência perante certos excessos de expressão. No entanto, essa impaciência diminui o impacto rítmico.

As duas tendências ficam evidentes nos dois longos parágrafos que se seguem, em que Brás Cubas descreve o "desfile de todas as eras", que o ser monstruoso o leva a contemplar. É um discurso de niilismo filosófico, mas é também uma daquelas cenas brilhantes em que o herói se defronta com a condensação do "universo inconcebível", a concentração do "complexo infinito" da História e do Espaço. A natureza faz essa grandiosa revelação a Brás Cubas, que não é nem o primeiro nem o último ser a gozar desse privilégio. Poderíamos lembrar a cena em que Tethys faz Vasco da Gama ver a "máquina do mundo" em *Os lusíadas*, ou quando Milton faz com que Adão veja o globo terrestre em *O paraíso perdido*, ou quando Carlos Drummond de Andrade, numa estrada deserta de sua terra natal, depara-se, calmamente, com a revelação da totalidade, narrada no poema *A máquina do mundo*, ou quando Borges sente aquela vertigem e grita que viu o Aleph, na casa de Carlos Argentino, em Buenos Aires.

Como em *O Aleph*, a visão de Brás Cubas se baseia num uso obsessivo do paralelismo. É preciso tomar consciência desse processo e apreender suas implicações filosóficas dentro de uma prosa que dá a impressão de estar sempre em movimento. A sintaxe imita a sequência. O narrador admite que essa imitação não é perfeita porque "para reproduzi-la seria necessário que se conseguisse imobilizar o relâmpago". Apesar disso, ao contrário de Borges, ele não sente a mesma angústia em relação às limitações da linguagem. É que Borges percebe que na sua descrição existe um problema sem solução.

Ao compararmos as duas traduções, verificamos que WG reproduz com mais ousadia as longas frases de Machado de Assis, assim como o uso insistente de conjunções, o que transmite uma sensação de rapidez e de insistência na enumeração. Já destaquei as diferenças marcantes no uso do paralelismo e dos conectivos: é um procedimento que WG preserva e que PE tende a eliminar, substituindo-o pela pontuação. Existe uma repetição fundamental da palavra *and*, que PE parece ignorar. Contudo, não farei comentários a respeito de outros aspectos, como a tradução errada "like a bell" (PE), em vez de "like a baby's rattle" (WG); ou também o uso do presente do indicativo (por PE), que desvaloriza a cena, porque lhe dá ares de discurso filosófico, em detrimento da impressão visual. Embora esses aspectos não estejam diretamente ligados às colocações ao approach a que me propus, parece que eles confirmam aquela tendência de PE: uma síntese impaciente. Só em termos de incompetência é que consigo entender a diferença existente entre a tradução correta "and I saw love augmenting misery, and misery aggravating human debility" e a estranha redução "resulting in reduction further weakness" (PE), com as devidas consequências rítmicas. Outro ponto interessante é a diferença na colocação das palavras no período que termina assim: "all loosely sewn together with the needle of imagination" (WG) em oposição a "sewn together by the needle of imagination, haphazard" (PE).

Esse adjetivo solitário, no final do período, não faz justiça às qualidades rítmicas do original; e também, do ponto de vista semântico, a palavra *imagination* deveria ocupar uma posição de maior destaque, como faz WG.

8.

and ↘ As she said this, she snatched me up <u>and</u> lifted me to the summit of a mountain. I looked down and, far off through a mist, contemplated for considerable time a curious thing. Just imagine, reader, a procession	*So saying, I was borne up to a high mountain. I turned my eyes* ↙ *to one of the slopes and gazed, for a long while, through a mist, at something unique. Imagine, reader, if you can, the centuries in miniature and an unending*

of all the ages, *with* all the human races, all the passions, the tumult of empires, *the war of appetite against appetite and of hate against hate*, the reciprocal destruction of human beings and their surroundings. This was the monstrous spectacle that I saw. The history of man and of the earth had thus an intensity that neither science nor the imagination could give *it, for science is too slow and imagination too vague*, whereas what I saw was the living condensation of history. To describe it one would have to make the lightning stand still. The ages moved along in a whirlwind, but nevertheless, because the eyes of delirium have a virtue of their own, I was able to distinguish everything that passed before me, afflictions and joys, glory and misery, *and I saw love augmenting misery, and misery aggravating human debility.* Along came voracious greed, fiery anger, drooling envy, *and* the hoe and the pen, both wet with sweat, *and* ambition, hunger, vanity, melancholy, affluence, love, *and* all of them were shaking man like a baby's rattle until they transformed him into something not unlike an old rag. They were the several forms of a single malady, which would attack

paralelism

and

procession: every known race, every passion, the tumult of empires, the wars of desire and hate, *the mutual destruction of beings and things. This was the spectacle, a fierce and curious one. The history of man and the earth, thus seen, revealed an intensity that neither imagination nor science could give it;* for science is slower and the imagination more vague, *whilst what I contemplated was the living concentration of all Time. To describe it would be to arrest the lightning. The centuries rushed past in a turmoil and yet, owing to the manner of sight in delirium, I could perceive everything that passed before me, pleasure and pain, from what we are pleased to call glory to what is termed misery,* resulting in reduction further weakness. *Then came consuming lust, anger that burns, envy that corrodes; the hoe and the pen, damp with the sweat of the brow; ambition, hunger, vanity, sadness, riches, love; all these ring a man like a bell before tearing him to tatters; various forms of one and the same evil that eats* first at a man's vitals and then at his thoughts, *ever masquerading in harlequin before the human species. Sometimes* the pain yields, but only to indifference a sleep without dreams; or to pleasure,

reductio

semicol

no para

now the viscera, now the psyche, and would dance eternally, in its harlequin trappings, around the human species. *Pain would give way to indifference, which was a dreamless sleep, or to pleasure, which was a bastard pain.* Then man, whipped and rebellious, ran beyond the fatality of things in pursuit of a nebulous and elusive figure made of patches — a patch of the intangible, another of the improbable, another of the invisible — *all loosely sewn together with the needle of imagination*; and this figure, nothing less than the chimera of happiness, either eluded them or let them hang on to its skirt, *and* man would hug the skirt to his breast, *and* then the figure would laugh in mockery *and* would disappear. (WG)

and

which is a bastard pain. *Then man, whipped and rebellious, fleeing before the fatality of things, pursues a nebulous figure that ever escapes him; a thing of patches — one impalpable, another improbable, a third invisible* — sewn together by the needle of imagination, haphazard; *and this figure — none other than the chimera of happiness — either perpetually recedes or allows itself to be caught merely by the fringe and laughing, mockingly, vanishes like a dream.* (PE)

A simples justaposição das duas traduções fala por si só. Apenas apontei os contrastes mais evidentes, na parte final do delírio, como, por exemplo, o que existe entre a estrutura tensa de "while life thus moved with the regularity of a calendar" (WG) e a ausência de tensão em "Seen thus, life appeared as regular as the calendar" (PE); ou entre "and so it went on its way as the others had done, as rapidly and with equal monotony" (PE) e "And so it passed, and so passed the others, with the same speed and monotony". Nesta tradução WG mantém o paralelismo do texto original, que foi anulado por PE.

Ou entre "But the velocity was such that it passed all comprehension, lightning would be a century in comparison" (PE) e "but then the speed of the parade increased beyond the speed of lightning, beyond all comprehension”. Na realidade, neste trecho WG introduz um paralelismo que não existia no original, como se estivesse absorvendo os ritmos de Machado de Assis: é um caso interessante de oposição entre literalismo (PE) e fidelidade (WG) do ponto de vista rítmico. Posso, por fim, generalizar e afirmar que, contrariamente à minha primeira impressão, a tradução de WG demonstra maior consciência do ritmo, reproduzindo com mais eficiência os movimentos sintáticos que são essenciais na prosa de Machado de Assis.

9.

Her reply was to force me to look down and to see the ages continuing to go by, fast and turbulent; generation upon generation, some sad like the Hebrews of the captivity, some merry like the libertines of Commodus’s reign, and all arriving punctually at the grave. I wanted to flee, but a mysterious force paralyzed my legs. Then I said to myself, “If the centuries are going by, mine will come too, and will pass, and after a time the last century of all will come, and then I shall understand.” *And* I fixed my eyes on the ages that were coming and passing on; now I was calm and resolute, maybe even happy. Each age brought its share *of* light and shade, *of* apathy and struggle, *of* truth and error, and its parade *of* systems, *of* new ideas, *of* new

and

For answer, she obliged me to look once more upon the centuries that continued to pass, swift and turbulent, generation upon generation, some sad as the Hebrews under the Captivity, others merry as the libertines under Commodus; but all of them punctual at their grave. I wanted to run away from it all but some mysterious force held me by the feet. Then I said to myself: Good, the centuries are passing; mine will come and pass likewise, to the very last, and I shall then solve the riddle of eternity. I fixed my eyes on the scene and continued to watch the ages, coming and passing. I was now calm and determined; I am not sure that I was not even happy. Possibly happy. Each century brought with it shadow and light, apathy and combat, truth illusions; in each of them the verdure of spring burst forth,

no conj

grew yellow with age, *and then, young once more,* burst forth again. *While life thus moved with the regularity of a calendar*, history and civilization developed; *and* man, *at first* naked and unarmed, clothed and armed himself, built hut and palace, villages and hundred-gated Thebes, created science that scrutinizes and art that elevates, made himself an orator, a mechanic, a philosopher, ran all over the face of the globe, went down into the earth and up to the clouds, performing the mysterious work through which he satisfied the necessities of life and tried to forget his loneliness. My tired eyes finally saw the present age go by and, after it, future ages. The present age, as it approached, was agile, skilful, vibrant, proud, a little verbose, audacious, learned, but in the end it was as miserable as the earlier ones. *And so it passed, and so passed the others, with the same speed and monotony*. I redoubled my attention; I stared with all my might; I was going at last to see *the end — the end! — but* then the speed of the parade increased *beyond the speed of lightning, beyond all comprehension*. Perhaps for this reason, objects began to change, some grew, some shrank, others *and error, its ranks of system and new*

tension · *hm* · *alelism* · *etition* · *alelism*

ideas, fresh illusions; in each one, Spring blossomed, fading to sere and yellow in due course, before disappearing in its turn. Seen thus, life appeared as regular as the calendar: *history and civilization were born; man, naked and unarmed, clothed and armed himself, built his hut or his palace, the simple village or Thebes with its hundred gates; created science that investigates and art that elevates; he became orator, mechanic, philosopher; overran the face of the globe* and *descended to the bowels of the earth or rose above the clouds, thus collaborating in the mysterious work that sustains the necessity of living and the sadness of abandonment. My gaze, surfeited and distracted, saw at last the arrival of the present century and, after that, the future. It came, bustling, smart, pulsating, full of itself, somewhat dissipated, audacious, knowing, but in the end as pitiable as the others;* and so it went on its way as the others had done, as rapidly and with equal monotony. *I concentrated my attention; I fixed it on the scene before me; at last I was to see* the final one — the very end of all! But *the velocity was such that it passed* all comprehension: lightning would be a century in comparison. were lost in the surroundings; a mist

no tension · *rhythm* · *no perfect paralelism* · *no repetition* · *no paralelism*

repetition

covered everything — except the hippopotamus who had brought me there, *and he began to grow smaller, smaller, smaller*, until he became the size of a cat. Indeed, it was a cat. I looked at it carefully; it was my cat Sultan, playing at the door of the bedroom with a paper ball… (WG)

Possibly on this account, things began to become mixed; some grew bigger, others smaller, others again just vanished; a cloud covered everything — everything except the hippopotamus that brought me there, until he too became diminished, smaller, less still, *dwindling at last to the size of a cat. It was, in fact, a cat. I looked at it closely. Yes, it was indeed my cat, Sultan, playing with a ball by the bedroom door…* (PE)

no repetition

textos originais

1.

Primeiramente, tomei a figura de um barbeiro chinês, bojudo, destro, escanhoando um mandarim, que me pagava o trabalho com beliscões e confeitos: caprichos de mandarim.

2.

Já agora não se me dá de confessar que sentia umas tais ou quais cócegas de curiosidade, por saber onde ficava a origem dos séculos, se era tão misteriosa como a origem do Nilo, e sobretudo se valia alguma coisa mais ou menos do que a consumação dos mesmos séculos: reflexões de cérebro enfermo.

3.

Estupefato, não disse nada, não cheguei sequer a soltar um grito; mas, ao cabo de algum tempo, que foi breve, perguntei quem era e como se chamava: curiosidade de delírio.

4.

E depois — cogitações de enfermo — dado que chegássemos ao fim indicado, não era impossível que os séculos, irritados com lhes devassarem a origem, me esmagassem entre as unhas, que deviam ser tão seculares como eles.

5.

O silêncio daquela região era igual ao do sepulcro: dissera-se que a vida das coisas ficara estúpida diante do homem.

Caiu do ar? destacou-se da terra? não sei, sei que um vulto imenso, uma figura de mulher me apareceu então, fitando-me uns olhos rutilantes como o sol. Tudo nessa figura tinha a vastidão das formas selváticas, e tudo escapava à compreensão do olhar humano, porque os contornos perdiam-se no ambiente, e o que parecia espesso era muita vez diáfano.

6.

— Creio; eu não sou somente a vida: sou também a morte, e tu estás prestes a devolver-me o que te emprestei. Grande lascivo, espera-te a voluptuosidade do nada.

7.

— Pobre minuto! exclamou. Para que queres tu mais alguns instantes de vida? Para devorar e seres devorado depois? Não estás farto do espetáculo e da luta? Conheces de sobejo tudo que eu te deparei menos torpe ou menos aflitivo: o alvor do dia, a melancolia da tarde, a quietação da noite, os aspectos da terra, o sono, enfim, o maior benefício das minhas mãos. Que mais queres tu, sublime idiota?

8.

Isso dizendo, arrebatou-me ao alto de uma montanha. Inclinei os olhos a uma das vertentes, e contemplei, durante um tempo largo, ao longe, através de um nevoeiro, uma coisa única. Imagina tu, leitor, uma redução dos séculos, e um desfilar de todos eles, as raças todas, todas as paixões, o tumulto dos impérios, a guerra dos apetites e dos ódios, a destruição recíproca dos seres e das coisas. Tal era o espetáculo, acerbo e curioso espetáculo. A história do homem e da terra tinha assim uma intensidade que lhe não podiam dar nem a imaginação nem a ciência, porque a ciência é mais lenta e a imaginação mais vaga, enquanto que o que eu ali via era a condensação viva de todos os tempos. Para descrevê-la seria preciso fixar o relâmpago. Os séculos desfilavam num turbilhão, e, não obstante, porque os olhos do delírio são outros, eu via tudo o que passava diante de mim — flagelos e delícias — desde essa coisa que se chama glória até essa outra que se chama miséria, e via o amor multiplicando a miséria, e via a miséria agravando a debilidade. Aí vinham a cobiça que devora, a cólera que inflama, a inveja que baba, e a enxada e a pena, úmidas de suor, e a ambição, a fome, a vaidade, a melancolia, a riqueza, o amor, e todos agitavam o homem, como um chocalho, até destruí-lo, como um farrapo. Eram as formas várias de um mal, que ora mordia a víscera, ora mordia o pensamento, e passeava eternamente as suas vestes de arlequim, em derredor da espécie humana. A dor cedia alguma vez, mas cedia à indiferença, que era um sono sem sonhos, ou ao prazer, que era uma dor bastarda. Então o homem, flagelado e rebelde, corria diante da fatalidade das coisas, atrás de uma figura nebulosa e esquiva, feita de retalhos, um retalho de impalpável, outro de improvável, outro de invisível, cosidos todos a ponto precário, com a agulha da imaginação; e essa figura — nada menos que a quimera da felicidade — ou lhe fugia perpetuamente, ou deixava-se apanhar pela fralda, e o homem a cingia ao peito, e então ela ria, como um escárnio, e sumia-se, como uma ilusão.

Ao contemplar tanta calamidade, não pude reter um grito de angústia, que Natureza ou Pandora escutou sem protestar nem rir; e não sei por que lei de transtorno cerebral, fui eu que me pus a rir — de um riso descompassado e idiota.

— Tens razão, disse eu, a coisa é divertida e vale a pena — talvez monótona — mas vale a pena. Quando Jó amaldiçoava o dia em que fora concebido, é porque lhe davam ganas de ver cá de cima o espetáculo. Vamos lá, Pandora, abre o ventre, e digere-me; a coisa é divertida, mas digere-me.

9.

A resposta foi compelir-me fortemente a olhar para baixo, e a ver os séculos que continuavam a passar, velozes e turbulentos, as gerações que se superpunham às gerações, umas tristes, como os Hebreus do cativeiro, outras alegres, como os devassos de Cômodo, e todas elas pontuais na sepultura. Quis fugir, mas uma força misteriosa me retinha os pés; então disse comigo: "Bem, os séculos vão passando, chegará o meu, e passará também, até o último, que me dará a decifração da eternidade". E fixei os olhos, e continuei a ver as idades, que vinham chegando e passando, já então tranquilo e resoluto, não sei até se alegre. Talvez alegre. Cada século trazia a sua porção de sombra e de luz, de apatia e de combate, de verdade e de erro, e o seu cortejo de sistemas, de ideias novas, de novas ilusões; em cada um deles rebentavam as verduras de uma primavera, e amareleciam depois, para remoçar mais tarde. Ao passo que a vida tinha assim uma regularidade de calendário, fazia-se a história e a civilização, e o homem, nu e desarmado, armava-se e vestia-se, construía o tugúrio e o palácio, a rude aldeia e Tebas de cem portas, criava a ciência, que perscruta, e a arte que enleva, fazia-se orador, mecânico, filósofo, corria a face do globo, descia ao ventre da terra, subia à esfera das nuvens, colaborando assim na obra misteriosa, com que entretinha a necessidade da vida e a melancolia do desamparo. Meu olhar, enfarado e distraído, viu enfim chegar o século presente, e atrás dele os futuros. Aquele vinha ágil, destro, vibrante, cheio de si, um pouco difuso, audaz, sabedor, mas ao cabo tão miserável como os primeiros, e assim passou e assim passaram os outros, com a mesma rapidez e igual monotonia. Redobrei de atenção; fitei a vista; ia enfim ver o último — o último! mas então já a rapidez da marcha era tal, que escapava a toda a compreensão; ao pé dela o relâmpago seria um século. Talvez por isso entraram os objetos a trocarem-se; uns cresceram, outros minguaram, outros perderam-se no ambiente; um nevoeiro cobriu tudo — menos o hipopótamo que ali me trouxera, e que aliás começou a diminuir, a diminuir, a diminuir, até ficar do tamanho de um gato. Era efetivamente um gato. Encarei-o bem; era o meu gato Sultão, que brincava à porta da alcova, com uma bola de papel...

cinco e meio

Desejo que as traduções tenham muitas notas de pé de página, notas que subam, como arranha-céus, até o topo das páginas, deixando entrever apenas a tênue sugestão de uma linha de texto entre o comentário e a eternidade.
Nabokov

A TRADUÇÃO DAS POESIAS DE EMILY Dickinson para o português faz com que o eventual traidor sofra um castigo — e isso lhe traz felicidade. Ficamos perplexos com o estilo da autora: palavras usadas de forma concisa, seca, quase matemática, levando a extremos o caráter monossilábico da língua inglesa. A paixão que certas formas de expressão mínimas transmitem ao leitor nos inquieta, assim como o insistente mergulho no tema da morte. Sentimos, mais do que nunca, o peso inegável da língua portuguesa — sua pesada doçura e marcação silábica, sua sintaxe intrincada, todas as qualidades que são mais visíveis no ato de traduzir, escrever ou ler uma poesia. Esse tormento se acentua ainda mais devido à qualidade estrutural (isto é, emocional) das rimas de Emily — e descobrir rimas, como bem sabemos, é como que um pedregulho no caminho do tradutor. Mas todo esse sofrimento também nos fascina e o avaliamos com Olhos Analíticos:

I wonder if it weighs like mine,
Or has an easier size.

Os cinco poemas traduzidos neste ensaio estão na edição que Thomas H. Johnson fez da obra completa de Emily Dickinson e obedecem à pontuação, numeração e edição da obra. Escolhi os poemas que consegui traduzir razoavelmente bem. Fiz a mesma tentativa com outros — mas em vão. Na parte final, está uma dessas traduções incompletas. Dispensei os comentários (até o momento presente) porque o resultado obtido não me satisfez mesmo.

1026

The Dying need but little, Dear,
A Glass of Water's all,
A Flower's unobstrusive Face
To punctuate the Wall,

A Fan, perhaps, a Friend's Regret
And Certainty that one
No color in the Rainbow
Perceive, when you are gone.

1026

Os que estão morrendo, amor,
Precisam de tão pouco:
um Copo d'água, o Rosto
Discreto de uma Flor.

Uma lágrima, talvez um Leque,
E a certeza que nenhuma cor
do Arco-Íris perceba
Quando você for.

comentários

1. "Os que estão morrendo" é a tradução de *Dying*, cujo sentido exato em português é moribundo, palavra feia, com um tom mórbido nada adequado, acentuado pelo longo som nasal *u*. Na frase mantém-se igualmente o uso do gerúndio (*Dying/ the Dying*).

2. *Amor* não é a melhor tradução para *dear*: é palavra ligeiramente mais nobre. A melhor tradução seria *bem* (meu bem, *my dear one*). A escolha se justifica pela sequência efetiva de rimas ligando todo o poema: amor/flor/cor/for. São rimas banais em português (mais do que em inglês), mas nesse ponto a banalidade tem a sua utilidade: ela torna mais acessível o tom, que é extremamente informal e coloquial. Preferi também não usar maiúscula em amor, para me aproximar mais do tom de *dear*.

3. "Precisam de tão pouco": tom coloquial, natural (a palavra "tão" não está usada com ênfase). A rima secundária pouco/rosto representa uma compensação para a mudança do padrão de rimas. Essa alteração (que não seria desejável em outra circunstância) tem a seguinte explicação: o uso do vocativo *amor*, no final do segundo verso (Os que estão morrendo/ Precisam de tão pouco, amor), além de construir uma rima inadequada, resultaria numa confusão entre vocativo e objeto direto. Nesse caso, a ambiguidade só poderia ser evitada através do uso da vírgula — o que se contrapõe totalmente ao tipo de pontuação de Emily Dickinson. Sua pontuação nunca é determinada pela lógica, mas pela emoção, parecendo ilógica, frequentemente (já se comentou muito a respeito do uso do travessão em ED). Além do mais, a simples possibilidade de ambiguidade é motivo suficiente para justificar a quebra do padrão de rimas.

É importante reproduzir a estrutura do poema, que consiste numa afirmação inicial ("The Dying need but little, Dear,") e na enumeração que comprova o pouco de que eles (*Dying*) precisam. Justifica-se, portanto, o desdobramento da afirmação em dois versos, uma vez que ela representa a parte principal de uma estrutura dualística. A enumeração prossegue assim:

4. "Um copo d'água": eliminação da expressão "is all", que não é essencial e é usada principalmente para constituir uma rima; isso implica uma subestimação, que já está clara no segundo verso.

5. "O rosto discreto de uma flor": neste verso perdi o eloquente adjetivo *unobtrusive*, e todo o verso "To punctuate the Wall". É uma grande perda, porque no texto original ele aponta, de forma bem sutil, para a imagem de um aposento onde alguém está morrendo. "Parede", contudo, é palavra pesada e feia e sua manutenção traria prejuízo às soluções de rima e de ritmo. A ausência dessas palavras faz com que a enumeração fique mais condensada — e a condensação é qualidade básica na poesia de Emily. Mesmo assim, creio que a imagem de um quarto e suas silenciosas paredes pode ser sentida. Lamento ter omitido o verbo *punctuate*, que focaliza não somente o aposento, mas também o vagaroso, quase que imóvel olhar de quem está morrendo.

6. "Uma lágrima, talvez um leque": a inversão da ordem, que evita a marcação dactílica ("lágrima" como palavra final), quebra a simetria da enumeração, que vai dos objetos mais concretos às ideias menos "concretas". O efeito não fica enfraquecido, visto que *a friend's regret* é traduzido por "lágrima", palavra que passa a fazer parte de uma enumeração de objetos (o copo, a flor, o leque). *Lágrima* é o tênue eco da água dentro do copo — porém sem intenção "literária", sem artifício óbvio. A eliminação da presença humana explícita (um amigo) não é perda grave, uma vez que todos os objetos "inanimados" estão altamente carregados de emoção humana (nas entrelinhas). Sugestões desse tipo são fator essencial para o approach do tema da morte em Emily.

esquema métrico e ritmo

Archibald MacLeish, num ensaio de grande sensibilidade, afirma que "do ponto de vista da prosódia, as construções de Emily Dickinson contam-se entre as mais simples da língua inglesa; em geral, três (ou quatro) acentos de intensidade numa linha, à semelhança do que acontece nos versos de um hinário religioso". É o que vemos nesse poema, em que o esquema silábico representa, em geral, uma alternância entre versos de oito e seis sílabas, com acento na segunda e sexta sílabas. "Uma leitura contínua dos poemas de Emily deixa a maioria dos leitores com a impressão de estar ouvindo um metrônomo marcando o ritmo bem no nosso ouvido", prossegue MacLeish, acentuando que, à semelhança do que acontece com Blake, o leitor acaba ficando com a perplexa sensação de que "a simplicidade da forma prosódica não tem nada a ver com a densidade do sentido — a não ser, talvez, que tenha tudo a ver...".

Este é o ponto principal. A NÃO SER QUE TENHA TUDO A VER. Essa contradição é essencial na poesia de Emily. Mesmo que a métrica não seja rigorosamente respeitada, o que importa é a preservação da contradição, revelando a impressão de simplicidade, quase ingenuidade ou "primitivismo" de prosódia. Penso que me aproximei desse efeito, apesar de não ter conseguido chegar à mesma regularidade prosódica.

Partindo dessa primeira tradução, é possível enumerar alguns pontos básicos que nos servirão de guia para a poesia de Emily ou para os limites que definem ou orientam a tradução de sua poesia. Ei-los:

— prosódia simples (regularidade e "primitivismo") e, se possível, um padrão definido de rimas;

— tom de conversa, informal, sem paixão, sem tom "literário" (uma espécie de "modéstia" de expressão); a rigor, o tom não é coloquial; é, por assim dizer, *seco*;

— densidade/entrelinhas;

— precisão (não ambiguidade).

Na medida em que esses pontos básicos sejam respeitados, outras perdas ou substituições podem ser aceitas. Foram esses os limites que estabeleci para a fidelidade da minha tradução.

1263

There is no Frigate like a Book
To take us Lands away
Nor any Coursers like a Page
Of Prancing Poetry —
This Traverse may the poorest take
Without oppress of Toll —
How frugal is the Chariot
That bears the Human soul.

1263

Não há Fragata igual a um livro, que daqui
Nos distancie
Nem Corcel que galope mais que um Verso
De poesia —
Não custa Pedágio ao pobre
Essa Travessia —
Frugal é o Carro que nos leva
Nesta Via.

comentários

Optei, novamente, pelo uso de uma única rima em todo o poema, o que difere um pouco da tendência de Emily Dickinson (usar rimas emparelhadas). Tenho a impressão de que esta tradução não é tão fiel como eu gostaria que fosse. No entanto, o poema não é daqueles que impressionam mais e sua tradução pode ser encarada como uma espécie de exercício (desculpa a que os tradutores recorrem, quando a tradução não satisfaz).

Estou, porém, meio paralisada pelo orgulho de ter descoberto a sequência de rimas. A rima guiou minha mão e meu coração.

O esquema de versos longos nas linhas ímpares e curtos nas linhas pares aparece em alguns poemas de Emily, como o de n. 680: "Each Life converges to some Centre —/ Expressed — or still —/ Exists in every Human Nature/ A Goal —/ Embodied scarcely to itself — it may be —/ Too fair/ For Credibility's temerity/ To mar..."

O poema que traduzi consiste em quatro metáforas simples (ou "frugais") ou comparações, que ampliam uma imagem principal a respeito dos poderes da literatura: "reading is like travelling". As quatro imagens se referem às quatro maneiras de viajar, como se indicassem a permeabilidade e compromisso total desse ato de fuga, isto é, de leitura — por mar, a cavalo, a pé, de carro.

primeira metáfora: a fragata

O primeiro verso tem tradução literal. O segundo ("to take us Lands away"), porém, é traduzido por "que daqui nos distancie", sendo omitida a palavra "lands". O efeito é o seguinte: a ideia de nos distanciarmos do lugar onde estamos fica mais forte do que a ideia de chegarmos a novas terras.

segunda metáfora: o corcel

Temos aqui o deslocamento da palavra "prancing" (que expressa uma qualidade), o que não prejudica a metáfora como um todo, mas elimina a expressão "prancing poetry", muito citada e de caráter quase conceitual. Uma versão de minha própria tradução: "Nor courser that gallops more than a verse of poetry". Sei muito bem que *prance* não é o mesmo que *gallop*, mas *galopar*, em português, pode transmitir a ideia de uma andadura orgulhosa. "Poesia galopante", porém, soa ridículo. "A verse of poetry" é expressão ligeiramente hiperbólica em oposição a "a page of poetry"; essa diferença, porém, não é perceptível na versão em português. O encantamento do leitor converge para o verso (em vez da página), o que se assemelha muito à maneira de ser de Emily Dickinson e de suas composições condensadas.

terceira metáfora: a travessia

Minha versão: "This crossing does not cost (any) toll do the poor". A inversão da ordem direta, neste caso, parece bem natural em português e é comum em frases que começam com o verbo *custar*. Nota-se uma diminuição da ênfase com a supressão do superlativo (*poorest*) e do substantivo *oppress*. Esses cortes combinam com a poesia de Emily, num contexto mais amplo. Reserva e quietude são elementos característicos da voz de ED, especialmente em seus melhores poemas.

quarta metáfora: o carro

Foi nesta parte da tradução que me senti mais afastada do original, visto que "carro" não é palavra tão precisa como "chariot" e não reproduz a nobre dicção *de frigate* e *courser*. No português moderno do Brasil, carro significa automóvel e, paralelamente, as palavras "frigate" e "courser" têm tradução adequada (isto é, quanto ao significado e dicção); assim, dentro desse contexto, o sentido moderno da palavra "carro" se desvanece e o leitor tem condições para ver a imagem de uma carruagem ou, pelo menos, de um veículo: não creio que se ponha a pensar num reluzente conversível.

Omiti por completo a expressão "human soul" e a proverbial excelência dos dois últimos versos, exclusivamente por amor a uma rima adequada. Pensei também (e ainda penso) na possibilidade de deslocar o adjetivo *human* assim: "Frugal e Humano é o Carro que nos leva/ Nesta via". Seria uma solução melhor? Esse arranjo ainda não me convence, tendo em vista que a tendência geral de Emily consiste em encurtar seu verso e poupar os adjetivos.

1272

So proud she was to die
It made us all ashamed
That what we cherished, so unknown
To her desire seemed —
So satisfied to go
Where none of us would be
Immediately — that Anguish stooped
Almost to Jealousy —

1272

Tão orgulhosa de morrer
Que nos envergonhamos
De tudo que amamos,
E o seu desejo desconhece —
Tão satisfeita de partir
Que nós que não podemos
Subitamente — percebemos
Que à Inveja a Angústia quase cede —

comentários

Alterei, novamente, o padrão de rimas e consegui um paralelismo formal bastante rigoroso, num poema que já era, por natureza, bastante simétrico. Pareceu-me ser essa a única solução para preservar inteiramente a precisão do significado. Combinações "não ortodoxas" de rimas, no que diz respeito a Emily, não estão inteiramente ausentes de sua poesia, como se pode ver no poema 710 (aabccb, como esquema).

A solução prosódica é perfeita e, nesse ponto, ela obedece à sistemática métrica da poesia de Emily, que evolui de versos de seis sílabas para oito sílabas, e que preserva a regularidade dos acentos: quarta e oitava sílabas, nas linhas 1, 4, 5, 8; sexta sílaba nas linhas 2, 3, 6, 7, numa aproximação bem marcada do esquema de rimas abbc.

Noto, igualmente, que todos os versos terminam em formas verbais, como no original (exceto na última linha). Em português, todas as rimas são constituídas por radicais verbais — num forte exagero do padrão *ashamed/seemed.* É esse o problema de minha tradução: o resultado é tão completo e simétrico que poderá levar a uma rigidez de construção não condizente com o estilo de Emily. Apesar da rima inexata desconhece/cede demonstrar o contrário, o último verso, com uma inversão meio estranha (por ter tido uma elaboração demasiado óbvia), prejudica o curto e esplêndido final: "Almost to Jealousy" — teria sido preferível terminar o poema com uma palavra equivalente a Inveja, que reproduzisse o impacto de algo inesperado. A ênfase na palavra Inveja é obtida através do deslocamento do objeto indireto, que precede o sujeito (Angústia). É recurso literário bastante usual, para enfatizar objetos direto e indireto, em português. Na linguagem usual, porém, não é comum.

No entanto, posso dizer que a tradução preserva as ideias e o movimento do original, talvez à exceção do verbo *to seem*, que introduz uma dúvida sutil, e da sugestão mais concreta da palavra "stoop", em oposição à palavra "cede" (*yield*), que é mais abstrata.

O gênero feminino da palavra "orgulhosa" permite a omissão do pronome e do verbo "to be" na primeira linha.

Embora haja uma certa superelaboração da forma (se compararmos com o original), a tradução preserva o tom reservado de Emily — a voz que não clama nunca, nem demonstra autopiedade, mesmo ao expressar palavras de agonia.

1203

The Past is such a curious Creature
To look her in the Face
A transport may receipt us
Or a Disgrace —

Unarmed if any meet her
I charge him fly
Her faded Ammunition
Might yet reply

1203

O Passado é estranha Criatura
Olhá-la de Frente
É Delícia pura / *É Arrebatamento*
Ou Sofrimento — *Ou Agonia —*

Se a encontrares desarmado
É bom fugir
Sua Munição tão gasta
Poderá ferir.

comentários

Tradução tranquila de um poema menor.

No verso 3, a frase fica extremamente condensada, através do uso do verbo *ser*. Essa condensação permite diferentes possibilidades, uma vez que o elemento fundamental é a enumeração das duas alternativas (*Transport* ou *Disgrace*). Na minha primeira tradução coloquei "Delícia pura/ Ou sofrimento". Introduzi o adjetivo *pura*, porque "delícia" não é palavra tão forte quanto "transport". O resultado foi o aparecimento de uma rima espúria extra ("criatura/pura") e um aumento espúrio no número total de adjetivos. Mas o esquema de rimas se mantém. A outra possibilidade é mais precisa, apesar de introduzir uma irregularidade interessante, que não terá correspondência na segunda estrofe, pois passa a representar um anticlímax: "É Arrebatamento/ Ou Agonia".

Não me agrada a omissão da primeira pessoa na sexta linha, mesmo levando em conta a expressão imperativa "É bom fugir", que implica uma relação de locutor para ouvinte. Em português, "é bom", seguido de um infinitivo, significa "It is advisable". Há, portanto, um enfraquecimento do tom de urgência expresso em "I charge him fly".

Gosto da rima fugir/ferir, que faz ecoar os dois verbos que rimam entre eles: fly/reply.

Em seu conjunto, no entanto, o poema desaponta — o que explica a parcimônia deste comentário (que não sobe, como arranha-céu, até o topo da página). Falta-lhe vivacidade. A responsabilidade será da tradução ou do texto original? Possivelmente da tradução: usei demasiadas vezes a forma verbal *é*, diminuindo, assim, as possibilidades expressivas do poema.

485

To make One's Toilette — after Death
Has made the Toilette cool
Of only Taste we care to please
Is difficult, and still —

That's easier — than Braid the Hair —
And make the Bodice gay —
When eyes that fondled it are wrenched
By Decalogues — away —

485

Fazer a Toalete — depois
Que a Morte esfria
O único Motivo de fazê-la
É difícil, e todavia —

É mais fácil que fazer
Tranças, e Corpetes apertados —
Quando olhos que afagaram
Por Decálogos são — arrebatados —

comentários

Gosto muito deste poema, e também da tradução. Nele o tema da morte é apresentado de uma perspectiva bastante *feminina*, porém sem nenhuma sentimentalidade. A tradução obedece ao princípio da simplificação ou depuração da forma e é, na realidade, ainda mais simples do que o texto original — o que poderia ser um princípio válido ou um instrumento para se tentar "imitar" o que Emily Dickinson faz com a língua inglesa, em sua obra poética. É isso que me estimula como tradutora: será que outra língua (a minha!) poderia se expressar tal qual a língua inglesa o faz neste poema? Até que ponto?

A primeira simplificação aparece no segundo e terceiro versos. Minha versão: "When Death has made cool/ They only motive of making it" (one's toilette). Esta solução fornece uma boa rima para *todavia* (tradução exata de *still*, no contexto): a forma verbal *esfria*. Também abre caminho para a repetição do verbo *to make*, como no original.

A segunda simplificação ocorre na segunda estrofe, mas introduz, então, uma leve inexatidão. O verbo *fazer* é novamente repetido, como no original, mas o verbo *braid* é eliminado, daí resultando uma importante redução, para fins de economia: na versão portuguesa, temos apenas um verbo e dois objetos diretos (tranças e corpetes).

Em vez de adjetivo *gay*, usei a palavra "apertados" (*tight*), que mesmo assim transmite uma ideia de vaidade e de cuidado especial (com a toalete). Também pus no plural a palavra "bodice" — não somente para conseguir uma rima perfeita, como também, principalmente, para obter uma sincopação de melhor qualidade. É que em "Tranças, e Corpetes apertados" apareceria uma ligação ritmicamente inadequada de duas vogais. Não acho que o uso do plural afete a ideia. Muito pelo contrário, conserva o sentido geral abstrato de *bodice*, que poderia significar todos os corpetes — e não um determinado corpete. Na verdade, o que importa é preservar o extraordinário valor metonímico do poema.

Na sétima linha existe um problema menor: a omissão do objeto direto (*it*), por razões rítmicas. Estou certa de que a frase "Quando olhos que afagaram" — com sua métrica tradicional do verso português, a redondilha maior, com sete sílabas e dois acentos — soa melhor do que "Quando olhos que os afagaram", frase em que há ligações rítmicas problemáticas. Além disso, aquela pluralização (que conserva ainda a ideia geral de *bodice*) exigiria o pronome objetivo "os" (*them*), de sentido intrinsecamente definido. Ao contrário do inglês, a língua portuguesa permite a omissão de complementos verbais que acompanham verbos principais (Eu gosto — I like it; eu vi — I saw it). De qualquer maneira, não posso negar que este verso, em português, é ligeiramente menos preciso do que em inglês.

"Arrebatar" foi a tradução escolhida para *wrench away*. Penso que é uma boa tradução, levando-se em conta as dificuldades das frases verbais inglesas: tanto pode significar *arrebatar*, *roubar*, como *encantar*, *enfeitiçar*, *transportar*. É um verbo muito rico, de efeito bastante expressivo, usado como palavra final — e com o destaque dos travessões.

280

I felt a Funeral, in my Brain,
And Mourners, to and fro
Kept treading — treading — till it seemed
That Sense was breaking through —

And when they all were seated,
A Service, like a Drum —
Kept beating — beating — till I thought
My Mind was going numb —

And then I heard them lift a Box
And creak across my Soul
With those same Boots of Lead, again,
Then Space — began to toll,

As all the Heavens were a Bell,
And Being, but an Ear,
And I, and Silence, some strange Race
Wrecked, solitary, here —

And Then a Plank in Reason, broke,
And I dropped down, and down —
And hit a World, at every plunge,
And Finished Knowing — then —

280

Sinto um Enterro em minha Mente,
Enlutados vêm e vão — */ Enlutados vão e vêm*
Marcham — marcham — até que — (?)
(?)

E quando todos sentam, — (?)
Um Tambor em minha Mente — */ Tambor em minha [Fronte*
Bate — bate — até que o Senso — (?)
Parece estar dormente

E os ouço erguer um grande Peso — */ E os ouço erguer [um Peso*
E em minha Alma range
O chumbo dessas Botas, sempre — */ O mesmo Chumbo [dessas Botas*
E o Espaço todo — tange,

E o Céu inteiro é só um Sino
E o Ser é só um Ouvir,
Silêncio, e eu, uma estranha raça
Destruída, solitária, aqui —

E quebra a Tábua da Razão, — (?)
E eu afundo mais, e mais —
E atinjo um Mundo em cada choque
E sei Enfim — então —

bastidores da tradução

TENHO À MINHA FRENTE DOIS livros de poesias traduzidas para o português: *Poemas traduzidos*, de Manuel Bandeira, e *Verso reverso controverso*, de Augusto de Campos. As duas antologias contêm poemas de poetas de várias nacionalidades e idiomas; os tradutores são dois renomados poetas brasileiros, cuja tradução expressa a longa experiência que têm na prática da tradução poética. Manuel Bandeira é considerado um de nossos principais poetas modernistas, além de ter exercido a atividade de crítico literário, resenhista, biógrafo e professor. Augusto de Campos é um de nossos poetas concretistas, ligado a vários projetos culturais no campo da música popular e artes visuais, exercendo, igualmente, atividade como crítico e professor. Ambos podem ser considerados militantes na área cultural, particularmente Augusto de Campos, que relacionou seu trabalho com um projeto político específico no decorrer da década de 1950. No que concerne à prática da tradução, qual é, na realidade, o significado dessa militância cultural? O que é que essas duas práticas diversas da tradução (que implicam uma escolha constante: quem, o que e como traduzir) revelam a respeito de uma atitude geral relacionada com os problemas da tradução de poesia? O que pensam esses dois escritores sobre o ato de traduzir? Mais ainda: sobre a tradução de determinados textos num contexto social definido?

Inicialmente, podemos fazer algumas observações evidentes. A antologia de Manuel Bandeira não é bilíngue e nela aparecem apenas as traduções sem os textos originais. Estamos, na realidade, nos defrontando com um livro de poesias de Manuel Bandeira, cuja autoria é compartilhada com 57 poetas, a saber: Ronsard, Goethe, Salvador Díaz Mirón, Manuel Gutiérrez Nájera, José Asunción Silva, Pedro Juan Vignale, Patricia Morgan, Borges, Dirk Rafaelsz Camphuysen, Stefan Zweig, Hein, Antonio Machado, e. e. cummings, Rilke, Elizabeth Bishop, Rubén Darío, García Lorca, Paul Éluard, Juana Inés de la Cruz, Hoelderlin, Elizabeth Barrett Browning, Christina Rossetti, Emily Dickinson, Adelaide Crapsey, Gabriela Mistral, Archibald MacLeish, Langston Hughes, Verlaine, Juan Ramón Jiménez, Arturo Torres Rioseco, Rafael Alberti!

Não há referências, notas ou prefácio. No livro traduzido por Manuel Bandeira, o leitor é remetido diretamente às traduções. A antologia parece nos convidar a esquecer qualquer problema porventura existente nos textos originais ausentes, entregando-nos ao *plaisir de lire*. Como não existe uma unidade aparente (nenhuma voz predominante, nem tampouco um único autor), estamos, na realidade, lendo o próprio Bandeira. É sua habilidade profissional de poeta que dá unidade à coletânea, ou, mais precisamente, seu "nome", como sinal de autoria — se preferirmos usar o enfoque de Foucault. Essa prática e esse nome são facilmente identificados através da escolha dos temas (e não através do caráter modernista da poesia de Manuel Bandeira). A seleção e a técnica de tradução são ditadas pela necessidade de "expressão", com temas definidos que atravessam sua própria obra, e suas traduções: morte, sofrimento, fim de um amor, melancolia do amor, fugacidade da vida, a noite e seus presságios, a beleza, a sensualidade, a mulher. Existe, em todos os momentos, uma celebração bastante evidente da subjetividade.

O efeito imediato dessa unidade temática é o desaparecimento das diferenças entre os autores, através da presença literária de Manuel Bandeira. Uma pessoa que esteja familiarizada com sua poesia logo identificará na coletânea os temas fundamentais do poeta, mas não sua condição específica de poeta modernista ou um enfoque modernista em relação a temas românticos. É possível apontar motivações típicas de Bandeira, que marcam infindavelmente sua presença na tradução. O que não aparece é a figura de Bandeira, como poeta modernista.

Como a antologia não é bilíngue, para podermos comentar as traduções, temos que partir em busca dos textos originais, encontrados em amplas, silenciosas e enigmáticas livrarias — com as palavras de W. C. Williams ainda ressoando em nossos ouvidos. Fazemos, então, descobertas interessantíssimas, como o soneto de e. e. cummings intitulado "Unrealities", que, muito curiosamente, foi "desmodernizado" por Manuel Bandeira e transformado num poema romântico, iniciando-se cada verso com letras maiúsculas, com a pontuação "corrigida", os adjetivos suavizados e um vocabulário mais rebuscado, mais afinado com a tradição poética romântica. Assim, a primeira frase "it may not always be so;" se transforma em "Não será sempre assim...", que transmite uma sensação de banalidade. Os versos "if your dear strong fingers cluth/ his heart" passam, em português, para "quando/ no rosto de outro o teu suspiro brando/ soprar"! E assim prossegue o soneto e a tradução se distancia ainda mais de sua fonte, seguindo o padrão que havia transformado "strong fingers" num diluído "suspiro brando". O tema do soneto é o mesmo, mas e. e. cummings e tudo quanto ele representa desaparecem inteiramente.

Redescobrimos, também, o bonito soneto de Christina Rossetti, intitulado "Remember" ("Remember me when I am gone away"), e a poesia "Song" ("When I am dead, dearest"). Creio que Manuel Bandeira traduziu ambas as poesias adequadamente, apresentando-as como fortes poemas de amor/morte, que não "traem" o espírito do original. Evidentemente, a experiência poética de Christina Rossetti (no seu aspecto não "moderno") está mais próxima das opções de Manuel Bandeira como tradutor. O que poderia, porém, ter ditado tal discrepância entre poeta e tradutor? Talvez sua fixação em determinados temas? Ou uma relação particular com o ato da tradução, que pode ser considerado como um desafio técnico, no qual a subjetividade pode se expressar livremente, sem a obrigação de ser "moderna"? Talvez pudéssemos até mesmo fazer a seguinte indagação: não seria a modernidade, a esta altura, uma espécie de fardo para uma pessoa tão intensamente subjetivista como Manuel Bandeira?

O poeta também traduziu cinco poemas (número mágico) de Emily Dickinson. Pondo de lado os problemas relativos à modernidade, posso reconhecer, nessas traduções, o compasso simples e enxuto da autora, o padrão rítmico, as rimas bem marcantes de seus poemas, uma densidade de expressão que não dá margem a qualquer tipo de sentimentalismo. A individualidade do autor (original) está constantemente se dissolvendo neste livro — o que não é nada difícil de entender e de justificar. O resultado é desconcertante e parece indicar uma prática de tradução que absorve o texto original e se concentra na reconfiguração de um tema favorito.

Por outro lado, a antologia de versos traduzidos por Augusto de Campos indica imediatamente sua intenção: guiar o leitor. As palavras de Pound sobre a tarefa do tradutor ecoam no decorrer do livro: "Ele pode indicar onde está oculto o tesouro, pode ajudar o leitor a escolher o idioma em que o poema deve ser estudado; e, de forma bastante concreta, pode prestar ajuda a um estudante ansioso, com pouco conhecimento da língua, mas com fôlego suficiente para ler o texto no original, paralelamente à glosa métrica".

Augusto de Campos faz muito mais do que uma simples glosa métrica e deseja indicar, com precisão, onde está oculto o tesouro. Isso ele indica no prefácio, afirmando que sua antologia tem função crítica semelhante ao paideuma de Pound: "Ordenar a informação de tal maneira que os outros leitores ou outra geração possam descobrir, da forma mais rápida possível, os pontos vitais do poema, sem perder tempo com os pontos obsoletos". Ele está imbuído de um sentido ativo de missão, que pode ser resumido nas próprias palavras de Pound: "Tenho a convicção de que um homem pode aprender mais o respeito de poesia quando conhece efetivamente e lê com atenção alguns poemas (dentre os melhores), do que quando mergulha nos meandros de uma grande quantidade de poesias". "Para quem lê somente em português, fiz o que foi possível." Augusto de Campos não apenas traduziu alguns poemas, por ele considerados os melhores, como também organizou didaticamente o livro, distribuiu-o em seções diferentes, com introduções críticas que, às vezes, personificam a arrogância literária de Pound: trovadores provençais (Peitieu, Marcabrun, Arnaut, Bertrand, Cardenal, e também uma tradução de Pound — *Na Audiart*), poetas metafísicos (Donne, George Herbert, Thomas Carew, John Suckling, Crashaw, Marvell), uma seção sobre Giambattista Narino e outros "marinisti", uma seção sobre Ovídio e os Cantos, outra sobre Gerard Manley Hopkins e "i poeti bizarri" dos séculos XVII e XVIII, e uma seção sobre o simbolismo francês (Corbière, Laforgue, Rimbaud). É claro que os textos originais aparecem par a par com a tradução, como que convidando o leitor a comparar e refletir sobre as comparações.

A seleção apresentada nesta antologia não tem caráter arbitrário, nem tampouco foi ditada por um tipo de leitura enfática, por analogias de subjetividades. Pelo contrário: Augusto de Campos continua sendo um militante que expressa seus *princípios*, sua orientação ideológica na escolha de poetas e poemas. É uma atitude bastante política, uma vez que se expressa dentro de uma estrutura coerente de valores pró/contra e de conceitos de poesia nos termos "dominador/dominado". Ele sabe que está trabalhando dentro de um contexto de luta ideológica, mesmo quando, aparentemente, esse combate não esteja ultrapassando os limites dos círculos literários e da vida acadêmica. O tradutor Augusto de Campos se refere constantemente às posições tradicionais do establishment literário. Considera que sua função é opor-se ao establishment através da tradução e publicação de poetas que produziram poesia "revolucionária", ou, pelo menos, poesia orientada para uma revolução de linguagem. Está também consciente do impacto de seu trabalho na cultura brasileira e, por isso, frequentemente enfatiza a importância de se traduzir determinado poeta como reação a um contexto literário definido. Reflete sobre a sua prática em termos do efeito crítico *contemporâneo* que causará.

Quais são os traços comuns entre os vários poetas e poemas traduzidos por Augusto de Campos?

Muitas características podem ser enumeradas através de suas escolhas e introduções críticas, que estão muito ligadas a Ezra Pound. Com efeito, Augusto de Campos pode ser contado entre os numerosos discípulos de Pound que, apesar de uma postura irônica quanto à relação típica professor/aluno, não conseguiu evitar a formação de uma extensa fila de ansiosos seguidores. — Mas, professor, será que não devemos ler... Wordsworth? — Como não, meus filhos, vocês podem e devem ler qualquer coisa que lhes agrade (mas em vez de me perguntarem ou perguntarem a outra pessoa o que deve ser lido, vocês devem fazer suas próprias escolhas...).

No Brasil, a escolha é Augusto de Campos. No entanto, ele não se deixou influenciar pelo estilo contraditório de Ezra Pound, nem por sua ironia polêmica. Ele assume a postura de um professor que vai mostrar às crianças (de um país subdesenvolvido) o que devem ler e de que modo devem ler — sem a interferência da autoironia (coisa que muitos especialistas conscientes de uma condição de subdesenvolvimento tendem a fazer, como se o uso da ironia pudesse trair uma missão). Ele aceita totalmente e leva muito a sério a introdução que Pound fez a seu *Exhibits* no *ABC*. Augusto de Campos fará comentários muito eruditos e não incorrerá no risco de ver um estudante tentando adivinhar por que motivo foi traduzido este poema e não o outro.

Em primeiro lugar, Augusto de Campos dará preferência àqueles poetas que "lutaram por um estandarte e lema radicais: invenção e rigor". É uma afirmação de caráter extremamente amplo, que assumirá formas específicas nas distintas introduções críticas. Assim, o "estandarte" ou "lema" podem ser definidos pela:

1) Irreverência temática, em conflito aberto com as formas dominantes de poesias que tratam de assuntos inócuos, aclamados

pela sociedade: sexualidade explícita e erotismo, sátira social, violência, humor negro, ironia, elementos "vulgares" (como a pulga, em Donne) etc. Daí a exemplificação da "poesia de danação" dos trovadores provençais. Os simbolistas franceses "menores" não são omitidos, devido a irreverência e coloquialismo crítico de que fazem mostra, em oposição a simbolistas mais respeitáveis, como Verlaine, Baudelaire, Mallarmé. Rimbaud aparece apenas num "antissoneto", que tem apenas uma palavra por verso.

2) "Tecnologia" poética, ou artesanato formal rigoroso. Ele privilegia o tipo de poesia que trabalha com o instrumento verbal, pondo de lado aquela que pretende expressar emoções relacionadas com um determinado assunto ou com as obsessões de um ser. Densidade, concisão e precisão são sinais desse rigor formal que pode ser encontrado na poesia de um Marcabrun ou de um Arnaut Daniel. Uma grande complexidade de recursos formais poderá ser encontrada no *trobar clus*, em suas construções ricas e elípticas, nas associações repentinas, nos novos ritmos e palavras inventadas, em oposição à retórica pomposa e insípida do *trobar plan*. Hopkins também encontrará lugar para sua obra, nesta antologia, evidentemente não por causa de sua concisão, mas como inventor do ritmo solto, dono de uma poesia com assonâncias, aliterações, irregularidades, ecos internos e extremados etc. É uma poesia que, pelos seus excessos, parece privilegiar mais a forma do que o conteúdo. Para Augusto de Campos, numa poesia deverá haver sempre algo extremado, devendo a tradução reproduzir essa característica.

Às vezes a escolha do poema revelará preferências que, de certa forma, ecoam o método ideogramático da poesia concreta, como os poemas "The Alter" e "Easter Wings" de George Herbert, em que as linhas impressas são dispostas de tal forma que representam, na página, a silhueta de um altar ou o desenho de uma asa.

3) Significado intencionalmente "obscuro" ou "difícil". A expressão de Mallarmé, "ajouter un peu d'obscurité", é considerada uma realização positiva, uma atitude crítica contra a decifração fácil da poesia "expressiva" ou "subjetiva", na qual o

conteúdo não oferece nenhuma dificuldade. É que a dificuldade levanta questões relativas ao problema do significado em poesia: ela torna a poesia mais rica, consequentemente mais crítica. Os trovadores escolhidos são mais obscuros do que os que já conhecemos, pela tradição, há muito tempo. De novo Hopkins se destaca nesse aspecto (dificuldade versus inspiração), assim como os poetas metafísicos.

4) Um tipo de poesia mais intelectual, em oposição à de tipo emocional. É característica dos trovadores já mencionados, dos poetas metafísicos, dos simbolistas de segunda linha. A poesia deve instigar, deve fazer com que as pessoas pensem e assumam posição crítica. Pode até mesmo, se necessário, fazer-nos sofrer e suar, como se estivéssemos lutando com um problema matemático.

É bastante claro que as antologias de Manuel Bandeira e de Augusto de Campos se situam em campos opostos, no que diz respeito à política da tradução. É interessante notar que Bandeira, em determinado momento, se interessou bastante pelos poetas concretos. Ele tentou seu estro em alguns poemas concretos e escreveu artigos sobre o grupo concretista do final da década de 1950, época em que havia intenso debate cultural no Brasil. Também é interessante observar seu tom não comprometido, um pouco distante (sem ser antipático), como que oposto ao tom enfático ou virulento dos poetas concretistas, ao lidarem com os mesmos assuntos. — É verdade, diz Bandeira, também tentei fazer um pouco de poesia concreta e vejam o resultado: eliminei elos sintáticos e espalhei palavras pela página. Trata-se de um processo normal, que pode ser encontrado em qualquer grande poeta do passado — continua Bandeira, citando, em seguida, Victor Hugo, um dos poetas "respeitáveis", que o grupo concretista nunca teria levado em consideração. Transcrevo todo o parágrafo de um artigo sobre poesia concreta, escrito em 1957, por Bandeira:

> O meu Analianeliana (um de seus poemas concretos) obedece apenas ao item concretista de lançar as palavras ao papel sem nexo gramatical, sem nenhuma palavra de relação. Processo en-

contradiço em qualquer grande poeta do passado. Não importa que eles tenham construído o verso gramaticalmente lógico. Por exemplo, este de Victor Hugo (tudo está em Victor Hugo!): "Chair de la femme, argile idéale, ô merveille!". Mais do que qualquer outro elemento de beleza nesse verso, que é em si um poema completo (mas todo grande verso é um poema completo dentro do poema), inscrevamos aqui as cinco palavras *chair*, *femme*, *argile*, *idéale* e *merveille*. Imagine-se que Victor Hugo tivesse criado esse verso como um poema monóstico independente do seu contexto. Poderíamos grafá-lo segundo o padrão concretista, escrevendo em grandes versais os nomes e em minúsculas as palavras de relação. Mais ou menos assim:

<table>
<tr><td>CHAIR</td><td>d la e</td><td>FEMME</td></tr>
<tr><td>IDÉALE</td><td>ARGILE</td><td>MERVEILLE</td></tr>
<tr><td></td><td>ô</td><td></td></tr>
</table>

Apresentado sob tal forma o verso de Hugo, creio que atuará de maneira mais imediata sobre a sensibilidade do leitor. Me parece ser esse o principal segredo da poesia concreta.

Embora assuma uma atitude simpática ao movimento, Bandeira não leva em consideração nem a agressividade política dos manifestos concretos, nem sua reivindicação de status literário revolucionário, sua coerência teórica e seriedade. O artigo já mencionado chama a atenção para um "sintoma concreto" típico (embora não o mencione), a saber, a contradição entre os excessos da explicitação teórica e a concisão desinteressante (porque não diz respeito a coisa alguma) de algumas realizações poéticas concretistas.

Essa contradição foi ultrapassada por uma intensa atividade de tradução. Poderíamos até afirmar que as traduções constituíram a mais alta contribuição criativa dos poetas concretistas — também do ponto de vista quantitativo. Os poetas concretistas traduziram poetas como Pound, Eliot, Joyce, Mallarmé, Maiakóvski, Ungaretti, Wallace Stevens, Marinetti, William Carlos

Williams, Bashô, Marianne Moore, Carroll, Dante, cummings e muitos outros que antes não haviam sido traduzidos à altura em língua portuguesa. Nas traduções aparecem grandes soluções poéticas, mesmo quando algumas delas revelem obviamente demais idiossincrasias concretistas e um gosto pelo maneirismo formal, como neste passo de Arnaut:

Ieu sui Arnautz qu'amas l'aura
E chatz la lebre al lo bou
nadi contra subernaj,

que Augusto de Campos assim traduziu:

Eu sou Arnault que am(ass)o (l)a(u)r(a)
Caço lebre com boi e nado
Contra a maré em luta eterna.

Aqui o uso concretista dos parênteses, que dá grande destaque às palavras amo/asso/amasso/Laura/aura/lua/ar como se fossem um anagrama ou quebra-cabeça, pode ser justificado como recurso que tenta sugerir graficamente "o sistema de ecos e de combinações" de Arnaut. Do ponto de vista de verso, o resultado não é fluente — é demasiado intelectual, pois contradiz a fluência musical dos trovadores. O leitor precisa se deter e começar a combinar palavras — um jogo de palavras que é mais concretista do que provençal.

Algumas soluções bastante engenhosas combinam a inventividade concretista com a abordagem multilinguística. Augusto de Campos faz uma tradução livre de *Na Audiart* de Pound, que é uma imitação ou tradução livre do poema de Bertran de Born. Em suas fundamentações teóricas, Augusto de Campos encara sua tarefa de tradutor como a máscara de uma máscara de uma máscara; independentemente dessa posição, ele instrui o leitor brasileiro a pronunciar o refrão "Na Audiart" de maneira muito especial: a primeira sílaba à francesa (*au*) e a segunda à maneira do português do Brasil (o final *t* deverá soar como *tch*, como na palavra inglesa *witch*). Lida em voz alta, a palavra "Audiart" soará como *odiar-te* (palavra portuguesa para "to hate you"), que acentua o intenso, irônico e amargo tom de paixão do poema, permitindo novas e surpreendentes combinações sintáticas e criando uma tensão visual/oral.

Yea though thou wish me ill,
Audiart, Audiart
Thy loveliness is here writ till,
Audiart,
Oh, till thou come again.

Ainda que me desejes mil
Males afinal,
Audiart, Audiart,
Levarás meu sinal
Audiart
Até que reencarnes

Na tradução de Augusto de Campos, o duplo significado enriquece as possibilidades de leitura. Poder-se-á ler "Audiart" como um refrão (o interlocutor ao qual o poema se dirige) ou como a expressão "odiar-te".

Yea though thou wish me ill,
Hate you, hate you,
Thy loveliness is here writ till.
Hate you,
Oh, till thou come again.

O ódio esconde-se numa instrução interlingual, e, se não fosse isso, permaneceria invisível. A tradução de Augusto pede, realmente, um exame acurado. A lenta aventura da comparação é parte do jogo. E esse jogo intencional entre o texto original e a tradução faz aparecer, repentinamente, estes achados:

Ainda que me desejes mil
Males afinal

rima com

Yea though thou wish me ill

A forma inglesa *me ill* sugere a palavra portuguesa *mil* (e a tradução é suficientemente convincente, fundamentada no uso comum de "mil" que significa "many" em inglês). Estou certa de que esse jogo é um passatempo favorito dos concretistas. Mas, por sorte, neste caso, como na maioria das traduções, não há contradição entre a fluência musical e a charada intelectual.

É bastante evidente que me ocupei mais de Augusto de Campos, como tradutor, do que de Manuel Bandeira, ao contrário do que faria se estivesse falando de ambos como poetas. Ao comparar os dois, veio-me à mente a comparação que Pound faz entre H. James e Remy de Gourmont. Poder-se-ia dizer de Augusto: "Ele se destaca mais por sua inteligência do que por sua arte". Ele está altamente interessado na defesa de um determinado tipo de militância poética e, às vezes, pode até parecer didático demais ou excessivamente exigente, embora seja, em geral, um tradutor de categoria. O leitor logo descobre seus objetivos e estabelece seus limites. Por outro lado, a personalidade de Bandeira é mais fluida e ambígua e, de certa forma, mais atraente. A oposição entre os dois tradutores é a que existe entre arte abstrata e arte figurativa. Em sua teoria e prática da tradução, Augusto de Campos parece rejeitar a questão do tema, a figuração, as sensações sentimentais (no mais alto sentido da palavra, como diria David Hockney) e as associações tiradas do texto (a não ser que o tema manifeste uma "reação" contra uma atitude de "dominação", como já foi dito no item 1). Suas traduções agradam do ponto de vista técnico; porém a natureza dos poemas escolhidos (ou então os comentários críticos) nos leva a evitar o envolvimento com o texto, os sentimentos, a entrega — objetos obscuros provindos do desejo. Manuel Bandeira, pelo contrário, se entrega a esse envolvimento, sem qualquer reticência, mesmo que o resultado não se revele tão arguto e habilidoso, na tradução. Suas traduções são de tal nível, que permitem esse envolvimento e não nos apercebemos de qualquer imperfeição no poema.

O "abstracionismo" de Augusto é, evidentemente, legado do projeto concretista. O "concretismo" na década de 1950 era um movimento cultural definido, com consciência política e um bom substrato teórico. Ele visava resolver a contradição entre a linguagem discursiva e a natureza "não discursiva" da poesia, segundo comentário de Susanne Langer. Penso, igualmente, que é "tradução" no sentido amplo do termo — em suas formas extremas, como uma espécie de tradução provinda da essência da linguagem chinesa. Os poetas concretistas buscavam um método ideogramático e essa busca deveria coincidir com aquilo que eles supunham constituir os fundamentos da poesia e ideogramas chineses — ou com aquilo que Pound e Fenollosa pensavam a esse respeito —, não obstante um exame mais atento da língua chinesa descarta muitas dessas pressuposições, como nos provou Bonnie Iau. Os concretistas insistiam em reagir contra o conceito de poesia como expressão do ser e como discurso elaborado; e essa reação se efetuou num contexto de intensa mudança política e social no Brasil. Tinham como objetivo participar da "modernização" do país, através da inclusão do debate cultural brasileiro na "tradição moderna" e da modernização do conceito total de poesia, o que significava "torná-la útil" (isto é, não "expressiva"), visualmente comunicativa (portanto, ligada a outros meios visuais, como a televisão, a propaganda, as manchetes de jornal) e ideogramática — visando uma percepção visual instantânea. Não queriam que o leitor efetuasse uma operação de pensamento linear, lógica e discursiva; em vez disso, uma percepção total e instantânea da estrutura. Para eles, o significado não estava "fora" ou "dentro" da estrutura, mas era a própria estrutura.

Na tentativa de resolver essas difíceis contradições, o legado concretista ainda evolui em torno da contradição entre o que denominei figuração e abstração.

Como afirmei antes, creio que a teoria concretista é mais interessante do que a sua prática. Na realidade a poesia concretista — como tal — não sobreviveu (ao contrário da poesia de Bandeira, por exemplo). Penso que as traduções feitas pelos poetas concretistas representam o ponto alto de todo o programa concretista. Aqui a relação se inverte: ao falarmos sobre suas traduções, torna-se impossível ignorar que a prática é muito mais vital do que a teoria.

traduzindo o poema curto

Este ensaio representa uma tentativa de organizar e estruturar os estudos que apresentei em seminários de classe. Embora contenha comentários de traduções conhecidas do público e de traduções de minha autoria, seu objetivo vai mais além: tem intenção teórica. Ao tentar, porém, levantar considerações de caráter geral sobre tradução de poesia, sinto que minha experiência nesse campo é bastante reduzida. Sinto, igualmente, que às vezes me ponho a devanear, talvez para muito longe... Aqui está, pois, o intento de estruturação de todos esses devaneios — se é que isso é possível.

PRETENDO, NESTE ENSAIO, examinar alguns problemas relacionados com a tradução do poema curto. Em oposição à prosa literária, a outros gêneros e até mesmo ao poema longo, o poema curto pode ser definido fundamentalmente como uma forma particularmente condensada de arte escrita. Neste ponto, o *ABC* de Pound é uma referência necessária. Em termos gerais, o poema curto pode ser considerado como a "forma mais condensada que existe de expressão verbal", porém não repetirei essa lição. O que importa é verificar que tipos de problema enfrenta o tradutor perante essa máxima condensação verbal. Será que poderíamos tentar estabelecer alguns critérios de julgamento, ou de avaliação de traduções de poemas curtos — pelo menos?

Uma vez que estou falando em condensação de expressão, a palavra "inflação", que representa a contrapartida daquele termo, vem-me à mente, imediatamente. Trata-se de uma palavra que tem sido, inevitavelmente, tema de considerações teóricas ou gerais sobre tradução. Passo a citar Steiner:

> Assim, a mecânica da tradução é coisa fundamentalmente explicativa; ela explica (ou, de preferência, explicita) e expressa graficamente, da melhor maneira possível, a inerência semântica do texto original. É que a explicação é aditiva, e não somente interpreta a unidade original, como também deve criar, para esse fim, um contexto ilustrativo, um campo de ramificações atualizadas e perceptíveis. Por isso tudo, as traduções são inflacionárias [...]. Em sua forma original, a tradução excede o original...[1]

Concentração versus inflação. Partindo dessa primeira oposição, poderíamos chegar a um critério básico para um approach da tradução do poema curto. Substancialmente, o poema curto pode ser encarado como a forma literária mais condensada que existe (reconheço os riscos dessa generalização, mas, por ora, vamos deixá-los de lado). Essencialmente, qualquer ato de tradução extrapola o texto original, explicita sua inerência semântica — numa palavra, diz muito por medo de dizer muito pouco. Portanto, a mecânica criativa natural da poesia se opõe diretamente à mecânica criativa natural da tradução. Em princípio, traduzir um poema é como nadar contra a correnteza. O primeiro critério básico representa, assim, o resultado desse conflito, e como tal é um critério negativo. Poderíamos dizer que, num approach mais correto da tradução do poema curto, a consciência dessa tensão é permanente. Essa tensão entre condensação e inflação me faz ir em frente. É, na verdade, uma tensão e não uma regra. Mas, como regra, poderíamos dizer que as melhores traduções são aquelas que: 1) procuram reduzir a taxa de inflação ao mínimo; 2) tentam absorver o esforço original de dar condensação ao poema; e 3) procuram encontrar mais equivalências para esse esforço específico do que para o significado original.

Uma das formas para se evitar a inflação é o princípio de seleção a que Pound se refere no ensaio sobre Cavalcanti e sobre a tradução do seu *Donna mi Prega.* "Estamos preservando um valor da obra italiana antiga, o *cantabile*, e estamos perdendo outro, que é o peso específico."[2] Preservar e perder. Perder para preservar. Decisões complexas e sacrifício de valores são, obviamente, os problemas práticos mais profundos que o tradutor enfrenta. De novo, como regra, poderíamos dizer que o princípio de seleção deve ser sempre medido em oposição ao background da dicotomia condensação/inflação. Há tradutores que são propensos a colocar copiosas notas de rodapé, que podem subir, como arranha-céus, até o topo da página, como se vê em Nabokov. Esse tipo de pessoa poderá até mesmo fazer uma análise especial de custo/lucro, especificando débitos e créditos no balanço literário de poemas traduzidos.

Já é hora de nos referirmos a um caso concreto. E para começar, escolhi um soneto. Não discutirei aqui as interessantes observações históricas de Pound, quando afirma que o soneto é um "perigo para a composição", "o começo do divórcio entre palavras e música".[3] O que importa é que o soneto é uma forma de poesia particularmente condensada. Existe nele uma condensação que é quase artificial. Visualmente, em termos aritméticos, representa um modelo, uma miniatura de composição, uma técnica de condensação. Isso traz dificuldades específicas para o tradutor, visto que no soneto há uma aura de perfeição, uma ordem perfeita, que não pode ser quebrada, um desenvolvimento único e preciso — por assim dizer, uma sequência ideal. O soneto poderia ser considerado como um ponto de partida metodológico.

Escolhi um dos sonetos de Mallarmé: "Salut". De certa forma, essa escolha tende a afastar-me de meu tópico principal, uma vez que o soneto levanta muitas indagações sobre o próprio tema da "modernidade" literária. Por outro lado, penso que é uma escolha "natural", que serve também para delimitar meu território. Ao refletir sobre as razões que me fizeram escolher esse soneto, começo a perceber que, no momento, sinto um interesse especial pela tradução do poema curto *moderno*. Percebo, igualmente, que estou escrevendo este ensaio mais como um meio de delimitar meu próprio território do que como um ensaio teórico. A questão da "modernidade" torna-se, assim, parte intrínseca do tema.

"Salut" é, intrinsecamente, um brinde à modernidade. "Le blanc suci de notre toile" pode ser lido como referência direta a uma nova tomada de consciência: o poema tem realidade em si mesmo — ali, na branca página. Em Mallarmé essa constatação torna-se mais forte do que a ideia referencial, isto é, a crença de que a poesia expressa ideias a respeito do mundo ou de um assunto. Com o advento de uma perspectiva moderna, o mundo e o assunto são postos em questão — no que diz respeito à literatura. Aparece, mais claramente do que nunca, o problema da linguagem. Quais são seus poderes? Será que a linguagem pode expressar alguma coisa a respeito do mundo e do meu próprio ser? Será que o verso é virgem? Ou será o nada? Ou meramente espuma?

> Em Rimbaud e Mallarmé, a linguagem vira as costas a si mesma; deixa de designar, não é mais um símbolo de realidades externas, quer se trate de objetos concretos ou objetos suprassensíveis — nem tampouco designa nada disso [...]. Mallarmé é mais rigoroso ainda. Sua obra (se é que essa é a palavra adequada para alguns sinais registrados em páginas, vestígios de uma viagem sem paralelo de exploração e de naufrágio) vai além da crítica e negação da realidade: é a face anversa do ser. A palavra é a face anversa da realidade: não o nada, mas a Ideia, o signo puro que deixou de apontar para as coisas e que não é nem o ser nem o não ser.[4]

Assim, a primeira palavra de "Salut" nos lembra imediatamente que o signo puro navega em direção do nada.

Como já sabemos, o poema "Salut", colocado por Mallarmé no início de sua coletânea de poemas, como uma espécie de introdução, pode ser lido em três níveis de significado, ou "isotopias", que estão estreitamente entrelaçadas:

1) Como um brinde num banquete. Em 1893, Mallarmé foi,

de fato, convidado para fazer um brinde, numa reunião de jovens escritores — o que resultou nesse "soneto de circunstância", com imagens marcantes e contínuas: a taça, a espuma do champanhe, na cabeceira da mesa o autor do brinde, saudando os amigos, a intoxicação produzida pelo vinho, a toalha branca...

2) Como uma viagem ao mar: a espuma, as sereias, o barco, os viajantes na popa ou na proa, as ondas, o balanço do barco, a trovoada, correntes, inverno, solidão, rochedos, estrela, vela branca...

3) Finalmente, como uma alusão à própria poesia, no contexto de uma tomada de consciência moderna: o nada, o verso virgem que *apenas* designa a taça, contradições entre o velho e o novo dentro da cena literária, a intoxicação de palavras (?), de novo a solidão, a página branca e, evidentemente, o mote "solitude, récif, étoile". Estará tudo isso designando apenas a realidade do poema na página escrita?

O inventário que acabou de ser feito não é tão importante quanto a constatação de que os três níveis de significado movem-se da esfera circunstancial para a construção "teórica" ou metalinguística das metáforas. E que é impossível distingui-los como camadas distintas de significado, embora possamos afirmar que o terceiro nível é o mais importante de todos (o mais abstrato?).

Há pontos exatos de interseção em que os três níveis metafóricos ficam perfeitamente integrados, como num jogo de palavras cruzadas: uma a uma as palavras se encaixam, tal como em *écume* e em *toile*. Temos a espuma do champanhe, a espuma do mar e a espuma como poesia; temos o pano da toalha de mesa, o pano da vela e o pano da tela branca ou da página branca. Esse exemplo fica reforçado pelo fato de que *toile*, em francês, tanto pode significar "pano", como "tela", ecoando ainda a palavra *voile* ("vela").

Como deveria proceder o tradutor perante esse tríplice jogo metafórico? Ou então: o que fizeram os tradutores desse poema? Terão eles privilegiado um determinado nível? Escolhas diferentes conduzem a interpretações diferentes? "Our canvas with its white care" é a tradução de Keith Bosley. C. F. MacIntyre diz: "The white concern of our sail"; Robert Green Cohn, numa tradução didática, evitando os riscos de uma tradução literária, explica: "The white care of our (sail-) cloth". Anthony Hartley simplifica para "our sail's white concern". E Augusto de Campos, na tradução em português, registra: "um branco afã de nossa vela" (poderia ter usado *tela*, mantendo o mesmo ritmo e métrica).

O primeiro e o 12º versos do soneto atuam como motes, em suas estruturas paralelas: "Rien, cette écume, vierge vers"// "Solitude, récif, étoile". Três signos numa justaposição pura, sem elos sintáticos explícitos — como três estrelas solitárias anunciando a revolução sintática de *Coup de Dés*. Condensação máxima e economia. Quanto ao primeiro verso, parece não haver problemas para o tradutor. A tradução literal serve, mesmo que haja uma perda inevitável e quase imperceptível da fluência melódica francesa. Débitos e créditos. Em seguida deparamos com uma solução singularmente "inflacionária" de Keith Bosley, que impavidamente sustenta "upright to bear this greeting/ To solitude, reef or star". É um exemplo significativo da explicitação (excessiva) de um significado muito condensado, como já mencionamos antes. Não temos apenas três signos em justaposição, mas três elementos bem entrelaçados da cadeia sintática. Além de romper com um paralelismo importante, o tradutor não conseguiu, por assim dizer, resistir à tentação de exibir seus méritos interpretativos (Tentação número 1). O mesmo acontece nos versos "Telle loin se noie une troupe/ De sirènes", que MacIntyre traduz assim: "Thus far away drowns a troop of sirens". Qual será a função da palavra "thus" nesse verso — além de explicar e de tornar explícito um elo silencioso?

Chegamos agora a outro tópico na tradução do verso moderno: a peculiaridade dessa dificuldade. O assunto já foi discutido por Steiner e Paz. Segundo Steiner, até o momento da crise modernista, a maior "proporção de 'dificuldade' na literatura ocidental era de natureza referencial. E podia ser solucionada recorrendo-se ao contexto léxico e cultural".[5] Num poema moderno, a dificuldade é outra, uma vez que "os significados dos enunciados não estão orientados de dentro para fora, direcionados para um contexto de alusão ou de equivalência léxica".[6] Embora as palavras sejam simples, não podem ser elucidadas simplesmente pela denotação. Octavio Paz também estabelece a mesma distinção:

> Gôngora e Mallarmé, Donne e Rimbaud não podem ser lidos da mesma forma. Em Gôngora as dificuldades são externas: gramaticais, linguísticas, mitológicas. Gôngora não é obscuro, é complicado. Sua sintaxe é fora do comum, há alusões mitológicas e históricas veladas, o significado de cada frase e até mesmo de cada palavra é ambíguo. Mas desde o momento em que esses problemas difíceis e impertinentes são resolvidos, o significado torna-se claro. Isso também se aplica a Donne, poeta tão difícil como Gôngora, que escreve num estilo que é ainda mais denso. As dificuldades levantadas pela poesia de Donne são de caráter linguístico, intelectual e teológico. Mas uma vez que o leitor tenha encontrado a chave, o poema se abre como um tabernáculo...[7]

A poesia moderna, no entanto, confronta o leitor com outro tipo de dificuldade, que

> não se origina tanto de sua complexidade (Rimbaud é bem mais simples do que Gôngora), quanto do fato de que, como o misticismo ou o amor, ela exige entrega total (e também uma vigilância total) [...]. É uma experiência que implica a negação do mundo exterior (embora essa negação possa ter caráter provisório, como ocorre na reflexão filosófica [...]. É, de uma só vez, a destruição e a criação de palavras e significados, o reino do silêncio, mas ao mesmo tempo é também uma busca: palavras buscando a Palavra.[8]

Tenho que me controlar para não citar Octavio Paz seguidamente. Será uma contradição? Ou essas duas definições de "dificuldade" serão relevantes para o tradutor? Não acredito que a tradução de um dizer poético de Donne se desvende, qual tabernáculo aberto, uma vez que os problemas "externos" tenham sido anteriormente elucidados. De certa forma, essas dificuldades "externas" fazem com que as possibilidades de tradução fiquem mais limitadas. Não se pode ultrapassar o mundo de um poema, com suas referências e chaves. As soluções poéticas têm que estar confinadas dentro dos limites de uma decifração exata. Os limites são reforçados por rígidos padrões formais, que não podem ser violentados.

A poesia moderna poderia, portanto, estar em busca de outra maneira de traduzir, talvez uma relação mais elástica ou criativa com o tradutor virtual — ou com aquela pessoa que reescreve o texto. O verso livre também pode reforçar essa possibilidade. Essas afirmações têm caráter bastante geral e não poderei prová-las neste ensaio. No entanto, essa discussão me traz à lembrança uma experiência pessoal que desvendou o problema das diversas "dificuldades" da tradução, ante a soluções poéticas específicas. Foi quando traduzi quase que simultaneamente o poema de Dylan Thomas, "Do Not Go Gentle into that Good Night", e o de Sylvia Plath, "Words". Percebi, posteriormente, que os dois poemas tinham muitos elementos em comum, mas logo ficou patente a diversidade de natureza das dificuldades encontradas. Em termos gerais, poderia dizer que foi mais "fácil" traduzir Sylvia Plath do que Dylan Thomas (ou então que foi mais *possível* encontrar melhores soluções poéticas) — embora o poema daquela poeta apresentasse muito mais "dificuldades" do que o de Dylan Thomas.

As duas poesias falam sobre destino, sobre algo que foi *determinado*, sobre uma condenação. O poema de Thomas conclama os homens a reagir contra esse fato e seu tema básico é o da *linguagem* versus *morte*. Nele a linguagem está mais ligada à emoção — os homens esbravejam, se enraivecem, gritam, cantam, olham, usam palavras. Tudo isso é arma impotente contra a vitória da morte e uma reação final e sem sentido, que deveria ser tentada de qualquer modo, como sinal da grandeza humana e de sua dignidade. "The poet's only recourse is to speak."

No poema de Plath a linguagem é algo com valor absoluto. A poeta *encontra* as palavras no caminho. As palavras são o outro lado da realidade, ingovernáveis, ásperas. Será por isso que elas não designam, não colaboram com o autor nem obedecem a ele? A linguagem não está ligada à emoção e há algo de mortífero nela. Não haverá nessa separação um elemento que *faz sofrer*? Ao contrário de Mallarmé, Sylvia Plath constata que a linguagem é "um signo puro, que deixou de designar as coisas", afirmação essa que sugere um certo tipo de loucura. E a modernidade sofre, no final de tudo. Não há margem para qualquer tipo de brinde.

Octavio Paz afirma que "a atividade poética nasce do desespero diante da impotência da palavra e finaliza com o reconhecimento da onipotência do silêncio".[9] Se concordarmos com esse pensamento, poderemos notar duas atitudes diferentes em Dylan Thomas e em Sylvia Plath. Thomas faz com que aquele problema seja o seu *tema*, tentando assim transcendê-lo através de alguma forma de crença no poder paradoxal das palavras. Sylvia Plath, por outro lado, fala sobre o nascimento desse desespero. Não há nenhuma crença — nem sequer o reconhecimento de que o único recurso do poeta é falar ou então suicidar-se.

O poema de Dylan Thomas é, de certa forma, um "trabalho aberto": não enfrentamos as dificuldades de uma decifração interna. É um poema analítico e objetivo, que discute um assunto, divide o problema em itens e desenvolve um tema — o significado não é levado em conta. Tem também uma estrutura marcante, repetitiva como uma canção, com decassílabos, aliterações e rimas e ritmos regulares. Tudo isso fez com que a tradução do poema tivesse um grau maior de dificuldade. Foi difícil não ser literal, pois o literalismo poderia prejudicar a rima, a métrica e o ritmo. Efeitos importantes do texto original não poderiam ser reproduzidos devido ao desenvolvimento rigoroso da estrutura temática (e sintática). Foi impossível deixar de manter a integridade de raciocínio (isto é, a organização). Donald Davie afirma que "a forma literal é inimiga da fidelidade" e que "a forma mais livre é também a mais fiel". Se concordarmos com essas afirmações, poderemos afirmar que traduzir um poema, segundo esse critério, significa exercitar um determinado tipo de liberdade — muito controle e muita tensão. E, a qualquer momento, a inflação pode levar a melhor sobre a concentração.

Opondo-se a Dylan Thomas, o poema "Words", de Sylvia Plath, pode ser considerado como uma obra "fechada" ou hermética, que exige decifração "interna". Sua estrutura é "aberta", mas apesar disso o leitor precisa desvendar o poema, que é sintético e denso. Não é repetitivo, mas desenvolve associações e conexões implícitas. Observa-se nele como que o movimento de um jogo de bilhar — ou então o eco das batidas das bolas. É, basicamente, um poema de imagens e não de raciocínio. Suas imagens são complexas e contraditórias, podendo ser vistas como uma construção de oposições: ação/reação, ativo/passivo, morto/vivo, animado/inanimado, móvel/fixo, linguagem/vida. É, certamente, um poema mais moderno, visto que implica uma crítica do significado, talvez a destruição do significado — mas não no sentido metalinguístico.

Embora não pareça ter importância, tudo isso concorreu para facilitar a tradução do poema, ou pelo menos para reproduzir, em outra língua, sua condensação e economia. Foi mais fácil não ser inflacionária. Por outro lado, penso que minha tradução conseguiu, sem perdas substanciais, ser até mesmo mais condensada do que o texto original, em alguns aspectos. Assim: "Golpes/ De machado na madeira" é a tradução de "Axes/ After whose stroke the wood rings". "Ecos que partem/ A galope" é a tradução de "Echoes travelling/ Off from the centre like horses". Como resultado, surge um poema em outra língua e não *apenas* uma tradução — que é, sem dúvida, o caso de "Não aceita conformado a noite mansa". Esse poema pode ser considerado como uma boa tradução, porém não sobrevive sem o original. Enquanto, na minha opinião, "Words" sobrevive. O próprio poema, com seu grau de dificuldade moderna, abre caminho para a tradução.

salut

Rien, cette écume, vierge vers
À ne désigner que la coupe;
Telle loin se noie une troupe
De sirènes mainte à l'envers.

Nous naviguons, ô mes divers
Amis, moi déjà sur la poupe
Vous l'avant fastueux qui coupe
Le flot de foudres et d'hivers;

Une ivresse belle m'engage
Sans craindre même son tangage
De porter debout ce salut

Solitude, récif, étoile
A n'importe ce qui valut
Le blanc souci de notre toile.

Stéphane Mallarmé

toast

Nothing, this foam, a virgin line of poetry only to describe the cup; so plunges far away a band of mermaids, many a one head downwards.
O my various friends, we are sailing with myself already on the poop, and you as the sumptuous prow cutting the tide of thunderbolts and winters; a fine drunkennes compels me without even fearing its pitching to give this toast standing upright, to whatsoever — loneliness, reef, or star — was worth our sail's white concern.

(Anthony Hartley, *Mallarmé: Prose Translations*. Londres: Penguin, 1965.)

salut

Nothing, this foam, virgin verse
To designate naught but the cup;
Thus far-off drowns a troop
Of sirens many upside down.

We navigate, O my diverse
Friends, I already on the stern
You the festive prow that cuts
The wave of lightnings and winters;

A beautiful drunkenness incites me
Without fearing even its rocking
To carry erect this greeting [or toast, or health]

Solitude, reef, star
To whatever was worth [the effort of]
The white care of our [sail-] cloth.

(Robert Green Cohn, *Towards the Poems of Mallarmé*. Berkeley e Los Angeles: University of California Press, 1965.)

salut

Nothing, this foam, virgin verse
denoting only the cup;
thus far away drowns a troop
of sirens many reversed.

We sail, O my diverse
friends, I by now on the poop
you the dashing prow that sunders
the surge of winters and thunders;

a lovely glow prevails
in me without fear of the pitch
to offer upright this toast

Solitude, star, rock-coast
to that no matter which
worth the white concern of
[our sail.

(Stéphane Mallarmé, *Selected Poems*. Trad. de C. F. MacIntyre. Berkeley e Los Angeles: University of California Press, 1957.)

salut

Nothing, this foam, virgin verse
Pointing out only the cup;
So far off a siren troop
Drowns, taking turns for the worse.

We sail, O my various
Friends, with me now on the poop
You the gorgeous bows that dip
Through the swell of storm and ice.

A fine frenzy in its clutch
Has me fearless of its pitch
Upright to bear this greeting

To solitude, reef or star
Whatever was meriting
Our canvas with its white care.

(Stéphane Mallarmé, *The Poems*. Trad. de Keith Bosley. Harmondsworth: Penguin, 1977.)

brinde

Nada, esta espuma, virgem verso
A não designar mais que a copa;
Ao longe se afoga uma tropa
De sereias vária ao inverso.

Navegamos, ó meus fraternos
Amigos, eu já sobre a popa
Vós a proa em pompa que topa
A onda de raios e de invernos;

Uma embriaguez me faz arauto.
Sem medo ao jogo do mar alto,
Para erguer, de pé, este brinde

Solitude, recife, estrela
A não importa o que há no fim de
Um branco afã de nossa vela.

Augusto de Campos

do not go gentle into that good night

Do not go gentle into that good night,
Old age should burn and rave at close of day;
Rage, rage against the dying of the light.

Though wise men at their end know dark is right,
Because their words *had forked no lightning they*
Do not go gentle into that good night.

Good men, the last wave by, crying *how bright*
Their frail deeds might have danced in a green bay,
Rage, rage against the dying of the light.

Wild men who caught and sang *the sun in flight,*
And learn, too late, they grieved it on its way,
Do not go gentle into that good night.

Grave men, near death, who see with blinding sight
Blind eyes could blaze like meteors and be gay,
Rage, rage against the dying of the light.

And you, my father, there on the sad height,
Curse, bless, me now with your fierce tears, *I pray.*
Do not go gentle into that good night.
Rage, rage against the dying of the light.

Dylan Thomas

não aceita conformado a noite mansa

Não aceita conformado a noite mansa:
A idade deve arder e irar-se ao fim do dia;
Grita, grita contra a luz que está morrendo.

Mesmo sabendo no final que a escuridão avança,
Pois seus gestos não forjaram raios, o homem sábio
Não aceita conformado a noite mansa.

O homem bom, à onda derradeira, gemendo
Que seus frágeis atos poderiam ter dançado na enseada,
Grita, grita contra a luz que está morrendo.

O homem forte que cantou o sol em fuga
E aprendeu tarde que apenas lamentava seu passar
Não aceita conformado a noite mansa.

O homem grave, ao morrer, já cego vendo
Que olhos cegos poderiam ter brilhado na enseada,
Grita, grita contra a luz que está morrendo.

E tu, meu pai, aí da altura triste,
Amaldiçoa-me, abençoa-me com tuas lágrimas ferozes.
Não aceita conformado a noite mansa.
Grita, grita contra a luz que está morrendo.

Dylan Thomas (trad. de Ana Cesar)

não entres docilmente nesta noite mansa

Não entres docilmente nesta noite mansa:
A idade deve arder e irar-se ao fim do dia;
Grita, grita contra a luz que está morrendo.

Mesmo sabendo no final que a justa escuridão avança,
Pois seus gestos não forjaram raios, o homem sábio
Não entra docilmente nesta noite mansa.

O homem bom, à onda derradeira, gemendo
Que seus frágeis atos poderiam ter brilhado e dançado na enseada,
Grita, grita contra a luz que está morrendo.

O homem louco que reteu e cantou o sol em fuga,
E aprendeu, tão tarde, que apenas lamentava seu passar,
Não entra docilmente nesta noite mansa.

O homem grave, ao morrer, já cego vendo
Que olhos cegos poderiam brilhar como as estrelas e alegrar-se,
Grita, grita contra a luz que está morrendo.

E tu, meu pai, aí da tua altura triste,
Amaldiçoa-me, abençoa-me, te peço, com tuas lágrimas ferozes.
Não entres docilmente nesta noite mansa.
Grita, grita contra a luz que está morrendo.

Dylan Thomas (trad. de Ana Cesar, segunda versão)

words

Axes
After whose stroke the wood rings,
And the echoes!
Echoes travelling
Off from the centre like horses.

The sap
Wells like tears, like the
Water striving
To re-establish its mirror
Over the rock

That drops and turns,
A white skull,
Eaten by weedy greens
Years later I
Encounter them on the road

Words dry and riderless,
The indefatigable hoof-taps.
While
From the bottom of the pool, fixed stars
Govern a life.

Sylvia Plath

palavras

Golpes
De machado na madeira,
E os ecos!
Ecos que partem
A galope.

A seiva
Jorra como pranto, como
Água lutando
Para repor seu espelho
Sobre a rocha

Que cai e rola,
Crânio branco
Comido pelas ervas.
Anos depois, na estrada,
Encontro

Essas palavras secas e sem rédeas,
bater de cascos incansável.
Enquanto
Do fundo do poço, estrelas fixas
Decidem uma vida.

(trad. de Ana Cesar)

palavras

Golpes
De machado que fazem soar a madeira,
E os ecos!
Ecos partem
Do centro como cavalos.

A seiva
Jorra como lágrimas, como a
Água lutando
Para repor seu espelho
Sobre a rocha

Que cai e rola,
Crânio branco
Comido por ervas daninhas.
Anos depois as encontro
Na estrada

Palavras secas e sem rumo,
Infatigável bater de cascos.
Enquanto
Do fundo do poço estrelas fixas
Governam uma vida.

(trad. de Ana Cesar)

notas

introdução

1 Christopher Isherwood, "Katherine Mansfield". In: *Exhumations*. Londres: Methuen & Co., 1966.
2 Marvin Magalaner, "Traces of Her 'Self' in Katherine Mansfield's 'Bliss'". *Modern Fiction Studies*, v. 24, n. 3, outono 1978. (Número especial sobre KM.)
3 Amado Alonso, *Materia y forma en poesia*. Madri: Editorial Gredes, 1960.

tradução

1 Robert B. Heilman, "Two-Tone Fiction". In: *The Theory of the Novel*. Org. de John Halperin. Nova York: Oxford University Press, 1974.
2 Norman Friedman, "Point of View in Fiction". In: *The Theory of the Novel*. Org. de Philip Stevick. Nova York: The Free Press; Londres: Collier-Macmillan, 1967.
3 Ibid.
4 Citado por Friedman, op. cit.
5 James Joyce em *Portrait of the Artist as a Young Man*, citado por Friedman, op. cit.
6 Heilman, op. cit.

o ritmo e a tradução da prosa

1 Amado Alonso, *Materia y forma en poesia*. Madri: Editorial Gredes, 1960, pp. 256-7.
2 Ibid., pp. 262-3.
3 Reconheço que este é o único aspecto deste ensaio em que, por assim dizer, não levei em conta a orientação de Amado Alonso. Na realidade, contei as sílabas como se estivesse lidando com versos. Esse fato talvez

pudesse levar ao aprofundamento da distinção por ele estabelecida entre ritmo na prosa e ritmo na poesia. Isso fica para outra ocasião.

traduzindo o poema curto

1 G. Steiner, p. 277.
2 Ezra Pound, *Literary Essays*, p. 196.
3 Ibid., p. 170.
4 O. Paz, pp. 4-5.
5 G. Steiner, p. 180.
6 Ibid., p. 181.
7 O. Paz, p. 4.
8 Ibid., p. 5.
9 Ibid., p. 68.

bibliografia

anotações

ALONSO, Amado. *Materia y forma en poesia.* Madri: Editorial Gredes, 1960.

BERKMAN, Sylvia. *Katherine Mansfield: A Critical Study.* Londres: Oxford University Press, 1952.

ISHERWOOD, Christopher. "Katherine Mansfield". In: *Exhumations.* Londres: Methuen & Co., 1966.

MAGALANER, Marvin. "Traces of Her 'Self' in Katherine Mansfield's 'Bliss'". *Modern Fiction Studies,* v. 24, n. 3, outono 1978.

PIAZZA, Paul. *Christopher Isherwood, Myth and Anti-myth.* Nova York: Columbia University Press, 1978.

bastidores da tradução

JOHNSON, Thomas H. (Org.). *The Complete Poems of Emily Dickinson.* Londres: Faber and Faber, 1975.

LINSCOTI, Robert N. (Org.). *Selected Poems and Letters of Emily Dickinson.* Nova York: Doubleday, 1959.

MACLEISH, Archibald. "The Private World". In: BLAKE, Caesar R.; WELLS, Carlton F. (Orgs.). *The Recognition of Emily Dickinson.* Ann Arbor: University of Michigan Press, 1964.

TODD, John Emerson. *Emily Dickinson's Use of the Persona.* Hague/Paris: Mouton, 1973.

traduzindo o poema curto

CAMPOS, Augusto de; PIGNATARI, Décio; CAMPOS, Haroldo de. *Mallarmé*. São Paulo: Perspectiva, 1974.

COHN, Robert Green. *Towards the Poems of Mallarmé*. Berkeley e Los Angeles: University of California Press, 1965.

HARTLEY, Anthony. *Mallarmé: Prose Translations*. Londres: Penguin, 1965.

MALLARMÉ, Stéphane. *Selected Poems*. Trad. de C. F. MacIntyre. Berkeley e Los Angeles: University of California Press, 1957.

MALLARMÉ, Stéphane. *The Poems*. Trad. de Keith Bosley. Harmondsworth: Penguin, 1977.

PAZ, Octavio. *Alternating Current*. Londres: Windwood House, 1973.

PLATH, Sylvia. *Ariel*. Londres: Faber and Faber, 1976.

POUND, Ezra. *Literary Essays*. Londres: Faber and Faber, 1974.

______. *ABC of Reading*. Londres: Faber and Faber, 1979.

STEINER, George. *After Babel*. Nova York: Oxford University Press, 1977.

alguma poesia traduzida

ORGANIZAÇÃO
Armando Freitas Filho

ana[1]

If I work back
from you:

walk back

the any-one-bridge

to the left
or to the right

or

swim
forward

depth, reach

I —

lack:

do I lack?

childhood[2]

We are back to the dying days of heat and fall
Where the fat leaves turn and sigh in their yellowish silence
where we saw for the first time the new glittering of the sky

we are back
behind us the memory waves surrounding our gestures
and the birth of the noon is greater than the timeless limitation

we are back and small and alone,
eyes, pains and dreams open before the day

we are back to the same large, irresistible place,
to the dying shades of heat and fall.

infância

Estamos de volta aos dias moribundos de calor e outono
onde as folhas gordas viram e suspiram no silêncio amarelado
onde vimos pela primeira vez o brilho novo do céu.

estamos de volta,
atrás de nós ondas de memória cercam nossos gestos
o nascimento da tarde é maior que as limitações sem tempo

estamos de volta e pequenos e sozinhos,
olhos, dores e sonhos abertos diante do dia

estamos de volta ao mesmo lugar enorme e irresistível,
às sombras moribundas de calor e outono.

anthony barnett[3]

the unpardonable

It seems
as if I have done the unpardonable.

By not abandoning this friend, also artist,
or wrongfully interpreting this deeper spirit,
I intrude upon the peace of lovers.

Having no peace.

imperdoável

Cometi
um erro imperdoável?

Não abandonei este amigo, este artista,
Interpretei mal este espírito profundo.
Sou um intruso na calma dos amantes.

Não tenho paz.

history

How does one raise a finger
to save a suicide.

história

Como se mexe um dedo
para evitar um suicídio?

i and they in disagreement

Here, living amongst the
normal and the un-
normal, I begin to shake my head:

I kick.

I invent despairing gestures.

eu e eles em desacordo

Aqui, vivendo entre o
normal e o a-
normal, começo a sacudir a cabeça.

Chuto.

Invento gestos desesperados.

turn

It is only now after so many months
that I have begun to realize
your full force.

virada

Só agora depois de tantos meses
é que começo a perceber
toda a sua força.

refusal to know more than you

It is not known
If it were true suffering
who you were.

recusa de saber mais que você

Não se sabe
se o sofrimento era verdadeiro
quem você era.

crisis

Does it matter
if I am so near

whether I go near
snows or dunes.

Preservation
or third degree burns.

crise

Estou perto —
Importa

se perto de
neves ou dunas?

Conservação
ou queimaduras de terceiro grau.

we live with it

At night,
I cannot sleep,
I am afraid to go to sleep,
because I hear talking
and the slamming of doors.

durma-se com um barulho desses

À noite,
não posso dormir,
tenho medo de adormecer,
porque ouço vozes
e o bater de portas.

emily dickinson[4]

216

Safe in their Alabaster Chambers —
Untouched by Morning
And untouched by Noon —
Sleep the meek members of the Resurrection —
Rafter of satin,
And Roof of stone.

Light laughs the breeze
In her Castle above them —
Babbles the Bee in a stolid Ear,
Pipe the Sweet Birds in ignorant cadence —
Ah, what sagacity perished here!

216

Seguros em Recintos de Alabastro —
Intocados pela Manhã
E intocados pela Noite —
Dormem os humildes membros da Ressurreição —
Vigas de Cetim,
Teto de pedra.

De leve ri a brisa
Acima, em seu Castelo —
Murmura a Abelha num ouvido mouco,
Piam Doces Pássaros em cadência ignorante —
Ah, que sagacidade pereceu aqui!

987

The Leaves like Women interchange
Exclusive Confidence —
Somewhat of nods and somewhat
Portentous inference.

The Parties in both cases
Enjoining secrecey —
Inviolable compact
To notoriety.

987

Como as Mulheres, as Folhas trocam
Exclusivas Confidências —
Parte acenos, parte
Portentosas influências.

Nos dois casos as Facções
Sigilo prescrevendo —   [sigilo total prescrevem/ impõem]
Pacto inviolável
Contra maledicências.   [com dividendos][5]

marianne moore

to a giraffe

If it is unpermissible, in fact fatal
to be personal and undesirable

to be literal — detrimental as well
if the eye is not innocent — does it mean that

one can live only on top leaves that are small
reachable only by a beast that is tall? —

of which the giraffe is the best example —
the unconversational animal.

When plagued by the psychological,
a creature can be unbearable

that could have been irresistible;
or to be exact, exceptional

since less conversational
than some emotionally-tied-in-knots animal.

  After all
consolations of the metaphysical
can be profound. In Homer, existence

is flawed; transcendence, conditional;
"the journey from sin to redemption, perpetual."

para uma girafa

É ilícito, para não dizer fatal
ser pessoal, e indesejável

ser literal — prejudicial também se
o olho não é inocente — quer dizer que

só se pode viver nas folhas mais altas
alcançável apenas pelo bicho mais alto? —

dos quais a girafa é o melhor exemplo
o animal inconvencional/inconversacional.[6]

Quando atormentada pelo psicologizável,
uma criatura que teria sido irresistível

pode ser insuportável;
ou, para ser exata, excepcional

ou menos convencional/conversacional
do que certos animais emaranhados no emocional.

  Afinal
as consolações da metafísica podem ser
profundas. Em Homero, a existência

é uma falha; a transcendência, condicional;
"a jornada do pecado à redenção, perpetual".

sylvia plath[7]

the arrival of the bee box

I ordered this, this clean box
Square as a chair and almost too heavy to lift.
I would say it was the coffin of a midget
Or a square baby
Were there not such din in it.

The box is locked, it is dangerous.
I have to live with it overnight
And I can't keep away from it.
There are no windows, so I can't see what is in there.
There is only a little grid, no exit.

I put my eye to the grid.
It is dark, dark.
With the swarmy feeling of African hands
Minute and shrunk for export,
Black on black, angrily clambering.

How can I let them out?
It is the noise that appalls me most of all,
The unintelligible syllables.
It is like a Roman mob,
Small, taken one by one, but my god, together!

I lay my ear to furious Latin.
I am not a Caesar.
I have simply ordered a box of maniacs.
They can be sent back.
They can die, I need feed them nothing, I am the owner.

I wonder how hungry they are.
I wonder if they would forget me
If I just undid the locks and stood back and turned into a tree.
There is the laburnum, its blond colonnades,
And the petticoats of the cherry.

They might ignore me immediately
In my moon suit and funeral veil.
I am no source of honey
So why should they turn on me?
Tomorrow I will be sweet God, I will set them free.

The box is only temporary.

a chegada da caixa de abelhas

Encomendei esta caixa de madeira
Clara, exata, quase um fardo para carregar.
Eu diria que é o ataúde de um anão ou
De um bebê quadrado
Não fosse o barulho ensurdecedor que dela escapa.

Está trancada, é perigosa.
Tenho de passar a noite com ela e
Não consigo me afastar.
Não tem janelas, não posso ver o que há dentro.
Apenas uma pequena grade e nenhuma saída.

Espio pela grade.
Está escuro, escuro.
Enxame de mãos africanas
Mínimas, encolhidas para exportação,
Negro em negro, escalando com fúria.

Como deixá-las sair?
É o barulho que mais me apavora,
As sílabas ininteligíveis.
São como uma turba romana,
Pequenas, insignificantes como indivíduos, mas meu deus, juntas!

Escuto esse latim furioso.
Não sou um César.
Simplesmente encomendei uma caixa de maníacos.
Podem ser devolvidos.
Podem morrer, não preciso alimentá-los, sou a dona.

Me pergunto se têm fome.
Me pergunto se me esqueceriam
Se eu abrisse as trancas e me afastasse e virasse árvore.
Há laburnos, colunatas louras,
Anáguas de cereja.

Poderiam imediatamente ignorar-me.
No meu vestido lunar e véu funerário
Não sou uma fonte de mel.
Por que então recorrer a mim?
Amanhã serei Deus, o generoso — vou libertá-los.

A caixa é apenas temporária.

(*trad. de Ana Cristina Cesar e Ana Cândida Perez*)

elm

For Ruth Fainlight

I know the bottom, she says. I know it with my great tap root:
It is what you fear.
I do not fear it: I have been there.

Is it the sea you hear in me,
Its dissatisfactions?
Or the voice of nothing, that was your madness?

Love is a shadow
How you lie and cry after it
Listen: these are its hooves: it has gone off, like a horse.

All night I shall gallop thus, impetuously,
Till your head is a stone, your pillow a little turf,
Echoing, echoing.

Or shall I bring you the sound of poisons?
This is rain now, this big hush.
And this is the fruit of it: tin-shite, like arsenic.

I have suffered the atrocity of sunsets.
Scorched to the root
My red filaments burn and stand, a hand of wires.

Now I break up in pieces that fly about like clubs.
A wind of such violence
Will tolerate no bystanding: I must shriek.

The moon, also, is merciless: she would drag me
Cruelly, being barren.
Her radiance scathes me. Or perhaps I have caught her.

I let her go. I let her go
Diminished and flat, as after radical surgery.
How your bad dreams possess and endow me.

I am inhabited by a cry.
Nightly it flaps out
Looking, with its hooks, for something to love.

I am terrified by this dark thing
That sleeps in me;
All day I feel its soft, feathery turnings, its malignity.

Clouds pass and disperse.
Are those the faces of love, those pale irretrievables?
Is it for such I agitate my heart?

I am incapable of more knowledge.
What is this, this face
So murderous in its strangle of blanches? —

Its snaky acid kiss.
It petrifies the will. These are the isolate, slow faults
That kill, that kill, that kill.

elmo[8]

Eu conheço o fundo, ela diz. Eu conheço com minha mais
[profunda raiz:
É o que tu temes.
Eu não temo: estive lá.

É o mar o que tu ouves em mim,
Sua insatisfação?
Ou a voz do nada, tua loucura?

O amor é uma sombra.
Como mentes e choras por ele.
Ouve: são seus cascos: fugiu como um cavalo.

A noite inteira galoparei assim, impetuosa,
Até que tua cabeça seja uma pedra, teu travesseiro um descampado,
Ecoando, ecoando.

Ou devo trazer-te o som do veneno?
É a chuva este silêncio.
E esse é seu fruto: branco, como arsênico.

Sofri a atrocidade do pôr do sol.
Calcinada até a raiz
Minhas vermelhas entranhas queimadas como garras de arame.

Agora me desfaço em pedaços que voam como projéteis.
Vento tão violento
Não tolera nenhum amparo: terei de gritar.

. . . .
. . . .
. . . .

Esse grito mora em mim.
Toda noite ele escapa,
Procurando, com as garras, alguma coisa para amar.

Vivo ameaçada por este ser escuro
Que dorme em mim;
O dia inteiro sinto seus macios, malignos movimentos.

Nuvens passam e se dispersam.
Serão essas as faces do amor, essas pálidas irrecuperáveis?
É para isso que meu coração se agita?

Sou incapaz de mais conhecimento.
Quem é esse, esse rosto
Assassino em seu estrangular de ramos?

Seu beijo ácido de serpente
Petrifica o desejo. São lentos erros isolados
Que matam, que matam, que matam.

(*trad. de Ana Cristina Cesar e Ana Cândida Perez*)

ariel

Stasis in darkness.
Then the substanceless blue
Pour of tor and distances.

God's lioness,
How one we grow,
Pivot of heels and knees!... The furrow

Splits and passes, sister to
The brown arc
Of the neck I cannot catch,

Nigger-eye
Berries cast dark
Hooks...

Black sweet blood mouthfuls,
Shadow.
Something else

Hauls me through air...
Thighs, hair;
Flakes from my heels.

White
Godiva, I unpeel...
Dear hands, dead stringencies.

And now I
Foam to wheat, a glitter of seas.
The child's cry

Melts in the wall.
And I
Am the arrow.

The dew that flies
Suicidal, at one with the drive
Into the red

Eye, the cauldrom of morning.

ariel

Estancamento no escuro.
E então o fluir azul e insubstancial
De montanha e distância.

Leoa do Senhor,
Como nos unimos,
Eixo de calcanhares e joelhos!... O sulco

Afunda e passa, irmão
Do arco tenso
Do pescoço que não consigo dobrar.

Sementes,
De olhos negros lançam escuros
Anzóis...

Negro, doce sangue na boca,
Sombra,
Um outro voo

Me arrasta pelo ar...
Coxas, pelos;
Escamas e calcanhares.

Branca
Godiva, descasco
Mãos mortas, asperezas mortas.

E então
Ondulo como trigo, um brilho de mares.
O grito da criança

Escorre pela parede
E eu
Sou a flecha,

O orvalho que voa,
Suicida, unida com o impulso
Dentro do olho

Vermelho, caldeirão da manhã.

(*trad. de Ana Cristina Cesar e Ana Cândida Perez*)

william carlos williams

the ivy crown[9]

The whole process is a lie,
unless,
crowded[10] by excess,
it break forcefully,
one way or another,
from its confinement —
or find a deeper well.
Antony and Cleopatra
were right;
they have shown
the way. I love you
or I do not live
at all.

Daffodil time
is past. This is
summer, summer!
the heart says,
and not even the full of it.
No doubts
are permitted —
thought they will come
and may
before our time
overwhelm us.
We are only mortal
but being mortal
can defy our fate.
We may
by an outside chance

even win! We do not
look to see
jonquils and violets
come again
but there are,
still,
the roses!

Romance has no part in it.
The business of love is
cruelty *which*,
by our wills,
we transform
to live together.
It has its seasons,
for and against,
whatever the heart
fumbles in the dark
to assert
toward the end of May,
Just as the nature of briars
it to tear flesh,
I have proceeded
through them.
Keep
the briars out,
they say.
You cannot live
and keep free of
briars.

Children pick flowers.
Let them.
Though having them
in hand

they have no further use for them
but leave them crumpled
at the curb's edge.

At our age the imagination
across the sorry facts
lifts us
to make roses
stand before thorns.
Sure
love is cruel
and selfish
and totally obtuse —
at least, blinded by the light,
young love is.
But we are older,
I to love
and you to be loved,
we have,
no matter how,
by our wills survived
to keep
the jeweled prize
always
at our finger tips.
We will it so
and so it is
past all accident.

the ivy crown[11]

O processo todo é mentira,
a não ser que,
saturado por excesso,
se rompe forçosamente,
de um jeito ou de outro,
de seu confinamento —
ou encontre um poço mais fundo.
Antônio e Cleópatra
estavam certos.
Eles mostraram
o caminho. Te amo
ou não vivo
nada.

O tempo difícil
passou. É
verão, verão!
o coração diz,
nem repleto ainda.
Não se deve ter
dúvidas —
embora elas venham
e possam
antes da nossa hora
dominar-nos.
Somos apenas mortais
mas, sendo mortais,
capazes de desafiar o destino.
É possível até
que por algum acaso
ganhemos! Não
olhamos para ver
junquilhos e violetas

nasceram outra vez,
mas existem,
ainda,
as rosas!

Romance não faz parte disso.
O negócio de amor é
crueldade que,
por escolha,
transformamos
para viver juntos.
Tem suas estações,
a favor e contra,
qualquer que o coração
tateia no escuro
para defender
no final de maio.
Assim como a natureza dos abrolhos
é ferir a carne,
tenho prosseguido
através deles.
Afaste
os espinhos,
dizem,
Não se pode viver
e ser livre de
espinhos.

Crianças colhem flores.
Deixem-nas.
Mesmo que tendo-as
na mão
não saibam que fazer
senão largá-las amassadas
na calçada.

Na nossa idade, a imaginação
levanta-nos
acima dos fatos tristes
colocando rosas
à frente de espinhos.
Com certeza
amor é cruel
e egoísta
e completamente obtuso —
pelo menos, cego pela luz,
o jovem amor assim é.
Mas somos mais velhos,
eu para amar
e você para aceitar amor,
temos,
não importa como,
por escolha, sobrevivido
para guarda
e recompensa preciosa
sempre
a nosso alcance.
Escolhemos assim
e assim é
fora de qualquer perigo.

(*trad. de Ana Cristina Cesar e Grazyna Drabik*)

notas

1 Poema dedicado a Ana Cristina por Anthony Barnett, in: "Blood Flow". *The Literary Supplement*, Londres, Nothing Doing, 1975.

2 "Childhood" é um poema escrito originalmente em inglês e em seguida traduzido por Ana Cristina. Data de 1970, época de sua primeira estada na Inglaterra, aos dezessete anos.

3 In: *Report to the Working Party. Asylum. Ostiose (preceded by) After.* Londres: Nothing Doing, 1 ago. 1979.

4 Poemas originais em: Thomas H. Johnson (Org.), *The Complete Poems of Emily Dickinson*. Londres: Faber and Faber, 1977.

5 Entre colchetes, conforme manuscrito, apresentam-se variantes de tradução propostas por Ana C. para os versos 6 e 8.

6 Ana C. não se decidiu entre (in)convencional e (in)conversacional (versos 8 e 13).

7 Os poemas "Ariel" e "A chegada da caixa de abelhas" foram publicados no livro *Nova poesia norte-americana Quingumbo* (org. de Kerry Shawn Keys, ed. bilíngue. São Paulo: Escrita, 1980).

8 A tradução encontrada omite os seguintes tercetos: "The moon, also, is merciless: she would drag me/ Cruelly, being barren./ Her radiance scathes me. Or perhaps I have caught her.// I let her go. I let her go/ Diminished and flat, as after radical surgery./ How your bad dreams possess and endow me".

9 In: *Selected Poems*, ed. e intr. de Charles Tomlinson. Nova York: Penguin Books, 1976.

10 "Crowded" na edição utilizada por Ana C. Outras edições trazem "crowned".

11 No manuscrito original o título não foi traduzido.

cronologia*

Waldo Cesar

1952: Rio de Janeiro, 2 de junho. Nasce Ana Cristina Cruz Cesar, filha de Waldo Aranha Lenz Cesar e Maria Luiza Cesar.

Fui para a maternidade logo cedo. Li e escrevi um pouco, até que disseram: chegou, é menina. Maria bem, um pouco cansada. À tarde voltei, mais a avó, o avô e a tia — e vimos a menina que tinha poucas horas. Uma filha... Pensar muito nela e ajudá-la em tudo. Como vai ser? Imagino ela e a mãe muito amigas. Vai ser uma criatura bonita, viva, inteligente. Sou pai. O tempo caminha. [...] *Felicidades, Ana Cristina!* (Do diário de Waldo Cesar.)

1954: Ingressa no Maternal do Colégio Bennett (atual Instituto Metodista Bennett), Rio.

1956: Começa a ditar suas poesias para a mãe, caminhando, às vezes aceleradamente, sobre o sofá. As pausas marcavam ritmos, indicando possível mudança de linha.

1961-3: No Colégio Bennett completa o curso primário e o secundário. Funda e dirige o *Jornal Juventude Infantil*, "Jornal escolar e familiar", que recebe elogios por escrito da diretora Iracema França Campos.

1964: Viagem ao Uruguai (Montevidéu), a primeira ao exterior, com os pais e seu irmão Flavio. De carro, via Curitiba, Caxias do Sul, Porto Alegre, Pelotas, Chuí.

* A cronologia integra o livro *Correspondência incompleta*, Ana C. Organização de Armando Freitas Filho e Heloisa Buarque de Hollanda. Rio de Janeiro: Aeroplano, 1999. pp. 307-12.

A fronteira entre Brasil e Uruguai é um fosso sujo, onde só há um guarda. (Diário de Ana Cristina.)

1966-7: Após curto período na Igreja Metodista do Catete, Rio, torna-se membro da Igreja Presbiteriana de Ipanema (atual Comunidade Cristã de Ipanema), onde se destaca no trabalho da mocidade e dirige o jornal mensal *Comunidade* (mimeografado). Intensa produção escrita (cadernos, blocos, diários), por vezes com o registro de marca de sua invenção: "Editora Problemas Universais".

1967: Completa o curso ginasial no Colégio Estadual Amaro Cavalcanti, Rio. Oradora da turma.

1969-70: Sob o patrocínio de um programa de intercâmbio da juventude cristã (International Christian Youth Exchange), estuda um ano em Londres, no Richmond School for Girls. Entre cidades e regiões percorridas: País de Gales, Belfast, Dublin, Roma, Florença, Milão, Nice, Cannes, Paris, Amsterdam, Nova York, Boston.

Londres, 19 de setembro, 69 — ... As tuas cartas têm um cheiro paterno que lembra pedra-sabão e uma imperceptível névoa avermelhada.

Londres, 30 de setembro, 69 — Não se desconsole, mas não dá para a gente ir ver Hair, *porque tem filas homéricas e só reservando com 3 meses de antecedência. A não ser que você tenha um pistolão. O Harold Wilson é teu amigo?*

Londres, 13 de outubro, 69 — Mamãe, sinto tua falta. O pai trouxe consolo, amor, desequilíbrio, pensação. Esta Inglaterra me dói às vezes. [...] *Fomos ver* Hair, *estupor, estupendo, fomos ao bairro pobre de Londres (Nothing Hill), voltei com o pai à magnífica St. Paul, e descobri a torre de Londres e a Ponte. É noite de domingo, triste, sendo frio, frio, sendo triste.*

Londres, novembro 69 — ... as cartas vêm em fluxos, entram pelas frinchas como o hálito do frio — fico no meio do Parliament Square olhando o sol que espreita por trás do Big-Ben — as pessoas falam soltando nevoeirinhas, os cachecóis se encaracolam na cidade encapada...

Londres, dezembro 69 — ... estou aqui. O céu se indefine, manhã, vozes, riscos, risos e rabiscos, o rastro do jato, e as faltas mais vivas...

Paris, 30 de julho, 70 — "La rivière que j'ai sous la langue." Como um verso de Éluard, a ilha se expande nas primeiras luzes deste fim de tarde. Um gato atravessa a beirada e rápido entra pelos gradis; que árvores são essas que se debruçam sobre a água como que para escutar melhor? "Les feuilles de couleur dans les arbres nocturnes"... É neste quai d'Anjou que se adormece de lusco-fusco sem começos — o pequeno sol esquecendo ausências implacáveis na mistura de luz e água da cidade: "Fuis à travers le paysage, parmi les branches de fumée et tous les fruit du vent...".

Boston, 26 de agosto, 70 — Estou em Boston, com amigos do Harvey (Harvey Cox, teólogo norte-americano). Hoje vim visitar Harvard: é esta a universidade em que quero estudar. Estou escrevendo na monumental biblioteca.

1971: Curso clássico no Colégio de Aplicação da Faculdade Nacional de Filosofia, Rio. Ingressa no curso de letras da Pontifícia Universidade Católica (PUC-Rio).*

1971: Professora de Português (voluntária) no Curso Artigo 99, Paróquia do Catumbi, Rio.

1972: Viagem de férias até o Paraguai (Assunção), com os pais e irmãos Flavio e Felipe, de carro, visitando várias cidades. Durante o trajeto, lê D. H. Lawrence. Integra equipe de pesquisa socioeconômica-religiosa da ONG Cenpla — Centro de Estudos, Pesquisa e Planejamento (Rio), na região da Baixada Maranhense (Maranhão). Viagem de carro de São Luís ao Rio, cruzando, entre outras cidades: Feira de Santana, Juazeiro, Petrolina, Terezina. Volta via Fortaleza, Recife/ Olinda, Salvador.**

* No corpo docente do curso de letras estavam Cacaso, Clara Alvim e Luiz Costa Lima, entre outros. É através de Clara Alvim que Ana conhecerá Heloisa Buarque de Hollanda, que a apresentará a Armando Freitas Filho. Heloisa e Armando se tornarão dois de seus maiores interlocutores.
** No fusca lotado com o pai, a mãe e os irmãos, viaja ainda um gato adotado por Ana no Maranhão.

1973: Leciona português no Curso Guimarães Rosa, Rio. Integra equipe do Cenpla em pesquisa entre pequenos proprietários rurais, em viagem de carro a várias cidades da Bahia, Pernambuco, Ceará e Maranhão.

1970-4: Professora de língua inglesa no Instituto de Cultura Anglo--Brasileira. Monitora (1974) da cadeira de teoria da literatura I no Departamento de Letras da PUC-Rio.*

1974-9: Professora de língua inglesa na Sociedade Brasileira de Cultura Inglesa, Rio.

1975: Licenciada em letras (português-literatura) pela PUC-Rio.**

1976: Poesia e prosa de sua autoria integram a antologia *26 poetas hoje*, coordenada por Heloisa Buarque de Hollanda (Editora Labor, Rio, com segunda edição em 1998, Aeroplano Editora, Rio).

1975-7: Intensa atividade jornalística e editorial: consultora do Conselho Editorial da Editora Labor; colaboradora da seção cultural do semanário *Opinião* e do Suplemento do Livro do *Jornal do Brasil*; coeditora e colaboradora do jornal *Beijo* (1977); colaboradora eventual, entre outras publicações culturais, do *Correio Braziliense*, jornal *Versus*, revista *Almanaque*, revista *Alguma Poesia*, caderno Folhetim, da *Folha de S.Paulo*; resenhista de livros para as revistas *Veja*, *IstoÉ* e *Leia Livros*.

* 1974: Passa o ano-novo na famosa fazenda de seu então namorado, o poeta Luis Olavo Fontes, o Lui, escrevendo poemas na companhia dele, de Cacaso, Chacal, Charles Peixoto e outros poetas.

** Seu último ano na graduação ficaria marcado pela querela entre estruturalistas e não estruturalistas que extrapolou os muros da universidade. No jornal *Opinião*, Ana se posicionava de forma independente dos dois lados. Cada vez mais desiludida com o mundo masculino no poder universitário, ela se aproxima de Heloisa Buarque de Hollanda e troca a PUC-Rio pela Universidade Federal do Rio de Janeiro (UFRJ), onde desenvolverá seu mestrado sobre cinema.

1978: Desenvolve, como parte de seu mestrado em comunicação na UFRJ, a pesquisa "Literatura e cinema documentário", projeto financiado pelo Conselho Nacional de Direito Autoral, através da Fundação Nacional de Arte (Funarte), Rio. Parte da tese é publicada no livro *Literatura não é documento* (MEC/Funarte, 1980).

1975-82: Intensa atividade como tradutora. Entre outros, traduz três ensaios de Du Sens, de A. J. Greimas (Editora Vozes, Rio, 1975); *El Tarot, o la máquina de imaginar*, de Alberto Cousté (Labor, 1976); *Seven Theories of Human Nature*, de Leslie Stevenson (Labor, 1976); *Hite Report on Male Sexuality*, de Shere Hite (Difel, 1977); poemas de Silvia Plath, para a antologia de poesia norte-americana *Quingumbo* (Ed. Kerry Shaawn Keys, Escritas, 1980); conto "Bliss", de Katherine Mansfield, tradução analisada na tese de mestrado para a Universidade de Essex e publicada na revista *Status-Plus*, São Paulo, jul. 1981; poemas de Emily Dickinson, publicados no Folhetim, da *Folha de S.Paulo*, 1982. Com publicação em 1984: poesia polonesa de Anna Kamienska ("A fronteira", "Falta de fé", "Pietá polonesa") e Czeslaw Milosz ("Veni Creator", "Rios"), em cotradução com Grazyna Drabik, revista *Religião e Sociedade*, Rio, jul. 1984; "Poemas da greve e da guerra", de poetas poloneses, cotradução com Grazyna Drabik, *Cadernos do Iser* (Marco Zero, Rio, 1984).

1976-9: Professora de língua portuguesa e literatura no ensino médio do Instituto Souza Leão e no Colégio Estadual Amaro Cavalcanti, Rio.

1977: Viagem à Argentina (Buenos Aires, Bariloche), Porto Alegre e Brasília.

Brasília, 23/7/77 — Estou mais uma vez sentando no escritório para traduzir Greimas. A paisagem fora lembra Inglaterra: as superquadras lembram um pouco a Ashbernham Rd. Aliás, Brasília tem cheiro de outro país. [...] Estou começando a entrar na vivência de Brasília e a entender essa estranha deformidade de luxo.

1979: Mestre em comunicação pela Escola de Comunicação da UFRJ. Publica *Cenas de abril* (poesia) e *Correspondência completa* (prosa), Rio (edição da autora).

1979-81: Segunda viagem à Inglaterra (bolsa de estudos da Rotary Foundation), com curso na Universidade de Essex. Recebe o título de Master of Arts (M. A.) em Theory and Practice of Literary Translation ("with distinction"). Imprime *Luvas de pelica* (edição da autora, 1980). Viagem à França, Itália, Grécia, Espanha e Holanda. Correspondência intensa para parentes, colegas e amigos.

1981: Retorno ao Brasil (janeiro). É contratada pela Rede Globo de Televisão como analista de textos do Departamento de Análise e Pesquisa.

1982: Lançamento de *A teus pés* (poesia/prosa), no Rio (dezembro, Livraria Timbre), incluindo inéditos e publicações anteriores (Editora Brasiliense, São Paulo).*

1983: Viagem ao Chile (fevereiro), em visita aos pais, então residindo em Santiago, onde visita Viña del Mar, Valparaiso, Horcón. Em princípios de outubro publica-se a segunda edição de *A teus pés* (Editora Brasiliense).**

* Sai da casa dos pais, em Copacabana, e vai morar na Gávea. Já com sinais de depressão, Ana muda-se para o bairro do Horto.

** Depois de mais uma internação em decorrência da depressão, Ana, morando novamente com seus pais no Rio de Janeiro, suicida-se no dia 29 de outubro.

índice de ensaios e traduções

literatura não é documento

cromos do país, 23
bárbaro, nosso, 31
a parte dos cabelos brancos, 40
heróis póstumos da província, 54
desafinar o coro, 69
sete depoimentos, 83
david neves: a série bem-te-vi, 83
márcio souza: oswald de andrade, 84
sérgio santeiro: sousândrade, 86
heloisa buarque de hollanda: joaquim cardozo e raul bopp, 89
raymundo amado: pedro kilkerry e junqueira freire, 92
ana carolina: monteiro lobato, 94
joão carlos horta: jorge de lima, 100
dois roteiros, 105
todo dia é dia d, de Henrique Faulhaber e Sérgio Pantoja, 105
harpa esquisita, de Raymundo Amado, 111
filmografia, 122
índice cronológico, 147

escritos no rio

prefácio: dez anos depois, de armando de freitas filho, 160
1973 notas sobre a decomposição n'*os lusíadas*, 162
1975 os professores contra a parede, 167
1976 quatro posições para ler, 177
nove bocas da nova musa, 185

para conseguir suportar essa tonteira, 192
um livro cinematográfico e um filme literário, 202
1977 o bobo e o poder em poe e herculano, 209
de suspensório e dentadura, 221
o poeta fora da república, o escritor e o mercado, 224
o poeta é um fingidor, 231
malditos marginais hereges, 234
1979 literatura marginal e o comportamento desviante, 244
literatura e mulher: essa palavra de luxo, 256
1980 pensamentos sublimes sobre o ato de traduzir, 266
1982 riocorrente, depois de eva e adão…, 275
excesso inquietante, 284
1983 o rosto, o corpo, a voz, 287
bonito demais, 290
depoimento de ana cristina cesar no curso literatura de mulheres no brasil, 292

escritos da inglaterra

apresentação de maria luiza cesar, 318
ensaios sobre tradução literária, apresentação de armando freitas filho para a primeira edição, 321
o conto "bliss" anotado, 323
o ritmo e a tradução da prosa, 412
cinco e meio, 433
bastidores da tradução, 450
traduzindo o poema curto, 464

alguma poesia traduzida

ana, 491
childhood, 492
infância, 492

anthony barnett, 49
the unpardonable, 493
imperdoável, 493
history, 494
história, 494
i and they in disagreement, 495
eu e eles em desacordo, 495
turn, 496
virada, 496
refusal to know more than you, 497
recusa de saber mais que você, 497
crisis, 498
crise, 498
we live with it, 499
durma-se com um barulho desses, 499
emily dickinson, 500
216, 500
216, 500
987, 501
987, 501
marianne moore, 502
to a giraffe, 502
para uma girafa, 503
sylvia plath, 504
the arrival of the bee box, 504
a chegada da caixa de abelhas, 505
elm, 507
elmo, 509
ariel, 511
ariel, 512
william carlos williams, 514
the ivy crown, 514
the ivy crown, 517

ESTA OBRA FOI COMPOSTA POR ACOMTE EM DTL DOCUMENTA E IMPRESSA PELA GEOGRÁFICA EM OFSETE SOBRE PAPEL PÓLEN SOFT DA SUZANO PAPEL E CELULOSE PARA A EDITORA SCHWARCZ EM JUNHO DE 2016